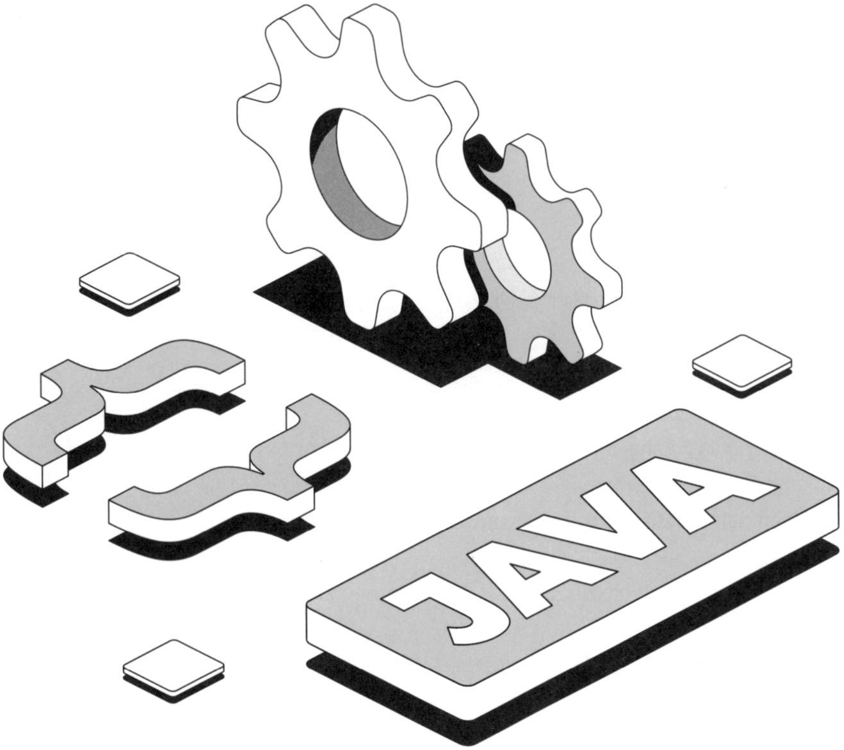

JAVA 언어로 배우는

디자인 패턴 입문

3판

유키 히로시 저 · 김성훈 역

JAVA 언어로 배우는
디자인 패턴 입문 3판

ISBN : 978-89-314-6750-5

독자님의 의견을 받습니다.
이 책을 구입한 독자님은 영진닷컴의 가장 중요한 비평가이자 조언가입니다. 저희 책의 장점과 문제점이 무엇인지, 어떤 책이 출판되기를 바라는지, 책을 더욱 알차게 꾸밀 수 있는 아이디어가 있으면 팩스나 이메일, 또는 우편으로 연락주시기 바랍니다. 의견을 주실 때에는 책 제목 및 독자님의 성함과 연락처(전화번호나 이메일)를 꼭 남겨 주시기 바랍니다. 독자님의 의견에 대해 바로 답변을 드리고, 또 독자님의 의견을 다음 책에 충분히 반영하도록 늘 노력하겠습니다.

이메일 : support@youngjin.com
주　소 : (우)08507 서울시 금천구 가산디지털1로 128 STX-V타워 4층 401호 ㈜영진닷컴 기획1팀

파본이나 잘못된 도서는 구입하신 곳에서 교환해 드립니다.

STAFF
저자 유키 히로시 | **번역** 김성훈 | **총괄** 김태경 | **진행** 최윤정, 김용기 | **디자인** 박지은
편집 박지은, 김소연 | **영업** 박준용, 임용수, 김도현
마케팅 이승희, 김근주, 조민영, 김도연, 채승희, 김민지, 임해나 | **제작** 황장협 | **인쇄** 예림인쇄

저자 서문

안녕하세요, 유키 히로시입니다. 『JAVA 언어로 배우는 디자인 패턴 입문』에 오신 것을 환영합니다.

프로그래밍을 하다 보면 예전과 같은 일을 반복하고 있다고 느낄 때가 있습니다. 경험이 늘어 갈수록 이러한 '패턴'이 자신의 머릿속에 많이 축적되고, 그 '패턴'을 다음 개발에 적용할 수 있게 됩니다.

에릭 감마(Erich Gamma), 리차드 헬름(Richard Helm), 랄프 존슨(Ralph Johnson), 존 블리시디스(John Vlissides)는 그러한 개발자의 '경험'이나 '내적인 축적'을 '디자인 패턴'이라는 형태로 정리했습니다. 이 네 사람을 갱스 오브 포(Gangs of Four) 혹은 GoF라고 부릅니다. GoF는 자주 사용되는 23개의 디자인 패턴에 이름을 붙이고 카탈로그로 정리하여 한 권의 책으로 엮었습니다. 그 책이 『GoF의 디자인 패턴: 재사용성을 지닌 객체지향 소프트웨어의 핵심 요소』(부록D [GoF] 참조)입니다.

많은 모듈이 서로 관련되어 동작할 때 인터페이스가 중요하다는 것은 여러분도 알 것입니다. 이것은 컴퓨터에만 해당되는 이야기가 아닙니다. 많은 개발자가 공동으로 작업할 때는 인간의 인터페이스도 중요합니다. 인간의 인터페이스에서 기본이 되는 것은 '언어'입니다. 특히, 코드에 관한 상세한 논의가 아니라 프로그램의 커다란 구조에 관해 논의할 때는 언어나 도식이 중요합니다. 다른 개발자가 주장하는 개선안은 내 개선안과 같은가, 아니면 다른가? 큰 틀에서는 같지만 세부적으로 다른가? 무한한 시간과 인내력이 있다면 논의를 거듭해서 의문에 답할 수 있을 것입니다. 하지만 디자인 패턴의 용어를 빌리면, 더 쉽게 서로의 아이디어를 비교하고 논의할 수 있습니다.

디자인 패턴은 개발자에게 유익하고 풍부한 어휘를 제공하여 의사소통을 쉽게 할 수 있도록 도와 줍니다.

이 책은 디자인 패턴 입문서입니다. GoF가 정리한 23개의 디자인 패턴을 하나씩 설명하면서, 객체(오브젝트)지향 초심자도 가능한 한 이해하기 쉽게 정리했습니다. 단순히 논리나 이론만 제시하는 것이 아니라, 패턴을 사용한 구체적인 프로그램을 Java 언어로 작성하고 실제로 동작시킵니다. 디자인 패턴은 먼 미래를 위해 배우는 것이 아닙니다. 디자인 패턴은 우리가 매일 사용하는 프로그램을 새로운 관점에서 재검토하여 재사용하기 쉽고, 기능을 확장하기 쉬운 소프트웨어를 만들기 위한 유익한 기법입니다.

이 책의 특징

이 책은 다음과 같은 특징이 있습니다.

◆ Java 언어로 실제로 동작하는 프로그램

GoF의 23개 디자인 패턴을 모두 Java 언어로 작성한 구체적인 예제 프로그램으로 제시합니다. 단번에 읽어 나갈 수 있도록 대부분 100줄 정도의 매우 작은 프로그램으로 구성했습니다. 예제 프로그램에는 생략한 부분이 없어, 실제로 직접 컴파일하고 실행할 수 있습니다. 자세한 사항은 '이 책의 예제 프로그램'(p.8)을 읽어 보세요.

◆ 패턴 이름 설명

디자인 패턴의 '이름'은 원래 영어입니다. 개발자가 모두 영어에 능통한 것은 아니라서 패턴 이름으로 정확한 이미지를 떠올리지 못할 수도 있습니다. 이 책에서는 패턴 이름에 어떠한 의미가 있는지, 우리말로 어떻게 표현하는지도 설명하므로, 영어가 서툰 사람이라도 패턴을 쉽게 이해할 수 있습니다.

◆ 패턴 간의 연관성과 연습 문제

디자인 패턴은 카탈로그를 달달 외우라고 있는 것이 아닙니다. 프로그램을 작성할 때는 패턴을 익히고, 프로그램을 읽고, 패턴을 파악하고, 패턴을 적용하는 연습을 해야 합니다. 이를 위해서는 패턴 간의 연관성을 학습하고, 또 구체적인 문제로 패턴을 적용하는 연습을 할 필요가 있습니다. 이 책에서는 패턴을 익히기 위한 연습 문제와 해답을 준비했습니다.

◆ Java 언어 관련 정보

이 책에서는 디자인 패턴 설명뿐만 아니라, Java 언어를 깊이 있게 이해할 수 있는 정보도 제공합니다. Java 표시가 있는 곳이 Java 언어와 관련된 정보입니다.

◆ 패턴의 그림

문장만으로 패턴을 파악하기는 어렵습니다. 이 책에서는 각 파트를 시작할 때 패턴을 직감적으로 표현한 그림을 배치했습니다. 그림을 통해 패턴을 쉽게 이해할 수 있습니다.

이 책의 독자

이 책은 다음과 같은 독자를 대상으로 합니다.

- 객체지향에 관심이 있는 사람
- 디자인 패턴에 관심이 있는 사람(특히 GoF 책을 보고 어렵다고 느낀 사람)
- Java 프로그래머(특히 추상 클래스나 인터페이스가 잘 이해되지 않는 사람)

이 책을 읽기 위해서는 Java 언어 기본 지식이 필요합니다. 구체적으로는 클래스나 인스턴스, 필드와 메소드에 관해 어느 정도 알고 있고, 제시한 Java 코드를 직접 컴파일하고 실행할 수 있는 정도의 지식이 필요합니다.

이 책은 디자인 패턴에 관한 책이지만, 필요에 따라서 Java 언어의 기능을 보충해서 설명하므로 책을 읽는 동안에 Java에 대한 이해도 깊어질 것입니다. 특히, 추상 클래스나 인터페이스의 목적을 제대로 이해하지 못한 독자에게는 많은 참고가 될 것입니다. 또한, Java 언어에 관한 지식이 없어도, C++ 언어를 알고 있다면 비교적 쉽게 이해할 수 있을 것입니다.

이 책의 구성

이 책은 다음과 같은 구성으로 되어 있습니다. 각 파트는 GoF의 디자인 패턴과 같지만, GoF의 분류와는 다른 관점에서 패턴을 분류하고 파트를 나누었습니다. GoF의 분류는 부록B를 참조하세요.

◆ 1부: 디자인 패턴에 익숙해지다

이해하기 쉬운 패턴을 사용해 디자인 패턴에 익숙해집니다.

Part 1 Iterator – 처리를 반복한다

여러 요소가 모여 있는 집합에서 순서대로 요소를 처리하는 Iterator 패턴을 학습합니다.

Part 2 Adapter – 사이에 끼워 재사용한다

서로 다른 인터페이스(API)의 클래스를 연결하는 Adapter 패턴을 학습합니다.

◆ 2부: 하위 클래스에 맡기다

클래스 상속과 관련된 디자인 패턴을 학습합니다.

Part 3 Template Method - 하위 클래스에서 구체적으로 처리한다

상위 클래스에서 기능의 뼈대를 정의하고, 하위 클래스에서 세부 처리를 구현하는 Template Method 패턴을 학습합니다.

Part 4 Factory Method - 하위 클래스에서 인스턴스를 만든다

상위 클래스에서는 인스턴스를 생성하는 방법을 결정하고, 하위 클래스에서 인스턴스를 생성하는 Factory Method 패턴을 학습합니다.

3부: 인스턴스를 만들다

인스턴스 생성과 관련된 디자인 패턴을 학습합니다.

Part 5 Singleton - 인스턴스를 단 하나만 만든다

인스턴스가 하나만 존재하는 Singleton 패턴을 학습합니다.

Part 6 Prototype - 복사해서 인스턴스를 만든다

원형이 되는 인스턴스를 복사해서 인스턴스를 만드는 Prototype 패턴을 학습합니다.

Part 7 Builder - 복잡한 인스턴스를 조립한다

복잡한 인스턴스를 단계적으로 조립하는 Builder 패턴을 학습합니다.

Part 8 Abstract Factory - 관련 부품을 조합하여 제품을 만든다

공장처럼 부품을 조합하여 인스턴스를 생성하는 Abstract Factory 패턴을 학습합니다.

4부: 나누어 생각하다

복잡해지기 십상인 프로그램을 나누어서 생각하는 디자인 패턴을 학습합니다.

Part 9 Bridge - 기능 계층과 구현 계층을 나눈다

두 종류의 확장이 혼재하는 프로그램을 기능 계층과 구현 계층으로 나누고, 그 사이에서 중개 역할을 하는 Bridge 패턴을 학습합니다.

Part 10 Strategy - 알고리즘을 모두 바꾼다

알고리즘을 싹 바꿔서 개선하기 쉽게 만드는 Strategy 패턴을 학습합니다.

5부: 동일시하다

얼핏 보기에 서로 다른 것을 통일하여 조작할 수 있게 하거나, 취급 방법을 변경하지 않고 기능을 추가하는 패턴과 '위임'을 학습합니다.

Part 11 Composite - 그릇과 내용물을 동일시한다

그릇과 내용물을 동일시하여 재귀적인 구조를 구축하는 Composite 패턴을 학습합니다.

Part 12 Decorator - 장식틀과 내용물을 동일시한다

장식과 내용물을 동일시하여 장식틀을 여러 겹으로 겹치는 Decorator 패턴을 학습합니다.

6부: 데이터 구조를 돌아다니다

데이터 구조를 돌아다니는 패턴을 학습합니다.

Part 13 Visitor - 데이터 구조를 돌아다니면서 처리한다

데이터 구조를 돌아다니면서 같은 조작을 반복해서 적용하는 Visitor 패턴을 학습합니다.

Part 14 Chain of Responsibility - 책임을 떠넘긴다

복수의 객체가 연결된 체인 안에서 작업하는 Chain of Responsibility 패턴을 학습합니다.

7부: 단순화하다

클래스가 복잡하게 관련되어 있을 때, 클래스를 단순하게 만드는 패턴에 관해서 학습합니다.

Part 15 Facade - 단순한 창구를 만든다

복잡하게 얽힌 클래스를 개별적으로 제어하는 것이 아니라, 창구 역할을 하는 클래스를 하나 배치함으로써 시스템 전체의 조작성을 좋게 만드는 Facade 패턴을 학습합니다.

Part 16 Mediator - 중재자를 통해 처리한다

복수의 클래스가 서로 직접 소통하지 않고, 중개 역할을 하는 클래스를 하나 준비해 그 클래스하고만 의사소통을 하게 해서 프로그램을 단순하게 만드는 Mediator 패턴을 학습합니다.

8부: 상태를 관리하다

상태와 관련된 패턴을 학습합니다.

Part 17 Observer - 상태 변화를 알려 준다

상태가 변화하는 클래스와 그 변화를 통지받는 클래스를 분리해 생각하는 Observer 패턴을 학습합니다.

Part 18 Memento - 상태를 저장한다

현재 상태를 저장하고 필요할 때 복귀시켜, Undo 기능을 할 수 있게 하는 Memento 패턴을 학습합니다.

Part 19 State - 상태를 클래스로 표현한다

상태를 클래스로 표현하고 상태에 따른 분기 처리를 줄여 주는 State 패턴을 학습합니다.

◆ 9부: 낭비를 없애다

낭비를 없애고 효율적으로 처리하는 패턴을 학습합니다.

Part 20 Flyweight - 같은 것은 공유해서 낭비를 없앤다

여러 곳에서 같은 것이 등장할 때 그것들을 공유해서 낭비를 없애는 Flyweight 패턴을 학습합니다.

Part 21 Proxy - 필요해지면 만든다

정말로 목적한 것이 필요해질 때까지는 대리인을 시켜 처리를 진행하는 Proxy 패턴을 학습합니다.

◆ 10부: 클래스로 표현하다

의외의 것을 클래스로 표현하는 패턴을 학습합니다.

Part 22 Command - 명령을 클래스로 표현한다

요구나 명령을 형태로 만들어 클래스로 표현하는 Command 패턴을 학습합니다.

Part 23 Interpreter - 문법 규칙을 클래스로 표현한다

문법 규칙을 클래스로 표현하는 Interpreter 패턴을 학습합니다.

이 책의 예제 프로그램

예제 프로그램을 다운로드하는 방법

이 책의 예제 프로그램은 아래 사이트에서 다운로드할 수 있습니다.

https://www.youngjin.com/reader/pds/pds.asp

예제 프로그램은 Main 클래스에서 실행

Java에서는 다음과 같은 메소드를 가진 임의의 클래스를 동작의 시작점으로 할 수 있습니다.

```
public static void main(String[])
```

이 책에서는 독자의 이해를 돕고자 예제 프로그램의 시작점을 반드시 `Main` 클래스로 했습니다.

이 책에서 사용하는 용어의 주의점

인터페이스와 API

인터페이스라는 용어에는 복수의 의미가 있습니다. 일반적으로 '어떤 클래스의 인터페이스'라고 할 때, 클래스가 가진 메소드의 집합을 의미합니다. 클래스에 어떤 조작이나 처리를 할 때는 그 메소드를 통해서 합니다. 또한, Java에서는 '키워드 `interface`로 선언되는 것'도 인터페이스라고 합니다.

이 두 가지 인터페이스라는 용어의 의미는 비슷하지만, 문장 안에서 사용할 때 혼란을 초래하는 경우가 있습니다. 그래서 이 책에서는 다음과 같이 구별합니다.

- 인터페이스(API) …… 일반적인 의미(API는 Application Programming Interface의 줄임말)
- 인터페이스 ………… `interface` 키워드로 선언한 것

패턴과 클래스와 역할

패턴: 디자인 패턴이라는 의미로 사용합니다. 예를 들어 'GoF의 책에 등장하는 패턴은 23개이다'는 'GoF의 책에 등장하는 디자인 패턴은 23개이다'를 의미하며, 'Memento라는 이름의 디자인 패턴'을 단순하게 'Memento 패턴'이라고 부릅니다.

클래스: Java에서 말하는 클래스이며, `class` 키워드를 사용하여 프로그램에서 정의되는 것을 말합니다. 예를 들어, '이 프로그램에서 정의한 것은 `Gamer` 클래스'라고 표현합니다. '`Memento` 클래스'라고 하면 프로그램에서 `class Memento { … }`라고 정의한 것을 가리킵니다.

역할: 이 책에서만 사용하는 표현으로, 패턴(디자인 패턴) 속에 등장하는 클래스나 인터페이스 또는 인스턴스가 패턴 속에서 특정한 역할을 수행하는 것을 가리킵니다. 예를 들어, '`Gamer` 클래스는 Originator 역할이다'라고 표현합니다. 반드시 역할 이름이 클래스나 인터페이스 이름과 일치하지는 않습니다. 이 책을 읽다 보면 여기서 말하는 의미를 잘 이해할 수 있을 것입니다.

감사의 말

우선 무엇보다, 디자인 패턴을 정리한 에릭 감마(Erich Gamma), 리차드 헬름(Richard Helm), 랄프 존슨(Ralph Johnson), 존 블리시디스(John Vlissides) 네 사람에게 감사드립니다. 필자의 서적, 잡지 연재, 메일 매거진의 독자 분들께 감사드립니다. 필자의 웹페이지에 모이는 친구들과 항상 필자를 위해 기도하는 크리스천 친구들에게 감사드립니다.

이 책의 원고, 프로그램, 그리고 그림은 집필과 병행하여 인터넷에서 리뷰되었습니다. 리뷰해 주실 분들을 나이, 국적, 성별, 주소, 직업의 구별 없이 인터넷에서 공모했고, 모든 연락은 전자 메일과 웹을 통해 이루어졌습니다. 이 책의 리뷰에 참여해 주신 모든 분들께 감사드립니다. 귀중한 의견, 개선안, 버그 보고, 격려의 말을 보내 주신 분들께도 감사드립니다.

필자의 활동을 항상 지원해 주시는 소프트뱅크 퍼블리싱 주식회사의 노자와 키미오 서적총편집장, 제1서적 편집부의 마츠모토 가오리 씨에게 감사드립니다. 이 책을 기획할 때 좋은 책이 될 거라고 해 주신 말씀이 큰 격려가 되었습니다.

가장 사랑하는 아내와 두 아들에게 감사합니다. 그리고 항상 필자를 힘차게 응원해 주시는 장모님께 이 책을 바칩니다.

2001년 3월 무사시노에서
유키 히로시

개정증보판 간행에 있어서

2001년 초판 간행 이후, 『JAVA 언어로 배우는 디자인 패턴 입문』은 많은 독자로부터 사랑을 받아 왔습니다. 이 자리를 빌려 다시 한 번 감사드립니다.

이번에는 내용을 전면적으로 재검토하여, 개정증보판을 만들었습니다. 개정증보판을 내면서 독자로부터 받은 수많은 피드백을 참고했습니다. 감사합니다. 이 책도 역시 독자 여러분께 도움이 되었으면 좋겠습니다.

2004년 6월
유키 히로시

3판 간행에 있어서

2001년의 초판으로부터 20년, 2004년의 개정증보판으로부터 17년의 세월이 흘렀습니다. 감사하게도 『JAVA 언어로 배우는 디자인 패턴 입문』은 계속해서 많은 독자 분들의 사랑을 받아 왔습니다. 깊이 감사드립니다.

이번 3판을 간행하면서 예제 프로그램을 Java 언어의 발전에 맞추어 업데이트했고, 동시에 본문 내용도 전면적으로 재검토했습니다.

이 책 또한 많은 독자 분에게 도움이 되길 바랍니다.

2021년 9월 요코하마에서
유키 히로시

목차

<2부> 하위 클래스에 맡기다

Part 4 Factory Method – 하위 클래스에서 인스턴스를 만든다

<3부> 인스턴스를 만들다

Part 5 Singleton – 인스턴스를 단 하나만 만든다

Part 7 Builder – 복잡한 인스턴스를 조립한다

Part 8 Abstract Factory – 관련 부품을 조합하여 제품을 만든다

Part 10 Strategy – 알고리즘을 모두 바꾼다

<5부> 동일시하다

Part 11 Composite – 그릇과 내용물을 동일시한다

<6부> 데이터 구조를 돌아다니다

• Part 13 Visitor – 데이터 구조를 돌아다니면서 처리한다

<8부> 상태를 관리하다

Part 23 Interpreter – 문법 규칙을 클래스로 표현한다

부록

UML에 대해서

UML

UML은 Unified Modeling Language의 줄임말로, 시스템을 시각화하거나 사양 및 설계를 문서화하기 위한 표현 방법입니다. 이 책에서는 디자인 패턴에 등장하는 클래스나 인스턴스의 관계를 나타내기 위해 UML을 이용하므로, 여기서는 이 책을 읽을 때 필요한 UML 지식을 설명하겠습니다. 단, 설명에 사용하는 용어는 Java 언어의 용어를 사용합니다(예를 들어, UML의 '속성(attribute)'이라는 용어 대신에 Java의 '필드'를 사용하고, UML의 '조작(operation)'이라는 용어 대신에 Java의 '메소드'를 사용합니다).

UML은 사양이 방대하므로 이 책에서는 그 중 일부만 다룹니다. UML에 관해서 더 자세히 알고 싶다면 공식 사이트(https://www.uml.org/)를 참조하세요.

클래스 다이어그램

UML의 클래스 다이어그램(class diagram)은 클래스나 인스턴스, 인터페이스 등의 정적인 관계를 나타낸 것입니다. 클래스 다이어그램이라는 이름으로 불리지만, 클래스만 등장하는 것은 아닙니다.

클래스와 계층 관계

그림 0-1은 Java 프로그램과 대응하는 클래스 다이어그램의 예입니다.

그림 0-1 클래스의 계층 관계를 나타낸 클래스 다이어그램

```
abstract class ParentClass {
    int field1;
    static char field2;
    abstract void methodA();
    double methodB() {
        // …
    }
}

class ChildClass extends ParentClass {
    void methodA() {
        // ...
    }
    static void methodC() {
        // ...
    }
}
```

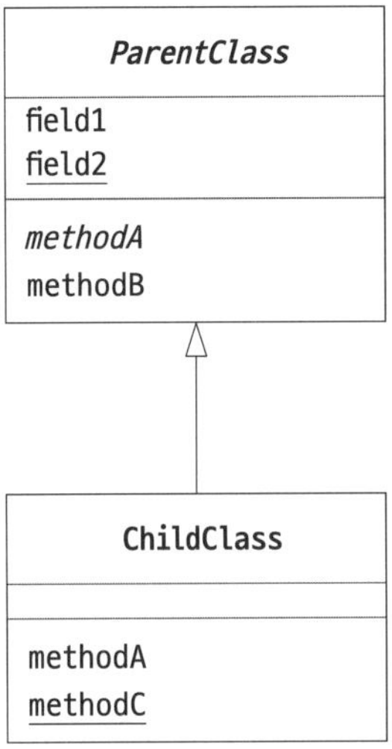

이 그림은 ParentClass와 ChildClass라는 두 클래스의 관계를 나타내고 있습니다. △가 붙은 실선 화살표는 클래스의 계층 관계를 나타냅니다. 화살표는 하위 클래스에서 상위 클래스로 향하고 있습니다(말하자면 이것은 extends 화살표입니다).

ParentClass는 ChildClass의 상위 클래스이고, 반대로 ChildClass는 ParentClass의 하위 클래스입니다. 상위 클래스를 기저 클래스나 부모 클래스, 그리고 하위 클래스를 파생 클래스나 자식 클래스 혹은 확장 클래스라고 부르기도 합니다. 각각의 클래스는 직사각형으로 표현합니다. 직사각형 내부는 수평선으로 분할하여 다음 항목을 순서대로 적습니다.

- 클래스 이름
- 필드 이름
- 메소드 이름

이름뿐만 아니라 부가 정보(액세스 제어 또는 메소드의 인수나 형태 등)를 적기도 하고, 반대로 다이어그램에서 주목할 필요가 없는 항목은 생략하기도 합니다(그러므로, 클래스 다이어그램으로부터 소스 프로그램을 복원할 수 있다고는 할 수 없습니다).

abstract 클래스(추상 클래스)는 기울임꼴로 씁니다. 예를 들어, 그림 0-1에서 ParentClass는 추상 클래스이므로 기울임꼴로 되어 있습니다.

static 필드(클래스 필드)는 밑줄을 긋습니다. 예를 들어, field2는 클래스 필드이므로 밑줄이 그어져 있습니다.

abstract 메소드(추상 메소드)는 기울임꼴로 씁니다. 예를 들어, ParentClass의 methodA는 추상 메소드이므로 기울임꼴로 되어 있습니다.

static 메소드(클래스 메소드)는 밑줄을 긋습니다. 예를 들어, ChildClass의 methodC는 클래스 메소드이므로 밑줄이 그어져 있습니다.

잠깐 한마디 **Java와 C++의 용어**

Java와 C++에서는 용어가 다소 다릅니다. Java의 필드는 C++의 멤버 변수에 해당하고, Java의 메소드는 C++의 멤버 함수에 해당합니다.

잠깐 한마디 **화살표의 방향**

UML에서는 하위 클래스로부터 상위 클래스를 향해서 화살표가 뻗어 있습니다. 상위 클래스를 바탕으로 하위 클래스를 만드므로, 화살표 방향을 반대로 하는 편이 이해하기 쉽다고 느끼는 사람이 있을지도 모릅니다.

다음과 같이 생각하면 기억하기 쉽습니다. 하위 클래스를 정의할 때 extends로 상위 클래스를 지정합니다. 그러니 하위 클래스는 반드시 상위 클래스를 알고 있습니다. 하지만 상위 클래스가 하위 클래스를 꼭 알고 있다고는 할 수 없습니다. 상대를 가리킬 수 있는 건 상대를 알고 있을 때뿐입니다. 그래서 하위 클래스에서 상위 클래스로 화살표가 뻗어 있는 것입니다.

인터페이스와 구현

그림 0-2도 클래스 다이어그램의 예입니다. 이 그림은 Printable이라는 인터페이스가 있고, PrintClass라는 클래스가 Printable 인터페이스를 구현하는 모습을 나타내고 있습니다. 이 책에서는 추상 클래스와의 유사성을 강조하고자 인터페이스 이름을 기울임꼴로 표기했지만, 일반적으로는 기울임꼴로 쓰지 않는 경우도 많습니다.

△가 붙은 파선 화살표는 인터페이스와 구현 클래스의 관계를 나타냅니다. 화살표는 구현 클래스에서 인터페이스로 향합니다(말하자면 이것은 implements 화살표입니다).

UML로 Java의 인터페이스를 표현할 때는 <<interface>>라고 씁니다.

그림 0-2 인터페이스와 구현 클래스를 나타낸 클래스 다이어그램

```
interface Printable {
    abstract void print();
    abstract void newPage();
}

class PrintClass implements Printable {
    void print() {
        // ...
    }
    void newPage( ) {
        // ...
    }
}
```

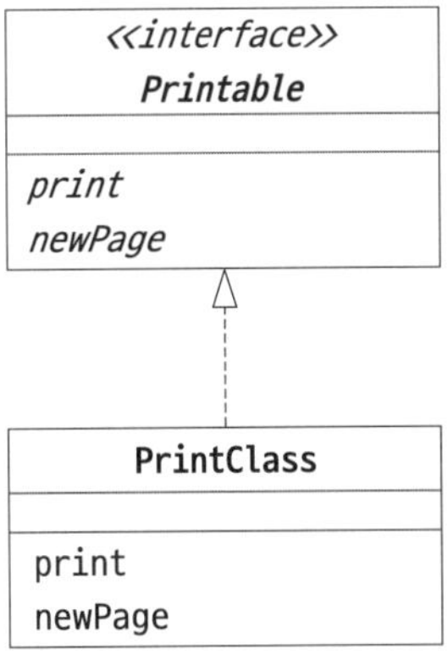

집약

그림 0-3도 클래스 다이어그램의 예입니다. 이 그림은 Color(색), Fruit(과일), Basket(바구니) 클래스의 관계를 나타냅니다. Basket 클래스의 fruits 필드는 Fruit 클래스의 배열로 되어 있어, Basket 클래스의 인스턴스는 Fruit 클래스의 인스턴스를 여러 개 가집니다. 또, Fruit 클래스의 color 필드는 Color 클래스형으로 되어 있어, Fruit 클래스의 인스턴스는 Color 클래스의 인스턴스를 한 개 가집니다. 바꿔 말하면 바구니에는 과일이 몇 개 들어 있고, 과일은 각각 색을 가지고 있는 관계입니다.

이러한 '갖고 있는' 관계를 '집약(aggregation)'이라고 합니다. 인스턴스를 갖고 있으면, 개수에 관계없이 그 관계는 집약입니다. 배열을 사용하든 java.util.ArrayList 클래스를 사용하든 어떻게 구현하더라도 인스턴스를 갖고 있으면 그 관계는 집약입니다.

◇ 마름모꼴 기호가 붙은 선은 집약을 나타냅니다. 마름모꼴 모양의 접시 위에 물건이 놓여 있다고 생각하세요.

그림 0-3 집약을 나타낸 클래스 다이어그램

```
class Color {
    // ...
}

class Fruit {
    Color color;
   // ...
}

class Basket {
    Fruit[] fruits;
    // ...
}
```

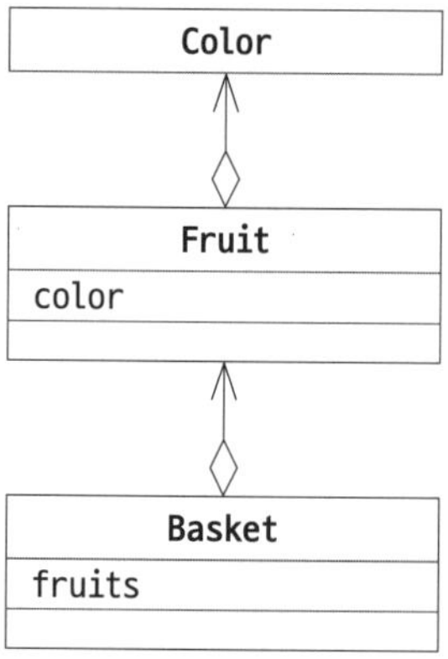

액세스 제어

그림 0-4도 클래스 다이어그램의 예입니다.

그림 0-4 액세스 제어를 명시한 클래스 다이어그램

```
class Something {
    private int privateField;
    protected int protectedField;
    public int publicField;
    int packageField;
    private void privateMethod() {
    }
    protected void protectedMethod() {
    }
    public void publicMethod() {
    }
    void packageMethod() {
    }
}
```

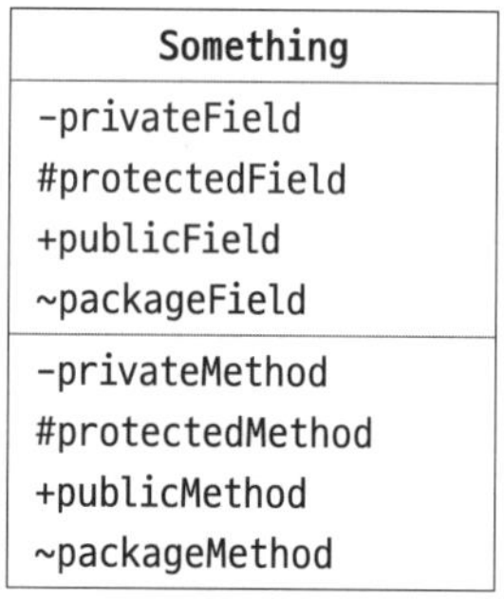

이 그림은 메소드나 필드의 액세스 제어를 나타냅니다. UML에서 액세스 제어를 표현하고 싶을 때는 메소드나 필드 이름 앞에 기호를 붙입니다.

+가 붙은 경우, public인 메소드나 필드를 나타냅니다. 어디에서든 액세스할 수 있습니다.

-가 붙은 경우, private인 메소드나 필드를 나타냅니다. 클래스 외부에서 액세스할 수 없습니다.

#이 붙은 경우, protected인 메소드나 필드를 나타냅니다. 액세스할 수 있는 것은 같은 클래스, 하위 클래스 및 같은 패키지 내의 클래스뿐입니다.

~가 붙은 경우, 같은 패키지 내에서만 액세스할 수 있는 메소드나 필드를 나타냅니다.

클래스의 관계

클래스의 관계를 나타내기 위해 관련된 이름에 ▶를 붙여 표기할 수 있습니다. 그림 0-5는 클래스의 관계를 나타냅니다.

그림 0-5 클래스의 관계

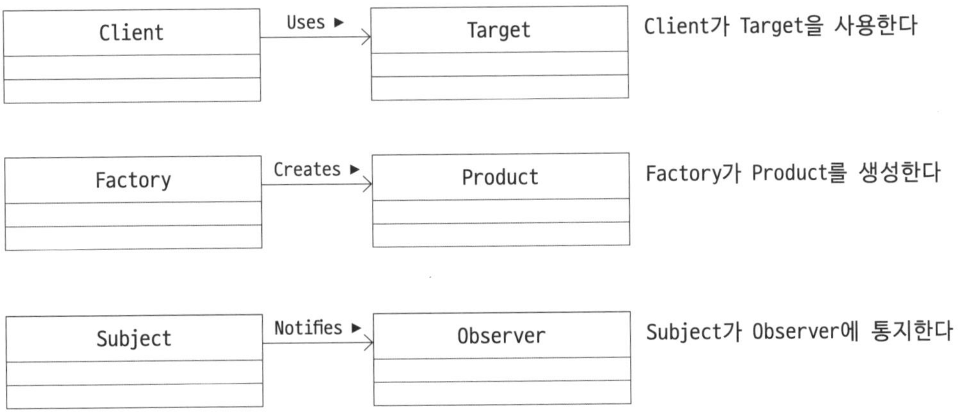

시퀀스 다이어그램

UML의 시퀀스 다이어그램(sequence diagram)은 프로그램이 작동할 때 어떤 메소드가 어떤 순서로 실행되는지, 어떤 사건이 어떤 순서로 실행되는지를 표현합니다. 클래스 다이어그램은 '시간에 따라 변하지 않는 것(정적인 관계)'을 나타내는 반면에 시퀀스 다이어그램은 '시간에 따라 변하는 것(동적인 관계)'을 나타냅니다.

처리의 흐름과 객체 간의 협조 동작

그림 0-6은 시퀀스 다이어그램의 한 예입니다.

그림 0-6 시퀀스 다이어그램의 예 (메소드 호출)

```
class Client {
    Server server;
    void work() {
        server.open();
        server.print("Hello");
        server.close();
    }
    // ...
}

class Server {
    Device device;
    void open() {
        // ...
    }
    void print(String s) {
        device.write(s);
        // ...
    }
    void close() {
        // ...
    }
    // ...
}

class Device {
    void write(String s) {
        // ...
    }
}
```

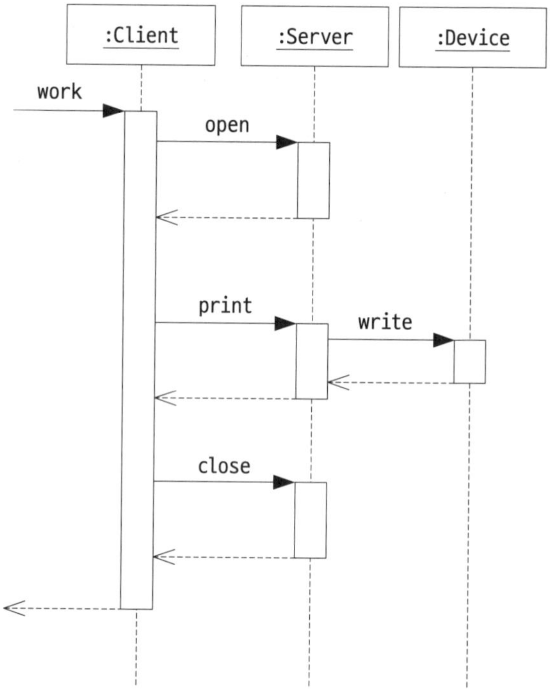

그림 0-6의 오른쪽이 시퀀스 다이어그램입니다. 왼쪽에는 대응하는 Java 프로그램의 일부를 보여 줍니다.

이 다이어그램에는 세 개의 인스턴스가 등장하고, 각 인스턴스는 다이어그램 위쪽에 있는 세 개의 직사각형에 대응합니다. 직사각형 안에는 :Client, :Server, :Device처럼 콜론(:) 뒤에 클래스 이름을 쓰고, 밑줄을 긋습니다. 이것은 각각 Client 클래스의 인스턴스, Server 클래스의 인스턴스, Device 클래스의 인스턴스를 나타냅니다. 인스턴스에 이름이 필요할 때는 server:Server처럼 콜론 앞에 이름을 적습니다.

각 인스턴스에서 아래 방향으로 뻗은 파선을 라이프 라인(생명선)이라고 합니다. 여기서는 시간이 아래 방향으로 흐른다고 생각하세요. 위는 과거, 아래는 미래입니다. 라이프 라인은 인스턴스가 생존하는 동안만 존재합니다.

라이프 라인 중간에 있는 가늘고 긴 직사각형은 객체가 활동 중임을 나타냅니다. 화살표는 가로 방향으로 나열되어 있습니다. open이라는 라벨이 붙은 화살표를 보세요. 실선으로 된 검은색 화살표(——►)는 메소드 호출을 나타냅니다. 여기서는 client가 server의 open 메소드를 호출했음을 나타냅니다. open 메소드를 호출했기 때문에 server 인스턴스가 활동하게 됐고, 길쭉한 직사각형이 시작됐습니다.

open 화살표에서 시작된 server의 길쭉한 직사각형 하단에서 다시 client 쪽으로 파선 화살표(<-----)가 뻗어 있습니다. 이 화살표는 open 메소드에서의 리턴(반환)을 나타냅니다. 이 다이어그램에서는 모든 메소드의 리턴을 그렸지만, 생략하는 경우도 있습니다. 제어가 client로 되돌아왔으므로 server 인스턴스가 활동 중인 사각형은 일단 종료됩니다.

마찬가지로 print 메소드를 호출합니다. 이번에는 print 메소드 안에서 다시 device 인스턴스의 write 메소드를 호출하고 있습니다.

이처럼 관련된 여러 인스턴스 간의 행동을 도식화할 수 있습니다. 시퀀스 다이어그램은 라이프 라인을 따라 위에서부터 차례대로 읽어 나가고, 화살표가 있으면 화살표를 따라 가서 인스턴스 간의 협조 동작을 확인합니다.

디자인 패턴을 배우기에 앞서

다양한 디자인 패턴을 이해하기 위한 힌트 몇 가지를 소개합니다.

디자인 패턴은 클래스 라이브러리 자체가 아니다

우리가 Java로 프로그램을 작성할 때는 편리한 클래스들을 모아 놓은 클래스 라이브러리를 이용합니다. 그러나 디자인 패턴은 클래스 라이브러리 자체가 아닙니다. 디자인 패턴은 클래스 라이브러리보다 더 일반적인 개념입니다. 클래스 라이브러리는 부품이 된 프로그램이고, 디자인 패턴은 부품이 어떻게 조립되어 있는지, 개별 부품이 어떻게 관련되어 큰 기능을 하는지 표현한 것입니다.

백설공주 이야기를 예로 들어 생각해 봅시다. 어느 특정 연극에서 백설공주 역을 누가 맡았는지, 왕자 역을 누가 맡았는지는 일반적인 백설공주 이야기의 줄거리를 설명할 때 필수적인 사항은 아닙니다. 배우를 구체적으로 설명하기보다 백설공주와 왕자의 '관계'를 설명하는 것이 더 중요할 것입니다. 특정 배우가 연기한 특정 연극만이 '백설공주'가 아닙니다. 누가 연기했든 백설공주 줄거리를 따른다면 그것은 백설공주 이야기가 됩니다. 중요한 것은 어떤 종류의 등장인물이 나와서 서로 어떤 역할을 하는가 입니다.

디자인 패턴도 마찬가지입니다. Abstract Factory 패턴이 무엇인가? 라는 물음에 답할 때, 구체적인 프로그램 예를 읽는 것도 이해하는 데 도움이 되겠지만, 그 특정 프로그램만 Abstract Factory 패턴인 것은 아닙니다. 중요한 것은 어떤 종류의 클래스와 인터페이스가 등장하는가, 서로 어떤 관계에 있는가 입니다.

클래스 라이브러리 안에서 디자인 패턴이 사용된다

디자인 패턴은 클래스 라이브러리 자체가 아닙니다. 하지만 Java의 표준 클래스 라이브러리 안에는 디자인 패턴이 많이 활용되고 있습니다. 디자인 패턴을 이해하고 있다면, 클래스 라이브러리의 역할을 이해하는 데 도움이 될 것입니다.

프로그램을 완성품으로 보지 않는다

디자인 패턴의 목표 중 하나는 프로그램의 재사용입니다. 즉, 어떻게 프로그램을 '부품'으로 재사용할지 생각하는 것입니다. 그러므로 프로그램 예를 '완성품'으로 보지 말고, 앞으로 '기능을 확장해 가는 것', '변경해 가는 것'으로 보도록 하겠습니다.

- 어떤 기능이 확장될 가능성이 있는가?
- 기능을 확장할 때 어느 클래스를 수정해야 하는가?
- 수정할 필요가 없는 것은 어느 클래스인가?

이런 관점에서 디자인 패턴을 바라보면, 깊이 있게 이해할 수 있을 것입니다.

다이어그램은 보는 것이 아니라 읽는 것이다

디자인 패턴을 설명할 때 다이어그램이 등장합니다. 이 책에서는 주로 클래스 다이어그램과 시퀀스 다이어그램을 사용합니다(p.30의 'UML에 대해서' 참조). 이런 다이어그램을 단순한 '그림'처럼 생각하지 마십시오. 한 눈에 전체 모습을 알 수 있는 것은 아닙니다.

클래스 다이어그램은 먼저 하나하나의 직사각형(클래스)에서 그 안에 적혀 있는 메소드 이름을 보고 보통 메소드인지 추상 메소드인지 확인합니다. 그리고 클래스 사이의 화살표를 확인하여 어느 클래스가 어떤 인터페이스를 구현하는지 확인합니다. 이렇게 다이어그램 속의 구성 요소가 무엇을 의미하는지 차근차근 하나하나 따라 갑니다. 그렇게 읽다 보면, 다이어그램 전체에서 주장하는 내용을 이해할 수 있게 됩니다.

시퀀스 다이어그램은 클래스 다이어그램보다 편하게 읽을 수 있습니다. 시간은 위에서 아래로 흐르기 때문에 순서대로 어느 객체에서 어느 객체가 호출되는지 하나씩 확인합니다. 그러다 보면 패턴에서의 각 객체의 역할을 조금씩 알게 됩니다.

다이어그램을 얼핏 보는 것만으로 마법처럼 의미를 알 수 있는 것은 아닙니다. 꼼꼼히 '읽고 이해할' 필요가 있습니다.

스스로 예제를 생각해 본다

단순히 예제 프로그램을 읽기만 하지 말고, 자기 나름대로 예제를 생각해 봅시다. 또한, 직접 설계나 프로그래밍을 할 때, 학습한 디자인 패턴이 해당되지 않을지 생각해 보는 것도 좋습니다.

역할을 이해한다 - 백설공주 역할은 누구인가?

디자인 패턴은 드라마와 같습니다. 많은 클래스와 인터페이스가 등장해 서로 관계를 맺으면서 드라마를 만들어 갑니다. 각자에게 역할이 주어지고, 주어진 역할에 따라 행동해야 합니다. 주인공은 주인공답게 행동하며 적은 주인공에게 대항합니다. 여주인공도 등장하면서 극은 클라이맥스로 향합니다.

디자인 패턴도 마찬가지입니다. 디자인 패턴마다 클래스와 인터페이스에 각각 역할이 주어집니다. 각 클래스와 인터페이스의 역할을 이해하지 않으면 드라마 전체의 패턴을 꿰뚫어 볼 수도 없고 제대로 된 형식으로 만들 수도 없습니다. 무심코 주인공이 적을 따르게 하거나 여주인공을 악역으로 만들어 버릴 수도 있습니다. 또 코미디인데 비극으로 만들거나, 다큐멘터리인데 지어낸 이야기처럼 만들어 버리기도 합니다.

각 파트에서는 디자인 패턴을 하나씩 소개하며, 패턴에 등장하는 역할도 함께 소개합니다. 예제 코드를 읽을 때는 단순히 프로그램으로써 읽지 말고, 각 클래스나 인터페이스가 이 패턴에서는 어떠한 역할을 하는지에 주목하면서 읽도록 합시다.

같은 패턴이라면 클래스 이름이 다르더라도 역할을 대응시킬 수 있습니다. 그렇게 역할을 대응하면 이해가 쉬워집니다. 연기하는 배우가 누구든 틀림없이 연극 전체를 내다볼 수 있게 될 겁니다. 지금 보고 있는 게 백설공주 연극이라면 배우가 누구든지 왕자는 백설공주를 사랑하겠지요. 그리고 드라마 마지막에 백설공주는 왕자의 키스를 받고 눈을 뜨게 됩니다.

그럼, 이제부터 각각의 패턴을 배워 보겠습니다.

PART 1 Iterator

처리를 반복한다

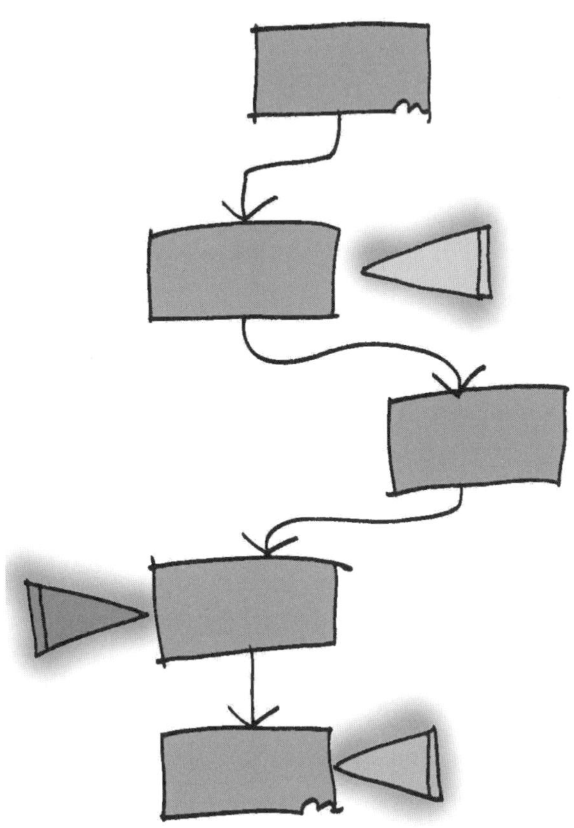

Iterator 패턴

Java 언어에서 arr 배열의 모든 요소를 표시하려면 다음과 같이 for문을 사용합니다.[1]

```
for (int i = 0; i < arr.length; i++) {
    System.out.println(arr[i]);
}
```

여기서 사용되는 루프 변수 i에 주목합시다. 변수 i는 처음에 0으로 초기화되고, 1, 2, 3,…으로 증가합니다. 그때마다 arr[i]의 내용이 표시됩니다. 배열은 요소가 많이 모인 것으로, 첨자를 지정함으로써 많은 요소 중 하나를 선택할 수 있습니다.

```
arr[0]   첫 번째 요소(0번째 요소)
arr[1]   그 다음 요소(1번째 요소)
...
arr[i]   i번째 요소
...
arr[arr.length - 1]        마지막 요소
```

for문의 i++에서 i를 하나씩 증가시키면, 현재 주목하는 요소는 '다음', '그 다음'으로 차례차례 진행됩니다. 이렇게 i를 늘려 가다 보면 배열 arr의 요소 전체를 처음부터 순서대로 검색하게 됩니다. 여기에서 사용되는 변수 i의 기능을 추상화하여 일반화한 것을 디자인 패턴에서는 Iterator 패턴이라고 합니다.

Iterator 패턴은 무엇인가 많이 모여 있을 때 이를 순서대로 가리키며 전체를 검색하고 처리를 반복하는 것입니다. iterate라는 영어 단어는 무언가를 '반복하다'라는 뜻입니다. 그래서 iterator를 반복자라고도 합니다. 이 장에서는 Iterator 패턴을 배워 봅시다.

예제 프로그램

Iterator 패턴을 사용한 예제 프로그램을 살펴봅시다. 여기에서 만들 예제 프로그램은 책장(BookShelf) 안에 책(Book)을 넣고, 책 이름을 차례대로 표시하는 프로그램입니다(그림 1-1).

1 Java에서는 일반적으로 이러한 for문은 확장 for문을 이용해 작성합니다.

그림 1-1 예제 프로그램의 이미지 다이어그램

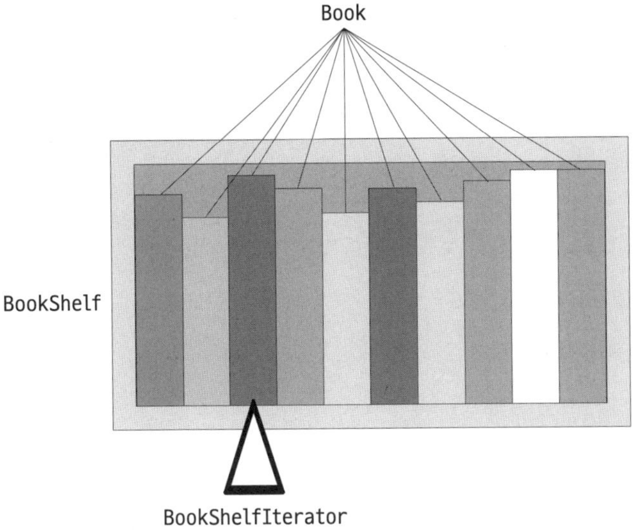

그림 1-2 예제 프로그램의 클래스 다이어그램

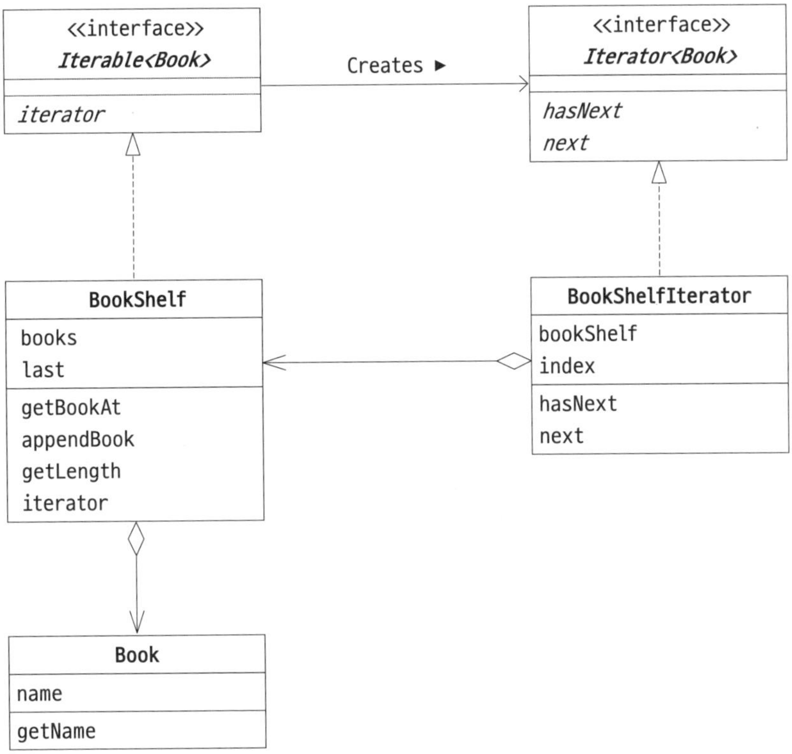

표 1-1 클래스 및 인터페이스 목록

이름	설명
`Iterable<E>`	집합체를 나타내는 인터페이스(`java.lang` 패키지) 예제 프로그램에서는 `Iterable<Book>`으로 사용
`Iterator<E>`	처리를 반복하는 반복자를 나타내는 인터페이스(`java.util` 패키지) 예제 프로그램에서는 `Iterator<Book>`으로 사용
`Book`	책을 나타내는 클래스
`BookShelf`	책장을 나타내는 클래스
`BookShelfIterator`	책장을 검색하는 클래스
`Main`	동작 테스트용 클래스

Iterable<E> 인터페이스

`Iterable<E>` 인터페이스(리스트 1-1)는 처리를 반복할 대상을 나타내는 것으로, `java.lang` 패키지에 선언되어 있습니다. 이 인터페이스를 구현하는 클래스는 배열처럼 '뭔가 많이 모여 있는 것' 이른바 '집합체'가 됩니다. iterable이라는 영어 단어는 '반복할 수 있다', '반복 가능'이라는 뜻입니다.

`Iterable<E>`에서 E는 타입 파라미터라는 것으로, 여기에 '모여 있는 것'을 나타내는 타입을 지정합니다. 예제 프로그램에서는 Book을 모은 인터페이스를 사용하므로, `Iterable<Book>` 형태로 사용하게 됩니다. 이것은 리스트 1-4에서 등장합니다.

리스트 1-1 Iterable〈E〉 인터페이스 (java.lang.Iterable에서 발췌)

```
public interface Iterable<E> {
    public abstract Iterator<E> iterator();
}
```

`Iterable<E>` 인터페이스에는 `iterator` 메소드가 선언되어 있습니다. 이 메소드는 집합체에 대응하는 `Iterator<E>`를 만들기 위한 것입니다. 집합체에 포함된 요소를 하나하나 처리해 나가고 싶을 때는 이 `iterator` 메소드를 사용해 `Iterator<E>` 인터페이스를 구현한 클래스의 인스턴스를 하나 만듭니다.

Iterator<E> 인터페이스

다음으로 Iterator<E> 인터페이스(리스트 1-2)를 살펴봅시다. Iterator<E> 인터페이스는 하나하나의 요소 처리를 반복하기 위한 것으로 루프 변수와 같은 역할을 합니다.

리스트 1-2 Iterator〈E〉 인터페이스 (java.util.Iterator에서 발췌)

```
public interface Iterator<E> {
    public abstract boolean hasNext();
    public abstract E next();
}
```

여기에 선언된 메소드는 두 가지입니다. '다음 요소'가 존재하는지 알아보는 hasNext 메소드와 '다음 요소'를 가져오는 next 메소드입니다.

hasNext 메소드의 반환값이 boolean형인 이유는 이해가 될 것입니다. 다음 요소가 존재한다면 이 메소드는 true를 반환합니다. 다음 요소가 존재하지 않으면, 즉 마지막 요소까지 이미 도달했다면 이 메소드의 반환값은 false가 됩니다. hasNext 메소드는 루프 종료 조건으로 사용하기 위한 것입니다.

next 메소드는 설명이 조금 필요합니다. 반환값 형태가 파라미터 E(Element, 요소)인 것에서 알 수 있듯이, next 메소드는 집합체의 요소를 1개 반환합니다. 하지만 next 메소드가 하는 일은 그뿐만이 아닙니다. 다음 next 메소드를 호출할 때 제대로 다음 요소를 반환할 수 있도록 내부 상태를 다음으로 진행시켜 놓는 역할이 뒤에 숨어 있습니다. '뒤에 숨어 있다'고 해도, Iterator<E> 인터페이스에서는 메소드 이름만 알 수 있습니다. 구체적인 동작은 Iterator<E> 인터페이스를 구현하는 클래스 BookShelfIterator에서 살펴보겠습니다. 그러면 next 메소드의 역할이 좀 더 명확해집니다.

Book 클래스

Book 클래스(리스트 1-3)는 책을 나타내는 클래스입니다. 하지만 할 수 있는 일은 책 이름을 getName 메소드로 얻는 것뿐입니다. 책 이름은 생성자(constructor)에서 인스턴스를 초기화할 때 인수로 지정합니다.

리스트 1-3 Book 클래스 (Book.java)

```java
public class Book {
    private String name;

    public Book(String name) {
        this.name = name;
    }

    public String getName() {
        return name;
    }
}
```

BookShelf 클래스

BookShelf 클래스(리스트 1-4)는 책장을 나타내는 클래스로, 집합체로 다루기 위해 Iterable<Book> 인터페이스를 구현하고 있습니다. 소스 코드에서 'implements Iterable<Book>' 부분이 Iterable<Book> 인터페이스를 구현하고 있음을 나타냅니다. 또한, Iterable<Book> 인터페이스에서 선언되어 있던 iterator 메소드의 실체가 적혀 있는 것도 확인해 보세요.

iterator 메소드 앞에 @Override라고 적혀 있습니다. 이는 iterator 메소드가 Iterable 인터페이스에서 선언된 메소드를 오버라이드하여 구현한 것임을 나타냅니다. @Override는 부가 정보(어노테이션)의 일종입니다. @Override 어노테이션이 붙어 있는 메소드는 다른 클래스나 인터페이스와의 관련에서 중요한 역할을 담당하므로 소스 코드를 읽을 때 주의 깊게 보기 바랍니다.

리스트 1-4 BookShelf 클래스 (BookShelf.java)

```java
import java.util.Iterator;

public class BookShelf implements Iterable<Book> {
    private Book[] books;
    private int last = 0;

    public BookShelf(int maxsize) {
        this.books = new Book[maxsize];
    }

    public Book getBookAt(int index) {
```

```
        return books[index];
    }

    public void appendBook(Book book) {
        this.books[last] = book;
        last++;
    }

    public int getLength() {
        return last;
    }

    @Override
    public Iterator<Book> iterator() {
        return new BookShelfIterator(this);
    }
}
```

이 책장에는 books라는 필드가 있습니다. 이 필드는 Book 배열입니다. Book 배열의 크기는 처음에 BookShelf 인스턴스를 만들 때 인수(maxsize)로 지정합니다. books 필드를 private로 지정한 이유는 이 클래스 밖에서 직접 접근하는 것을 방지하기 위해서입니다.

그다음에 살펴볼 것은 iterator 메소드입니다. 이 메소드는 BookShelf 클래스에 대응하는 Iterator로서, BookShelfIterator 클래스의 인스턴스를 생성하여 반환합니다. 책장에 꽂혀 있는 책을 반복해서 처리하고 싶을 때 iterator 메소드를 호출합니다.

BookShelfIterator 클래스

이제 BookShelf 클래스의 검색을 실행하는 BookShelfIterator 클래스(리스트 1-5)를 살펴봅시다.

리스트 1-5 BookShelfIterator 클래스 (BookShelfIterator.java)

```
import java.util.Iterator;
import java.util.NoSuchElementException;

public class BookShelfIterator implements Iterator<Book> {
    private BookShelf bookShelf;
    private int index;

    public BookShelfIterator(BookShelf bookShelf) {
        this.bookShelf = bookShelf;
```

```
        this.index = 0;
    }

    @Override
    public boolean hasNext() {
        if (index < bookShelf.getLength()) {
            return true;
        } else {
            return false;
        }
    }

    @Override
    public Book next() {
        if (!hasNext()) {
            throw new NoSuchElementException();
        }
        Book book = bookShelf.getBookAt(index);
        index++;
        return book;
    }
}
```

BookShelfIterator는 Iterator<Book> 인터페이스를 구현하고 있으므로 Iterator<Book>형으로 다룰 수 있습니다. bookShelf 필드는 BookShelfIterator가 검색할 책장이고, index 필드는 현재 보고 있고 있는 책을 가리키는 첨자입니다.

생성자에서는 전달된 BookShelf 인스턴스를 bookShelf 필드에 저장하고 index를 0으로 지정합니다.

hasNext 메소드는 Iterator<Book> 인터페이스에서 선언된 메소드를 구현한 것입니다. '다음 책'이 있는지 조사해서, 있으면 true 없으면 false를 반환합니다. 다음 책이 있는지 없는지는 index가 책장에 꽂힌 책의 수(bookShelf.getLength() 값)보다 작은지 비교해서 판정합니다.

next 메소드는 현재 주목하는 책(Book의 인스턴스)을 반환하고, 다시 '다음'으로 진행시키는 메소드입니다. 이 메소드도 Iterator<Book> 인터페이스로 선언되어 있는데 조금 복잡합니다. 먼저 반환값으로 돌려 줄 책을 book 변수에 저장해 두고, index를 다음으로 진행시킨 후 book을 return 합니다. 'index를 다음으로 진행'하는 처리는 서두에서 언급한 for문의 i++에 해당하는 처리입니다. 루프 변수를 '다음'으로 진행한 것입니다.

Main 클래스

이것으로 책장을 검색할 준비가 되었습니다. Main 클래스(리스트 1-6)를 사용해서 작은 책장을 만들고 책을 표시해 봅시다.

리스트 1-6 Main 클래스 (Main.java)

```
import java.util.Iterator;

public class Main {
    public static void main(String[] args) {
        BookShelf bookShelf = new BookShelf(4);
        bookShelf.appendBook(new Book("Around the World in 80 Days"));
        bookShelf.appendBook(new Book("Bible"));
        bookShelf.appendBook(new Book("Cinderella"));
        bookShelf.appendBook(new Book("Daddy-Long-Legs"));

        // 명시적으로 Iterator를 사용하는 방법
        Iterator<Book> it = bookShelf.iterator();
        while (it.hasNext()) {
            Book book = it.next();
            System.out.println(book.getName());
        }
        System.out.println();

        // 확장 for문을 사용하는 방법
        for (Book book: bookShelf) {
            System.out.println(book.getName());
        }
        System.out.println();
    }
}
```

우선 책이 4권 들어가는 책장을 만듭니다. 그리고 순서대로 다음과 같은 책을 만들어 넣습니다.

… Around the World in 80 Days (80일간의 세계일주)
… Bible (성경)
… Cinderella (신데렐라)
… Daddy-Long-Legs (키다리 아저씨)

책 이름은 순서를 알기 쉽게 앞 글자가 A, B, C, D가 되도록 알파벳 순으로 정했습니다. 그런 다음 책장 bookShelf에 든 4권의 책을 두 가지 방법으로 차례로 표시합니다.

첫 번째는 '명시적으로 Iterator를 사용하는 방법'입니다. bookShelf.iterator()로 얻은 it이 책장을 검색할 때 사용할 Iterator<Book>의 인스턴스입니다. while문 조건에 it.hasNext()라고 쓰면, 검색하지 않은 책이 남아 있는 한 while문의 루프가 돌아갑니다. 그리고 루프 안에서 it.next()로 책을 가져와 표시합니다.

두 번째는 '확장 for문을 사용하는 방법'입니다. 확장 for문은 직전의 while문과 완전히 같은 동작을 합니다. 즉, 확장 for문을 사용하면 Iterator를 사용한 반복 처리를 간결하게 기술할 수 있습니다. 일반적으로 Java의 확장 for문은 Iterable 인터페이스를 구현한 클래스의 인스턴스에 대해 내부적으로 Iterator를 사용하여 처리합니다. 결국, Java의 확장 for문 배후에서는 Iterator 패턴이 사용된다고 볼 수 있습니다.

덧붙여 Java의 배열은 Iterable 인터페이스를 구현하진 않았지만, 확장 for문을 사용하여 요소에 대한 반복 처리를 기술할 수 있습니다.예를 들어 int 배열 arr의 요소에 대한 반복 처리는 다음과 같이 다시 작성할 수 있습니다.

```
// 루프 변수 i를 사용한 예
for (int i = 0; i < arr.length; i++) {
     System.out.println(arr[i]);
}
```

→

```
// 확장 for문을 사용한 예
for (int e: arr) {
     System.out.println(e);
}
```

그림 1-3 실행 결과

```
Around the World in 80 Days
Bible
Cinderella
Daddy-Long-Legs

Around the World in 80 Days
Bible
Cinderella
Daddy-Long-Legs
```

Iterator 패턴의 등장인물

예제 프로그램을 다 살펴보았으니, Iterator 패턴의 등장인물을 정리해 봅시다.

◆ Iterator(반복자) 역

요소를 순서대로 검색하는 인터페이스(API)를 결정합니다. 예제 프로그램에서는 `Iterator<E>` 인터페이스가 이 역할을 맡아서 다음 요소가 존재하는지 조사하는 `hasNext` 메소드, 다음 요소를 가져오는 `next` 메소드를 결정합니다.

◆ ConcreteIterator(구체적인 반복자) 역

Iterator가 결정한 인터페이스(API)를 실제로 구현합니다. 예제 프로그램에서는 `BookShelfIterator` 클래스가 이 역할을 맡았습니다. 이 역할은 검색에 필요한 정보를 가지고 있어야 합니다. 예제 프로그램에서는 `BookShelf` 클래스의 인스턴스를 `bookshelf` 필드에서 기억하고, 검색 중인 책을 `index` 필드에서 기억합니다.

◆ Aggregate(집합체) 역

Iterator를 만들어 내는 인터페이스(API)를 결정합니다. 이 인터페이스(API)는 '내가 가진 요소를 차례로 검색해 주는 사람'을 만들어 내는 메소드입니다. 예제 프로그램에서는 `Iterable<E>` 인터페이스가 이 역할을 맡아서 `iterator` 메소드를 결정합니다.

◆ ConcreteAggregate(구체적인 집합체) 역

Aggregate가 결정한 인터페이스(API)를 실제로 구현합니다. 구체적인 Iterator 역할, 즉 ConcreteIterator의 인스턴스를 만들어 냅니다. 예제 프로그램에서는 `BookShelf` 클래스가 이 역할을 맡아서 `iterator` 메소드를 구현합니다.

이상의 Iterator 패턴을 클래스 다이어그램으로 나타내면 그림 1-4와 같습니다.

그림 1-4 Iterator 패턴의 클래스 다이어그램

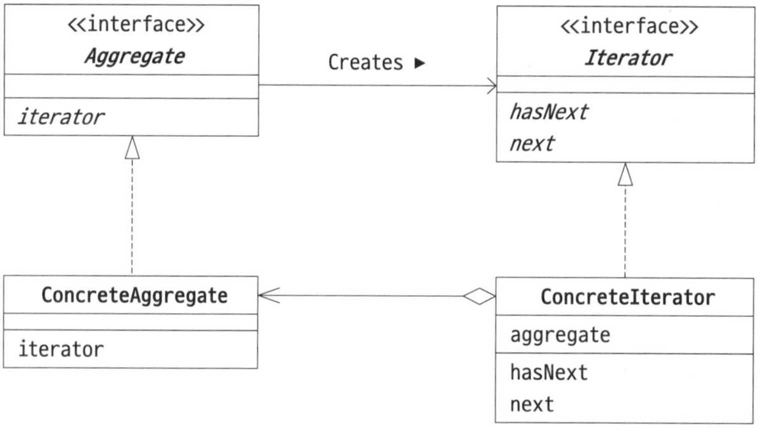

독자의 사고를 넓혀 주는 힌트

어떻게 구현하든 Iterator를 사용할 수 있다

어째서 Iterator 패턴 같은 번거로운 방식을 사용할까요? 배열이면 for문으로 빙글빙글 돌리면 되는데, 왜 집합체 외부에 Iterator 같은 것을 만들어야 하는 것일까요?

가장 큰 이유는 Iterator를 사용함으로써 구현과 분리하여 반복할 수 있기 때문입니다. 다음 코드를 보세요.

```
while (it.hasNext()) {
    Book book = it.next();
    System.out.println(book.getName());
}
```

여기에서 사용한 것은 hasNext와 next라는 Iterator의 메소드뿐입니다. BookShelf 구현에 사용된 메소드는 호출되지 않습니다. 결국, 위 코드에서 while 루프는 BookShelf 구현에 의존하지 않습니다.

BookShelf를 구현한 사람이 배열로 책을 관리하는 것을 그만두고, java.util.ArrayList를 사용하도록 프로그램을 변경했다고 합시다. BookShelf를 어떻게 변경하든 BookShelf가 iterator 메소드를 가지고 있고 올바른 Iterator<Book>을 반환하면(hasNext 및 next 메소드가 바르게 구현된 클래스의 인스턴스를 반환하면), 위의 while 루프는 변경하지 않아도 동작합니다.

이 사실은 BookShelf 사용자에게는 아주 반가운 소식입니다. 디자인 패턴은 클래스 재사용을 촉진합니다. 재사용을 촉진한다는 말은 클래스를 부품처럼 사용할 수 있게 만들어, 어떤 한 부품을 수정하더라도 다른 부품을 수정할 일이 적어진다는 것입니다.

이렇게 생각하면, 예제 프로그램에서 메소드 iterator의 반환값을 BookShelfIterator형 변수에 대입하지 않고 Iterator<Book>형 변수에 대입한 이유도 알 수 있습니다(리스트 1-6의 12행). BookShelfIterator의 메소드를 쓰지 않고, 끝까지 Iterator<Book>의 메소드로 프로그래밍하려는 자세를 보인 것입니다.

추상 클래스와 인터페이스는 아무래도 어렵다

추상 클래스나 인터페이스 사용법을 잘 모르는 사람은 Iterable<E>나 Iterator<E>와 같은 인터페이스를 사용하지 않고, 구체적인 클래스만 사용해서 프로그래밍하기 십상입니다.

하지만 구체적인 클래스만 사용하면 클래스 사이의 결합이 강해져 부품으로 재사용하기 어려워집니다. 결합을 약화하고 클래스를 부품으로 재사용하기 쉽게 하고자 추상 클래스나 인터페이스를 도입합니다.

이런 사고방식은 이 책 전반을 걸쳐 빈번하게 등장하므로 지금은 감이 오지 않아도 학습을 계속 하다 보면 차츰 이해할 수 있게 될 것입니다. '구체적인 클래스로만 프로그래밍하는 것이 아니라 **추상 클래스나 인터페이스를 사용하여 프로그래밍한다**'는 사고방식을 꼭 기억해 두세요.

Aggregate와 Iterator의 대응

그런데 BookShelf 클래스에 대응하는 ConcreteIterator 역할로 BookShelfIterator 클래스를 정의했던 것을 떠올려 보세요. BookShelfIterator는 BookShelf가 어떻게 구현되어 있는지 알고 있었기 때문에, '다음 책'을 가져오는 메소드 getBookAt을 호출할 수 있었습니다.

그렇다는 말은 만약 BookShelf의 구현을 완전히 바꿔, getBookAt 메소드라는 인터페이스(API)도 변경했을 때는 BookShelfIterator를 수정해야 한다는 것입니다.

Iterable<E>와 Iterator<E>라는 두 개의 인터페이스가 짝을 이루듯이 BookShelf와 BookShelfIterator라는 두 개의 클래스도 짝을 이룹니다.

'next'는 혼동하기 쉽다

next라는 이름의 메소드는 혼동하기 쉽습니다. 이 메소드의 반환값은 현재 처리하는 요소일까요 아니면 다음 요소일까요? next 메소드는 좀 더 정확히 말하자면 다음과 같이 불러야 합니다.

```
return CurrentElementAndAdvanceToNextPosition
```

즉, '현재 요소를 반환하고 다음 위치로 진행'합니다.

'hasNext'도 혼동하기 쉽다

'next'도 혼동하기 쉽지만 'hasNext'도 혼동하기 쉽습니다. hasNext 메소드는 마지막 요소를 얻기 전에는 true를 반환하지만, 마지막 요소를 얻은 후에는 false를 반환합니다. 주의해서 작성하지 않으면 마지막 요소 하나를 반환하지 못할 위험이 있습니다.

hasNext는 '다음에 next 메소드를 호출해도 괜찮은지 알아보는 메소드'라고 기억해 두면 좋습니다.

복수의 Iterator

'현재 어디까지 조사했는지 기억하는 구조를 Aggregate 역할 외부에 두는 것'이 Iterator 패턴의 특징 중 하나입니다. 이러한 특징에 따라 하나의 ConcreteAggregate 역할에 대해 여러 개의 ConcreteIterator 역할을 만들 수 있습니다.

deleteIterator는 필요 없다 Java

Java에서는 사용되지 않는 인스턴스는 자동으로 삭제됩니다(가비지 컬렉션). iterator에 대응하는 deleteIterator 메소드는 불필요합니다.

관련 패턴

◆ Visitor 패턴(part 13)

Iterator 패턴은 집합체의 요소를 하나씩 처리해 나갑니다. 그러나 Iterator<E> 인터페이스 안에 그 처리까지는 기술되어 있지 않습니다. Visitor 패턴은 많은 요소가 모여 있는 내부를 돌아다니며 같은 처리를 반복해서 적용해 나갑니다.

◆ Composite 패턴(part 11)

Composite 패턴은 재귀적인 구조를 가집니다. 여기에 Iterator 패턴을 적용하기는 어렵습니다.

◆ Factory Method 패턴(part 4)

`iterator` 메소드가 `Iterator` 인스턴스를 만들 때 Factory Method 패턴이 사용되는 경우가 있습니다.

이 장에서 학습한 내용

이 장에서는 집합체의 요소를 통일된 방법으로 하나하나 처리하는 Iterator 패턴에 대해 배웠습니다. 그럼 연습 문제를 풀어 봅시다.

연습 문제

해답은 부록A (440페이지)

● **문제 1-1**

예제 프로그램의 `BookShelf` 클래스(리스트 1-4)에서는 처음 지정한 책장 크기를 넘어서 책을 넣을 수 없습니다. 무리하게 넣으려고 하면, `java.lang.ArrayIndexOutOfBoundsException` 예외가 발생합니다. 그러므로 배열이 아니라 `java.util.ArrayList`를 사용하여, 책장 크기를 넘어도 책을 추가할 수 있게 만들어 보세요.

PART 2 Adapter

사이에 끼워 재사용한다

Adapter 패턴

예를 들어, 직류 12볼트로 동작하는 노트북을 교류 100볼트 AC 전원에 연결한다고 합시다. 그때 우리는 AC 어댑터라는 장치를 사용합니다. AC 어댑터는 가정용 전원으로 제공되는 '교류 100볼트'를 지금 필요한 '직류 12볼트'로 변환합니다. 제공된 것과 필요한 것 사이에 들어가서 그 사이를 채우는 것이 어댑터의 역할입니다. 어댑터는 영어로 adapter라고 쓰며, 'adapt(적응)시키는 것'을 뜻합니다. AC 어댑터는 직류 12볼트를 사용하는 컴퓨터를 교류 100볼트 환경에 적응시킵니다.

그림 2-1 어댑터의 역할

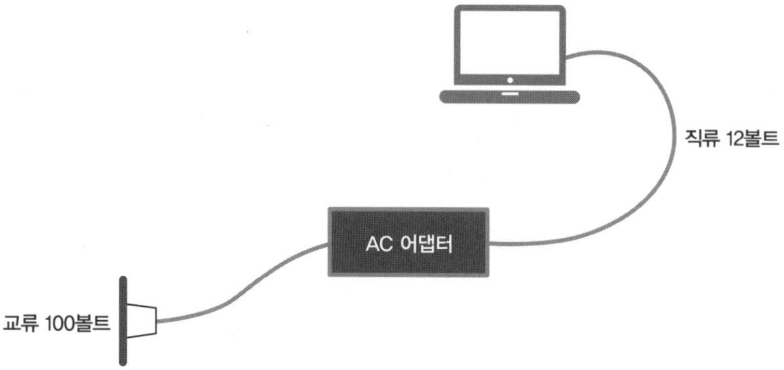

프로그램의 세계에서도 이미 제공된 코드를 그대로 사용할 수 없을 때, 필요한 형태로 변환한 후 이용하는 경우가 자주 있습니다. '이미 제공된 것'과 '필요한 것' 사이의 '차이'를 메우는 디자인 패턴이 바로 Adapter 패턴입니다.

Adapter 패턴은 Wrapper 패턴이라고 불리기도 합니다. 래퍼(wrapper)는 '감싸는 것'을 의미합니다. 일반 상품을 깨끗한 포장지로 싸서 선물용 상품으로 만드는 것처럼, 무엇인가를 포장해서 다른 용도로 사용할 수 있도록 변환해 주는 것이 래퍼이자 어댑터입니다.

Adapter 패턴에는 다음과 같은 두 종류가 있습니다.

- 클래스에 의한 Adapter 패턴(상속을 사용한 패턴)
- 인스턴스에 의한 Adapter 패턴(위임을 사용한 패턴)

이 장에서는 이 두 가지 Adapter 패턴에 대해 순서대로 설명하겠습니다.

예제 프로그램(1) (상속을 사용한 패턴)

클래스에 의한 Adapter 패턴을 사용한 예제 프로그램을 살펴봅시다. 여기서 만들 것은 Hello라는 주어진 문자열을 다음과 같이 표시하는 간단한 프로그램입니다.

```
(Hello)
*Hello*
```

Banner 클래스(banner는 '광고 현수막'이라는 뜻)에는 문자열을 괄호로 묶어서 표시하는 showWithParen 메소드와 문자열 앞뒤에 *를 붙여서 표시하는 showWithAster 메소드가 준비되어 있습니다. 이 Banner 클래스를 교류 100볼트처럼 '이미 제공된 것'이라고 가정합시다.

한편으로 Print 인터페이스에서는 문자열을 괄호로 묶어 약하게 표시하는 메소드 printWeak(weak는 약하다는 뜻)와 문자열을 *로 강조해서 표시하는 메소드 printStrong(strong은 강하다는 뜻)이 선언되어 있습니다. 이 인터페이스가 직류 12볼트처럼 '필요한 것'이라고 가정합시다.

지금 하고 싶은 일은 Banner 클래스를 사용하여 Print 인터페이스를 충족하는 클래스를 만드는 것입니다. 즉, 교류 100볼트를 직류 12볼트로 변환해 주는 어댑터를 만들고 싶습니다.

어댑터 역할을 담당하는 것이 PrintBanner 클래스입니다. 이 클래스는 제공된 Banner 클래스를 상속받아, 필요한 Print 인터페이스를 구현합니다. PrintBanner 클래스는 showWithParen 메소드로 printWeak를 구현하고 showWithAster 메소드로 printStrong을 구현합니다. 이로써 PrintBanner 클래스는 어댑터 기능을 수행하게 됩니다. 표 2-1은 전원의 비유와 예제 프로그램의 대응 관계를 나타냅니다.

표 2-1 전원의 비유와 예제 프로그램의 대응 관계

	전원의 비유	예제 프로그램
제공된 것	교류 100볼트	Banner 클래스(showWithParen, showWithAster)
변환 장치	어댑터	PrintBanner 클래스
필요한 것	직류 12볼트	Print 인터페이스(printWeak, printStrong)

그림 2-2 클래스에 의한 Adapter 패턴을 사용한 예제 프로그램의 클래스 다이어그램 (상속을 사용)

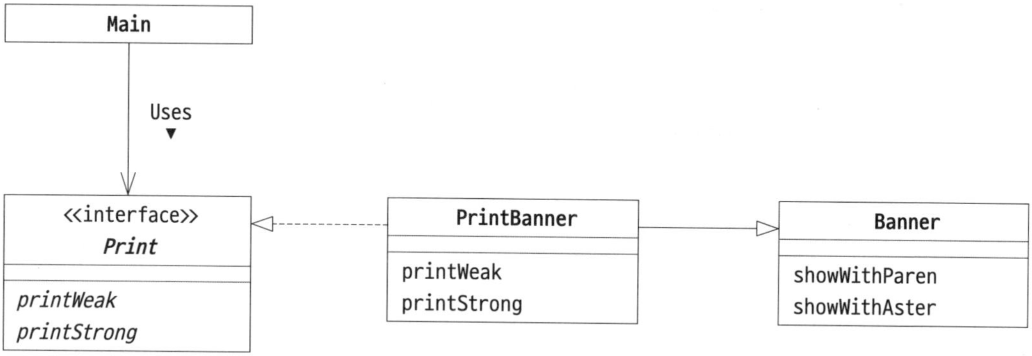

Banner 클래스

Banner 클래스(리스트 2-1)는 미리 제공되는 클래스라고 하겠습니다.

리스트 2-1 Banner 클래스 (Banner.java)

```
public class Banner {
    private String string;

    public Banner(String string) {
        this.string = string;
    }

    public void showWithParen() {
        System.out.println("(" + string + ")");
    }

    public void showWithAster() {
        System.out.println("*" + string + "*");
    }
}
```

Print 인터페이스

Print 인터페이스(리스트 2-2)는 필요로 하는 인터페이스라고 하겠습니다.

리스트 2-2 Print 인터페이스 (Print.java)

```
public interface Print {
    public abstract void printWeak();
    public abstract void printStrong();
}
```

PrintBanner 클래스

PrintBanner 클래스(리스트 2-3)는 어댑터 역할을 합니다. 준비된 Banner 클래스를 확장(extends)하여 showWithParen 메소드와 showWithAster 메소드를 상속받으며, 필요한 Print 인터페이스를 구현(implements)하여 printWeak 메소드와 printStrong 메소드를 구현합니다.

@Override는 printWeak와 printStrong 메소드에 대한 부가 정보(어노테이션)의 일종입니다. 이 @Override 어노테이션은 printWeak와 printStrong이라는 두 개의 메소드가 PrintBanner 클래스에서 멋대로 만든 게 아니라, Print 인터페이스에서 선언된 메소드를 오버라이드하여 구현한 것임을 나타냅니다.

리스트 2-3 PrintBanner 클래스 (PrintBanner.java)

```
public class PrintBanner extends Banner implements Print {
    public PrintBanner(String string) {
        super(string);
    }

    @Override
    public void printWeak() {
        showWithParen();
    }

    @Override
    public void printStrong() {
        showWithAster();
    }
}
```

Main 클래스

Main 클래스(리스트 2-4)는 어댑터 역할을 하는 PrintBanner 클래스를 이용해 Hello 문자열을 약하게(괄호로 묶음) 혹은 강하게(*로 묶음) 표시합니다.

리스트 2-4 Main 클래스 (Main.java)

```
public class Main {
    public static void main(String[] args) {
        Print p = new PrintBanner("Hello");
        p.printWeak();
        p.printStrong();
    }
}
```

그림 2-3 실행 결과

```
(Hello)
*Hello*
```

Main 클래스에서는 PrintBanner의 인스턴스를 Print 인터페이스형 변수에 대입하는 것에 주의합니다. 이 Main 클래스는 어디까지나 Print 인터페이스를 사용해서(즉, printWeak 메소드와 printStrong 메소드를 사용해서) 프로그래밍하고 있습니다. Banner 클래스나 showWithParen 메소드, showWithAster 메소드는 Main 클래스의 코드에서는 완전히 숨겨져 있습니다. 마치 노트북이 직류 12볼트로 작동하지만, 어댑터 건너편에서 공급되는 전원은 교류 100볼트라는 걸 몰라도 되는 것과 비슷합니다.

PrintBanner 클래스가 어떻게 구현됐는지 Main 클래스는 모릅니다. 따라서, Main 클래스를 전혀 변경하지 않고도 PrintBanner 클래스의 구현을 바꿀 수 있습니다.

예제 프로그램(2) (위임을 사용한 패턴)

방금 전 살펴본 예제 프로그램은 '클래스를 사용한' Adapter 패턴이었습니다. 이번에는 '인스턴스를 사용한' Adapter 패턴을 살펴보겠습니다. 또한 앞에서는 '상속'을 사용했지만, 이번에는 '위임'을 사용합니다.

잠깐 한마디 위임에 대해서

딱딱한 표현이지만, 위임은 요컨대 '누군가에게 맡긴다'는 의미입니다. 중요한 회의에 참석하지 못할 때 위임장을 씁니다. '내가 참석할 수 없으니, 대신 OOO를 보내겠습니다'라고 말이지요. 위임은 이양과 같습니다. Java에서 위임은 어떤 메소드의 실제 처리를 다른 인스턴스의 메소드에 맡기는 것을 말합니다.

Main 클래스와 Banner 클래스는 앞의 예제 프로그램(1)과 같으며 실행 결과도 동일합니다. 하지만 Print는 인터페이스가 아니고 클래스라고 가정합니다(리스트 2-5).

즉, Banner 클래스를 이용하여 Print 클래스와 같은 메소드를 갖는 클래스를 실현하려는 것입니다. Java에서는 두 개의 클래스를 동시에 상속할 수 없습니다(단일 상속). 다시 말해, PrintBanner 클래스를 Print와 Banner 양쪽의 하위 클래스로 정의할 수 없습니다.

PrintBanner 클래스(리스트 2-6)는 banner 필드로 Banner 클래스의 인스턴스를 가집니다. 이 인스턴스는 PrintBanner 클래스의 생성자에서 생성합니다. printWeak 및 printStrong 메소드에서는 그 banner 필드를 통해 showWithParen, showWithAster 메소드를 호출합니다.

PrintBanner 클래스(리스트 2-6)의 printWeak와 printStrong 메소드는 Print 클래스(리스트 2-5)에서 선언된 메소드를 오버라이드하여 구현했으므로, 리스트 2-3처럼 메소드 앞에 @Override 어노테이션을 사용했습니다.

리스트 2-3에서는 자신의 상위 클래스로부터 상속받은 showWithParen, showWithAster 메소드를 호출했지만, 리스트 2-6에서는 banner 필드를 경유해서 호출합니다.

여기서 위임이 등장했습니다. PrintBanner 클래스의 printWeak 메소드가 호출되었을 때 자신이 처리하지 않고, 다른 인스턴스(Banner의 인스턴스)인 showWithParen 메소드에 맡기는 것입니다.

그림 2-4 인스턴스를 이용한 예제 프로그램의 클래스 다이어그램 (위임을 사용)

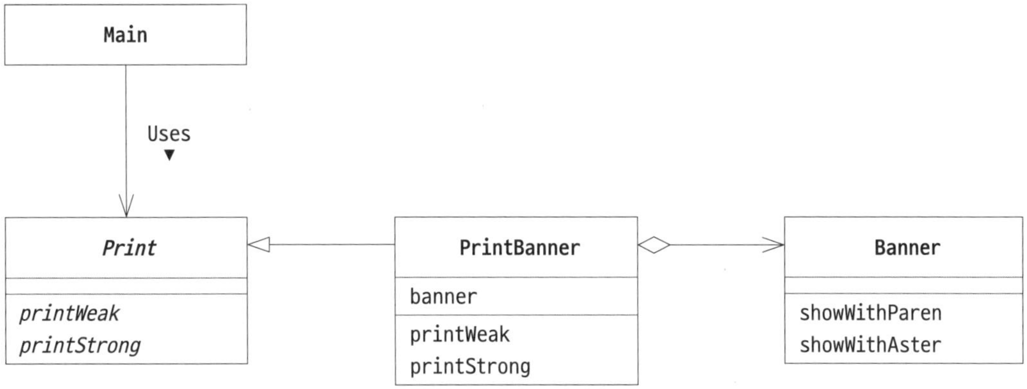

Print 클래스

리스트 2-5 Print 클래스 (Print.java)

```
public abstract class Print {
    public abstract void printWeak();
    public abstract void printStrong();
}
```

PrintBanner 클래스

리스트 2-6 PrintBanner 클래스 (PrintBanner.java)

```
public class PrintBanner extends Print {
    private Banner banner;

    public PrintBanner(String string) {
        this.banner = new Banner(string);
    }

    @Override
    public void printWeak() {
        banner.showWithParen();
    }

    @Overrid
    public void printStrong() {
        banner.showWithAster();
    }
}
```

Adapter 패턴의 등장인물

Adapter 패턴의 등장인물은 다음과 같습니다.

◆ Target(대상) 역

지금 필요한 메소드를 결정합니다. 노트북을 작동시키는 직류 12볼트에 해당합니다. 예제 프로그램에서는 `Print` 인터페이스(상속의 경우)와 `Print` 클래스(위임의 경우)가 이 역할을 맡았습니다.

◆ Client(의뢰자) 역

Target의 메소드를 사용해 일합니다. 직류 12볼트로 작동하는 노트북이네요. 예제 프로그램에서는 `Main` 클래스가 여기에 해당합니다.

◆ Adaptee(적응 대상자) 역

Adapt-er(적응자)가 아니라 Adapt-ee(적응 대상자)입니다. Adaptee는 이미 준비된 메소드를 가지는 역할입니다. 교류 100볼트인 AC 전원이지요. 예제 프로그램에서 `Banner` 클래스가 이 역할을 맡았습니다. Adaptee의 메소드가 Target의 메소드와 일치한다면(즉, 가정에 제공되는 전류가 처음부터 직류 12볼트였다면) 다음에 소개할 Adapter는 등장할 필요가 없습니다.

◆ Adpater(적응자) 역

Adapter 패턴의 주인공입니다. Adaptee의 메소드를 사용해서 어떻게든 Target을 만족시키는 것이 Adapter 패턴의 목적이며 Adapter의 임무입니다. 교류 100볼트를 직류 12볼트로 변환하는 어댑터에 해당합니다. 예제 프로그램에서 `PrintBanner` 클래스가 이 역할을 수행합니다. 클래스에 의한 Adapter 패턴일 때는 Adapter는 '상속'하여 Adaptee를 이용합니다. 반면에 인스턴스에 의한 Adapter 패턴일 때는 '위임'하여 Adaptee를 이용합니다. 이 두 가지 Adapter 패턴을 클래스 다이어그램으로 나타내면 그림 2-5와 그림 2-6과 같습니다.

그림 2-5 클래스에 의한 Adapter 패턴의 클래스 다이어그램 (상속을 사용)

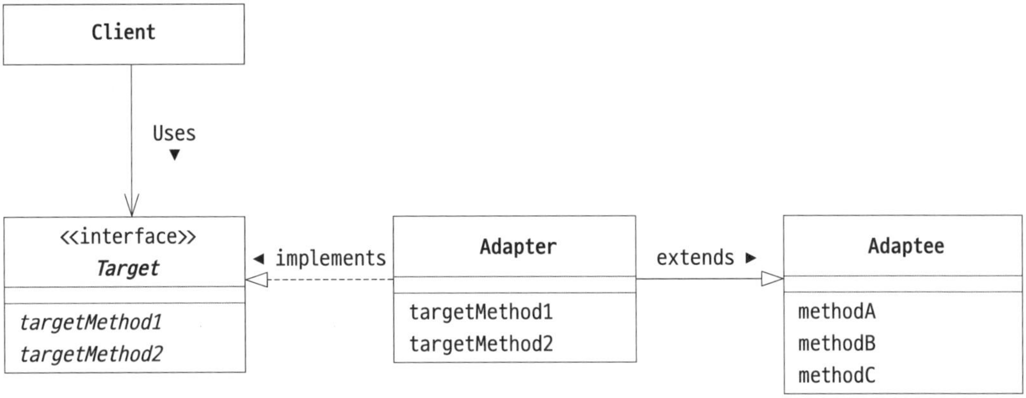

그림 2-6 인스턴스에 의한 Adapter 패턴의 클래스 다이어그램 (위임을 사용)

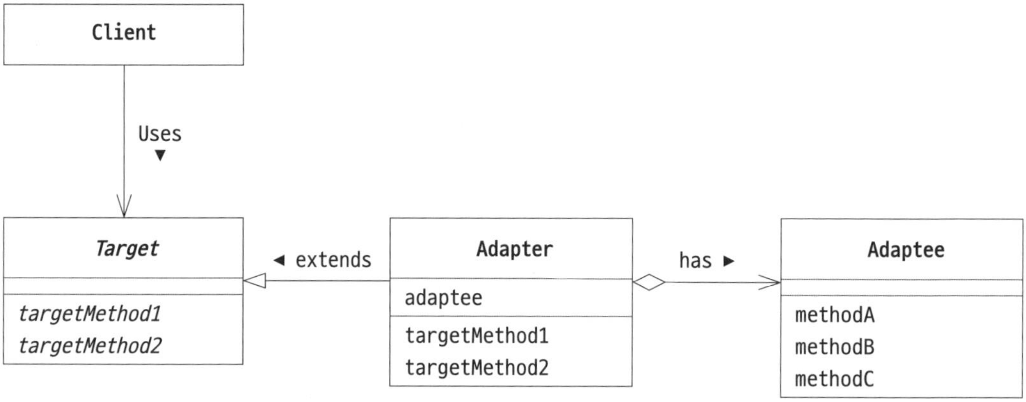

독자의 사고를 넓혀 주는 힌트

어떤 경우에 사용하는 것일까

필요한 메소드가 있으면 그냥 프로그래밍하면 되지 왜 Adapter 패턴 같은 걸 생각해야 하느냐고 의아해하는 독자도 있겠지요. Adapter 패턴은 어떤 때 사용할 수 있을까요?

프로그래밍할 때 늘 백지 상태에서 시작하는 것은 아닙니다. 이미 존재하는 클래스를 이용하는 경우도 흔합니다. 특히 해당 클래스가 충분히 테스트되어 버그가 적고 또 실제로 지금까지 사용되어 온 실적이 있다면 더욱더 그렇습니다. 어떻게든 그 클래스를 부품으로 재사용하고 싶을 것입니다.

Adapter 패턴은 기존 클래스에 한겹 덧씌워 필요한 클래스를 만듭니다. 이 패턴을 사용하면 필요한 메소드 군을 빠르게 만들 수 있습니다. 만약 버그가 발생하더라도 기존 클래스(Adaptee 역)에는 버그가 없는 것을 알고 있으므로, Adapter 역의 클래스를 중점적으로 살펴보면 되고 프로그램 검사가 매우 편해집니다.

비록 소스가 없더라도

이미 만들어진 클래스가 있고 새로운 인터페이스(API)에 맞춘다고 생각하면, Adapter 패턴을 사용하는 게 당연하게 느껴집니다. 하지만 우리는 새로운 인터페이스(API)에 맞추려고 할 때 기존 클래스의 소스를 만져서 '수정'하고 맙니다. '여기를 좀 바꾸면 일이 끝나겠구나'하고 생각하기 십상이지요. 하지만 그렇게 하면 동작 테스트가 이미 끝난 기존 클래스에 손을 댔으니 수정한 후에 다시 테스트해야 합니다.

Adapter 패턴은 기존 클래스를 전혀 수정하지 않고 목적한 인터페이스(API)에 맞추려는 것입니다. 또한 Adapter 패턴에서는 기존 클래스의 소스 프로그램이 반드시 필요한 것은 아닙니다. 기존 클래스의 사양만 알면 새로운 클래스를 만들 수 있습니다.

버전 업과 호환성

소프트웨어는 버전 업이 필요합니다. 소프트웨어를 버전 업할 때는 '구버전과의 호환성'이 문제가 됩니다. 흔히 레거시 시스템(legacy system)으로도 불리는 구버전을 버리면 소프트웨어 유지 보수는 편해지지만, 항상 그럴 수 있는 것은 아닙니다. Adapter 패턴은 신버전과 구버전을 공존시키고, 유지 보수까지 편하게 하도록 도와줍니다.

예를 들어, 앞으로 신버전만 유지 보수하고 싶을 때는 신버전을 Adaptee 역으로 하고, 구버전을 Target 역으로 합니다. 그리고 신버전의 클래스를 사용하여 구버전의 메소드를 구현하는 Adapter 역할 클래스를 만듭니다.

그림 2-7은 이 관계를 표현한 개념도입니다(이 그림은 UML 다이어그램이 아닙니다).

그림 2-7 구버전과의 호환성을 위한 Adpater 패턴

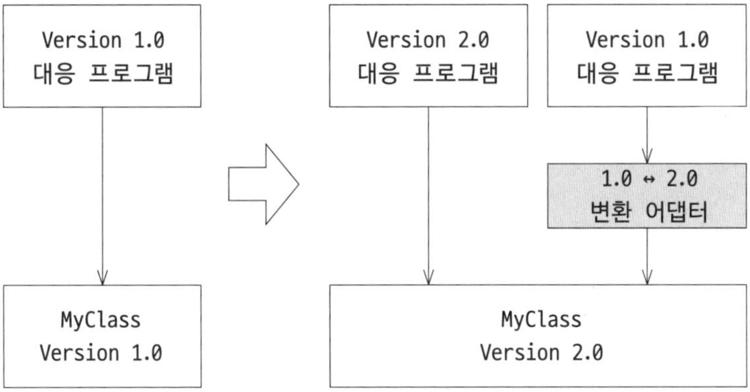

동떨어진 클래스

물론 Adaptee 역과 Target 역의 기능이 너무 동떨어진 경우에는 Adapter 패턴을 사용할 수 없습니다. 교류 100볼트 전원만으로 수돗물을 내보낼 수는 없습니다.

상속과 위임 어느 쪽을 사용해야 할까?

상속과 위임을 사용한 두 가지 예제 프로그램을 소개했는데, 실제로는 어느 것을 사용해야 할까요? 일반적으로 상속을 사용하는 것보다 위임을 사용하는 편이 문제가 적습니다. 그 이유는 상위 클래스의 내부 동작을 자세히 모르면, 상속을 효과적으로 사용하기 어려운 경우가 많기 때문입니다.

관련 패턴

◆ Bridge 패턴(part 9)

Adapter 패턴은 인터페이스(API)가 서로 다른 클래스를 연결하는 패턴입니다. Bridge 패턴은 기능 계층과 구현 계층을 연결하는 패턴입니다.

◆ Decorator 패턴(part 12)

Adapter 패턴은 인터페이스(API)의 차이를 메우는 패턴입니다. Decorator 패턴은 인터페이스(API)를 변경하지 않고 기능을 추가하는 패턴입니다.

이 장에서 학습한 내용

이 장에서는 서로 다른 두 개의 인터페이스(API) 사이에서 그 차이를 메우는 Adapter 패턴을 학습했습니다. 상속를 사용한 예와 위임을 사용한 예를 소개하고 각각의 특징에 대해 이야기를 나누었습니다. 어떤가요? 이제 어느 정도 디자인 패턴에 익숙해졌나요? 연습 문제에도 꼭 도전해 보세요.

연습 문제

해답은 부록A (442페이지)

문제 2-1 Java

예제 프로그램에서는 `PrintBanner` 클래스의 인스턴스를 만들 때 다음과 같이 `Print`형 변수에 대입했습니다(리스트 2-4).

```
Print p = new PrintBanner("Hello");
```

왜 다음과 같이 `PrinntBanner`형 변수에 대입하지 않았을까요?

```
PrintBanner p = new PrintBanner("Hello");
```

문제 2-2

`java.util.Properties`는 다음과 같이 키와 값의 쌍(property)을 관리하는 클래스입니다.

```
depth=32
width=1024
height=512
```

`java.util.Properties` 클래스에는 `java.io.Reader`를 이용해서 속성을 읽거나 `java.io.Writer`를 이용해서 속성을 기록하는 다음과 같은 메소드가 있습니다.

```
public void load(Reader reader) throws IOException
     속성의 집합을 Reader를 경유해서 읽어들인다

public void store(Writer writer, String comments) throws IOException
     속성의 집합을 Writer를 경유해서 기록한다. comments는 주석 문자열
```

Adapter 패턴을 사용해 속성 집합을 파일에 저장하는 `FileProperties` 클래스를 만들어 보세요. 이때 속성 집합을 파일에 저장하는 메소드는 리스트 2-7의 `FileIO` 인터페이스(Target 역)에서 선언하고, `FileProperties` 클래스는 이 `FileIO` 인터페이스를 구현하는 것으로 합니다.

실행 전 file.txt 및 실행 후 newfile.txt는 리스트 2-9 및 리스트 2-10과 같습니다(#으로 시작하는 행은 `java.util.Properties` 클래스에 의해 자동으로 추가되는 주석입니다).

FileProperties 클래스가 있으면, java.util.Properties 클래스의 메소드를 모르더라도 FileIO 인터페이스의 메소드로 속성을 다룰 수 있게 됩니다.

전원에 비유하면, java.util.Properties 클래스는 공급되는 교류 100볼트에, FileIO 인터페이스는 필요로 하는 직류 12볼트에, 그리고 FileProperties 클래스는 어댑터에 해당합니다.

리스트 2-7 FileIO 인터페이스 (FileIO.java)

```
import java.io.IOException;

public interface FileIO {
    public void readFromFile(String filename) throws IOException;
    public void writeToFile(String filename) throws IOException;
    public void setValue(String key, String value);
    public String getValue(String key);
}
```

리스트 2-8 Main 클래스 (Main.java)

```
import java.io.IOException;

public class Main {
    public static void main(String[] args) {
        FileIO f = new FileProperties();
        try {
            f.readFromFile("file.txt");
            f.setValue("width", "1024");
            f.setValue("height", "512");
            f.setValue("depth", "32");
            f.writeToFile("newfile.txt");
            System.out.println("newfile.txt is created.");
        } catch (IOException e) {
            e.printStackTrace();
        }
    }
}
```

리스트 2-9 입력 파일 (file.txt)

```
width=640
```

리스트 2-10 출력 파일 (newfile.txt)

```
#written by FileProperties
#Tue May 24 11:42:08 KST 2022
depth=32
height=512
width=1024
```

PART 3 Template Method

하위 클래스에서 구체적으로 처리한다

Template Method 패턴

템플릿이란 무엇인가?

템플릿이란 문자 모양대로 구멍이 난 얇은 플라스틱 판입니다. 펜으로 그 구멍을 따라 그리면 손으로도 반듯하게 글씨를 쓸 수 있습니다. 템플릿 구멍을 보면 어떤 형태의 문자인지 알 수 있지만, 실제로 어떤 문자가 될지는 구체적인 필기 도구가 정해지기 전까진 모릅니다. 사인펜을 사용하면 사인펜으로 쓴 문자가 되고, 연필을 사용하면 연필로 쓴 문자가 되며, 색연필을 사용하면 색깔이 있는 문자가 될 것입니다. 그러나 어떤 필기구를 사용하더라도 쓰여진 문자는 템플릿의 구멍 모양과 같습니다.

그림 3-1 템플릿을 사인펜으로 그리기

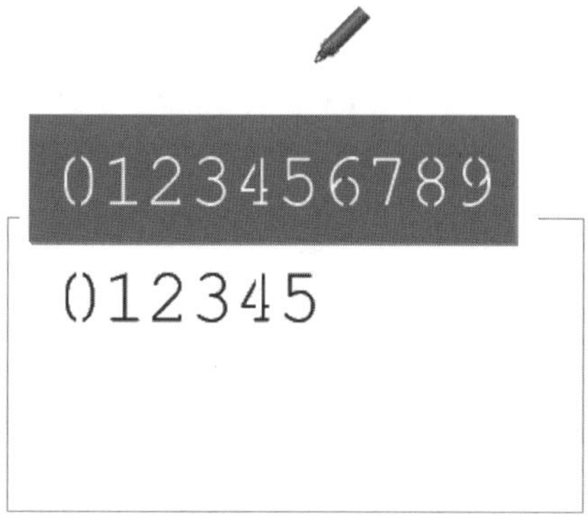

Template Method 패턴이란 무엇인가?

이 장에서 학습할 Template Method 패턴은 템플릿 기능을 가진 패턴입니다. 상위 클래스 쪽에 템플릿이 될 메소드가 정의되어 있고, 그 메소드 정의에 추상 메소드가 사용됩니다. 따라서 상위 클래스의 코드만 봐서는 최종적으로 어떻게 처리되는지 알 수 없습니다. 상위 클래스로 알 수 있는 것은 추상 메소드를 호출하는 방법뿐입니다.

추상 메소드를 실제로 구현하는 것은 하위 클래스입니다. 하위 클래스에서 메소드를 구현하면 구체적인 처리 방식이 정해집니다. 다른 하위 클래스에서 구현을 다르게 하면, 처리도 다르게 이루어집니다. 그러나, 어느 하위 클래스에서 어떻게 구현하더라도 처리의 큰 흐름은 상위 클래스에서 구성한 대로 됩니다.

이처럼 **상위 클래스에서 처리의 뼈대를 결정하고 하위 클래스에서 그 구체적 내용을 결정**하는 디자인 패턴을 **Template Method 패턴**이라고 부릅니다. 이 장에서는 Template Method 패턴에 대해서 학습합니다.

예제 프로그램

Template Method 패턴을 사용한 예제 프로그램을 살펴봅시다. 여기서 만들 예제 프로그램은 '문자나 문자열을 5번 반복해서 표시'하는 간단한 프로그램입니다.

여기서는 AbstractDisplay, CharDisplay, StringDisplay, Main이라는 네 개의 클래스가 등장합니다.

AbstractDisplay 클래스에는 display 메소드가 정의되어 있고 display 메소드 안에서 open, print, close라는 세 개의 메소드가 사용됩니다. open, print, close라는 세 개의 메소드도 AbstractDisplay 클래스 안에 선언되어 있지만, 실체가 없는 추상 메소드입니다. 여기서는 추상 메소드를 사용하는 display 메소드가 **템플릿 메소드**입니다.

open, print, close 메소드를 실제로 구현하는 것은 AbstractDisplay 클래스의 하위 클래스인 CharDisplay 클래스와 StringDisplay 클래스입니다. Main 클래스는 동작 테스트를 위한 클래스입니다.

표 3-1 클래스 목록

이름	설명
AbstractDisplay	메소드 display만 구현된 추상 클래스
CharDisplay	메소드 open, print, close를 구현하는 클래스
StringDisplay	메소드 open, print, close를 구현하는 클래스
Main	동작 테스트용 클래스

그림 3-2 예제 프로그램의 클래스 다이어그램

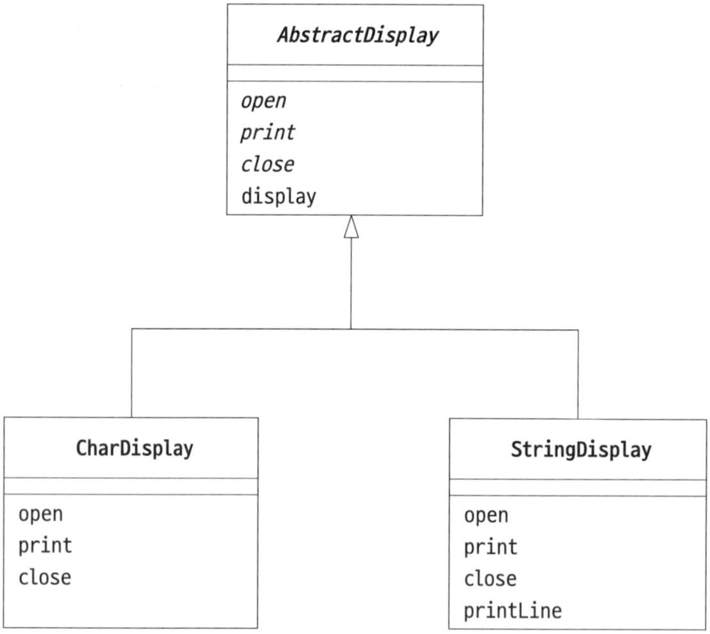

AbstractDisplay 클래스

AbstractDisplay 클래스(리스트 3-1)에는 open, print, close, display 메소드가 있습니다. 이 중 open, print, close는 추상 메소드이고 display 메소드만 구현되어 있습니다. AbstractDisplay 클래스에 작성된 display 메소드의 정의를 보면, 다음과 같은 작업을 수행하고 있음을 알 수 있습니다.

- open 메소드를 호출한다
- print 메소드를 5회 호출한다
- close 메소드를 호출한다

그렇다면 open, print, close 메소드는 각각 무슨 일을 하고 있을까요? AbstractDisplay 클래스를 보면, 이 세 개의 메소드는 추상 메소드로 되어 있습니다. 즉, AbstractDisplay 클래스의 display가 '실제로' 무슨 일을 하는지 AbstractDisplay 클래스만 봐서는 알 수 없습니다. 실제로 무슨 일을 하는지는 open, print, close를 구현하는 하위 클래스를 확인해 봐야 알 수 있습니다.

리스트 3-1 AbstractDisplay 클래스 (AbstractDisplay.java)

```java
public abstract class AbstractDisplay {
    // open, print, close는 하위 클래스에 구현을 맡기는 추상 메소드
    public abstract void open();
    public abstract void print();
    public abstract void close();

    // display는 AbstractDisplay에서 구현하는 메소드
    public final void display() {
        open();
        for (int i = 0; i < 5; i++) {
            print();
        }
        close();
    }
}
```

CharDisplay 클래스

여기까지 이해가 되었다면 이제 하위 클래스 중 하나인 CharDisplay 클래스(리스트 3-2)를 살펴봅시다. 상위 클래스인 AbstractDisplay 클래스에서 추상 메소드로 선언된 open, print, close가 모두 구현되어 있으므로 CharDisplay 클래스는 추상 클래스가 아닙니다. 또한 open, print, close는 상위 클래스의 메소드를 오버라이드한 메소드이기에 @Override 어노테이션이 적혀 있습니다.

CharDisplay 클래스의 open, print, close는 표 3-2와 같은 처리를 합니다.

표 3-2 CharDisplay 클래스의 open, print, close 메소드 처리

메소드 이름	처리
open	문자열 "<<"를 표시
print	생성자에서 주어진 1문자를 표시
close	문자열 ">>"를 표시

display 메소드가 호출되면 어떻게 될까요? 예를 들어 생성자에 'H'라는 문자가 전달되면 다음과 같은 문자열이 표시됩니다.

```
<<HHHHH>>
```

H가 다섯 번 표시된 것은 상위 클래스의 display 메소드가 print 메소드를 다섯 번 호출하는 것에 대응합니다.

리스트 3-2 CharDisplay 클래스 (CharDisplay.java)

```java
public class CharDisplay extends AbstractDisplay {
    private char ch; // 표시해야 하는 문자

    // 생성자
    public CharDisplay(char ch) {
        this.ch = ch;
    }

    @Override
    public void open() {
        // 시작 문자열 "<<"를 표시한다
        System.out.print("<<");
    }

    @Override
    public void print() {
        // 필드에 저장해 둔 문자를 1회 표시한다
        System.out.print(ch);
    }

    @Override
    public void close() {
        // 종료 문자열 ">>"를 표시한다
        System.out.println(">>");
    }
}
```

StringDisplay 클래스

이번에는 또 다른 하위 클래스인 StringDisplay 클래스(리스트 3-3)를 살펴봅시다. 물론 여기서도 open, print, close가 구현되어 있습니다. 이번에는 어떤 처리를 하고 있을까요?

StringDisplay의 open, print, close는 표 3-3과 같은 처리를 하고 있습니다.

표 3-3 StringDisplay 클래스의 open, print, close 메소드 처리

메소드 이름	처리
open	문자열 "+----+"을 표시
print	생성자에서 주어진 문자열을 "|"와 "|" 사이에 표시[2]
close	문자열 "+----+"을 표시

이 상태에서 display 메소드가 호출되면 어떻게 될까요? 생성자에 "Hello, world."라는 문자열이 전달되면, 다음과 같이 테두리로 둘러싸인 문자열이 표시됩니다.

```
+-------------+
| Hello, world. |
| Hello, world. |
| Hello, world. |
| Hello, world. |
| Hello, world. |
+-------------+
```

|Hello, world.|가 다섯 번 표시되는 것은 상위 클래스의 display 메소드가 print 메소드를 다섯 번 호출하는 것에 대응합니다.

리스트 3-3 StringDisplay 클래스 (StringDisplay.java)

```
public class StringDisplay extends AbstractDisplay {
    private String string;  // 표시해야 하는 문자열
    private int width;      // 문자열의 길이

    // 생성자
    public StringDisplay(String string) {
        this.string = string;
        this.width = string.length();
    }

    @Override
    public void open() {
        printLine();
```

2 여기서는 간단히 하고자 한 문자가 화면에서 한 열을 차지한다는 전제로 코딩했습니다.

```
    }

    @Override
    public void print() {
        System.out.println("|" + string + "|");
    }

    @Override
    public void close() {
        printLine();
    }

    // open과 close에서 호출되어 "+-----+" 문자열을 표시하는 메소드
    private void printLine() {
        System.out.print("+");
        for (int i = 0; i < width; i++) {
            System.out.print("-");
        }
        System.out.println("+");
    }
}
```

Main 클래스

Main 클래스로 동작을 테스트합니다. 지금까지 만든 CharDisplay 클래스와 StringDisplay 클래스의 인스턴스를 만들어 display 메소드를 호출합니다.

리스트 3-4 Main 클래스 (Main.java)

```
public class Main {
    public static void main(String[] args) {
        // 'H'를 가진 CharDisplay 인스턴스를 하나 만든다
        AbstractDisplay d1 = new CharDisplay('H');

        // "Hello, world."를 가진 StringDisplay 인스턴스를 하나 만든다
        AbstractDisplay d2 = new StringDisplay("Hello, world.");

        // d1,d2 모두 같은 AbstractDisplay의 하위 클래스의 인스턴스이므로
        // 상속한 display 메소드를 호출할 수 있다
        // 실제 동작은 CharDisplay나 StringDisplay 클래스에서 정해진다
        d1.display();
        d2.display();
```

```
14:     }
15: }
```

그림 3-3 실행 결과

```
<<HHHHH>>                ← d1에 의한 표시(CharDisplay)
+------------+           ← d2에 의한 표시(StringDisplay)
|Hello, world.|
|Hello, world.|
|Hello, world.|
|Hello, world.|
|Hello, world.|
+------------+
```

Template Method 패턴의 등장인물

Template Method 패턴의 등장인물은 다음과 같습니다.

◈ AbstractClass(추상 클래스) 역

템플릿 메소드를 구현하며, 그 템플릿 메소드에서 사용할 추상 메소드를 선언합니다. 이 추상 메소드는 하위 클래스인 ConcreteClass에서 구현됩니다. 예제 프로그램에서는 `AbstractDisplay` 클래스가 이 역할을 맡았습니다.

◈ ConcreteClass(구현 클래스) 역

AbstractClass 역에서 정의된 추상 메소드를 구체적으로 구현합니다. 여기서 구현하는 메소드는 AbstractClass의 템플릿 메소드에서 호출됩니다. 예제 프로그램에서는 `CharDisplay` 클래스와 `StringDisplay` 클래스가 이 역할을 맡았습니다.

이 Template Method 패턴을 클래스 다이어그램으로 나타내면 그림 3-4와 같습니다.

그림 3-4 Template Method 패턴의 클래스 다이어그램

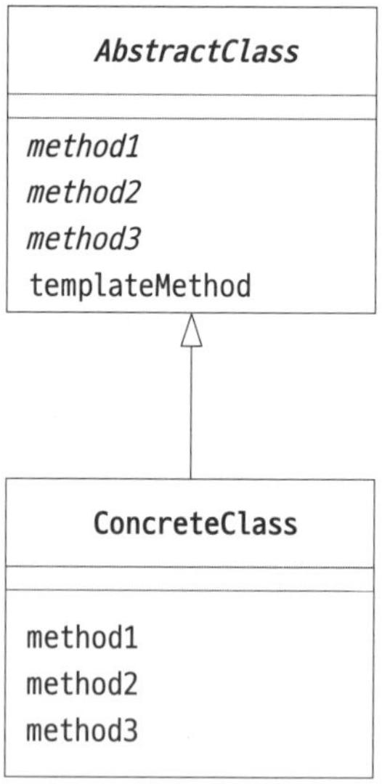

독자의 사고를 넓혀 주는 힌트

로직을 공통화할 수 있다

Template Method 패턴을 사용하면 어떤 장점이 있을까요? 상위 클래스의 템플릿 메소드에 알고리즘이 기술되어 있으므로, 하위 클래스 쪽에는 알고리즘을 일일이 기술할 필요가 없어집니다.

예를 들어 Template Method 패턴을 사용하지 않고 편집기의 복사 & 붙여넣기 기능으로 ConcreteClass를 여러 개 만들었다고 가정합시다. `ConcreteClass1`, `ConcreteClass2`, `ConcreteClass3`, …은 모두 비슷비슷한 클래스입니다. 만든 직후에는 괜찮겠지만, 나중에 `ConcreteClass1`에서 버그가 발견된다면 대체 어떻게 해야 할까요? 하나의 버그 수정 내용을 모든 ConcreteClass에 반영해야만 합니다.

하지만, Template Method 패턴을 적용해 프로그래밍하면 템플릿 메소드에 오류가 발견되더라도 템플릿 메소드만 수정하면 됩니다.

상위 클래스와 하위 클래스의 연계 플레이

Template Method 패턴에선 상위 클래스와 하위 클래스가 긴밀하게 연계하여 움직입니다. 그러므로, 상위 클래스에서 선언된 추상 메소드를 실제로 하위 클래스에서 구현할 때는 그 메소드가 어떤 타이밍에 호출되는지 이해해야만 합니다. 상위 클래스의 소스 프로그램이 없으면, 하위 클래스 구현이 어려울 수도 있습니다.

하위 클래스를 상위 클래스와 동일시한다

예제 프로그램에서는 `CharDisplay`의 인스턴스와 `StringDisplay`의 인스턴스 모두 `AbstractDisplay`형 변수에 대입해서 `display` 메소드를 호출하고 있습니다.

상위 클래스형 변수가 있고 그 변수에 하위 클래스 인스턴스가 대입된다고 가정했을 때, `instanceof` 등으로 하위 클래스의 종류를 특정하지 않아도 프로그램이 동작하게 만드는 것이 좋습니다.

상위 클래스형 변수에 하위 클래스의 인스턴스 중 어느 것을 대입해도 제대로 동작할 수 있게 하는 원칙을 "The Liskov Substitution Principle(LSP)"이라고 합니다.[3]

관련 패턴

◆ Factory Method 패턴(part 4)

Template Method 패턴을 인스턴스 생성에 응용한 전형적인 예가 Factory Method 패턴입니다.

◆ Strategy 패턴(part 10)

Template Method 패턴에서는 '상속'을 이용하여 프로그램 동작을 변경할 수 있습니다. 상위 클래스에서 프로그램 동작의 큰 틀을 결정하고 하위 클래스에서 구체적인 행동을 규정하기 때문입니다. 반면에 Strategy 패턴에서는 '위임'을 이용하여 프로그램의 동작을 변경할 수 있습니다. Strategy 패턴에서는 프로그램 일부를 변경하기보다는 알고리즘 전체를 모두 전환합니다.

3 단, 구현을 상속할 경우에는 LSP를 엄격하게 지키기는 게 불가능하다고 알려져 있습니다(inheritance is not subtyping).
참고: https://xtech.nikkei.com/it/article/COLUMN/20061107/252787/
참고: https://dl.acm.org/doi/10.1145/96709.96721

보강: 클래스 계층과 추상 클래스

상위 클래스에서 하위 클래스로 요청

우리가 클래스 계층에 관해 학습할 때 대부분 하위 클래스 관점에서 생각합니다. 즉, 다음과 같은 점에 주목하는 경향이 있습니다.

- 상위 클래스에서 정의된 메소드를 하위 클래스에서 이용할 수 있다.
- 하위 클래스에 약간의 메소드를 기술하는 것만으로 새로운 기능을 추가할 수 있다.
- 하위 클래스에서 메소드를 오버라이드하면 동작을 변경할 수 있다.

여기서 관점을 바꿔서 상위 클래스의 입장이 되어 생각해 봅시다. 상위 클래스에 추상 메소드가 선언되어 있으면, 그 메소드는 당연히 '하위 클래스에서 구현'하게 됩니다. 바꿔 말해, 추상 메소드 선언은 프로그램을 사용해 다음과 같이 주장하는 것입니다.

- 하위 클래스에서 그 메소드를 구현하기를 기대한다.
- 하위 클래스에 해당 메소드 구현을 요청한다.

하위 클래스에는 상위 클래스에서 선언한 추상 메소드를 구현할 책임이 있다고 할 수 있습니다. 이것을 subclass responsibility(하위 클래스의 책임)라고 합니다.

Java Java 프로그램에서 `@Override` 어노테이션은 해당 메소드가 상위 클래스나 인터페이스에서 선언된 메소드를 오버라이드했음을 나타냅니다. `@Override` 어노테이션을 발견하면, 어떤 책임을 맡은 메소드인지 주의하며 코드를 읽읍시다.

추상 클래스의 의의

추상 클래스는 인스턴스를 만들 수 없습니다. 추상 클래스를 처음 배울 때는 '인스턴스를 만들 수 없는 클래스가 무슨 도움이 될까?'하고 의문을 품는 사람도 있지만, 이 장에서 배운 Template Method 패턴을 이해하고 나면 그 궁금증이 조금은 풀릴 것입니다. 추상 메소드에는 메소드의 본체가 기술되어 있지 않아, 구체적인 처리 내용은 알 수 없습니다. 하지만 메소드 이름을 정하고 그 메소드를 사용한 템플릿 메소드에 의해 처리를 기술할 수는 있습니다. 실제 처리 내용은 하위 클래스까지 가야 결정되지만, **추상 클래스 단계에서 처리 흐름을 형성**하는 것은 중요합니다.

상위 클래스와 하위 클래스의 협조

상위 클래스와 하위 클래스는 서로 협조하면서 프로그램을 구축합니다. 상위 클래스에서 많이 기술하면 하위 클래스를 작성하기 편해지지만, 하위 클래스의 자유는 줄어듭니다. 반대로 상위 클래스에서 적게 기술하면 하위 클래스를 작성하기 힘들어지고, 또 각각의 하위 클래스에서 처리 기술이 중복될 수도 있습니다.

Template Method 패턴에서는 처리 내용의 뼈대는 상위 클래스에 기술하고, 구체적인 내용은 하위 클래스에 기술합니다. 어떤 수준에서 처리를 나눌지, 어떤 처리를 상위 클래스에 두고 어떤 처리를 하위 클래스에 둘지를 규정한 매뉴얼이 있는 것은 아닙니다. 그것은 프로그램을 설계하는 사람의 몫입니다.

이 장에서 학습한 내용

상위 클래스에서 처리 내용의 뼈대를 규정하고, 하위 클래스에서 처리 내용을 구체화하는 Template Method 패턴을 학습했습니다. 또 추상 클래스의 의의나 하위 클래스의 책임에 관해서도 배웠습니다.

다음 장에서는 인스턴스 생성에 Template Method 패턴을 적용한 Factory Method 패턴을 학습하겠습니다.

연습 문제

해답은 부록A (444페이지)

문제 3-1 Java

java.io.InputStream 클래스에서는 Template Method 패턴을 사용합니다. JDK의 API 레퍼런스를 읽고, java.io.InputStream의 하위 클래스에서 구현해야 하는 메소드는 무엇인지 조사하세요.

문제 3-2 Java

예제 프로그램의 AbstractDisplay 클래스(리스트 3-1)의 display 메소드는 다음과 같이 구현되어 있습니다.

```
public final void display() {
    ...
}
```

여기에서 final은 무엇을 나타내고 있을까요?

문제 3-3 Java

예제 프로그램에서 open, print, close 메소드를 상속 관계 및 같은 패키지에 있는 클래스에서만 호출할 수 있게 하고, 관계없는 다른 클래스에서는 호출할 수 없게 하고 싶습니다. 어떻게 해야 할까요?

문제 3-4 Java

Java의 인터페이스는 추상 클래스와 매우 비슷합니다. Java 8 이후에는 인터페이스의 메소드를 default 키워드로 선언해서 디폴트 구현을 정의할 수 있습니다. 예제 프로그램의 AbstractDisplay 클래스(리스트 3-1)를 인터페이스로 변경하세요.

PART 4 Factory Method

하위 클래스에서 인스턴스를 만든다

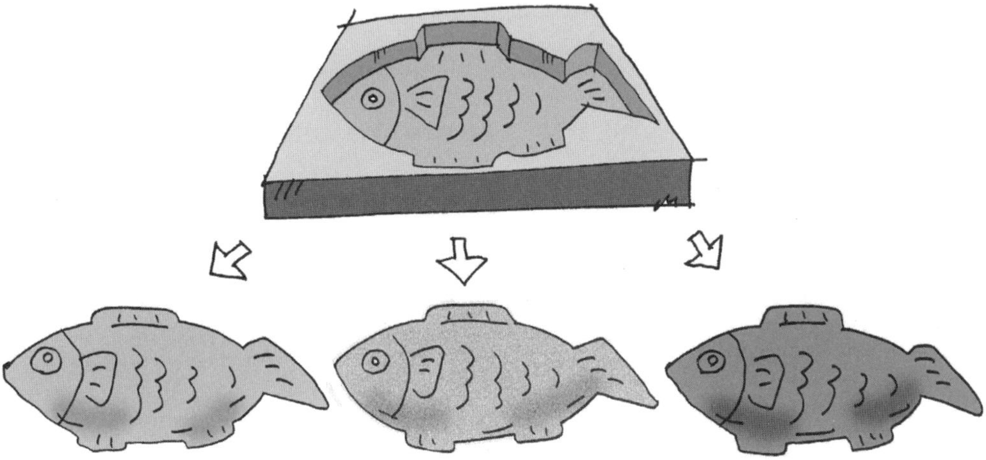

Factory Method 패턴

Template Method 패턴(part 3)에서는 상위 클래스에서 처리의 뼈대를 만들고, 하위 클래스에서 구체적인 처리의 살을 붙였습니다. 이 패턴을 인스턴스 생성 장면에 적용한 것이 이 장에서 학습할 Factory Method 패턴입니다.

factory는 '공장'이라는 의미입니다. 인스턴스를 생성하는 공장을 Template Method 패턴으로 구성한 것이 Factory Method 패턴입니다.

Factory Method 패턴에서는 인스턴스 생성 방법을 상위 클래스에서 결정하되, 구체적인 클래스 이름까지는 결정하지 않습니다. 구체적인 살은 모두 하위 클래스에서 붙입니다. 이로써 인스턴스 생성을 위한 뼈대(프레임워크)와 실제 인스턴스를 생성하는 클래스를 나누어 생각할 수 있게 됩니다.

예제 프로그램

Factory Method 패턴을 사용한 예제 프로그램을 살펴봅시다. 이 예제 프로그램은 신분증 카드(ID 카드)를 만드는 공장을 소재로 했습니다. 여기서는 다섯 개의 클래스가 등장합니다.

`Product` 클래스와 `Factory` 클래스는 인스턴스를 생성하는 뼈대(프레임워크) 역할을 하며, `framework` 패키지에 속해 있습니다. `IDCard` 클래스와 `IDCardFactory` 클래스는 뼈대에 살을 붙여 구체적인 내용을 구현하는 역할을 하며, `idcard` 패키지에 속해 있습니다. `Main` 클래스는 동작 테스트를 위한 클래스입니다.

이 장에서 소개하는 예제 프로그램을 볼 때는 `framework` 패키지 쪽을 보고 있는지, `idcard` 패키지 쪽을 보고 있는지 확인하세요.

- 인스턴스를 생성하는 프레임워크 쪽(`framework` 패키지)
- 구체적인 내용을 구현하는 쪽(`idcard` 패키지)

Java ·주의· 공개용 패키지를 개발하는 경우에는 도메인 이름을 반대로 한 문자열을 이용해 세상에 하나뿐인 패키지 이름으로 만드는 것을 추천합니다. 예를 들어 `example.com`이라는 도메인 이름을 기반으로 `com.example`로 시작하는 패키지 이름을 만듭니다. 여기서는 설명을 간단히 하고자 이 규칙을 따르지 않았습니다.

표 4-1 클래스 목록

패키지	이름	설명
framework	Product	추상 메소드 use만 정의한 추상 클래스
framework	Factory	메소드 create를 구현한 추상 클래스
idcard	IDCard	메소드 use를 구현한 클래스
idcard	IDCardFactory	메소드 createProduct, registerProduct를 구현한 클래스
이름 없음	Main	동작 테스트용 클래스

그림 4-1 예제 프로그램의 클래스 다이어그램

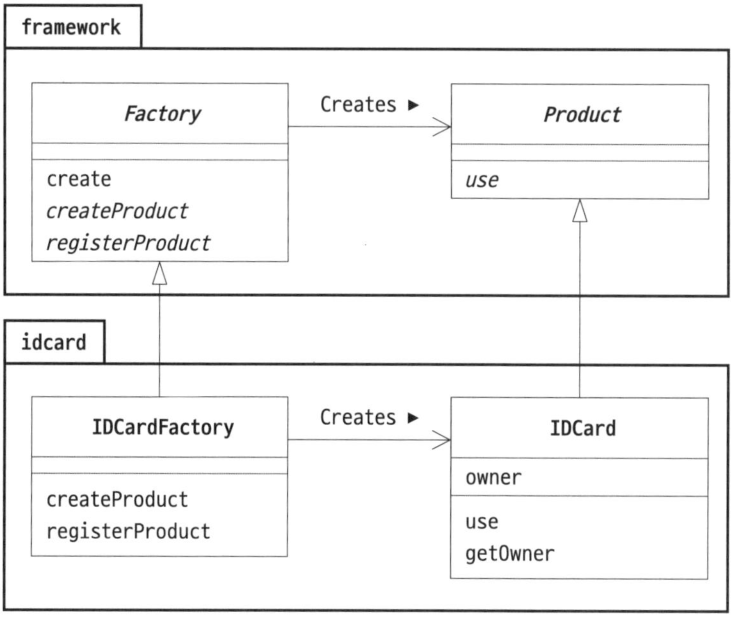

Product 클래스

framework 패키지의 Product 클래스(리스트 4-1)는 '제품'을 표현한 클래스입니다. 이 클래스에서는 추상 메소드 use만 선언되어 있습니다. 구체적인 use의 구현은 모두 Product의 하위 클래스에 맡기고 있습니다.

이 프레임워크에서는 '무엇이든 use할 수 있는(사용할 수 있는) 것'을 제품으로 규정합니다.

리스트 4-1 Product 클래스 (Product.java)

```
package framework;

public abstract class Product {
    public abstract void use();
}
```

Factory 클래스

framework 패키지의 Factory 클래스(리스트 4-2)에서는 Template Method 패턴이 사용됩니다. 추상 메소드 createProduct로 '제품을 만들고', 만든 제품을 추상 메소드 registerProduct로 '등록'합니다. '제품 만들기'와 '등록하기'는 하위 클래스에서 구현합니다.

이 프레임워크에서 공장이란 'create 메소드로 Product 인스턴스를 생성하는 것'으로 규정하고 있습니다. create 메소드는 'createProduct로 제품을 만들고 registerProduct로 등록'하는 절차로 구현되어 있습니다.

구체적인 구현 내용은 Factory Method 패턴을 적용한 프로그램에 따라 달라집니다. Factory Method 패턴에서는 인스턴스를 생성할 때 Template Method 패턴을 사용합니다.

리스트 4-2 Factory 클래스 (Factory.java)

```
package framework;

public abstract class Factory {
    public final Product create(String owner) {
        Product p = createProduct(owner);
        registerProduct(p);
        return p;
    }

    protected abstract Product createProduct(String owner);
    protected abstract void registerProduct(Product product);
}
```

IDCard 클래스

지금까지 프레임워크 쪽(framework 패키지)을 살펴봤습니다. 이번에는 구체적인 내용을 작성하는 쪽(idcard 패키지)을 살펴보겠습니다. 예를 들어, 인식번호 카드를 나타내는 IDCard 클래스를 만들어 봅시다. 프레임워크에서 분리되는 것임을 명시하고자 idcard 패키지라는 별도의 패키지를 만들고, IDCard 클래스(리스트 4-3)를 제품 Product 클래스의 하위 클래스로서 정의합니다.

리스트 4-3 IDCard 클래스 (IDCard.java)

```
package idcard;

import framework.Product;

public class IDCard extends Product {
    private String owner;

    IDCard(String owner) {
        System.out.println(owner + "의 카드를 만듭니다.");
        this.owner = owner;
    }

    @Override
    public void use() {
        System.out.println(this + "을 사용합니다.");
    }

    @Override
    public String toString() {
        return "[IDCard:" + owner + "]";
    }

    public String getOwner() {
        return owner;
    }
}
```

IDCardFactory 클래스

IDCardFactory 클래스(리스트 4-4)에서는 createProduct와 registerProduct 메소드를 구현합니다. createProduct는 IDCard 인스턴스를 생성하여 실제로 '제품을 만들고', registerProduct는 만들어진 제품을 등록합니다. 원래라면 데이터베이스나 웹서비스에 접속하여 제품을 등록하겠지만, 여기서는 간단히 '~을 등록했습니다.'라는 메시지만 표시합니다.

리스트 4-4 IDCardFactory 클래스 (IDCardFactory.java)

```
package idcard;

import framework.Factory;
import framework.Product;

public class IDCardFactory extends Factory {
    @Override
    protected Product createProduct(String owner) {
        return new IDCard(owner);
    }

    @Override
    protected void registerProduct(Product product) {
        System.out.println(product + "을 등록했습니다.");
    }
}
```

Main 클래스

Main 클래스(리스트 4-5)에서는 framework 패키지와 idcard 패키지를 이용하여 실제로 IDCard를 만들어 사용해 봅시다.

리스트 4-5 Main 클래스 (Main.java)

```
import framework.Factory;
import framework.Product;
import idcard.IDCardFactory;

public class Main {
    public static void main(String[] args) {
        Factory factory = new IDCardFactory();
        Product card1 = factory.create("Youngjin Kim");
        Product card2 = factory.create("Heungmin Son");
        Product card3 = factory.create("Kane");
        card1.use();
        card2.use();
        card3.use();
```

```
14:     }
15: }
```

그림 4-2 실행 결과

```
Youngjin Kim의 카드를 만듭니다.
[IDCard:Youngjin Kim]을 등록했습니다.
Heungmin Son의 카드를 만듭니다
[IDCard:Heungmin Son]을 등록했습니다.
Kane의 카드를 만듭니다.
[IDCard:Kane]을 등록했습니다.
[IDCard:Youngjin Kim]을 사용합니다.
[IDCard:Heungmin Son]을 사용합니다.
[IDCard:Kane]을 사용합니다.
```

Factory Method 패턴의 등장인물

Factory Method 패턴의 등장인물은 다음과 같습니다. 클래스 다이어그램(그림 4-3)을 보면, 상위 클래스(추상적인 뼈대, 프레임워크) 쪽에 있는 Creator와 Product의 관계가 하위 클래스(살을 붙인 구체적인 내용) 쪽에 있는 ConcreteCreator와 ConcreteProduct의 관계와 병행하고 있음을 알 수 있습니다.

◈ Product(제품) 역

이것은 프레임워크 쪽입니다. 이 패턴으로 생성되는 인스턴스가 가져야 할 인터페이스(API)를 결정하는 추상 클래스입니다. 구체적인 내용은 하위 클래스 ConcreteProduct에서 결정합니다. 예제 프로그램에서는 `Product` 클래스가 이 역할을 맡았습니다.

◈ Creator(작성자) 역

이것은 프레임워크 쪽으로, Product 역을 생성하는 추상 클래스입니다. 구체적인 내용은 하위 클래스 ConcreteCreator가 결정합니다. 예제 프로그램에서는 `Factory` 클래스가 이 역할을 맡았습니다. Creator 역은 실제로 생성할 ConcreteProduct 역에 대해서는 아는 바가 없습니다. Creator 역이 아는 것은 Product 역과 인스턴스 생성 메소드(그림 4-3에서는 `factory Method`)를 호출하면 `Product`가 생성된다는 것뿐입니다. 예제 프로그램에서는 `createProduct`가 인스턴스를 생성하는 메소드입니다. `new`를 사용해 실제 인스턴스를 생성하는 대신에, 인스턴스를 생성하는 메소드를 호출함으로써 구체적인 클래스 이름에 의한 속박에서 상위 클래스를 자유롭게 합니다.

◆ ConcreteProduct(구체적인 제품) 역

이것은 구체적으로 살을 붙이는 쪽으로, 구체적인 제품을 결정합니다. 예제 프로그램에서는 `IDCard` 클래스가 이 역할을 맡았습니다.

◆ ConcreteCreator(구체적인 작성자) 역

이것은 구체적으로 살을 붙이는 쪽으로, 구체적인 제품을 만들 클래스를 결정합니다. 예제 프로그램에서는 `IDCardFactory` 클래스가 이 역할을 맡았습니다.

그림 4-3 Factory Method 패턴의 클래스 다이어그램

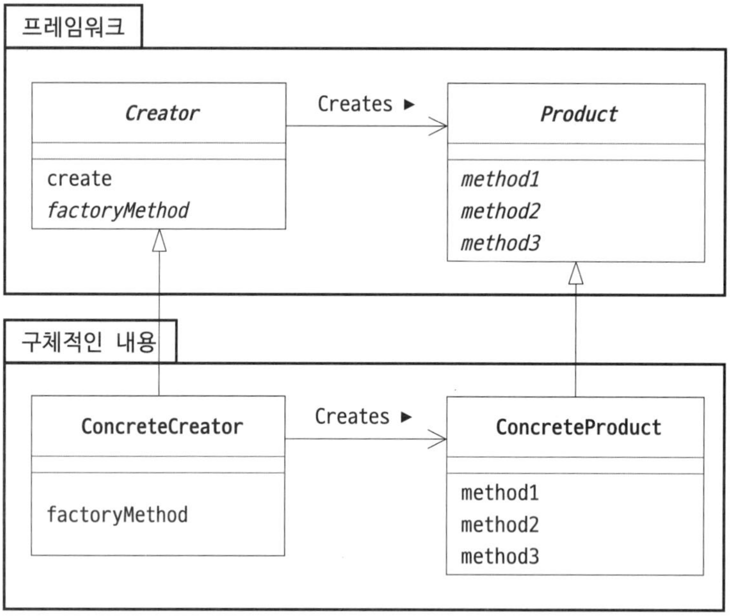

독자의 사고를 넓혀 주는 힌트

프레임워크와 구체적인 내용

지금까지 '프레임워크'와 '구체적인 내용'이라는 두 가지 측면에서 이야기했습니다. 이들은 각각 framework 패키지와 idcard 패키지로 나뉘어 있습니다.

여기서 같은 프레임워크를 사용하여 전혀 다른 '제품'과 '공장'을 만든다고 해 봅시다. 예를 들어 TV 클래스 Television과 TV 공장 TelevisionFactory를 만든다고 가정해 볼까요? 이 경우 framework 패키지를 import하는 별개의 television 패키지를 만들게 되겠지요.

여기서 framework 패키지 내용을 수정하지 않고도 전혀 다른 '제품'과 '공장'을 만들 수 있다는 점에 주목하세요. framework 패키지 내용을 수정할 필요가 없습니다. 생각해 보세요. framework 패키지 안에서는 idcard 패키지를 import하지 않았습니다. Product 클래스나 Factory 클래스에 IDCard나 IDCardFactory라는 구체적인 클래스 이름이 적혀 있지 않습니다. 따라서 새로운 클래스를 같은 프레임워크로 생성하는 경우에도 예를 들어 television 패키지를 import하는 것 같은 framework 패키지 수정은 전혀 필요 없습니다. 이것을 'framework 패키지는 idcard 패키지에 의존하지 않는다'고 표현합니다.

인스턴스 생성 - 메소드 구현 방법

예제 프로그램에서 Factory 클래스의 createProduct 메소드는 추상 메소드입니다. 즉, 이 메소드는 하위 클래스에서 구현해야 합니다.

createProduct 메소드를 기술하는 방법은 다음 두 가지로 생각할 수 있습니다.

◆ 추상 메소드로 기술한다

한 가지는 추상 메소드로 기술하는 방법입니다. 추상 메소드로 기술하면, 하위 클래스에서는 반드시 이 메소드를 구현해야만 합니다. 구현되어 있지 않으면 컴파일할 때 검출됩니다. 예제 프로그램에서는 이 방법을 사용했습니다.

```
abstract class Factory {
    public abstract Product createProduct(String name);
    ...
}
```

◆ 디폴트 구현을 준비해 둔다

또 한 가지는 디폴트 구현을 준비하는 방법입니다. 디폴트 구현을 준비해 두면, 하위 클래스에서 구현하지 않은 경우에 디폴트 구현이 사용됩니다.

```
class Factory {
    public Product createProduct(String name) {
        return new Product(name);
    }
    ...
}
```

단, 이 경우에는 Product 클래스에 대해 직접 new를 실행하므로 Product 클래스를 추상 클래스로 둘 수는 없습니다.

패턴 이용과 개발자 간의 의사소통

part 3에서 배운 Template Method 패턴도, part 4의 Factory Method 패턴도 실제로 하는 일에 비해서는 복잡한 프로그래밍으로 느껴집니다. 그 이유는 하나의 클래스만 읽어서는 동작을 잘 이해할 수 없기 때문입니다. 상위 클래스에서 동작의 뼈대를 이해한 후 거기에서 사용되는 추상 메소드가 무엇인지 확인하고, 다시 그 추상 메소드를 실제로 구현하는 클래스의 소스 코드를 살펴볼 필요가 있습니다.

일반적으로 디자인 패턴을 사용해 어떤 클래스군을 설계할 경우, 그 클래스군을 보수하는 사람에게 설계자가 의도한 디자인 패턴이 무엇인지 잘 전달할 필요가 있습니다. 그렇지 않으면 설계자의 처음 의도에서 벗어난 수정이 가해질 수 있기 때문입니다. 프로그램의 주석이나 개발 문서 안에 실제로 사용되는 디자인 패턴의 명칭과 의도를 기술해 두는 것도 좋은 방법입니다.

static Factory Method

인스턴스 생성을 위한 클래스 메소드(static 메소드) 전반을 Factory Method라고 부르는 경우가 있습니다. 이것은 GoF의 Factory Method 패턴과는 다르지만, Java에서 인스턴스를 생성할 때 매우 자주 사용되는 기법입니다. Java API 레퍼런스에서도 인스턴스 생성을 위한 클래스 메소드를 static Factory Method로 표현하기도 합니다.

Java API 레퍼런스를 읽을 때는 참조하는 클래스에 static Factory Method가 제공되는지 주목합시다. 이는 인스턴스 생성에서 중요한 역할을 하는 경우가 많기 때문입니다.

static Factory Method로서는 create, newInstance, getInstance 등의 이름이 자주 사용되지만, 그 밖의 이름이 사용되는 경우도 있습니다.

- java.security.SecureRandom의 getInstance 메소드는 난수 생성 알고리즘 이름을 지정해서 SecureRandom 인스턴스를 생성하는 static Factory Method입니다.

```
SecureRandom random = SecureRandom.getInstance("NativePRNG");
```

- java.util.List의 of 메소드는 구체적인 요소를 주면 List 인스턴스를 생성하는 static Factory Method 입니다.

```
// "Alice", "Bob", "Chris"로 구성된 List를 얻는다.
List<String> list = List.of("Alice", "Bob", "Chris");
```

- java.util.Arrays의 asList 메소드는 지정된 배열이나 열거한 요소로부터 List 인스턴스를 생성하는 static Factory Method입니다.

```
String[] arr = { "Alice", "Bob", "Chris" };
List<String> list1 = Arrays.asList(arr);
List<String> list2 = Arrays.asList("Alice", "Bob", "Chris");
```

- java.lang.String의 valueOf 메소드는 다양한 형태의 문자열 표현을 얻는 static Factory Method입니다.

```
// char형 'A'로부터 String형 "A"를 얻는다.
String string = String.valueOf('A');
```

- java.time.Instant의 now 메소드는 현재 시간을 나타내는 Instant의 인스턴스를 생성하는 static Factory Method입니다. 여기서는 생성한 인스턴스가 무엇인지 알기 쉽게 now(지금)라는 이름으로 되어 있습니다.

```
Instant instant = Instant.now();
```

관련 패턴

◆ Template Method 패턴(part 3)

Factory Method 패턴은 Template Method 패턴의 전형적인 응용입니다. 예제 프로그램의 `create` 메소드가 템플릿 메소드로 되어 있습니다.

◆ Singleton 패턴(part 5)

Creator 역(또는 ConcreteCreator 역)을 맡는 클래스는 대부분 Singleton 패턴으로 만들 수 있습니다. 프로그램 안에서 인스턴스가 여러 개 존재할 필요가 별로 없기 때문입니다. 단, 이 예제 프로그램은 Singleton 패턴으로 되어 있지 않습니다.

◆ Composite 패턴(part 11)

Product 역(또는 ConcreteProduct 역)에 Composite 패턴을 적용할 수 있습니다.

◆ Iterator 패턴(part 1)

Iterator 패턴에서 `iterator` 메소드가 `Iterator` 인스턴스를 만들 때 Factory Method 패턴을 사용할 수 있습니다.

이 장에서 학습한 내용

이 장에서는 인스턴스 생성에 Template Method 패턴을 응용한 Factory Method 패턴을 배웠습니다.

디자인 패턴 사고방식에는 익숙해졌나요? 하나의 패턴 안에서 복수의 클래스나 인터페이스가 각각의 역할을 가지고 서로 관련되어 동작합니다. 하나의 클래스만 보고 어떤 패턴인지 단정하지 말고, 반드시 클래스나 인터페이스의 상호 관계를 살펴보도록 합시다. 백설공주가 혼자 무대에 서 있는 것만으로는 백설공주라는 연극을 할 수 없습니다. 그러나 세상에는 혼자서도 드라마가 성립되는 '일인극'도 있습니다. 다음 장에서는 '일인극'에 가까운 패턴을 소개합니다.

연습 문제

해답은 부록A (447페이지)

문제 4-1 Java

예제 프로그램에서 **IDCard** 클래스(리스트 4-3)의 생성자는 **public**으로 되어 있지 않습니다. 이는 무엇을 나타내는 것일까요?

```
public class IDCard extends Product {
    ...
    IDCard (String owner) {
        ...
    }
    ...
}
```

문제 4-2

예제 프로그램의 **IDCard** 클래스(리스트 4-3)에 카드 일련번호를 매기고, **IDCardFactory** 클래스가 일련번호와 소지자의 대응표를 갖도록 수정하세요.

문제 4-3 Java

Product 클래스(리스트 4-1)의 하위 클래스에서는 생성자에 반드시 '제품명'을 인수로서 부여하도록 강제하고자 아래와 같이 **Product** 클래스를 정의했습니다. 그런데 컴파일할 때 오류가 발생했습니다. 어째서일까요?

```
public abstract class Produc t {
    public abstract Product(String name);
    public abstract void use();
}
```

PART 5 Singleton

인스턴스를 단 하나만 만든다

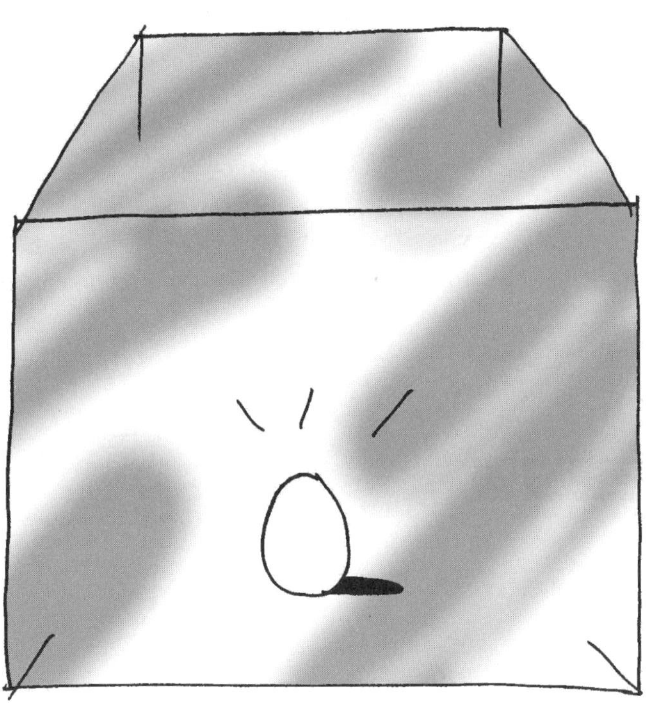

Singleton 패턴

프로그램을 실행하면 보통은 많은 인스턴스가 생성됩니다. 예를 들어, 문자열을 나타내는 `java.lang.String` 클래스의 경우 문자열 1개에 인스턴스 1개가 생성되므로, 문자열이 1,000개 등장하는 프로그램이라면 인스턴스가 1,000개 만들어집니다.

하지만, '클래스의 인스턴스를 딱 하나만 만들고 싶을 때'도 있습니다. 바로 시스템 안에 1개만 존재한다는 것을 프로그램으로 표현하고 싶을 때입니다. 예를 들어, 컴퓨터 시스템 전체를 표현한 클래스나 현재 시스템 설정을 표현한 클래스 혹은 각종 상수 등입니다.

물론 신중하게 프로그래밍하여 `new MyClass()`를 한 번만 실행하도록 하면, `MyClass` 인스턴스는 하나만 생성됩니다. 하지만 '프로그래머가 주의를 기울여서 인스턴스를 하나만 생성'하는 게 아니라, 다음과 같은 경우에는 어떻게 하면 좋을까요?

- 지정한 클래스의 인스턴스가 반드시 1개만 존재한다는 것을 보증하고 싶을 때
- 인스턴스가 하나만 존재한다는 것을 프로그램 상에서 표현하고 싶을 때

인스턴스가 하나만 존재하는 것을 보증하는 패턴을 **Singleton 패턴**이라고 부릅니다. singleton이란 요소가 하나뿐인 집합을 말합니다. 인스턴스가 하나뿐이어서 이런 이름이 붙었습니다. 이 장에서는 Singleton 패턴에 관하여 학습하겠습니다.

예제 프로그램

Singleton 패턴을 사용한 예제 프로그램을 살펴보겠습니다.

표 5-1 클래스 목록

이름	설명
Singleton	인스턴스가 하나만 존재하는 클래스
Main	동작 테스트용 클래스

그림 5-1은 예제 프로그램의 클래스 다이어그램을 나타냅니다. 생성자 Singleton의 앞부분에 -가 붙은 이유는 Singleton이 private임을 명시하기 위해서입니다. 또, 메소드 getInstance에 밑줄이 있는 이유는 이 메소드가 static 메소드(클래스 메소드)이기 때문입니다(이들은 UML의 약속입니다. p.32, p.34 참조).

그림 5-1 예제 프로그램의 클래스 다이어그램

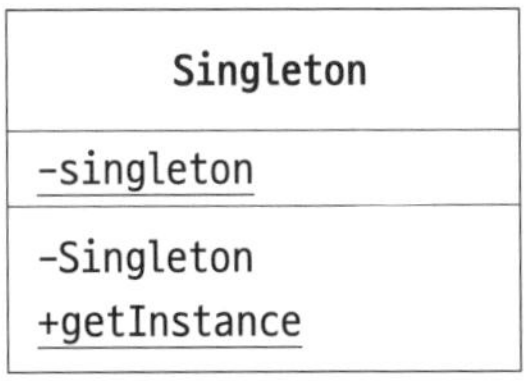

Singleton 클래스

Singleton 클래스(리스트 5-1)에서는 인스턴스를 하나만 만들 수 있는데, Singleton은 static 필드(클래스 변수)로 정의되고 Singleton 클래스의 인스턴스에서 초기화합니다. 초기화는 Singleton 클래스를 로드할 때 한 번만 실행됩니다.

Singleton 클래스의 생성자는 private로 되어 있습니다. 이는 Singleton 클래스 외부에서 생성자 호출을 금지하기 위해서입니다. 만약, 다음과 같은 코드가 이 클래스 외부에 있어도 컴파일할 때 에러가 발생합니다.

```
new Singleton()
```

처음부터 프로그래머가 주의해서 new 하지 않도록 해 주면, 생성자를 private로 할 필요는 없습니다. 하지만 Singleton 패턴은 프로그래머가 어떤 실수를 하더라도 인스턴스가 하나만 생성되는 것을 보증하는 패턴입니다. 이 보증을 위해 생성자를 private로 해 두는 것입니다. 여기서는 동작 상태를 확인하고자 생성자에서 "인스턴스를 생성했습니다."라는 메시지를 표시합니다.

Singleton 클래스의 유일한 인스턴스를 얻는 메소드로 getInstance가 제공됩니다. 이 getInstance는 p.96에서 다룬 static Factory Method의 일종입니다. 이 예제에서는 메소드 이름을 getInstance로 했지만, 반드시 이 이름으로 해야 하는 것은 아닙니다. 그러나 유일한 인스턴스를 얻을 방법이 뭔가 필요합니다.

리스트 5-1 Singleton 클래스 (Singleton.java)

```java
public class Singleton {
    private static Singleton singleton = new Singleton();

    private Singleton() {
        System.out.println("인스턴스를 생성했습니다.");
    }

    public static Singleton getInstance() {
        return singleton;
    }
}
```

Main 클래스

Main 클래스(리스트 5-2)는 Singleton 클래스를 이용하는 클래스입니다. 여기서는 Singleton 클래스의 getInstance 메소드를 사용해 Singleton 인스턴스를 얻습니다. getInstance 메소드는 두 번 호출되며, 반환값은 각각 obj1과 obj2에 대입됩니다. 확실히 같은 인스턴스가 얻어지는지 obj1 == obj2라는 식으로 확인합니다.

리스트 5-2 Singleton 클래스를 이용하는 클래스 (Main.java)

```java
public class Main {
    public static void main(String[] args) {
        System.out.println("Start.");
        Singleton obj1 = Singleton.getInstance();
        Singleton obj2 = Singleton.getInstance();
        if (obj1 == obj2) {
            System.out.println("obj1과 obj2는 같은 인스턴스입니다.");
        } else {
            System.out.println("obj1과 obj2는 같은 인스턴스가 아닙니다.");
        }
        System.out.println("End.");
    }
}
```

그림 5-2는 예제 프로그램을 실행한 결과입니다.

그림 5-2 실행 결과

```
Start.
인스턴스를 생성했습니다.
obj1과 obj2는 같은 인스턴스입니다.
End.
```

Singleton 패턴의 등장인물

Singleton 패턴의 등장인물은 다음과 같습니다.

◆ Singleton 역

Singleton 패턴에는 Singleton 역만 등장합니다. Singleton 역은 유일한 인스턴스를 얻기 위한 static 메소드를 가지고 있습니다. 이 메소드는 항상 같은 인스턴스를 반환합니다.

그림 5-3 Singleton 패턴의 클래스 다이어그램

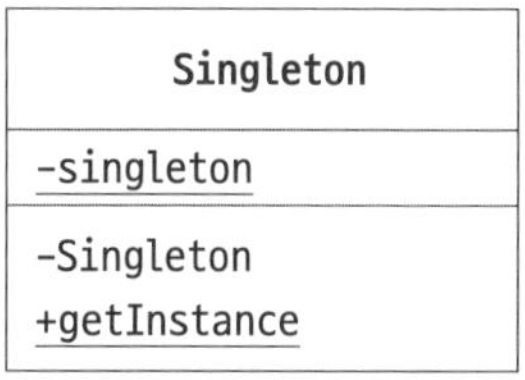

독자의 사고를 넓혀 주는 힌트

어째서 제한할 필요가 있을까?

Singleton 패턴에서는 인스턴스 수를 제한하고 있습니다. 왜 일부러 제한해서 프로그래밍할 필요가 있을까요? 제한을 둔다는 것은 전제 조건을 늘린다는 뜻입니다. 인스턴스가 여러 개 존재하면 인스턴스가 서로 영향을 미쳐 뜻밖의 버그를 만들어 낼 수 있습니다. 그러나 인스턴스가 하나뿐이라는 보장이 있다면 그 전제 조건 하에서 프로그래밍을 할 수 있습니다.

유일한 인스턴스는 언제 생성되는가? Java

예제 프로그램 실행 결과(그림 5-2)를 주의 깊게 보면, 'Start.'라고 표시한 다음 '인스턴스를 생성했습니다.'라고 표시된 것을 알 수 있습니다. 프로그램 실행 후 처음 getInstance 메소드를 호출할 때 Singleton 클래스가 초기화됩니다. 그리고 이때 static 필드가 초기화되며 유일한 인스턴스가 만들어집니다.

enum을 이용한 Singleton

enum의 요소는 상수로서 인스턴스의 유일성을 보증받습니다. 예를 들어 java.time.Month.APRIL은 달력의 4월을 나타내는 인스턴스이자 시스템에서 유일한 인스턴스입니다. 그러므로 요소를 하나만 가지는 enum을 이용하여 다음과 같이 Singleton 패턴을 구현할 수 있습니다.

```
enum Singleton {
    INSTANCE;
    public void hello() {
        System.out.println("hello is called.");
    }
}
```

이때 유일한 인스턴스에는 Singleton.INSTANCE라는 식으로 액세스할 수 있습니다. hello 메소드를 호출하는 구문은 다음과 같습니다.

```
Singleton.INSTANCE.hello();
```

관련 패턴

다음 패턴에서는 Singleton 패턴이 사용될 수 있습니다.

- Abstract Factory 패턴(part 8)
- Builder 패턴(part 7)
- Facade 패턴(part 15)
- Flyweight 패턴(part 20)
- Prototype 패턴(part 6)
- State 패턴(part 19)

이 장에서 학습한 내용

인스턴스가 하나만 생성되는 것을 보증하는 Singleton 패턴에 관해 배웠습니다. 인스턴스를 얻기 위한 `static` 메소드를 준비해 실수로 클래스 외부에서 `new` 되지 않도록 생성자를 `private`로 만들었습니다.

다음 장에서는 클래스에서 인스턴스를 만드는 것이 아니라 인스턴스에서 다른 인스턴스를 만드는 패턴을 학습합니다.

연습 문제

해답은 부록A (449페이지)

● 문제 5-1

TicketMaker 클래스(리스트 5-3)는 getNextTicketNumber 메소드를 호출할 때마다 1000, 1001, 1002, …라는 수를 차례로 반환해서 티켓 번호나 일련번호를 생성하는 데 사용합니다. 이 TicketMaker 클래스는 현재 상태라면 인스턴스를 몇 개라도 만들 수 있습니다. 여기에 Singleton 패턴을 적용해 인스턴스가 하나만 만들어지도록 변경해 보세요.

리스트 5-3 아직 Singleton 패턴이 아닌 TicketMaker 클래스 (TicketMaker.java)

```
public class TicketMaker {
    private int ticket = 1000;

    public int getNextTicketNumber() {
        return ticket++;
    }
}
```

● 문제 5-2

인스턴스 수가 3개로 제한되는 클래스 Triple을 만드세요. 인스턴스에는 "ALPHA", "BETA", "GAMMA"라는 이름이 붙어 있고, getInstance(String name)으로 name이라는 이름을 가진 인스턴스를 얻을 수 있다고 가정합니다.

● 문제 5-3

어떤 사람이 Singleton 클래스를 리스트 5-4처럼 만들었습니다. 그러나 이 상태에서 getInstance 메소드가 여러 스레드에서 호출되면 Singleton 패턴이 되지 않습니다. 어째서일까요?

리스트 5-4 여러 스레드에서 호출되면 Singleton 패턴이 되지 않는다 (Singleton.java)

```
public class Singleton {
    private static Singleton singleton = null;

    private Singleton() {
        System.out.println("인스턴스를 생성했습니다.");
```

```java
    }

    public static Singleton getInstance() {
        if (singleton == null) {
            singleton = new Singleton();
        }
        return singleton;
    }
}
```

PART 6 Prototype

복사해서 인스턴스를 만든다

Prototype 패턴

Something 클래스의 인스턴스를 만들고자 할 때 우리는 다음과 같이 new라는 Java 언어의 키워드를 사용해서 클래스 이름을 지정하고 인스턴스를 생성합니다.

```
new Something()
```

이처럼 new를 사용해 인스턴스를 만들 때는 클래스 이름을 반드시 지정해야만 합니다. 그러나 클래스 이름을 지정하지 않고 인스턴스를 생성하고 싶을 때도 있습니다. 다음과 같은 경우에는 클래스로부터 인스턴스를 만드는 대신 인스턴스를 복사해서 새 인스턴스를 만듭니다.

(1) 종류가 너무 많아 클래스로 정리할 수 없는 경우

첫 번째는 취급할 오브젝트 종류가 너무 많아서, 하나하나 다른 클래스로 만들면 소스 파일을 많이 작성해야 하는 경우입니다.

(2) 클래스로부터 인스턴스 생성이 어려운 경우

두 번째는 생성하고 싶은 인스턴스가 복잡한 과정을 거쳐 만들어지는 것으로, 클래스로부터 만들기가 매우 어려운 경우입니다. 예를 들어, 그래픽 에디터 등에서 사용자가 마우스로 그린 도형을 나타내는 인스턴스가 있다고 합시다. 이렇게 사용자 조작으로 만들어지는 인스턴스를 프로그래밍해서 만들기는 어렵습니다. 사용자 조작으로 만들어진 인스턴스와 같은 것을 다시 만들고 싶은 경우에는 지금 만든 인스턴스를 일단 저장해 두고 만들고 싶을 때 그것을 복사합니다.

(3) 프레임워크와 생성하는 인스턴스를 분리하고 싶은 경우

세 번째는 인스턴스를 생성하는 프레임워크를 특정 클래스에 의존하지 않게 하고 싶은 경우입니다. 이러한 경우에는 클래스 이름을 지정해서 인스턴스를 만드는 것이 아니라, 미리 '원형(原形)'이 될 인스턴스를 등록해 두고, 등록된 인스턴스를 복사해서 인스턴스를 생성합니다.

인스턴스로부터 다른 인스턴스를 생성하는 것은 복사기로 문서를 복사하는 것과 비슷합니다. 원본 서류를 어떻게 만들었는지 모르더라도 복사기에 넣으면 같은 서류를 몇 장이든 만들 수 있습니다. 이 장에서는 클래스에서 인스턴스를 생성하는 대신 인스턴스로부터 다른 인스턴스를 생성하는 Prototype 패턴에 관하여 학습하겠습니다. prototype은 '원형'이나 '모범'이라는 뜻입니다. 원형이 되는 인스턴스, 모범이 되는 인스턴스를 바탕으로 새로운 인스턴스를 만듭니다.

Java에서는 복제하는 조작을 'clone'이라고 부릅니다. 이 장에서는 Java 언어의 `clone` 메소드와 `Cloneable` 인터페이스의 사용법도 학습합니다.

예제 프로그램

Prototype 패턴을 사용한 예제 프로그램을 살펴봅시다. 아래에 제시한 예제 프로그램은 문자열을 테두리로 감싸서 표시하거나 밑줄을 그어 표시합니다.

표 6-1은 등장하는 클래스와 인터페이스 목록입니다. `Product` 인터페이스와 `Manager` 클래스는 `framework` 패키지에 속하며 인스턴스를 복제합니다. `Manager` 클래스는 `createCopy`를 호출하지만 구체적으로 어느 클래스의 인스턴스를 복제할지 관여하지 않습니다. `Product` 인터페이스를 구현한 클래스이기만 하면 해당 인스턴스를 복제할 수 있습니다.

`MessageBox` 클래스와 `UnderlinePen` 클래스는 모두 `Product` 인터페이스를 구현한 클래스입니다. 이 인스턴스를 만들어서 `Manager` 클래스에 등록해 두면 원하는 대로 복제할 수 있습니다.

표 6-1 클래스 및 인터페이스 목록

패키지	이름	설명
framework	Product	추상 메소드 use와 createCopy가 선언되어 있는 인터페이스
framework	Manager	createCopy를 사용하여 인스턴스를 복제하는 클래스
이름 없음	MessageBox	문자열을 테두리로 감싸서 표시하는 클래스로 use와 createCopy를 구현
이름 없음	UnderlinePen	문자열에 밑줄을 그어 표시하는 클래스로 use와 createCopy를 구현
이름 없음	Main	동작 테스트용 클래스

그림 6-1 예제 프로그램의 클래스 다이어그램

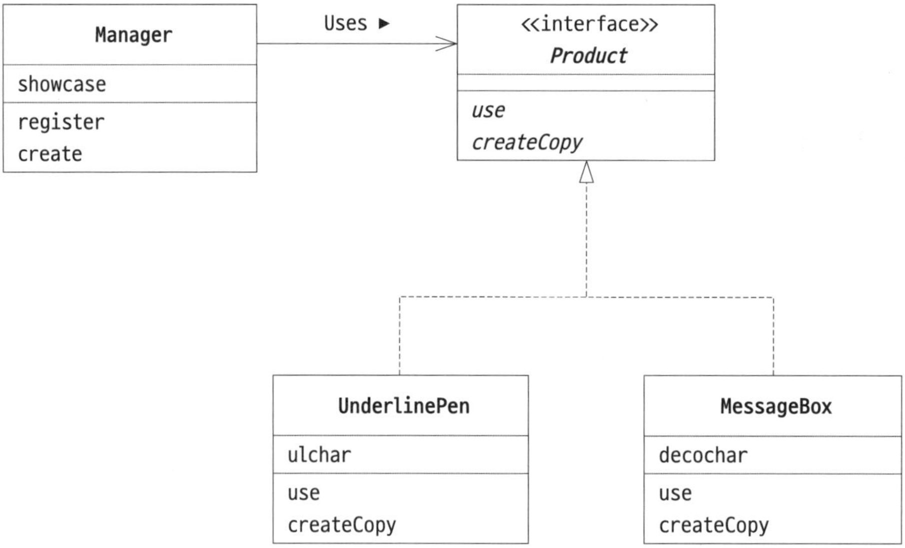

Product 인터페이스

java.lang.Cloneable 인터페이스를 상속한 Product 인터페이스(리스트 6-1)는 복제를 가능하게 합니다. Cloneable 인터페이스에 관해서는 p.123 보강에서 자세히 설명하겠지만, 이 인터페이스를 구현하는 클래스의 인스턴스는 clone 메소드를 사용해서 자동으로 복제할 수 있게 됩니다.

use 메소드는 '사용'하기 위한 것입니다. '사용'이 무엇을 의미하는지는 하위 클래스의 구현에 맡겨져 있습니다. createCopy는 인스턴스를 복제하기 위한 메소드입니다.

리스트 6-1 Product 인터페이스 (Product.java)

```
package framework;

public interface Product extends Cloneable {
    public abstract void use(String s);
    public abstract Product createCopy();
}
```

Manager 클래스

Manager 클래스(리스트 6-2)는 Product 인터페이스를 이용해 인스턴스를 복제하는 클래스입니다.

showcase 필드는 String으로 나타낸 '이름'과 Product 인터페이스를 구현한 클래스의 '인스턴스'와의 대응 관계를 java.util.Map<String,Product>로 표현했습니다. showcase 필드에 이름과 인스턴스의 쌍을 등록(put)해 두면, 지정한 이름에 대응하는 인스턴스를 취득(get)할 수 있습니다.

제품 이름과 Product 인터페이스를 주면, register 메소드에서 해당 쌍을 showcase에 등록합니다. 여기서 인수로 넘어오는 Product형의 prototype은 무엇일까요? 그 실제 클래스는 모르지만, 어쨌든 Product 인터페이스를 구현한 클래스의 인스턴스(즉, use 메소드나 createCopy 메소드를 호출할 수 있는 인스턴스)입니다.

Product 인터페이스나 Manager 클래스의 소스 코드에 MessageBox 클래스나 UnderlinePen 클래스의 이름이 전혀 나오지 않는 점에 주목하세요. 클래스 이름이 나오지 않는다는 것은 Product와 Manager는 그 클래스들과는 독립적으로 수정할 수 있다는 것을 뜻합니다. 이 점은 굉장히 중요한 포인트입니다. 소스 코드 안에 클래스 이름을 기술하면 그 클래스와 밀접한 관계가 생겨 버립니다. Manager 클래스에서는 구체적인 개별 클래스 이름을 쓰지 않고, 오직 Product라는 인터페이스 이름만 사용합니다. 이 인터페이스만이 Manager 클래스와 다른 클래스를 연결하는 다리가 됩니다.

리스트 6-2 Manager 클래스 (Manager.java)

```
package framework;

import java.util.HashMap;
import java.util.Map;

public class Manager {
    private Map<String,Product> showcase = new HashMap<>();

    public void register(String name, Product prototype) {
        showcase.put(name, prototype);
    }

    public Product create(String prototypeName) {
        Product p = showcase.get(prototypeName);
        return p.createCopy();
    }
}
```

MessageBox 클래스

이번에는 구체적인 하위 클래스 쪽을 살펴보겠습니다. MessageBox 클래스(리스트 6-3)는 Product 인터페이스를 구현(implements)합니다.

decochar 필드는 문자열을 장식처럼 에워싸는 문자입니다. use 메소드는 주어진 문자열을 decochar로 에워쌉니다. 예를 들어, decochar가 '*'일 때 'Hello'라는 문자열을 use 메소드에 주면 다음과 같이 표시합니다.[4]

```
********
* Hello *
********
```

createCopy는 자기 자신을 복제하는 메소드입니다. 여기서 호출하는 clone 메소드는 Java 언어 사양으로 규정되어 있으며, 자기 자신의 복제를 생성하는 메소드입니다. 복제를 생성할 때 인스턴스가 가진 필드 값도 그대로 새 인스턴스에 복사됩니다. clone 메소드로 복사할 수 있는 것은 java.lang.Cloneable 인터페이스를 구현한 클래스뿐입니다. 만약, 이 인터페이스가 구현되지 않은 경우에는 CloneNotSupportedException 예외가 발생할 수 있으므로 try...catch로 예외를 처리해야 합니다. MessageBox 클래스에서는 Product 인터페이스만 구현했지만, 앞서 살펴본 것처럼 Product 인터페이스는 java.lang.Cloneable 인터페이스를 확장한 것이므로 CloneNotSupportedException이 발생하지 않습니다. 덧붙여 java.lang.Cloneable 인터페이스는 단순한 표시로 이용될 뿐이고, 이 인터페이스가 선언하는 메소드는 없습니다.

Java 언어의 clone 메소드는 자신의 클래스(및 하위 클래스)에서만 호출할 수 있으므로, 다른 클래스의 요청으로 복제할 경우에는 createCopy와 같은 별도의 메소드로 clone을 감싸 줄 필요가 있습니다.

리스트 6-3 MessageBox 클래스 (MessageBox.java)

```java
import framework.Product;

public class MessageBox implements Product {
    private char decochar;

    public MessageBox(char decochar) {
        this.decochar = decochar;
    }

```

4 여기서는 간단히 하고자 한 문자가 화면에서 한 열을 차지한다는 전제로 코딩했습니다.

```
    @Override
    public void use(String s) {
        int decolen = 1 + s.length() + 1;
        for (int i = 0; i < decolen; i++) {
            System.out.print(decochar);
        }
        System.out.println();
        System.out.println(decochar + s + decochar);
        for (int i = 0; i < decolen; i++) {
            System.out.print(decochar);
        }
        System.out.println();
    }

    @Override
    public Product createCopy() {
        Product p = null;
        try {
            p = (Product)clone();
        } catch (CloneNotSupportedException e) {
            e.printStackTrace();
        }
        return p;
    }
}
```

UnderlinePen 클래스

UnderlinePen 클래스(리스트 6-4)는 MessageBox와 거의 같은 동작을 하는데, ulchar라는 필드가 '밑줄'로 사용됩니다. 예를 들어, ulchar가 '-'일 때 'Hello'라는 문자열을 use 메소드에 주면 다음과 같이 밑줄을 그어 Hello를 표시합니다.

```
Hello
-----
```

리스트 6-4 UnderlinePen 클래스 (UnderlinePen.java)

```
import framework.Product;

public class UnderlinePen implements Product {
    private char ulchar;
```

```java

    public UnderlinePen(char ulchar) {
        this.ulchar = ulchar;
    }

    @Override
    public void use(String s) {
        int ulen = s.length();
        System.out.println(s);
        for (int i = 0; i < ulen; i++) {
            System.out.print(ulchar);
        }
        System.out.println();
    }

    @Override
    public Product createCopy() {
        Product p = null;
        try {
            p = (Product)clone();
        } catch (CloneNotSupportedException e) {
            e.printStackTrace();
        }
        return p;
    }
}
```

Main 클래스

Main 클래스(리스트 6-5)에서는 우선 Manager의 인스턴스를 만들고 Manager의 인스턴스에 UnderlinePen의 인스턴스와 MessageBox의 인스턴스에 이름을 붙여 등록합니다(표 6-2).

표 6-2 Manager에 등록할 내용

이름	클래스 및 인스턴스의 내용
"strong message"	UnderlinePen에서 ulchar가 '-'
"warning box"	MessageBox에서 decochar가 '*'
"slash box"	MessageBox에서 decochar가 '/'

리스트 6-5 Main 클래스 (Main.java)

```java
import framework.Manager;
import framework.Product;

public class Main {
    public static void main(String[] args) {
        // 준비
        Manager manager = new Manager();
        UnderlinePen upen = new UnderlinePen('-');
        MessageBox mbox = new MessageBox('*');
        MessageBox sbox = new MessageBox('/');

        // 등록
        manager.register("strong message", upen);
        manager.register("warning box", mbox);
        manager.register("slash box", sbox);

        // 생성과 사용
        Product p1 = manager.create("strong message");
        p1.use("Hello, world.");

        Product p2 = manager.create("warning box");
        p2.use("Hello, world.");

        Product p3 = manager.create("slash box");
        p3.use("Hello, world.");
    }
}
```

그림 6-2 실행 결과

```
Hello, world.            ← p1.use의 출력
-------------
***************          ← p2.use의 출력
*Hello, world.*
***************
///////////////          ← p3.use의 출력
/Hello, world./
///////////////
```

Prototype의 등장인물

Prototype 패턴의 등장인물은 다음과 같습니다.

◆ Prototype(원형) 역

인스턴스를 복사하여 새로운 인스턴스를 만들기 위한 메소드를 결정합니다. 예제 프로그램에서는 `Product` 인터페이스가 이 역할을 맡았습니다.

◆ ConcretePrototype(구체적인 원형) 역

인스턴스를 복사하여 새로운 인스턴스를 만드는 메소드를 구현합니다. 예제 프로그램에서는 `MessageBox` 클래스와 `UnderlinePen` 클래스가 이 역할을 맡았습니다.

◆ Client(이용자) 역

인스턴스를 복사하는 메소드를 이용해 새로운 인스턴스를 만듭니다. 예제 프로그램에서는 `Manager` 클래스가 이 역할을 맡았습니다.

그림 6-3 Prototype 패턴의 클래스 다이어그램

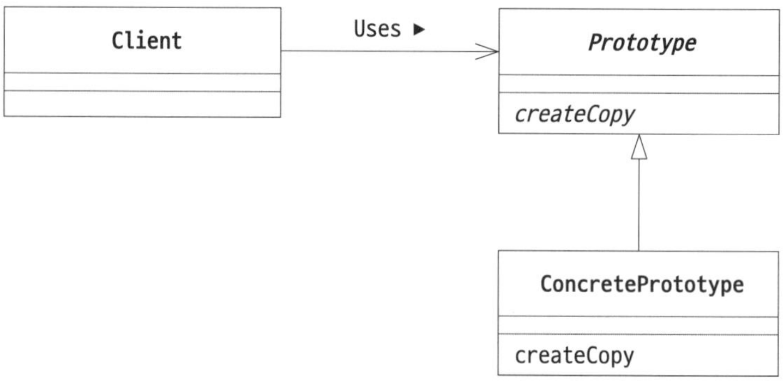

독자의 사고를 넓혀 주는 힌트

클래스에서 인스턴스를 만들면 안 되는 것일까?

필자가 Prototype 패턴을 배우고 가장 먼저 느낀 점은 인스턴스를 만들고 싶으면 간단히

```
new Something()
```

이라고 하면 되는데, "왜 Prototype 패턴이 필요한 걸까?"였습니다. 그 답은 이번 장을 시작할 때 세 가지 예를 들어 간단히 설명했습니다. 여기서 다시 한 번 예제 프로그램을 보면서 설명하겠습니다.

(1) 종류가 너무 많아 클래스로 정리할 수 없는 경우

예제 프로그램에서는 3개의 원형이 등장했습니다.

- '-'를 사용하여 문자열에 밑줄을 긋는 것
- '*'를 사용하여 문자열에 테두리를 그리는 것
- '/'를 사용하여 문자열에 테두리를 그리는 것

이 예는 간단한 프로그램이라서 원형이 세 개뿐이지만, 마음먹기에 따라 얼마든지 많은 종류의 원형을 만들 수 있습니다. 그러나 그 원형을 모두 개별 클래스로 만들어 버리면, 클래스 수가 너무 많아져서 소스 프로그램을 관리하기 어렵습니다.

(2) 클래스로부터 인스턴스 생성이 어려운 경우

이런 경우는 이번 예제에서 별로 실감할 수 없습니다. 마우스로 도형을 그리는 애플리케이션을 상상하면 이해하기 쉽습니다. 사용자가 마우스를 조작해서 그린 도형을 나타내는 인스턴스와 동일한 것을 만들고 싶을 때는 클래스를 사용하는 것이 아니라 인스턴스를 복사해서 만드는 편이 간단합니다.

(3) 프레임워크와 생성하는 인스턴스를 분리하고 싶은 경우

예제 프로그램에서는 인스턴스를 복제(`clone`)하는 부분을 `framework` 패키지 안에 두고 있습니다.

`Manager` 클래스의 `create` 메소드에는 클래스 이름 대신 `"strong message"`나 `"slash box"`라는 문자열을 인스턴스 생성을 위한 이름으로 부여합니다. 이는 Java 언어가 갖춘 인스턴스 생성 메커니즘인 `new Something()` 형식을 더욱 일반화하여 클래스 이름의 속박으로부터 프레임워크를 분리했다고 할 수 있습니다.

클래스 이름은 속박인가

그런데, 소스 코드 안에 클래스 이름을 쓰는 게 왜 문제가 될까요? 소스 코드 안에 사용할 클래스 이름을 쓰는 것은 당연한 일이 아닐까요? 여기서 우리는 객체지향 프로그래밍의 목표 중 하나가 '부품으로서의 재사용'이라는 점을 다시 한 번 상기할 필요가 있습니다.

소스 코드 안에 이용할 클래스 이름을 쓰는 것이 항상 나쁜 것만은 아닙니다. 그러나 소스 코드 안에 이용할 클래스 이름이 쓰여 있으면, 그 클래스와 분리해서 재사용할 수 없게 됩니다.

네, 물론 소스 코드를 수정해서 클래스 이름을 변경할 수 있습니다. 하지만 여기서 말하는 '부품으로서의 재사용'에서는 소스 코드를 수정하는 것은 고려하지 않습니다. Java로 말하자면, 클래스 파일(.class)만 있어도 그 클래스를 재사용할 수 있는지가 중요합니다. 다시 말해, 소스 파일(.java)이 없어도 재사용할 수 있느냐가 포인트입니다.

밀접하게 결합해야 하는 클래스 이름이 소스 안에서 사용되는 것은 당연하고 문제가 없지만, 부품으로 독립시켜야 하는 클래스 이름이 소스 안에서 사용되는 것은 문제가 됩니다.

관련 패턴

Flyweight 패턴(part 20)

Prototype 패턴에서는 현재 인스턴스와 동일한 상태의 별도의 인스턴스를 만들어 이용합니다. Flyweight 패턴에서는 하나의 인스턴스를 여러 장소에서 공유하여 이용합니다.

Memento 패턴(part 18)

Prototype 패턴에서는 현재 인스턴스와 동일한 상태의 별도의 인스턴스를 만듭니다. Memento 패턴에서는 스냅샷과 undo를 실행하기 위해 현재 인스턴스 상태를 저장합니다.

Composite 패턴(part 11) 및 Decorator 패턴(part 12)

Composite 패턴이나 Decorator 패턴을 많이 사용할 때 복잡한 구조의 인스턴스가 동적으로 만들어지는 경우가 있습니다. 이런 때 Prototype 패턴을 사용하면 편리합니다.

Command 패턴(part 22)

Command 패턴에 등장하는 명령을 복제하고자 하는 경우에 Prototype 패턴이 사용될 수 있습니다.

보강: clone 메소드와 java.lang.Cloneable 인터페이스

Java 언어의 clone

Java 언어에는 인스턴스를 복사하는 장치로 clone 메소드가 준비되어 있습니다. clone 메소드를 실행할 경우 복사 대상이 되는 클래스는 java.lang.Cloneable 인터페이스를 구현해야만 합니다. 복사 대상이 되는 클래스가 직접 java.lang.Cloneable 인터페이스를 구현해도 되고, 상위 클래스 어딘가에서 Cloneable 인터페이스를 구현해도 됩니다. 또한, Cloneable 인터페이스의 하위 인터페이스를 구현해도 상관없습니다. 예제 프로그램에서 MessageBox 클래스와 UnderlinePen 클래스는 Product 인터페이스를 구현했고, 그 Product 인터페이스는 Cloneable 인터페이스의 하위 인터페이스로 되어 있습니다.

Cloneable 인터페이스를 구현한 클래스의 인스턴스는 clone 메소드를 호출하면 복사됩니다. 그리고 clone 메소드의 반환값은 복사로 만들어진 인스턴스가 됩니다(내부에서 하는 일은 원본 인스턴스와 같은 크기의 메모리를 확보하고 원본 인스턴스의 필드 내용을 복사하는 것입니다).

만약 Cloneable 인터페이스를 구현하지 않은 클래스의 인스턴스가 clone 메소드를 호출하면 예외 CloneNotSupportedException(clone이 지원되지 않는 예외)이 발생합니다. 정리하면 다음과 같습니다.

- Cloneable 인터페이스를 구현한 클래스의 인스턴스
  → 복사된다
- Cloneable 인터페이스를 구현하지 않은 클래스의 인스턴스
  → CloneNotSupportedException이 발생한다

또한, java.lang 패키지는 암묵적으로 import되어 있어, 소스 코드에 java.lang.Cloneable이라고 쓰지 않고 간단히 Cloneable이라고 쓸 수 있습니다.

clone 메소드는 어디에 정의되어 있을까?

clone 메소드는 java.lang.Object 클래스에 정의되어 있습니다. Object 클래스는 Java 클래스 계층의 최상위 클래스이므로 모든 클래스에서 clone 메소드를 상속하게 됩니다.

Cloneable이 요구하는 메소드는?

'Cloneable 인터페이스'라고 하면, 그 안에 clone 메소드가 선언된 것으로 생각하기 쉽지만, Cloneable 인터

페이스에는 메소드가 하나도 선언되어 있지 않습니다. 이 인터페이스는 단순히 'clone 메소드로 복제를 허용한다'는 의도적인 표시로 사용됩니다. 이런 표시를 하는 인터페이스를 마커 인터페이스(marker interface)라고 부릅니다.

Java 표준 라이브러리에서 Cloneable이 마커 인터페이스인 것은 바꿀 수 없지만, 원래는 Cloneable 안에서 clone을 선언하도록 규정해야 했을 것입니다. 그러면 CloneNotSupportedException 예외도 필요 없어집니다.

clone 메소드는 얕은 복사를 한다

clone 메소드의 동작은 필드 내용을 그대로 복사하는 것입니다. 즉, 필드가 가리키는 인스턴스의 내용까지는 고려하지 않습니다. 예를 들어, 필드에 배열이 있다고 가정합시다. clone 메소드로 복사할 경우, 그 배열에 대한 참조만 복사되고 배열 요소가 하나하나 복사되진 않습니다.

이러한 필드 대 필드의 복사(field–for–field copy)를 '얕은 복사(shallow copy)'라고 부릅니다. clone 메소드가 하는 일은 '얕은 복사'입니다.

clone의 얕은 복사만으로 충분하지 않다면, 클래스 설계자가 clone 메소드를 오버라이드(override)해서 필요로 하는 '복사'를 정의할 수도 있습니다(clone 메소드를 오버라이드한 경우에는 super.clone()으로 상위 클래스의 clone 메소드를 호출하는 것을 잊지 마세요).

clone은 단지 복사만 하며, 생성자를 호출하는 것은 아니라는 점에 주의할 필요가 있습니다. 또, 인스턴스를 생성할 때 뭔가 특수한 초기화가 필요한 클래스에서는 clone 메소드 안에 처리를 기술할 필요가 있습니다. 자세한 내용은 Java API 레퍼런스에서 java.lang.Object 클래스의 clone 메소드 및 java.lang.Cloneable 인터페이스 항목을 참조하세요.

clone은 사용하기 어렵다

이 장에서는 Java 언어에서 제공되는 clone 메커니즘을 이용해 Prototype 패턴을 구현했습니다. 그러나 여러 종류의 필드를 가진 클래스의 인스턴스를 복제하기 위해 clone 메커니즘을 이용하는 것은 쉬운 일이 아닙니다. 그 이유는 java.lang.Object 클래스의 clone 메소드가 protected로 지정되어 있어, 상속 관계가 없는 클래스의 clone 메소드를 호출하기가 어렵기 때문입니다(clone의 어려움에 관한 자세한 내용은 부록D [Bloch]의 '항목 13 clone을 신중하게 재정의하기' 참조).

실제 Java 프로그램으로 인스턴스를 복제하는 클래스를 설계할 경우, clone 메커니즘에 의존하지 않고 복사 생성자나 복사 팩토리를 사용하는 편이 좋습니다. 연습 문제 6–2에서는 예제 프로그램을 복사 생성자를 사용하여 다시 작성합니다.

이 장에서 학습한 내용

이 장에서는 클래스에서 인스턴스를 만드는 것이 아니라, 인스턴스에서 새로운 인스턴스를 만드는 Prototype 패턴을 배웠습니다. 또한 `clone` 메소드와 `Cloneable` 인터페이스 사용법도 배웠습니다.

연습 문제

해답은 부록A (457페이지)

문제 6-1

예제 프로그램에서는 MessageBox 클래스(리스트 6-3)와 UnderlinePen 클래스(리스트 6-4)에 같은 동작을 하는 createCopy 메소드가 정의되어 있습니다. 같은 동작을 하는 메소드가 한 프로그램에 여러 개 정의되어 있는 것은 관리상 바람직하지 않으므로, 이 메소드를 공유하고 싶습니다. 어떻게 해야 할까요?

문제 6-2 Java

예제 프로그램에서는 Java의 clone으로 인스턴스 복사를 구현했는데, 복사 생성자로 인스턴스를 복사하는 방법도 있습니다. 복사 생성자란 '같은 클래스의 인스턴스를 인수로 가지고, 인스턴스 생성 시 필드를 복사하는 생성자'를 말합니다. 예를 들어, 예제 프로그램의 MessageBox 클래스(리스트 6-3)에 복사 생성자를 정의하면 다음과 같습니다.

```
// 복사 생성자
public MessageBox(MessageBox prototype) {
    this.decochar = prototype.decochar;
}
```

복사 생성자를 이용해서 인스턴스를 복사하도록 예제 프로그램을 다시 작성하세요.

PART 7 Builder

복잡한 인스턴스를 조립한다

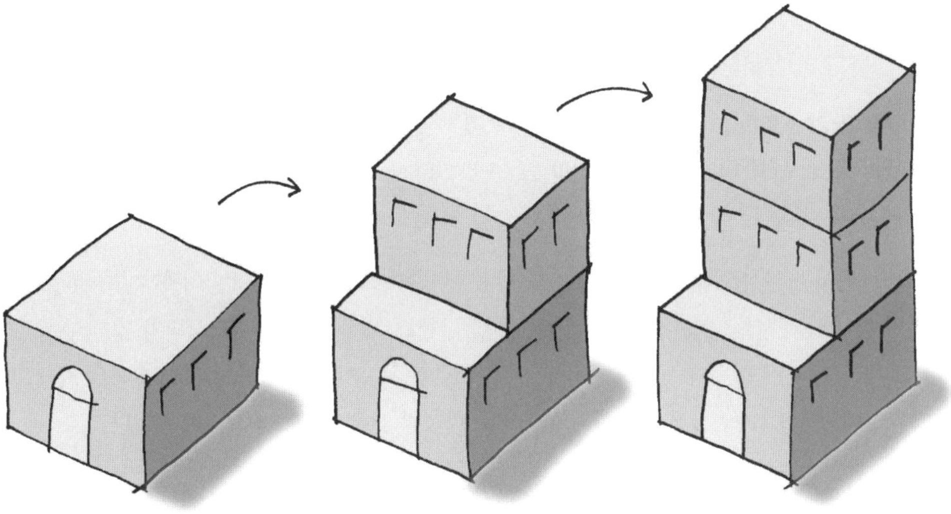

Builder 패턴

도시에는 빌딩이 많습니다. 빌딩(building)은 구조를 갖춘 커다란 건축물입니다. 일반적으로 구조를 갖춘 큰 구조물을 건축하거나 구축하는 것을 build라고 합니다.

빌딩을 지을 때는 먼저 지반을 다진 후, 뼈대를 만들고 아래에서 위로 조금씩 만들어 갑니다. 대체로 복잡한 구조를 가진 구조물을 만들 경우, 단숨에 완성하기는 어렵습니다. 우선 전체를 구성하는 각 부분을 만들고 단계를 밟아가며 만들게 됩니다.

이 장에서는 구조를 가진 인스턴스를 만들어 가는 Builder 패턴에 대해 학습합니다.

예제 프로그램

예제로는 Builder 패턴을 사용해 '문서'를 작성하는 프로그램을 만들어 봅시다. 여기에서 만들 문서는 다음과 같은 구조로 되어 있습니다.

- 타이틀을 한 개 포함한다
- 문자열을 몇 개 포함한다
- 항목을 몇 개 포함한다

`Builder` 클래스에서는 문서를 구성하는 메소드를 결정합니다. 그리고 `Director` 클래스는 그 메소드를 이용해서 구체적인 하나의 문서를 만듭니다. `Builder`는 추상 클래스로 실제 처리는 작성되지 않고 추상 메소드만 선언되어 있습니다. 문서 작성을 위한 구체적인 처리를 결정하는 것은 `Builder` 클래스의 하위 클래스입니다. 예제 프로그램에서는 `Builder` 클래스의 하위 클래스로 다음과 같은 클래스를 정의했습니다.

- `TextBuilder` 클래스 …… 텍스트(일반적인 문자열)를 이용해서 문서를 만든다
- `HTMLBuilder` 클래스 …… HTML을 이용해서 문서를 만든다

`Director`가 `TextBuilder`를 이용하면 일반 텍스트 문서가 만들어지고, `HTMLBuilder`를 사용하면 HTML 문서가 만들어집니다. 이 장의 연습 문제(문제 7-3)에서도 `Builder` 클래스의 하위 클래스를 만듭니다.

표 7-1 클래스 목록

이름	설명
Builder	문서를 구성하기 위한 메소드를 규정한 추상 클래스
Director	하나의 문서를 만드는 클래스
TextBuilder	텍스트(일반 문자열)를 이용하여 문서를 만드는 클래스
HTMLBuilder	HTML 파일을 이용하여 문서를 만드는 클래스
Main	동작 테스트용 클래스

그림 7-1 예제 프로그램의 클래스 다이어그램

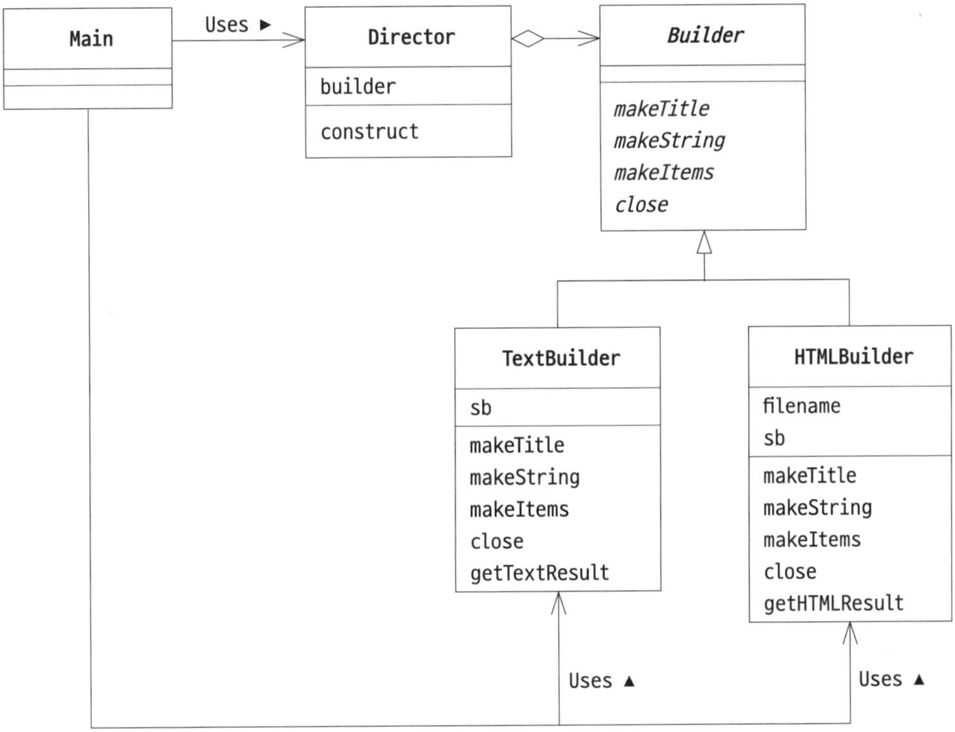

Builder 클래스

Builder 클래스(리스트 7-1)는 '문서'를 만드는 메소드들을 선언한 추상 클래스입니다. makeTitle, makeString, makeItems는 각각 제목, 문자열, 항목을 문서 안에 구축하는 메소드입니다. close 메소드는 문서를 완성하는 메소드입니다.

리스트 7-1 Builder 클래스 (Builder.java)

```
public abstract class Builder {
    public abstract void makeTitle(String title);
    public abstract void makeString(String str);
    public abstract void makeItems(String[] items);
    public abstract void close();
}
```

Director 클래스

Director 클래스(리스트 7-2)는 Builder 클래스에서 선언된 메소드로 문서를 만듭니다.

Director 클래스 생성자의 인수는 Builder형입니다. 하지만 실제로는 Builder 클래스의 인스턴스가 인수로 주어지지는 않습니다. 왜냐하면 Builder 클래스는 추상 클래스이므로 인스턴스를 만들 수 없기 때문입니다. Director의 생성자에 실제로 전달되는 것은 Builder 클래스의 하위 클래스(TextBuilder 클래스나 HTMLBuilder 클래스 등)의 인스턴스입니다. 주어진 Builder 클래스의 하위 클래스 종류에 따라 Director 클래스가 만들 구체적인 문서 형식이 정해집니다.

construct 메소드는 문서를 만드는 메소드입니다. 이 메소드를 호출하면 문서가 구축됩니다. construct 메소드가 사용하는 것은 Builder에서 선언된 메소드뿐입니다(construct는 '구축하다'라는 의미입니다).

리스트 7-2 Director 클래스 (Director.java)

```
public class Director {
    private Builder builder;

    // 생성자
    public Director(Builder builder) {
        this.builder = builder;
    }

    // 문서를 만드는 메소드
    public void construct() {
        builder.makeTitle("Greeting");
        builder.makeString("일반적인 인사");
        builder.makeItems(new String[]{
            "How are you?",
```

```
                "Hello.",
                "Hi.",
            });
            builder.makeString("시간대별 인사");
            builder.makeItems(new String[]{
                "Good morning.",
                "Good afternoon.",
                "Good evening.",
            });
            builder.close();
    }
}
```

TextBuilder 클래스

TextBuilder 클래스(리스트 7-3)는 Builder 클래스의 하위 클래스입니다. 일반 텍스트를 사용하여 문서를 구축합니다. 결과는 String으로 반환합니다.

리스트 7-3 TextBuilder 클래스 (TextBuilder.java)

```
public class TextBuilder extends Builder {
    private StringBuilder sb = new StringBuilder();

    @Override
    public void makeTitle(String title) {
        sb.append("==============================\n");
        sb.append("[");
        sb.append(title);
        sb.append("]\n\n");
    }

    @Override
    public void makeString(String str) {
        sb.append("■");
        sb.append(str);
        sb.append("\n\n");
    }

    @Override
    public void makeItems(String[] items) {
        for (String s: items) {
            sb.append(" ・");
```

```
            sb.append(s);
            sb.append("\n");
        }
        sb.append("\n");
    }

    @Override
    public void close() {
        sb.append("==============================\n");
    }

    public String getTextResult() {
        return sb.toString();
    }
}
```

HTMLBuilder 클래스

HTMLBuilder 클래스(리스트 7-4)도 Builder 클래스의 하위 클래스입니다. HTMLBuilder 클래스는 HTML 파일로 문서를 작성합니다. 작성한 결과는 HTML 파일의 파일명으로 돌려 줍니다.

리스트 7-4 HTMLBuilder 클래스 (HTMLBuilder.java)

```
import java.io.*;

public class HTMLBuilder extends Builder {
    private String filename = "untitled.html";
    private StringBuilder sb = new StringBuilder();

    @Override
    public void makeTitle(String title) {
        filename = title + ".html";
        sb.append("<!DOCTYPE html>\n");
        sb.append("<html>\n");
        sb.append("<head><title>");
        sb.append(title);
        sb.append("</title></head>\n");
        sb.append("<body>\n");
        sb.append("<h1>");
        sb.append(title);
        sb.append("</h1>\n\n");
    }
```

```java

    @Override
    public void makeString(String str) {
        sb.append("<p>");
        sb.append(str);
        sb.append("</p>\n\n");
    }

    @Override
    public void makeItems(String[] items) {
        sb.append("<ul>\n");
        for (String s: items) {
            sb.append("<li>");
            sb.append(s);
            sb.append("</li>\n");
        }
        sb.append("</ul>\n\n");
    }

    @Override
    public void close() {
        sb.append("</body>");
        sb.append("</html>\n");
        try {
            Writer writer = new FileWriter(filename);
            writer.write(sb.toString());
            writer.close();
        } catch (IOException e) {
            e.printStackTrace();
        }
    }

    public String getHTMLResult() {
        return filename;
    }
}
```

Main 클래스

Main 클래스(리스트 7-5)는 Builder 패턴을 테스트하는 프로그램입니다. 다음과 같이 커맨드 라인에서 지정한 형식에 따라 문서를 작성합니다.

java Main text …… 텍스트 문서 만들기

java Main html …… HTML 문서 만들기

커맨드 라인에서 text를 지정한 경우에는 TextBuilder 클래스의 인스턴스를 Director 클래스의 생성자에 전달합니다. 또 커맨드 라인에서 html을 지정한 경우에는 HTMLBuilder 클래스의 인스턴스를 Director 클래스의 생성자에 전달합니다.

TextBuilder와 HTMLBuilder는 Builder의 하위 클래스이고 Director는 Builder의 메소드만 사용해 문서를 만듭니다. Builder의 메소드만 사용한다는 것은 Director는 실제로 동작하는 것이 TextBuilder인지 HTMLBuilder인지 의식하지 않는다는 뜻입니다.

따라서 Builder는 문서 구축이라는 목적을 달성하는 데 필요하고 충분한 메소드군을 선언하고 있어야 합니다. 단, 텍스트나 HTML 파일에 고유한 메소드까지 Builder가 제공해서는 안 됩니다.

리스트 7-5 Main 클래스 (Main.java)

```
import java.io.IOException;
import java.nio.file.Files;
import java.nio.file.Path;

public class Main {
    public static void main(String[] args) {
        if (args.length != 1) {
            usage();
            System.exit(0);
        }
        if (args[0].equals("text")) {
            TextBuilder textbuilder = new TextBuilder();
            Director director = new Director(textbuilder);
            director.construct();
            String result = textbuilder.getTextResult();
            System.out.println(result);
        } else if (args[0].equals("html")) {
            HTMLBuilder htmlbuilder = new HTMLBuilder();
            Director director = new Director(htmlbuilder);
            director.construct();
            String filename = htmlbuilder.getHTMLResult();
            System.out.println("HTML파일 " + filename + "이 작성되었습니다.");
        } else {
            usage();
            System.exit(0);
        }
```

```
    }

    // 사용 방법을 표시한다
    public static void usage() {
        System.out.println("Usage: java Main text       텍스트로 문서 작성");
        System.out.println("Usage: java Main html       HTML 파일로 문서 작성");
    }
}
```

그림 7-2 실행 결과 (텍스트 문서)

```
java Main text
==============================
[Greeting]

■일반적인 인사

 ·How are you?
 ·Hello.
 ·Hi.

■시간대별 인사

 ·Good morning.
 ·Good afternoon.
 ·Good evening.

==============================
```

그림 7-3 실행 결과 (HTML 문서)

```
java Main html
HTML파일 Greeting.html이 작성되었습니다.
```

그림 7-4 Greeting.html (HTMLBuilder가 작성한 파일)

```
<!DOCTYPE html>
<html>
<head><title>Greeting</title></head>
<body>
<h1>Greeting</h1>

<p>일반적인 인사</p>

<ul>
<li>How are you?</li>
<li>Hello.</li>
<li>Hi.</li>
</ul>

<p>시간대별 인사</p>

<ul>
<li>Good morning.</li>
<li>Good afternoon.</li>
<li>Good evening.</li>
</ul>

</body></html>
```

그림 7-5 HTMLBuilder가 작성한 Greeting.html을 브라우저로 본 모습

Greeting
일반적인 인사
• How are you?
• Hello.
• Hi.
시간대별 인사
• Good morning.
• Good afternoon.
• Good evening.

Builder 패턴의 등장인물

Builder 패턴의 등장 인물은 다음과 같습니다.

◆ Builder(건축가) 역

인스턴스를 생성하기 위한 인터페이스(API)를 결정합니다. Builder 역에는 인스턴스의 각 부분을 만드는 메소드가 준비됩니다. 예제 프로그램에서는 `Builder` 클래스가 이 역할을 맡았습니다.

◆ ConcreteBuilder(구체적인 건축가) 역

Builder의 인터페이스(API)를 구현하는 클래스입니다. 실제 인스턴스 생성으로 호출되는 메소드가 여기에 정의됩니다. 또한 최종적으로 완성된 결과를 얻는 메소드가 준비됩니다. 예제 프로그램에서는 `TextBuilder` 클래스와 `HTMLBuilder` 클래스가 이 역할을 맡았습니다.

◆ Director(감독관) 역

Builder의 인터페이스(API)를 사용하여 인스턴스를 생성합니다. ConcreteBuilder 역에 의존하는 프로그래밍은 하지 않습니다. ConcreteBuilder 역이 무엇이든 잘 작동하도록 Builder의 메소드만 사용합니다. 예제 프로그램에서는 `Director` 클래스가 이 역할을 맡았습니다.

◆ Client(의뢰인) 역

Builder 패턴을 이용합니다(GoF 책(부록 D [GoF] 참조)에서는 Client 역이 Builder 패턴 안에 포함되지 않습니다). 예제 프로그램에서는 `Main` 클래스가 이 역할을 맡았습니다.

그림 7-6 Builder 패턴의 클래스 다이어그램

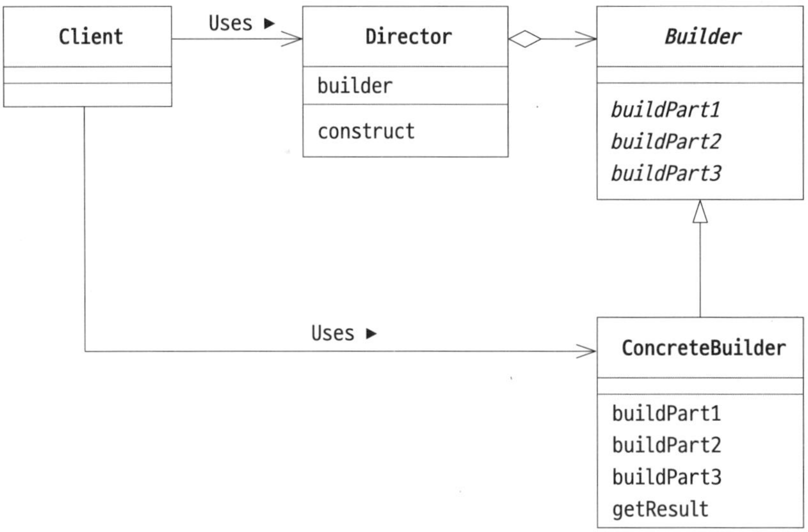

그림 7-7 Builder 패턴의 시퀀스 다이어그램

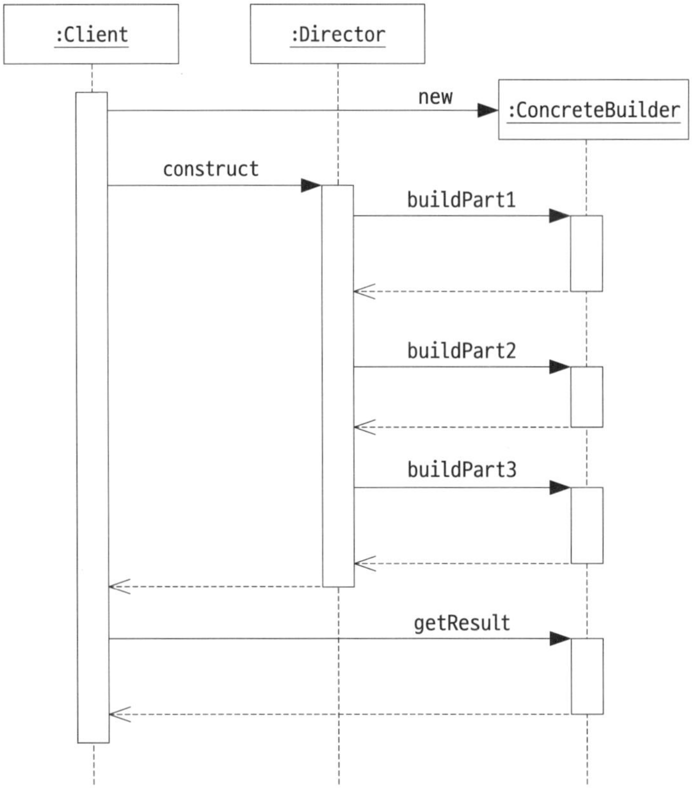

관련 패턴

◆ Template Method 패턴(part 3)

Builder 패턴에서는 Director 역이 Builder 역을 제어합니다. 반면에 Template Method 패턴에서는 상위 클래스가 하위 클래스를 제어합니다.

◆ Composite 패턴(part 11)

Builder 패턴으로 만들어진 생성물은 Composite 패턴이 되는 경우가 있습니다.

◆ Abstract Factory 패턴(part 8)

Builder 패턴과 Abstract Factory 패턴 모두 복잡한 인스턴스를 생성합니다.

◆ Facade 패턴(part 15)

Builder 패턴의 Director 역은 Builder 역의 복잡한 메소드를 조합하여 인스턴스를 구축하는 간단한 인터페이스(API)를 외부에 제공합니다(예제 프로그램에서는 `construct` 메소드가 여기에 해당합니다). Facade 패턴의 Facade 역은 내부 모듈을 조합하여, 작업하기 위한 간단한 인터페이스(API)를 외부에 제공합니다.

독자의 사고를 넓혀 주는 힌트

누가 무엇을 알고 있는가?

객체지향 프로그래밍에서는 '누가 무엇을 알고 있는가?'가 매우 중요합니다. 즉, 어느 클래스가 어느 메소드를 사용할 수 있는지(사용해도 좋은지)에 주의하여 프로그래밍할 필요가 있습니다.

예제 프로그램을 떠올려 보세요. `Main` 클래스는 `Builder` 클래스의 메소드를 모릅니다(호출하지 않습니다). `Main` 클래스는 `Director` 클래스의 `construct` 메소드만 호출합니다. 그러면 `Director` 클래스 안에서 조용히 일이 진행되고(그것을 `Main` 클래스는 신경 쓰지 않고) 문서가 완성됩니다.

한편 `Director` 클래스가 알고 있는 것은 `Builder` 클래스입니다. `Director` 클래스는 `Builder` 클래스의 메소드를 이용하여 문서를 구축합니다. 하지만 `Director` 클래스는 자신이 '실제로' 이용하는 클래스가 사실은 무엇인지 모릅니다. `TextBuilder`인지 `HTMLBuilder`인지 아니면 `Builder`의 다른 하위 클래스인지 모릅니다. 아니, 몰라도 됩니다. `Director` 클래스는 `Builder` 클래스의 메소드만을 사용하고 있고, `Builder` 클래스의 하위 클래스가 그 메소드를 구현하고 있기 때문입니다.

Director 클래스가 자신이 이용하는 Builder 클래스의 하위 클래스를 모르는 것은 매우 좋은 일입니다. 왜냐하면 '모르기에 교체할 수 있기 때문'입니다. TextBuilder의 인스턴스를 Director에 주든 HTMLBuilder의 인스턴스를 Director에 주든 제대로 동작하는 이유는 Director 클래스가 Builder 클래스의 구체적인 하위 클래스를 모르기 때문입니다. 모르기 때문에 교체가 가능하고, 교체되기 때문에 부품으로서의 가치가 높습니다. 이 '교체 가능성'을 클래스 설계자는 항상 염두에 둘 필요가 있습니다.

의존성 주입(Dependency Injection)

Director 클래스는 Builder 클래스를 알고 있지만, Builder 클래스의 하위 클래스(TextBuilder나 HTMLBuilder)에 대해서는 모릅니다. 결국, Director는 TextBuilder나 HTMLBuilder에 의존하지 않는다고 할 수 있습니다.

하지만, Director 클래스가 실제로 동작하려면 Builder의 구체적인 인스턴스가 필요합니다. 그래서 Director 클래스의 생성자를 호출할 때 TextBuilder나 HTMLBuilder의 인스턴스를 인수로 전달합니다. Director 클래스의 소스 코드에는 TextBuilder나 HTMLBuilder라고 쓰여져 있지 않지만, TextBuilder나 HTMLBuilder의 인스턴스에 의존해서 동작하게 됩니다.

'소스 코드에는 쓰여져 있지 않지만, 실제로는 이 인스턴스를 이용해(의존해) 동작해 주세요'라는 의미를 담아 인스턴스를 건네는 방법을 일반적으로 의존성 주입이라고 합니다. 영어로는 Dependency Injection이라고 하며 DI라는 줄임말로 불리기도 합니다. '의존성 주입'은 익숙해지기 전에는 이해하기 어렵지만, 클래스 간 결합도를 낮추고 프로그램의 재사용성을 높여 주는 유용한 기법입니다.

비유해서 표현해 보자면, 의존성 주입이란 글을 쓰는 사람에게 "자, 이걸 사용해서 써 줘"라고 구체적인 필기구를 건네는 것과 비슷합니다. 전달하는 것은 '필기구'로 정해져 있지만, 구체적으로 무엇인지(연필인지 볼펜인지)는 건네는 시점에 결정할 수 있습니다. Builder가 필기구, TextBuilder나 HTMLBuilder가 연필이나 볼펜이라고 생각하면 이해가 쉬울 겁니다. 구체적인 필기구를 전달하는 것이 의존성 주입에 해당합니다.

설계 시 결정할 수 있는 것과 결정할 수 없는 것

Builder 클래스는 문서를 구축하기 위해(목적을 달성하기 위해) 필요하고 충분한 메소드를 선언해야 합니다. Director 클래스에 주어지는 도구는 Builder 클래스가 제공하므로, Builder 클래스의 메소드로 무엇을 준비하는지는 중요합니다.

게다가 Builder 클래스는 앞으로 늘어날지도 모르는 Builder 클래스의 하위 클래스들의 요구에도 대응할 필요가 있습니다. 예제 프로그램에서는 텍스트 문서와 HTML 문서만 만들었습니다. 그러나 앞으로 다른 형식(예: XXXX 형식)의 문서를 만들고 싶다고 가정해 봅시다. 이때 어떻게 XXXX 형식의 XXXXBuilder 클래스를 만들 수 있을까요? 새로운 메소드가 필요하진 않을까요?

클래스 설계자는 신이 아니기 때문에 미래에 일어날 일을 모두 예상할 순 없습니다. 그러나 가까운 미래에 일어날 것으로 예상되는 변화에는 견딜 수 있도록 설계해야 합니다.

소스를 읽고 수정하는 방법

우리가 프로그래밍을 할 때는 아예 처음부터 만들 수도 있지만, 대부분 이미 만들어진 소스를 수정하거나 추가합니다. 그런 때는 먼저 기존 소스를 읽습니다. 하지만, 추상 클래스만 살펴본다고 해서 정보가 그다지 많이 늘어나진 않습니다(메소드 이름 등으로 단서는 얻을 수 있지만).

예제 프로그램의 예로 이야기하겠습니다. Builder라는 추상 클래스만 읽고 있어 봐야 결론이 나지 않습니다. 적어도 Director의 소스를 읽고 Builder라는 클래스의 사용법(메소드 호출 방법)을 이해해야 합니다. 그런 다음에 TextBuilder와 HTMLBuilder 클래스를 읽고, Builder의 추상 메소드에 어떤 동작이 기대되는지를 알 수 있습니다. 소스를 읽는 단서로 @Override 어노테이션도 도움이 됩니다.

클래스의 역할을 이해하지 못하면, 수정이나 추가를 해야 할 때 어느 클래스를 변경할지 판단을 잘못합니다. 예를 들어 Builder 클래스를 수정하는 것은 Director가 호출하는 메소드를 수정하는 일이며, 또 Builder 클래스의 모든 하위 클래스에 영향을 미치는 일입니다. 실수로 Director 클래스가 TextBuilder 클래스의 메소드를 호출하는 것과 같은 수정을 하면 부품으로서의 독립성이 손상되어 HTMLBuilder로 교체했을 때 잘 동작하지 않을 수 있습니다.

이 장에서 학습한 내용

이 장에서는 구조를 가진 인스턴스를 구축해 가는 Builder 패턴을 배웠습니다. 구축 과정에 관한 자세한 내용은 Director 역에 의해 감추어집니다.

연습 문제

해답은 부록 A (459페이지)

- **문제 7-1** Java

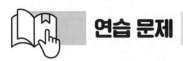

예제 프로그램의 `Builder` 클래스(리스트 7-1)를 인터페이스로 변경하고 그에 맞춰 다른 클래스를 수정하세요.

- **문제 7-2**

예제 프로그램의 `Director` 클래스(리스트 7-2)의 `construct` 메소드를 자유롭게 수정하여 다른 문서를 만들어 봅시다. 이때 `TextBuilder` 클래스나 `HTMLBuilder` 클래스를 수정할 필요가 전혀 없음을 확인해 보세요.

- **문제 7-3**

예제 프로그램의 `Builder` 클래스(리스트 7-1)의 하위 클래스로서 ConcreteBuilder 역할을 할 수 있는 클래스를 작성하세요. 텍스트, HTML 파일 이외에 소재는 자유입니다.

- **문제 7-4** Java

`TextBuilder` 클래스(리스트 7-3)에서 문서를 구축해 가는 필드 `sb`가 `String` 클래스가 아니라 `StringBuilder` 클래스로 되어 있는 이유는 무엇일까요? 혹시 `String`을 사용하면 뭔가 곤란한 점이 있을까요?

PART 8 Abstract Factory

관련 부품을 조합하여 제품을 만든다

Abstract Factory 패턴

이 장에서는 Abstract Factory 패턴에 대해서 학습합니다. abstract는 '추상적인'이라는 뜻이고 factory는 '공장'이라는 뜻입니다. 즉, abstract factory는 '추상적인 공장'이라는 뜻이 됩니다.

일반적으로 생각하면 '추상적'이라는 말과 '공장'이라는 말은 잘 연결되지 않습니다. 공장이라고 하면 부품을 조합하여 제품을 만들어 내는 장소이므로 하는 일이 매우 구체적입니다. 그런데 '추상적인 공장'이라니 도대체 무슨 말일까요?

하지만 '추상적인 공장'이라는 말에 당황해선 안 됩니다. Abstract Factory 패턴에서는 '추상적인 공장'뿐만 아니라 '추상적인 부품'이나 '추상적인 제품'도 등장하기 때문입니다. 추상적인 공장에서는 추상적인 부품을 조합하여 추상적인 제품을 만듭니다.

'이런, 도대체 무슨 말을 하는 거야?'라고 생각한 독자도 있을 겁니다. 자, 객체지향에서 '추상적'이라는 말의 의미를 생각해 보세요. '추상적'이라는 말은 '구체적으로 어떻게 구현되어 있는지 생각하지 않고 인터페이스(API)에만 주목하는 상태'를 뜻합니다. 예를 들어, 추상 메소드(abstract method)란 메소드의 본체는 없고 이름과 시그니처(인수의 형과 개수)만 정해진 메소드였습니다.

구체적인 메소드의 내용은 잊어버리고(잊은 척하고), 추상 메소드를 사용해 프로그래밍을 하는 의미는 Template Method 패턴(part 3)이나 Builder 패턴(part 7)에서도 조금 언급했습니다.

Abstract Factory 패턴에서는 추상적인 공장이 등장하고, 추상적인 부품을 조합하여 추상적인 제품을 만듭니다. 요컨대, 부품의 구체적인 구현에는 주목하지 않고 인터페이스(API)에 주목합니다. 그리고 그 인터페이스(API)만 사용해서 부품을 조립하고 제품으로 완성하는 것입니다.

Template Method 패턴이나 Builder 패턴에서는 하위 클래스 단계에서 구체적으로 구현했습니다. Abstract Factory 패턴에서도 하위 클래스 단계에서 구체적으로 구현합니다. 하위 클래스 단계에서는 구체적인 공장이 등장하고 구체적인 부품을 조합하여 구체적인 제품을 만듭니다.

"추상적인 이야기는 이제 됐으니, 빨리 예제 프로그램이나 보여 줘!"라는 독자의 목소리가 들리는 것 같네요. 그럼, 바로 추상적인 공장의 구체적인 예제 프로그램을 살펴보도록 하겠습니다.

예제 프로그램

이 장의 예제 프로그램은 계층 구조로 된 링크 페이지를 HTML 파일로 만드는 것입니다. 그림 8-1은 최종적으로 완성된 HTML 파일의 내용입니다. 그림 8-2는 완성된 HTML 파일을 웹 브라우저로 열어 본 화면입니다.

그림 8-1 계층 구조로 된 링크 페이지 (list.html)

```
<!DOCTYPE html>
<html><head><title>Blog and News</title></head>
<body>
<h1>Blog and News</h1>
<ul>
<li>
Blog Site
<ul>
  <li><a href="https://example.com/blog1">Blog 1</a></li>
  <li><a href="https://example.com/blog2">Blog 2</a></li>
  <li><a href="https://example.com/blog3">Blog 3</a></li>
</ul>
</li>
<li>
News Site
<ul>
  <li><a href="https://example.com/news1">News 1</a></li>
  <li><a href="https://example.com/news2">News 2</a></li>
<li>
News 3
<ul>
  <li><a href="https://example.com/news3us">News 3 (US)</a></li>
  <li><a href="https://example.com/news3kr">News 3 (Korea)</a></li>
</ul>
</li>
</ul>
</li>
</ul>
<hr><address>Youngin.com</address>
</body></html>
```

그림 8-2 계층 구조로 된 링크 페이지를 브라우저에서 본 화면

이 예제 프로그램은 다음과 같은 3개의 패키지로 분리된 클래스군으로 구성되어 있습니다.

- `factory` 패키지·············· 추상적인 공장, 부품, 제품을 포함하는 패키지
- 이름 없는 패키지··········· `Main` 클래스를 포함하는 패키지
- `listfactory` 패키지····· 구체적인 공장, 부품, 제품을 포함하는 패키지 (여기서는 `<ul>` 태그를 사용해서 구현)

클래스 목록은 표 8-1에, UML 클래스 다이어그램은 그림 8-3에 나타냈습니다. 클래스 다이어그램 위쪽이 추상적인 공장이고 아래쪽이 구체적인 공장입니다. 클래스 다이어그램에서는 `Main` 클래스를 생략했습니다.

표 8-1 클래스 목록

패키지	이름	설명
factory	Factory	추상적인 공장을 나타내는 클래스(Link, Tray, Page를 만듦)
factory	Item	Link와 Tray를 통일적으로 다루기 위한 클래스
factory	Link	추상적인 부품: HTML 링크를 나타내는 클래스
factory	Tray	추상적인 부품: Link나 Tray를 모은 클래스
factory	Page	추상적인 제품: HTML 페이지를 나타내는 클래스
이름 없음	Main	동작 테스트용 클래스
listfactory	ListFactory	구체적인 공장을 나타내는 클래스(ListLink, ListTray, ListPage를 만듦)
listfactory	ListLink	구체적인 부품: HTML 링크를 나타내는 클래스
listfactory	ListTray	구체적인 부품: Link나 Tray를 모은 클래스
listfactory	ListPage	구체적인 제품: HTML 페이지를 나타내는 클래스

그림 8-3 예제 프로그램의 클래스 다이어그램

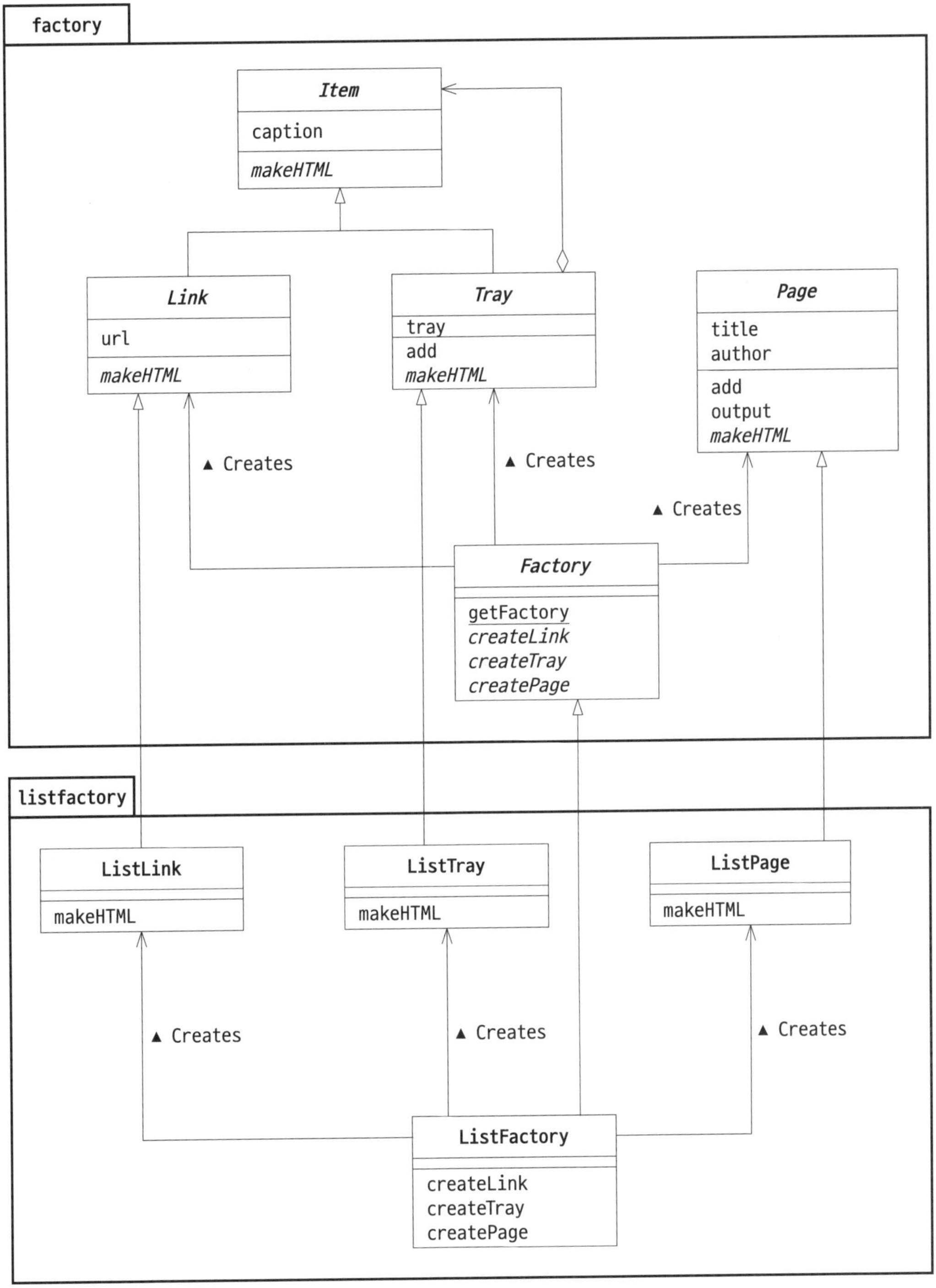

각 클래스의 소스 파일은 그림 8-4에 보이는 디렉토리상에 저장합니다.

그림 8-4 소스 파일을 저장할 디렉터리

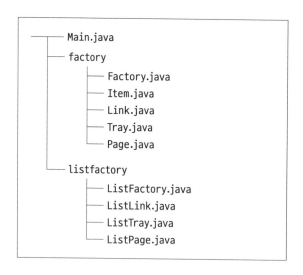

```
──┬── Main.java
  ├── factory
  │      ├── Factory.java
  │      ├── Item.java
  │      ├── Link.java
  │      ├── Tray.java
  │      └── Page.java
  │
  └── listfactory
         ├── ListFactory.java
         ├── ListLink.java
         ├── ListTray.java
         └── ListPage.java
```

Java 소스 파일은 다음과 같이 컴파일 합니다.

```
javac Main.java listfactory/ListFactory.java
```

지금까지는 Main.java만 컴파일하면 필요한 클래스가 모두 컴파일되었습니다. 하지만 이번 예제 프로그램에서는 Main.java를 컴파일하면 Factory.java, Item.java, Link.java, Tray.java, Page.java는 컴파일되지만, ListFactory.java, ListLink.java, ListTray.java, ListPage.java는 컴파일되지 않습니다. 왜냐하면 `Main` 클래스는 `factory` 패키지만 사용하고 `listfactory` 패키지는 직접 사용하지 않기 때문입니다. 그래서, listfactory/ListFactory.java도 컴파일되도록 인수에 추가했습니다(이로써 ListFactory.java, ListLink.java, ListTray.java, ListPage.java도 컴파일됩니다).

그림 8-5 컴파일 및 실행 결과

```
javac Main.java listfactory/ListFactory.java
java Main list.html listfactory.ListFactory
list.html 파일을 작성했습니다.
(list.html을 웹 브라우저로 확인하면 그림 8-2처럼 된다)
```

추상적인 부품: Item 클래스

Item 클래스(리스트 8-1)는 Link와 Tray의 상위 클래스로 되어 있습니다(item은 '항목'이라는 뜻). 이것은 Link와 Tray를 동일시하기 위한 클래스입니다.

caption 필드는 항목의 '표제어'를 나타냅니다. makeHTML 메소드는 추상 메소드이므로, 하위 클래스에서 구현해야만 합니다. 이 메소드를 호출하면, HTML의 문자열이 반환값이 됩니다(되도록 하위 클래스를 만듭니다).

리스트 8-1 Item 클래스 (Item.java)

```java
package factory;

public abstract class Item {
    protected String caption;

    public Item(String caption) {
        this.caption = caption;
    }

    public abstract String makeHTML();
}
```

추상적인 부품: Link 클래스

Link 클래스(리스트 8-2)는 HTML 하이퍼링크를 추상적으로 표현한 클래스입니다.

url 필드에는 링크를 걸 URL이 저장됩니다. Link 클래스에서는 추상 메소드가 전혀 등장하지 않는 것처럼 보이지만, 그렇지 않습니다. Link 클래스에서는 상위 클래스(Item)의 추상 메소드(makeHTML)를 구현하지 않았습니다. 그래서 Link 클래스도 추상 클래스가 됩니다.

리스트 8-2 Link 클래스 (Link.java)

```java
package factory;

public abstract class Link extends Item {
    protected String url;

```

```
    public Link(String caption, String url) {
        super(caption);
        this.url = url;
    }
}
```

추상적인 부품: Tray 클래스

Tray 클래스(리스트 8-3)는 복수의 Link나 Tray를 모아서 한데 묶는 클래스입니다(tray는 '쟁반'을 뜻합니다. 머릿속으로 쟁반 위에 하나하나의 항목을 올려놓는다고 상상하세요).

Link나 Tray는 add 메소드를 사용해서 모읍니다. 'Link나 Tray'라는 부분을 표현하고자 add 메소드에서는 Link와 Tray의 상위 클래스인 Item을 인수로 받습니다. Tray 클래스도 Item 클래스의 추상 메소드 makeHTML을 상속받지만 구현하지 않았습니다. 그래서 Tray 클래스는 추상 클래스가 됩니다.

리스트 8-3 Tray 클래스 (Tray.java)

```
package factory;

import java.util.ArrayList;
import java.util.List;

public abstract class Tray extends Item {
    protected List<Item> tray = new ArrayList<>();

    public Tray(String caption) {
        super(caption);
    }

    public void add(Item item) {
        tray.add(item);
    }
}
```

추상적인 제품: Page 클래스

Page 클래스(리스트 8-4)는 HTML 페이지 전체를 추상적으로 표현한 클래스입니다. Link나 Tray가 추상적인 '부품'이라면, Page 클래스는 추상적인 '제품'이라 할 수 있습니다. title은 페이지 제목, author는 페이지 작성자를 나타내는 필드입니다. 작성자 이름은 생성자에 인수로 지정합니다.

페이지에는 add 메소드를 사용해 Item(즉, Link 또는 Tray)을 추가합니다. 추가한 항목이 이 페이지에서 표시됩니다. output 메소드 안에서는 제목을 바탕으로 파일명을 결정하고, makeHTML 메소드를 사용해 자신의 HTML 내용을 파일에 기록합니다. 파일에 기록할 때는 java.nio.file.Files 클래스의 writeString 메소드를 사용합니다.

- 첫 번째 인수 Path.of(filename)은 filename이라는 파일명에서 얻은 java.nio.file.Path의 인스턴스이고 기록할 대상 파일입니다.
- 두 번째 인수의 makeHTML()은 String의 인스턴스이고 파일에 기록할 문자열입니다.
- 세 번째 인수부터는 파일을 여는 옵션을 지정합니다. 여기서는 '존재하지 않으면 새로 만든다(CREATE)'와 '존재하면 크기를 일단 0으로 한다(TRUNCATE_EXISTING)'와 '기록한다(WRITE)'를 StandardOpenOption을 사용해서 지정합니다.

리스트 8-4 Page 클래스 (Page.java)

```java
package factory;

import java.io.IOException;
import java.nio.file.Files;
import java.nio.file.Path;
import java.nio.file.StandardOpenOption;
import java.util.ArrayList;
import java.util.List;

public abstract class Page {
    protected String title;
    protected String author;
    protected List<Item> content = new ArrayList<>();

    public Page(String title, String author) {
        this.title = title;
        this.author = author;
    }

    public void add(Item item) {
        content.add(item);
    }

    public void output(String filename) {
        try {
            Files.writeString(Path.of(filename), makeHTML(),
```

```
                    StandardOpenOption.CREATE,
                    StandardOpenOption.TRUNCATE_EXISTING,
                    StandardOpenOption.WRITE);
            System.out.println(filename + " 파일을 작성했습니다.");
        } catch (IOException e) {
            e.printStackTrace();
        }
    }

    public abstract String makeHTML();
}
```

추상적인 공장: Factory 클래스

이상으로 추상적인 부품과 추상적인 제품의 소스 코드를 읽었습니다. 이번에는 드디어 추상적인 공장입니다.

리스트 8-5의 getFactory 메소드는 클래스 이름을 문자열로 지정하여 구체적인 공장의 인스턴스를 작성합니다. 인수의 classname에는 예를 들어 다음과 같이 작성할 구체적인 공장의 클래스 이름을 문자열로 지정합니다.

```
"listfactory.ListFactory"
```

getFactory 안에서는 Class 클래스의 forName 메소드를 사용하여 해당 클래스를 동적으로 가져옵니다. 그리고 getDeclaredConstructor 메소드로 생성자를 얻고 newInstance 메소드로 인스턴스를 만듭니다. 그것이 getFactory의 반환값입니다.

여기서는 클래스나 생성자와 같은 프로그램의 구성 요소를 (컴파일러가 다루지 않고) 프로그램 자신이 다루고 있습니다. 이러한 처리를 일반적으로 리플렉션(reflection)이라고 합니다.

getFactory 메소드에서는 구체적인 공장의 인스턴스를 만들지만, 반환값의 타입은 추상적인 공장(Factory)임에 주의하세요.

createLink, createTray, createPage 메소드는 이 추상적인 공장에서 부품이나 제품을 작성할 때 이용하는 메소드입니다. 모두 추상 메소드로 되어 있고, 실제 구체적인 부품이나 제품 작성은 Factory의 하위 클래스에 맡기고 있습니다(subclass responsibility). 다만 메소드 이름과 시그니처만은 여기에서 확실하게 정해져 있습니다.

리스트 8-5 Factory 클래스 (Factory.java)

```
package factory;

public abstract class Factory {
    public static Factory getFactory(String classname) {
        Factory factory = null;
        try {
            factory = (Factory)Class.forName(classname).getDeclaredConstructor().newInstance();
        } catch (ClassNotFoundException e) {
            System.out.println(classname + " 클래스가 발견되지 않았습니다.");
        } catch (Exception e) {
            e.printStackTrace();
        }
        return factory;
    }

    public abstract Link createLink(String caption, String url);
    public abstract Tray createTray(String caption);
    public abstract Page createPage(String title, String author);
}
```

공장을 사용해서 부품을 조합하고 제품을 만든다: Main 클래스

추상적인 부품 · 제품 · 공장의 소스 코드를 살펴보았으니, 이제 Main 클래스(리스트 8-6)를 살펴봅시다. 여기서는 추상적인 공장을 사용해 추상적인 부품을 제조하고 추상적인 제품을 조립합니다. import하는 것이 factory 패키지뿐이라는 점에서 알 수 있듯이, 이 클래스에서는 구체적인 부품 · 제품 · 공장을 전혀 이용하지 않습니다.

구체적인 공장의 클래스 이름은 커맨드 라인에서 지정합니다. 예를 들어 listfactory 패키지의 ListFactory 클래스를 사용한다면 커맨드 라인에서 다음과 같이 입력합니다.

```
java Main list.html listfactory.ListFactory
```

이 인수(args[1])를 바탕으로 getFactory로 공장을 만들고 변수 factory에 대입합니다. 이후에 factory를 사용해 Link와 Tray를 만들고, Tray 안에 Link나 Tray를 넣은 후 마지막에 Page를 만들어 output을 실행합니다.

리스트 8-6 Main 클래스 (Main.java)

```java
import factory.*;

public class Main {
    public static void main(String[] args) {
        if (args.length != 2) {
            System.out.println("Usage: java Main filename.html class.name.of.ConcreteFactory");
            System.out.println("Example 1: java Main list.html listfactory.ListFactory");
            System.out.println("Example 2: java Main div.html divfactory.DivFactory");
            System.exit(0);
        }

        String filename = args[0];
        String classname = args[1];

        Factory factory = Factory.getFactory(classname);

        // Blog
        Link blog1 = factory.createLink("Blog 1", "https://example.com/blog1");
        Link blog2 = factory.createLink("Blog 2", "https://example.com/blog2");
        Link blog3 = factory.createLink("Blog 3", "https://example.com/blog3");

        Tray blogTray = factory.createTray("Blog Site");
        blogTray.add(blog1);
        blogTray.add(blog2);
        blogTray.add(blog3);

        // News
        Link news1 = factory.createLink("News 1", "https://example.com/news1");
        Link news2 = factory.createLink("News 2", "https://example.com/news2");
        Tray news3 = factory.createTray("News 3");
        news3.add(factory.createLink("News 3 (US)", "https://example.com/news3us"));
        news3.add(factory.createLink("News 3 (Korea)", "https://example.com/news3kr"));

        Tray newsTray = factory.createTray("News Site");
        newsTray.add(news1);
        newsTray.add(news2);
        newsTray.add(news3);

        // Page
        Page page = factory.createPage("Blog and News", "Youngjin.com");
        page.add(blogTray);
        page.add(newsTray);
```

```

        page.output(filename);
    }
}
```

구체적인 공장: ListFactory 클래스

지금까지는 계속 추상적인 코드를 살펴봤는데, 이번에는 구체적인 코드를 살펴보겠습니다. 우선 listfactory 패키지의 공장인 ListFactory 클래스입니다.

ListFactory 클래스(리스트 8-7)에서는 Factory 클래스의 추상 메소드 createLink, createTray, createPage 를 구현했습니다. 여기에서는 단순히 ListLink, ListTray, ListPage를 new 합니다.

리스트 8-7 ListFactory 클래스 (ListFactory.java)

```
package listfactory;

import factory.Factory;
import factory.Link;
import factory.Page;
import factory.Tray;

public class ListFactory extends Factory {
    @Override
    public Link createLink(String caption, String url) {
        return new ListLink(caption, url);
    }

    @Override
    public Tray createTray(String caption) {
        return new ListTray(caption);
    }

    @Override
    public Page createPage(String title, String author) {
        return new ListPage(title, author);
    }
}
```

구체적인 부품: ListLink 클래스

ListLink 클래스(리스트 8-8)는 Link 클래스의 하위 클래스입니다. 구현해야 할 메소드는 무엇일까요? 그렇습니다. 상위 클래스에서 추상 메소드였던 makeHTML입니다. ListLink에서는 <li> 태그와 <a> 태그를 사용해 HTML 한 조각을 작성합니다. 마치 한 쌍의 볼트와 너트처럼 이 HTML 조각도 다른 ListTray나 ListPage와 잘 결합하도록 만들어집니다.

리스트 8-8 ListLink 클래스 (ListLink.java)

```
package listfactory;

import factory.Link;

public class ListLink extends Link {
    public ListLink(String caption, String url) {
        super(caption, url);
    }

    @Override
    public String makeHTML() {
        return "  <li><a href=\"" + url + "\">" + caption + "</a></li>\n";
    }
}
```

구체적인 부품: ListTray 클래스

ListTray 클래스(리스트 8-9)는 Tray 클래스의 하위 클래스입니다. 여기에서도 makeHTML이 어떻게 구현되어 있는지에 주목하세요. tray 필드 안에는 HTML로 출력할 Item이 모여 있습니다. 그것들을 HTML 태그로 표현하는 것이 makeHTML 메소드의 사명입니다. 자, 어떤 일을 하고 있을까요?

처음에는 <li>로 표제(caption)를 출력하고, 다음으로 <ul>로 끼워 넣어 개개의 Item을 출력합니다. 출력 결과를 일단 StringBuilder로 모으고 마지막에 toString을 사용해 String으로 변환합니다.

그런데 개개의 Item을 어떻게 HTML로 만들까요? 물론 개별 Item의 makeHTML을 호출해 주는 것입니다. 변수 item의 내용이 실제로 ListLink의 인스턴스인지, ListTray의 인스턴스인지 신경 쓸 필요가 없습니다. 그냥 간단하게 다음 식을 사용하면 됩니다.

```
item.makeHTML()
```

여기서 변수 item의 내용이 실제로 무엇인지 조사해서 switch문이나 if문을 사용하는 프로그램을 작성해선 안 됩니다. 그렇게 하면 매우 비객체지향적인 프로그램이 되고 맙니다. 변수 item은 Item형이고 Item 클래스에는 makeHTML이라는 메소드가 선언되어 있습니다. 그리고 ListLink나 ListTray는 모두 Item 클래스의 하위 클래스입니다. 그러므로 안심하고 makeHTML 메소드를 호출해도 됩니다. 나머지는 능숙하게 item이 makeHTML 메소드를 처리해 줍니다. 어떻게 처리할지는 item이라는 하나의 인스턴스(객체)가 알고 있습니다. 이것이 객체지향의 장점입니다.

리스트 8-9 ListTray 클래스 (ListTray.java)

```
package listfactory;

import factory.Tray;
import factory.Item;

public class ListTray extends Tray {
    public ListTray(String caption) {
        super(caption);
    }

    @Override
    public String makeHTML() {
        StringBuilder sb = new StringBuilder();
        sb.append("<li>\n");
        sb.append(caption);
        sb.append("\n<ul>\n");
        for (Item item: tray) {
            sb.append(item.makeHTML());
        }
        sb.append("</ul>\n");
        sb.append("</li>\n");
        return sb.toString();
    }
}
```

구체적인 제품: ListPage 클래스

ListPage(리스트 8-10)는 Page 클래스의 하위 클래스입니다. makeHTML 메소드는 이제 알겠지요? ListPage는 필드 내용으로 페이지를 구성합니다. 저자명(author)은 <address> 태그를 사용해서 표현합니다.

for문을 <ul>…</ul> 사이에 둔 이유를 알겠나요? 이 for문 안에서 append되는 item.makeHTML()의 출력 결과가 <ul> 안에 들어가는 것을 전제로 하기 때문입니다. ListLink와 ListTray의 makeHTML 메소드를 다시 확인해 보세요. 반드시 <li> 태그가 바깥쪽에 옵니다. 여기가 이른바 '볼트'와 '너트'의 이음매입니다.

for에서 사용되는 content는 Page 클래스에서 상속받은 필드입니다.

리스트 8-10 ListPage 클래스 (ListPage.java)

```
package listfactory;

import factory.Item;
import factory.Page;

public class ListPage extends Page {
    public ListPage(String title, String author) {
        super(title, author);
    }

    @Override
    public String makeHTML() {
        StringBuilder sb = new StringBuilder();
        sb.append("<!DOCTYPE html>\n");
        sb.append("<html><head><title>");
        sb.append(title);
        sb.append("</title></head>\n");
        sb.append("<body>\n");
        sb.append("<h1>");
        sb.append(title);
        sb.append("</h1>\n");
        sb.append("<ul>\n");
        for (Item item: content) {
            sb.append(item.makeHTML());
        }
        sb.append("</ul>\n");
        sb.append("<hr><address>");
        sb.append(author);
        sb.append("</address>\n");
        sb.append("</body></html>\n");
        return sb.toString();
    }
}
```

예제 프로그램에 다른 구체적인 공장 추가하기

조금 길어졌지만, 좀 더 깊이 알아봅시다. 앞에서 추상적인 공장과 구체적인 공장에 관해 알아봤습니다. 하지만 단순히 HTML 링크 페이지를 만드는 것이 목적이라면 너무 거창합니다. 게다가 구체적인 공장이 하나뿐이라면 추상적 · 구체적으로 나눌 필요가 전혀 없습니다. 그래서 아래에서는 예제 프로그램에 다른 구체적인 공장(즉, 다른 형식의 HTML 파일을 만드는 것)을 추가해 보겠습니다.

이전의 `listfactory` 패키지는 `<ul>`을 사용한 디자인이었습니다. 이번에는 `divfactory` 패키지로 `<div>`와 CSS를 사용해 디자인해 봅시다. 그림 8-6은 컴파일 및 실행 결과이고, 그림 8-7은 생성된 div.html의 내용입니다. 그림 8-8은 웹 브라우저로 파일을 연 화면입니다(그림 8-2와 비교해 보세요).

그림 8-6 컴파일 및 실행 결과

```
javac Main.java divfactory/DivFactory.java
java Main div.html divfactory.DivFactory
div.html 파일을 작성했습니다.
```

그림 8-7 divfactory 패키지를 사용한 링크 페이지 (div.html)

```
<!DOCTYPE html>
<html><head><title>Blog and News</title><style>
div.TRAY { padding:0.5em; margin-left:5em; border:1px solid black; }
div.LINK { padding:0.5em; background-color: lightgray; }
</style></head><body>
<h1>Blog and News</h1>
<p><b>Blog Site</b></p>
<div class="TRAY"><div class="LINK"><a href="https://example.com/blog1">Blog 1</a></div>
<div class="LINK"><a href="https://example.com/blog2">Blog 2</a></div>
<div class="LINK"><a href="https://example.com/blog3">Blog 3</a></div>
</div>
<p><b>News Site</b></p>
<div class="TRAY"><div class="LINK"><a href="https://example.com/news1">News 1</a></div>
<div class="LINK"><a href="https://example.com/news2">News 2</a></div>
<p><b>News 3</b></p>
<div class="TRAY"><div class="LINK"><a href="https://example.com/news3us">News 3 (US)</a>
</div>
```

```
<div class="LINK"><a href="https://example.com/news3kr">News 3 (Korea)</a></div>
</div>
</div>
<hr><address>Youngjin.com</address>
</body></html>
```

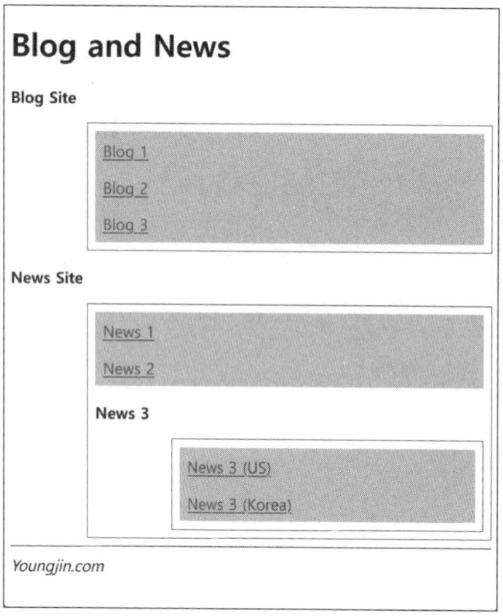

그림 8-8 divfactory 패키지를 이용한 링크 페이지를 브라우저로 본 화면

표 8-2 클래스 목록 (표 8-1과 비교하세요)

패키지	이름	설명
divfactory	DivFactory	구체적인 공장을 나타내는 클래스 (DivLink, DivTray, DivPage를 만듦)
divfactory	DivLink	구체적인 부품: HTML 링크를 나타내는 클래스
divfactory	DivTray	구체적인 부품: DivLink와 DivTray를 모은 클래스
divfactory	DivPage	구체적인 제품: HTML 페이지를 나타내는 클래스

구체적인 공장: DivFactory 클래스

DivFactory 클래스(리스트 8-11)는 Factory 클래스의 하위 클래스입니다. createLink, createTray, createPage에서는 각각 DivLink, DivTray, DivPage라는 클래스의 인스턴스를 만듭니다.

리스트 8-11 DivFactory 클래스 (DivFactory.java)

```
package divfactory;

import factory.Factory;
import factory.Link;
import factory.Page;
import factory.Tray;

public class DivFactory extends Factory {
    @Override
    public Link createLink(String caption, String url) {
        return new DivLink(caption, url);
    }

    @Override
    public Tray createTray(String caption) {
        return new DivTray(caption);
    }

    @Override
    public Page createPage(String title, String author) {
        return new DivPage(title, author);
    }
}
```

구체적인 부품: DivLink 클래스

DivLink 클래스(리스트 8-12)는 Link 클래스의 하위 클래스입니다. makeHTML에서는 <div> 태그를 사용합니다. ListLink 클래스(리스트 8-8)에서는 <li> 태그를 사용했지만, 이번에는 <div> 태그입니다.

리스트 8-12 DivLink 클래스 (DivLink.java)

```
package divfactory;

import factory.Link;

public class DivLink extends Link {
    public DivLink(String caption, String url) {
        super(caption, url);
    }
```

```
    
    @Override
    public String makeHTML() {
        return "<div class=\"LINK\"><a href=\"" + url + "\">" + caption + "</a></div>\n";
    }
}
```

구체적인 부품: DivTray 클래스

DivTray 클래스(리스트 8-13)는 Tray 클래스의 하위 클래스입니다. makeHTML에서는 <div>로 끼워 Item을 출력합니다.

리스트 8-13 DivTray 클래스 (DivTray.java)

```
package divfactory;

import factory.Item;
import factory.Tray;

public class DivTray extends Tray {
    public DivTray(String caption) {
        super(caption);
    }

    @Override
    public String makeHTML() {
        StringBuilder sb = new StringBuilder();
        sb.append("<p><b>");
        sb.append(caption);
        sb.append("</b></p>\n");
        sb.append("<div class=\"TRAY\">");
        for (Item item: tray) {
            sb.append(item.makeHTML());
        }
        sb.append("</div>\n");
        return sb.toString();
    }
}
```

구체적인 제품: DivPage 클래스

DivPage 클래스(리스트 8-14)는 Page 클래스의 하위 클래스입니다. 자세한 설명은 더 필요 없겠지요. ListPage 클래스(리스트 8-10)와 비교해 보면 대응 관계를 잘 알 수 있습니다.

리스트 8-14 DivPage 클래스 (DivPage.java)

```
package divfactory;

import factory.Item;
import factory.Page;

public class DivPage extends Page {
    public DivPage(String title, String author) {
        super(title, author);
    }

    @Override
    public String makeHTML() {
        StringBuilder sb = new StringBuilder();
        sb.append("<!DOCTYPE html>\n");
        sb.append("<html><head><title>");
        sb.append(title);
        sb.append("</title><style>\n");
        sb.append("div.TRAY { padding:0.5em; margin-left:5em; border:1px solid black; }\n");
        sb.append("div.LINK { padding:0.5em; background-color: lightgray; }\n");
        sb.append("</style></head><body>\n");
        sb.append("<h1>");
        sb.append(title);
        sb.append("</h1>\n");
        for (Item item: content) {
            sb.append(item.makeHTML());
        }
        sb.append("<hr><address>");
        sb.append(author);
        sb.append("</address>\n");
        sb.append("</body></html>\n");
        return sb.toString();
    }
}
```

Abstract Factory 패턴의 등장인물

Abstract Factory 패턴의 등장 인물은 다음과 같습니다.

◈ AbstractProduct(추상적인 제품) 역

AbstractFactory 역에 의해 만들어지는 추상적인 부품이나 제품의 인터페이스(API)를 결정합니다. 예제 프로그램에서는 `Link` 클래스, `Tray` 클래스, `Page` 클래스가 이 역할을 맡았습니다.

◈ AbstractFactory(추상적인 공장) 역

AbstractProduct 역의 인스턴스를 만들기 위한 인터페이스(API)를 결정합니다. 예제 프로그램에서는 `Factory` 클래스가 이 역할을 맡았습니다.

◈ Client(의뢰자) 역

AbstractFactory 역과 AbstractProduct 역의 인터페이스(API)만 사용해 작업합니다. Client 역은 구체적인 부품이나 제품이나 공장에 관해서는 모릅니다. 예제 프로그램에서는 `Main` 클래스가 이 역할을 맡았습니다. 그림 8-9에서는 Client 역을 생략했습니다.

◈ ConcreteProduct(구체적인 제품) 역

AbstractProduct 역의 인터페이스(API)를 구현합니다. 예제 프로그램에서는 패키지마다 다음과 같은 클래스가 이 역할을 맡았습니다.

- `listfactory` 패키지 … `ListLink` 클래스, `ListTray` 클래스, `ListPage` 클래스
- `divfactory` 패키지 … `DivLink` 클래스, `DivTray` 클래스, `DivPage` 클래스

◈ ConcreteFactory(구체적인 공장) 역

AbstractFactory 역의 인터페이스(API)를 구현합니다. 예제 프로그램에서는 패키지마다 다음과 같은 클래스가 이 역할을 맡았습니다.

- `listfactory` 패키지 … `ListFactory` 클래스
- `divfactory` 패키지 … `DivFactory` 클래스

그림 8-9 Abstract Factory 패턴의 클래스 다이어그램

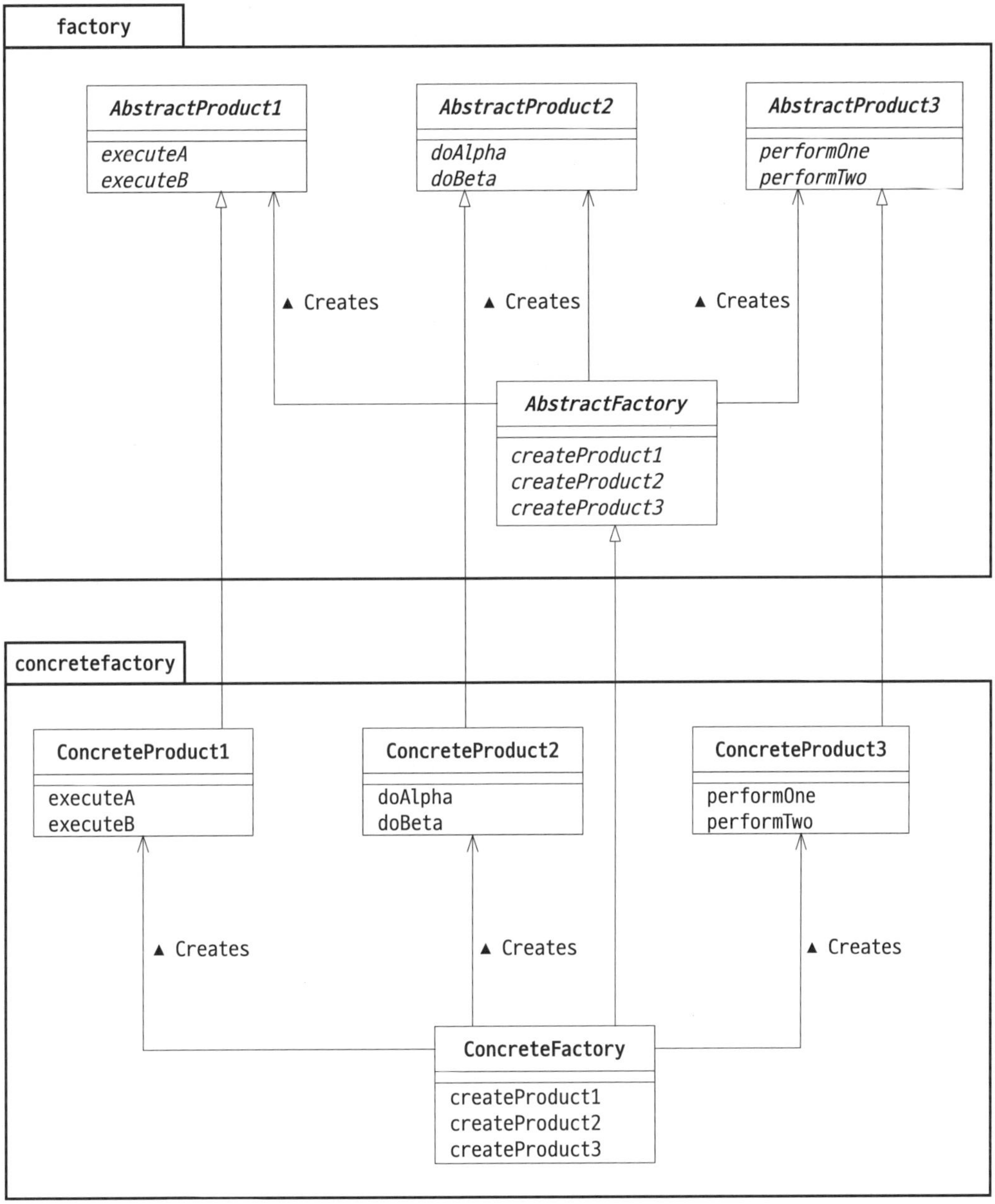

독자의 사고를 넓혀 주는 힌트

구체적인 공장을 새로 추가하는 것은 간단하다

Abstract Factory 패턴에 구체적인 공장을 새로 추가하는 것은 간단합니다. '간단'하다는 말은 어떤 클래스를 만들고 어떤 메소드를 구현해야 하는지가 분명하다는 뜻입니다.

예를 들어, 예제 프로그램에 다시 새로운 구체적인 공장을 추가한다고 합시다. 해야 할 일은 Factory, Link, Tray, Page의 하위 클래스를 만들고 각각의 추상 메소드를 구현하는 일입니다. 즉, factory 패키지의 클래스가 가진 추상적인 부분을 구체화하는 일입니다.

이때 아무리 구체적인 공장을 추가하더라도(또한 구체적인 공장의 버그를 수정하더라도) 추상적인 공장이나 Main 부분을 수정할 필요는 전혀 없습니다.

부품을 새로 추가하는 것은 어렵다

Abstract Factory 패턴에 새로운 부품을 추가하는 상황을 생각해 봅시다. 예를 들어, factory 패키지에 이미지를 나타내는 Picture라는 부품을 추가했다면, 이미 존재하는 구체적인 공장 전부를 Picture에 대응하도록 수정해야 합니다. 예를 들어, listfactory 패키지라면 다음처럼 수정하게 됩니다.

- ListFactory 클래스에 createPicture 메소드 추가
- 새롭게 ListPicture 클래스 작성

이미 만들어진 구체적인 공장이 많을수록 수정은 힘든 작업이 됩니다.

관련 패턴

◆ Builder 패턴 (part 7)

Abstract Factory 패턴은 인터페이스(API)가 정해져 있는 추상적인 부품을 조합해 복잡한 구조를 가진 인스턴스를 만듭니다. Builder 패턴은 단계적으로 큰 인스턴스를 만듭니다.

◆ Factory Method 패턴(part 4)

Abstract Factory 패턴으로 제품이나 부품을 만드는 부분은 Factory Method 패턴이 되는 경우가 있습니다.

◆ Composite 패턴(part 11)

Abstract Factory 패턴으로 만들어지는 제품은 Composite 패턴이 되는 경우가 있습니다.

◆ Singleton 패턴(part 5)

Abstract Factory 패턴의 구체적인 공장은 Singleton 패턴이 되는 경우가 있습니다.

보강: 인스턴스를 만드는 다양한 방법

Java Java에서는 다음과 같은 방법으로 인스턴스를 만듭니다.

◆ new

일반적으로 Java 예약어 new를 사용하여 인스턴스를 만듭니다. 다음과 같이 하면 Something 클래스의 인스턴스를 만들어 변수 obj에 대입할 수 있습니다.

```
Something obj = new Something();
```

이 경우에는 클래스 이름(여기서는 Something)을 소스 안에 기술할 필요가 있습니다.

◆ clone

Prototype 패턴(part 6)에서 등장한 clone 메소드를 사용하면 이미 존재하는 인스턴스를 바탕으로 새로운 인스턴스를 만들 수 있습니다. 다음과 같이 하면, 자기 자신(this)을 바탕으로 새로운 인스턴스를 만들 수 있습니다(단, 생성자는 호출되지 않습니다).

```
class Something {
    ...
    public Something createCopy() {
        Something obj = null;
        try {
            obj = (Something)clone();
        } catch (CloneNotSupportedException e) {
            e.printStackTrace();
        }
        return obj;
    }
}
```

◆ newInstance

이 장에 등장한 `newInstance` 메소드를 사용하면 `Class`의 인스턴스를 바탕으로 그 `Class`가 나타내는 클래스의 인스턴스를 만들 수 있습니다(리스트 8-5).

이 장에서 학습한 내용

이 장에서는 추상적인 부품을 조합하여 추상적인 제품을 만드는 추상적인 공장, Abstract Factory 패턴에 대해 배웠습니다.

필자가 디자인 패턴을 처음 배울 때 가장 어렵다고 느낀 것은 이 Abstract Factory 패턴이었습니다. 복잡하고 클래스도 많이 등장하기 때문일까요? 클래스가 단 하나밖에 등장하지 않는 Singleton 패턴과는 많이 다릅니다. Singleton 패턴이 일인극이라면 Abstract Factory 패턴은 군무와 같은 느낌입니다.

연습 문제

해답은 부록A (466페이지)

문제 8-1 Java

Tray 클래스(리스트 8-3)에서는 tray 필드가 protected로 정의되어 있어, 하위 클래스에서 참조할 수 있습니다. 이것을 private로 변경할 경우의 장점과 단점은 무엇일까요?

문제 8-2

예제 프로그램의 Factory 클래스(리스트 8-5)에 'Naver(https://www.naver.com/)의 링크만으로 구성된 페이지를 만드는 구상 메소드'를 정의하세요(페이지의 저자와 제목은 모두 "Naver"라고 합시다).

```
public Page createNaverPage()
```

이때, 구체적인 공장이나 구체적인 부품은 어떻게 수정해야 할까요?

문제 8-3 Java

ListLink 클래스(리스트 8-8)의 생성자를 보면 다음과 같습니다.

```
public ListLink(String caption, String url) {
    super (caption, url);
}
```

즉, 하는 일은 상위 클래스의 생성자를 호출하는 것입니다. 특별한 처리가 필요 없다면, 왜 굳이 ListLink의 생성자를 정의했을까요?

문제 8-4

Page 클래스(리스트 8-4)는 Tray 클래스(리스트 8-3)와 비슷한 기능을 합니다. 그런데 왜 Page 클래스를 Tray 클래스의 하위 클래스로 만들지 않았을까요?

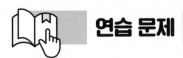

PART 9 Bridge

기능 계층과 구현 계층을 나눈다

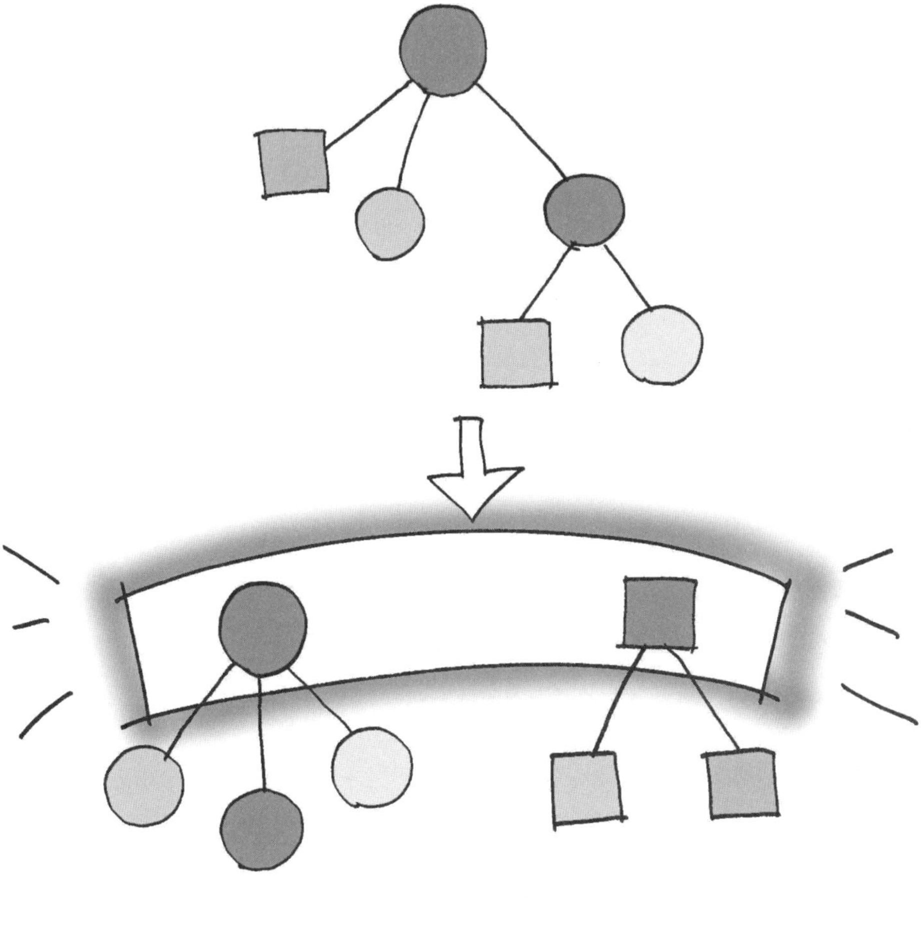

Bridge 패턴

이 장에서는 Bridge 패턴에 대해 학습합니다. bridge란 '다리'라는 의미입니다. 현실 세계의 다리가 강 양쪽을 연결하는 역할을 하는 것처럼, Bridge 패턴도 두 장소를 연결하는 역할을 합니다. Bridge 패턴이 다리 역할을 하는 장소는 '기능의 클래스 계층'과 '구현의 클래스 계층'입니다. '기능의 클래스 계층'과 '구현의 클래스 계층'을 연결하는 다리라고 해도, 좀처럼 상상하기가 어려울 것입니다.

Bridge 패턴의 예제 프로그램을 살펴보기 전에, 다음 두 계층에 관해 자세히 이야기해 보겠습니다.

- 기능의 클래스 계층
- 구현의 클래스 계층

강 양쪽에 있는 땅에 대해 이해하지 않으면, 다리의 의의도 이해할 수 없으니까요.

클래스 계층의 두 가지 역할

새로운 '기능'을 추가하고 싶을 때는···

어떤 클래스 Something이 있다고 가정합시다. Something에 새로운 기능을 추가하고 싶을 때(구체적으로는 새로운 메소드를 추가하고 싶을 때), 우리는 Something의 하위 클래스(자식 클래스, 파생 클래스, 확장 클래스)로 SomethingGood 클래스를 만듭니다. 여기서 작은 클래스 계층이 생겼습니다.

```
Something
└ SomethingGood
```

이 계층은 기능을 추가하기 위해 만들어졌습니다.

- 상위 클래스는 기본적인 기능을 가지고 있다.
- 하위 클래스에서 새로운 기능을 추가한다.

이 클래스 계층을 '기능의 클래스 계층'이라 부르기로 합니다.

이제, SomethingGood 클래스에 새로운 기능을 추가한다고 합시다. 이 경우 SomethingGood 클래스의 하위 클래스로 SomethingBetter 클래스를 만듭니다. 이로써 기능의 클래스 계층이 한층 더 깊어졌습니다.

```
Something
  └ SomethingGood
      └ SomethingBetter
```

새로운 기능을 추가하고 싶을 때, 클래스 계층 안에서 자신의 목적과 가까운 클래스를 찾아 그 하위 클래스를 만들고, 원하는 기능을 추가한 새로운 클래스를 만듭니다. 이것이 기능의 클래스 계층입니다.

·주의· 일반적으로 클래스 계층을 너무 깊게 하지 않는 편이 좋습니다.

◆ 새로운 '구현'을 추가하고 싶을 때는…

Template Method 패턴(part 3)에서 우리는 추상 클래스의 역할에 대해 배웠습니다. 추상 클래스는 일련의 메소드를 추상 메소드로 선언하고 인터페이스(API)를 규정합니다. 그리고 하위 클래스 쪽에서 그 추상 메소드를 실제로 구현합니다. 상위 클래스는 추상 메소드로 인터페이스(API)를 규정하는 역할을 하고, 하위 클래스는 추상 메소드를 구현하는 역할을 합니다. 이러한 상위 클래스와 하위 클래스의 역할 분담을 통해 부품으로서의 가치(교체 가능성)가 높은 클래스를 만들 수 있습니다.

여기에도 클래스 계층이 등장합니다. 예를 들어 상위 클래스 AbstractClass의 추상 메소드를 구현한 하위 클래스를 ConcreteClass라고 하면 다음과 같은 작은 클래스 계층이 만들어집니다.

```
AbstractClass
  └ ConcreteClass
```

하지만 여기에서 사용되는 클래스 계층은 기능을 추가하기 위해 사용되는 것은 아니며, 새로운 메소드를 늘리기 위해 클래스 계층을 만든 것도 아닙니다. 여기서는 다음과 같은 역할 분담을 위해 클래스 계층이 사용됩니다.

- 상위 클래스는 추상 메소드로 인터페이스(API)를 규정한다.
- 하위 클래스는 구상 메소드로 그 인터페이스(API)를 구현한다.

이 클래스 계층을 '구현의 클래스 계층'으로 부르기로 합니다.

여기서 AbstractClass의 다른 구현을 만들려고 합니다. 이때 하위 클래스를 AnotherConcreteClass라고 하면 구현의 클래스 계층은 또 변화합니다.

```
AbstractClass
  ├ ConcreteClass
  └ AnotherConcreteClass
```

새로운 구현을 만들기 위해서는 AbstractClass의 하위 클래스를 만들고 추상 메소드를 구현하게 됩니다. 이것이 구현의 클래스 계층입니다.

◆ 클래스 계층의 혼재와 클래스 계층의 분리

기능의 클래스 계층과 구현의 클래스 계층이 이제 이해되었나요? 우리가 하위 클래스를 만들고자 할 때는 자신의 의도를 다음과 같이 확인해야 합니다. '나는 기능을 추가하려고 하는가? 아니면 구현하려고 하는가?' 클래스 계층이 하나면 기능의 클래스 계층과 구현의 클래스 계층이 하나의 계층 구조 안에 혼재하게 됩니다. 이런 상태는 클래스 계층을 복잡하게 만들어 예측을 어렵게 할 우려가 있습니다. 하위 클래스를 만들고자 할 때 클래스 계층 어디에 만들면 좋을지 망설여지기 때문입니다.

그래서 '기능의 클래스 계층'과 '구현의 클래스 계층'을 **두 개의 독립된 클래스 계층으로 나눕니다.** 단순하게 분리만 하면 그냥 흩어지기 때문에, 그 두 클래스 계층 사이에 다리를 놓을 필요가 있습니다.

이 장에서 소개할 Bridge 패턴은 이러한 다리를 놓아 주는 디자인 패턴입니다. 꽤 서론이 길어졌는데, 이제 Bridge 패턴 예제 프로그램을 살펴봅시다. 반드시 **'두 클래스 계층'을 의식하면서 읽어 보세요.**

예제 프로그램

Bridge 패턴을 사용한 예제 프로그램을 살펴보겠습니다. 여기서 만들 것은 '무언가를 표시하기' 위한 프로그램입니다. 조금 추상적인 이야기이지만, 프로그램을 읽어 나가다 보면 조금씩 구체화됩니다.

표 9-1 클래스 목록

다리의 어느 쪽인가?	이름	설명
기능의 클래스 계층	Display	'표시한다' 클래스
기능의 클래스 계층	CountDisplay	'지정 횟수만큼 표시한다' 기능을 추가한 클래스
구현의 클래스 계층	DisplayImpl	'표시한다' 클래스
구현의 클래스 계층	StringDisplayImpl	'문자열을 사용해서 표시한다' 클래스
	Main	동작 테스트용 클래스

그림 9-1 예제 프로그램의 클래스 다이어그램

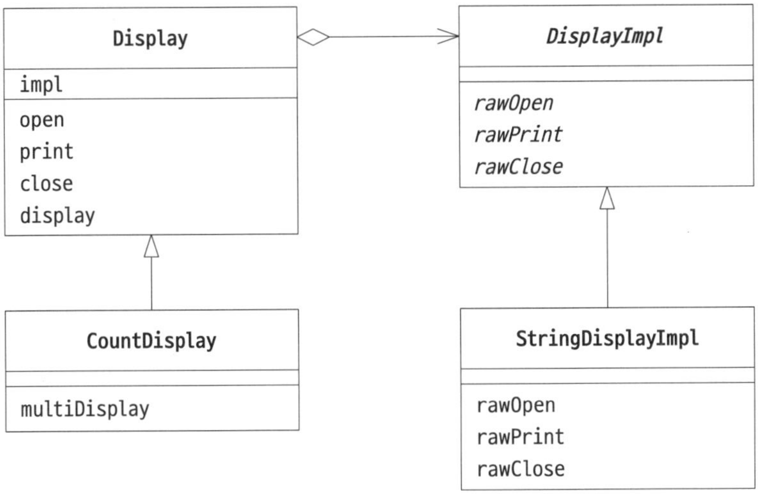

기능의 클래스 계층: Display 클래스

Display 클래스(리스트 9-1)는 추상적인 '무엇인가를 표시하는 것'입니다. 이 클래스는 '기능의 클래스 계층' 최상위에 있는 클래스입니다.

impl 필드는 Display 클래스의 '구현'을 나타내는 인스턴스입니다(impl은 implementation(구현)의 줄임말). 생성자에는 구현을 나타내는 클래스의 인스턴스를 전달합니다. 인수로 전달된 인스턴스는 impl 필드에 저장되며 이후 처리에 사용됩니다(이 필드가 두 클래스 계층의 '다리'가 됩니다).

open, print, close 세 메소드는 Display 클래스에서 제공하는 인터페이스(API)이고, 표시를 실행하는 절차를 나타냅니다. 각각 다음과 같은 역할을 담당합니다.

- open은 표시의 전처리
- print는 표시 그 자체
- close는 표시의 후처리

이 세 메소드의 내용을 보세요. 이 메소드를 실현하고자 impl 필드의 구현 메소드를 이용했습니다. 여기서 Display의 인터페이스(API)가 DisplayImpl의 인터페이스(API)로 변환됩니다.

display 메소드는 open, print, close라는 Display의 인터페이스(API)를 이용해 '표시한다'라는 처리를 실현합니다.

리스트 9-1 Display 클래스 (Display.java)

```
public class Display {
    private DisplayImpl impl;

    public Display(DisplayImpl impl) {
        this.impl = impl;
    }

    public void open() {
        impl.rawOpen();
    }

    public void print() {
        impl.rawPrint();
    }

    public void close() {
        impl.rawClose();
    }

    public final void display() {
        open();
        print();
        close();
    }
}
```

기능의 클래스 계층: CountDisplay 클래스

'기능의 클래스 계층'을 살펴보겠습니다. Display 클래스에 기능을 추가한 것이 CountDisplay 클래스(리스트 9-2)입니다. Display 클래스에는 '표시하는' 기능밖에 없었는데 CountDisplay 클래스에서는 '지정 횟수만큼 표시하는' 기능을 추가해 보았습니다. 바로 multiDisplay 메소드입니다.

CountDisplay 클래스에서는 Display 클래스에서 상속받은 open, print, close라는 메소드를 사용하여 multiDisplay라는 새로운 메소드를 추가했습니다.

여기까지가 '기능의 클래스 계층'입니다.

리스트 9-2 CountDisplay 클래스 (CountDisplay.java)

```
public class CountDisplay extends Display {
    public CountDisplay(DisplayImpl impl) {
        super(impl);
    }

    public void multiDisplay(int times) {
        open();
        for (int i = 0; i < times; i++) {
            print();
        }
        close();
    }
}
```

구현의 클래스 계층: DisplayImpl 클래스

여기부터가 '구현의 클래스 계층'입니다. DisplayImpl 클래스(리스트 9-3)는 구현의 클래스 계층 최상위에 위치합니다. DisplayImpl 클래스는 추상 클래스로 rawOpen, rawPrint, rawClose라는 세 가지 메소드를 가지고 있습니다. 이것은 Display 클래스의 open, print, close에 각각 대응하며, 전처리, 표시, 후처리를 실행합니다.

리스트 9-3 DisplayImpl 클래스 (DisplayImpl.java)

```
public abstract class DisplayImpl {
    public abstract void rawOpen();
    public abstract void rawPrint();
    public abstract void rawClose();
}
```

구현의 클래스 계층: StringDisplayImpl 클래스

드디어 진정한 '구현'입니다. StringDisplayImpl 클래스(리스트 9-4)는 문자열을 표시하는 클래스입니다. 다만, 그냥 표시하는 것이 아니라, DisplayImpl 클래스의 하위 클래스로서 rawOpen, rawPrint, rawClose라는 메소드를 사용하여 표시합니다.[5]

5 여기서는 간단히 하고자 한 문자가 화면에서 한 열을 차지한다는 전제로 코딩했습니다.

리스트 9-4 StringDisplayImpl 클래스 (StringDisplayImpl.java)

```
public class StringDisplayImpl extends DisplayImpl {
    private String string;
    private int width;

    public StringDisplayImpl(String string) {
        this.string = string;
        this.width = string.length();
    }

    @Override
    public void rawOpen() {
        printLine();
    }

    @Override
    public void rawPrint() {
        System.out.println("|" + string + "|");
    }

    @Override
    public void rawClose() {
        printLine();
    }

    private void printLine() {
        System.out.print("+");
        for (int i = 0; i < width; i++) {
            System.out.print("-");
        }
        System.out.println("+");
    }
}
```

DisplayImpl과 StringDisplayImpl 두 클래스가 '구현의 클래스 계층'에 해당합니다.

Main 클래스

Main 클래스에서는 앞에서 설명한 네 개의 클래스를 조합하여 문자열을 표시합니다. 변수 d1에는 Display 클래스의 인스턴스를 대입하고 변수 d2와 d3에는 CountDisplay 클래스의 인스턴스를 대입합니다. 모두 String-DisplayImpl 클래스의 인스턴스가 구현을 맡았습니다.

실행 결과는 그림 9-2와 같습니다. d1, d2, d3 모두 Display 클래스의 인스턴스이므로 display 메소드를 호출할 수 있습니다. d3에서는 multiDisplay 메소드도 호출할 수 있습니다.

리스트 9-5 Main 클래스 (Main.java)

```java
public class Main {
    public static void main(String[] args) {
        Display d1 = new Display(new StringDisplayImpl("Hello, Korea."));
        Display d2 = new CountDisplay(new StringDisplayImpl("Hello, World."));
        CountDisplay d3 = new CountDisplay(new StringDisplayImpl("Hello, Universe."));
        d1.display();
        d2.display();
        d3.display();
        d3.multiDisplay(5);
    }
}
```

그림 9-2 실행 결과

```
+-------------+            ← d1.display()가 표시
|Hello, Korea.|
+-------------+
+-------------+            ← d2.display()가 표시
|Hello, World.|
+-------------+
+----------------+         ← d3.display()가 표시
|Hello, Universe.|
+----------------+
+----------------+         ← d3.multiDisplay(5)가 표시
|Hello, Universe.|
|Hello, Universe.|
|Hello, Universe.|
|Hello, Universe.|
|Hello, Universe.|
+----------------+
```

Bridge 패턴의 등장인물

Bridge 패턴의 등장인물은 다음과 같습니다.

◆ Abstraction(추상화) 역

'기능의 클래스 계층'의 최상위 클래스입니다. Implementor 역의 메소드를 사용하여 기본 기능만 기술된 클래스입니다. 이 인스턴스는 Implementor 역을 가집니다. 예제 프로그램에서는 `Display` 클래스가 이 역할을 맡았습니다.

◆ RefinedAbstraction(개선된 추상화) 역

Abstraction 역에 기능을 추가했습니다. 예제 프로그램에서는 `CountDisplay` 클래스가 이 역할을 맡았습니다.

◆ Implementor(구현자) 역

'구현의 클래스 계층'의 최상위 클래스입니다. Abstraction 역의 인터페이스(API)를 구현하기 위한 메소드를 규정하는 역할입니다. 예제 프로그램에서는 `DisplayImpl` 클래스가 이 역할을 맡았습니다.

◆ ConcreteImplementor(구체적인 구현자) 역

구체적으로 Implementor 역의 인터페이스(API)를 구현합니다. 예제 프로그램에서는 `StringDisplayImpl` 클래스가 이 역할을 맡았습니다.

Bridge 패턴을 클래스 다이어그램으로 나타내면 그림 9-3과 같습니다. 왼쪽 두 개가 기능의 클래스 계층이고, 오른쪽 두 개가 구현의 클래스 계층입니다. 이 두 계층을 `impl` 필드가 중개합니다.

그림 9-3 Bridge 패턴의 클래스 다이어그램

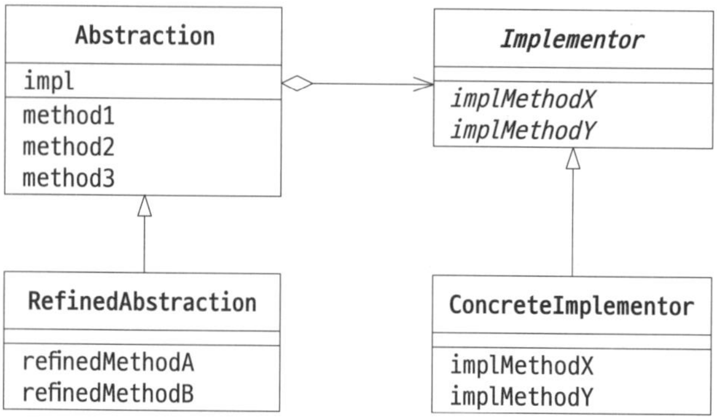

독자의 사고를 넓혀 주는 힌트

분리해 두면 확장이 편해진다

Bridge 패턴의 특징은 '기능의 클래스 계층'과 '구현의 클래스 계층'을 분리하는 것입니다. 이 두 개의 클래스 계층을 분리해 두면 각각의 클래스 계층을 독립적으로 확장할 수 있습니다(구체적인 확장 예는 연습 문제에서 다룹니다).

기능을 추가하고 싶으면 기능의 클래스 계층에 클래스를 추가합니다. 이때 구현의 클래스 계층은 전혀 수정할 필요가 없습니다. 게다가 새로 추가한 기능은 '모든 구현'에서 이용할 수 있게 됩니다.

예를 들어 구현의 클래스 계층을 프로그램 실행 환경에 적용해 봅시다. 어떤 프로그램은 컴퓨터나 운영체제와 같은 실행 환경에 의존하는 부분이 있어, 실행 환경에 따라 A버전, B버전, C버전으로 프로그램이 나뉜다고 합시다. 이때 실행 환경에 의존하는 부분을 Bridge 패턴의 구현의 클래스 계층으로 나타내는 것입니다. 즉, 실행 환경에 공통된 인터페이스(API)를 정해서 Implementor 역으로 하고, ConcreteImplementor 역으로 A버전, B버전, C버전 세 개의 클래스를 만듭니다. 이렇게 하면 기능의 클래스 계층 쪽에서 아무리 기능을 추가하더라도 세 가지 실행 환경에 동시에 대응할 수 있습니다.

상속은 강한 결합이고 위임은 약한 결합이다

'상속'은 클래스를 확장하는 편리한 방법이지만, 클래스 간의 연결을 강하게 고정시킵니다. 다음과 같이 소스 코드를 작성하면, SomethingGood 클래스는 Something 클래스의 하위 클래스가 됩니다.

```
class SomethingGood extends Something {
    ...
}
```

이 관계는 소스 코드를 다시 쓰지 않는 한 바꿀 수 없습니다. 소스 코드를 다시 쓰지 않는 한 바꿀 수 없다는 것은 매우 강하게 결합된다는 뜻입니다. 필요에 따라 클래스 간의 관계를 척척 전환하고자 할 때 상속을 사용하는 것은 부적절합니다. 전환할 때마다 소스 코드를 변경하고 있을 수는 없으니까요. 이런 때는 '상속'이 아니라 '위임'을 사용합니다.

예제 프로그램에서는 Display 클래스 안에서 위임을 사용합니다. Display 클래스(리스트 9-1)의 impl 필드에는 구현의 인스턴스가 저장되어 있어, 다음과 같이 '일을 떠넘기고' 있습니다.

- open을 실행할 때에는 impl.rawOpen()을 호출한다.
- print를 실행할 때에는 impl.rawPrint()를 호출한다.
- close를 실행할 때에는 impl.rawClose()를 호출한다.

'일을 하라'고 했더니 '모두 impl에 떠넘기고' 있습니다. 이것이 위임입니다.

상속은 견고한 연결이지만, 위임은 느슨한 연결입니다. Display 클래스의 인스턴스를 만드는 단계에서 인수로 넘어온 것과 연결되기 때문입니다. 예제 프로그램에서는 Main 클래스(리스트 9-5)에서 Display 및 CountDisplay의 인스턴스를 만들고, 그때 StringDisplayImpl의 인스턴스를 인수로 넘겼습니다. 이는 의존성 주입(p.140)의 한 예입니다.

만약 StringDisplayImpl 클래스 이외의 ConcreteImplementor 역이 있어서 그 인스턴스를 Display나 CountDisplay에 넘겨 주면 그것으로 구현이 확실하게 전환됩니다. 전환할 때 수정한 것은 Main 클래스뿐입니다. Display나 DisplayImpl 등의 소스 코드는 전혀 건드릴 필요가 없습니다.

상속은 강한 결합이며, 위임은 약한 결합입니다. 복수의 클래스를 설계할 때는 이런 클래스 간의 결합 관계를 이해해 둘 필요가 있습니다. 상속과 위임의 관계는 Adapter 패턴(p.68)에서도 등장했으니 참고하세요.

관련 패턴

Template Method 패턴(part 3)

Template Method 패턴에서는 구현의 클래스 계층을 이용합니다. 상위 클래스에서는 추상 메소드를 사용해 프로그래밍하고 하위 클래스에서는 그 추상 메소드를 구현합니다.

Abstract Factory 패턴(part 8)

Bridge 패턴에 등장하는 ConcreteImplementor 역을 환경에 맞추어 적절히 구축하기 위해 Abstract Factory 패턴이 이용되는 경우가 있습니다.

Adapter 패턴(part 2)

Bridge 패턴은 기능의 클래스 계층과 구현의 클래스 계층을 확실히 분리한 다음 결합하는 패턴입니다. Adapter 패턴은 기능은 비슷하지만, 인터페이스(API)는 다른 클래스끼리 결합하는 패턴입니다.

이 장에서 학습한 내용

이 장에서는 두 종류의 클래스 계층에 다리를 놓는 Bridge 패턴에 대해 배웠습니다. 두 종류의 클래스 계층을 분리함으로써 클래스의 확장을 쉽게 예측할 수 있습니다. 또한 클래스를 느슨하게 연결하는 위임에 대해서도 배웠습니다.

그러면 연습 문제로 이 장에서 학습한 내용을 확인해 봅시다.

연습 문제

해답은 부록A (468페이지)

문제 9-1

이 장의 예제 프로그램에 클래스를 추가하여 '랜덤 횟수만큼 표시하는 처리'를 실현하세요. 이때 어떤 클래스를 확장할지 생각해 봅시다.

힌트 표시 메소드는 `void randomDisplay(int times)`로 하고, `0` 이상 `times` 미만인 경우에만 랜덤으로 표시한다고 가정합니다.

문제 9-2

이 장의 예제 프로그램에 클래스를 추가하여 '텍스트 파일 내용을 표시하는 처리'를 실현하세요. 이때 어떤 클래스를 확장할지 생각해 봅시다.

문제 9-3

그림 9-4 또는 그림 9-5와 같은 모양을 표시하는 클래스를 이 장의 예제 프로그램에 추가한다고 가정합니다.

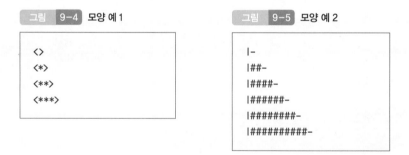

그림 9-4 모양 예 1

```
<>
<*>
<**>
<***>
```

그림 9-5 모양 예 2

```
|-
|##-
|####-
|######-
|########-
|##########-
```

이 모양들은 시작 문자 → 장식 문자 여러 번 → 끝 문자와 행 바꾸기를 1행으로 해서 여러 행 반복하고 있습니다. 반복할 때마다 점점 장식 문자 개수가 늘어납니다. 이렇게 동작하는 클래스를 예제 프로그램에 추가하려면, 기능의 클래스 계층에 넣어야 할까요? 아니면 구현의 클래스 계층에 넣어야 할까요? 새로운 표시 방법을 추가하는 것이니 기능의 클래스 계층일까요? 아니면 문자를 사용한 표시를 추가하는 것이니 구현의 클래스 계층일까요? 어떻게 하면 Bridge 패턴에 적용할 수 있을지 생각해 보세요.

PART 10 Strategy

알고리즘을 모두 바꾼다

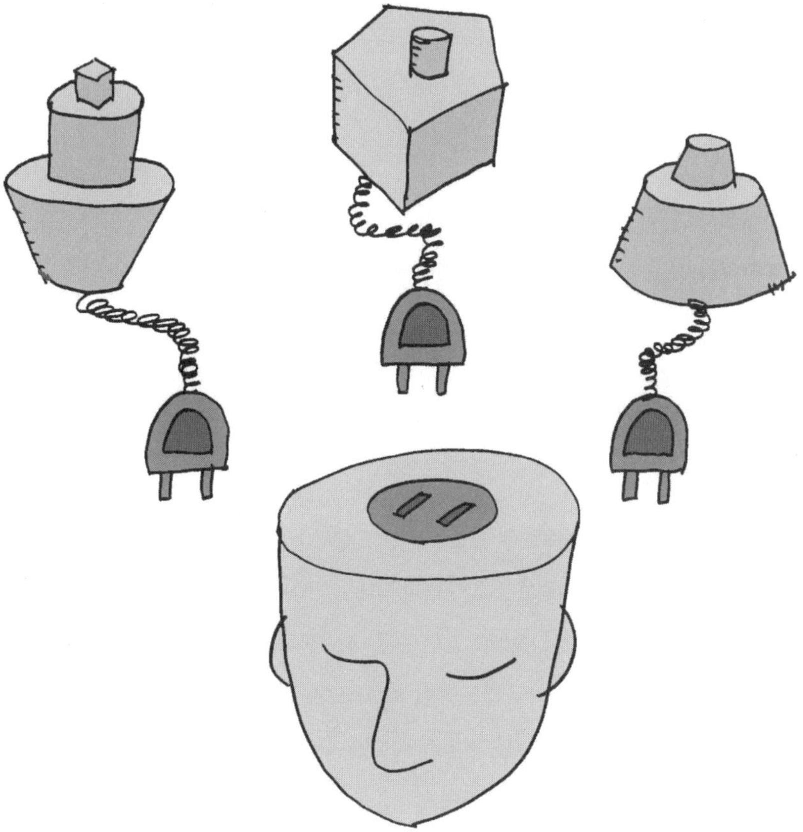

Strategy 패턴

이 장에서는 Strategy 패턴에 대해 학습합니다. strategy란 '전략'이라는 뜻입니다. 적을 해치우는 작전, 군대를 움직이는 방안, 그리고 문제를 풀어나가는 방법 등의 의미가 있습니다. 프로그래밍의 경우에는 '알고리즘'이라고 생각해도 좋습니다.

모든 프로그램은 문제를 해결하고자 만들어지며, 문제를 풀기 위한 특정 알고리즘으로 구현됩니다. Strategy 패턴에서는 구현한 알고리즘을 모조리 교환할 수 있습니다. 스위치를 전환하듯 알고리즘(전략, 작전, 방안)을 바꿔서, 같은 문제를 다른 방법으로 해결하기 쉽게 만들어 주는 패턴이 Strategy 패턴입니다.

예제 프로그램

Strategy 패턴을 사용한 예제 프로그램을 살펴봅시다. 여기서 소개할 예제는 컴퓨터로 '가위바위보'를 하는 프로그램입니다.

가위바위보 '전략'으로는 두 가지 방법을 생각했습니다. 하나는 이기면 다음에도 같은 손을 내는 다소 어리석은 방법(WinningStrategy), 다른 하나는 직전 손에서 다음 손을 확률적으로 계산하는 방법(ProbStrategy)입니다.

표 10-1 클래스 및 인스턴스 목록

이름	설명
Hand	가위바위보의 '손'을 나타내는 클래스
Strategy	가위바위보의 '전략'을 나타내는 인터페이스
WinningStrategy	이기면 다음에도 같은 손을 내는 전략을 나타내는 클래스
ProbStrategy	직전 손에서 다음 손을 확률적으로 계산하는 전략을 나타내는 클래스
Player	가위바위보를 하는 플레이어를 나타내는 클래스
Main	동작 테스트용 클래스

그림 10-1 예제 프로그램의 클래스 다이어그램

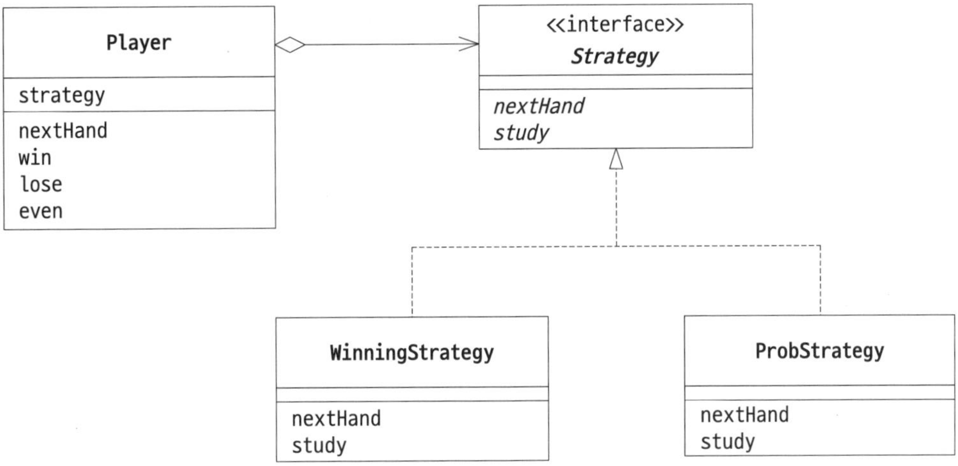

Hand형

Hand(리스트 10-1)는 가위바위보의 '손'을 나타내는 enum형으로 가위, 바위, 보를 각각 SCISSORS, ROCK, PAPER라는 enum 상수로 나타냅니다. Java의 enum형은 가위바위보의 '손'처럼 열거된 상수(enumerated constant)를 표현하는 구조입니다.

Hand형을 클래스의 일종으로 생각하고, enum 상수인 SCISSORS, ROCK, PAPER를 Hand의 인스턴스로 봐도 무방합니다. 그리고 리스트 10-1에서 알 수 있듯이 각 인스턴스에는 가위바위보에서 '손 이름'을 나타내는 name 필드와 '손의 값'을 나타내는 handvalue 필드가 있습니다.

Hand형 enum 상수는 SCISSORS, ROCK, PAPER 3개뿐이고, 그 인스턴스는 배열 hands에 저장됩니다. 클래스 메소드 getHand를 사용하면 Hand형의 인스턴스를 얻을 수 있습니다. 손의 값(0, 1, 2)을 인수로 주면 값에 대응하는 인스턴스가 반환됩니다. 이 구조는 Singleton 패턴(part 5)의 일종입니다. 또한 getHand 메소드는 static Factory Method(p.96 참조)라고 할 수 있습니다.

isStrongerThan과 isWeakerThan은 손의 강약을 비교하는 메소드입니다. Hand형인 hand1과 hand2라는 두 개의 손이 있을 때, 다음과 같이 손의 강약을 비교합니다.

```
hand1.isStrongerThan(hand2)
```

또는

```
hand1.isWeakerThan(hand2)
```

실제로 손의 강약을 판정하는 것은 fight라는 메소드입니다. 손의 강약을 판정할 때는 손의 값을 이용합니다.

여기서 사용되는 다음 식은 조금 이해하기가 어렵습니다.

```
(this.handvalue + 1) % 3 == h.handvalue
```

이 식은 this가 h보다 강한 손일 때(즉, this가 바위라면 h는 가위, this가 가위라면 h는 보, this가 보면 h는 바위일 때) true가 됩니다. 연산자 %는 나머지를 얻는 연산자입니다. 손의 값은 바위는 0이고 가위는 1이고 보는 2이므로, 1을 더해 3으로 나눈 나머지를 구하면 0은 1이 되고 1은 2가 되고 2는 0이 됩니다.

이 식에서 this.handvalue와 this를 명시한 것은 h.handvalue와의 대비가 뚜렷하게 보이도록 하기 위해서입니다. 프로그램상으로는 다음처럼 this를 생략해도 똑같은 의미가 됩니다.

```
(handvalue + 1) % 3 == h.handvalue
```

이 Hand형은 다른 클래스(Player, WinningStrategy, ProbStrategy)에서 사용되지만 Strategy 패턴의 등장인물에는 포함되지 않습니다.

리스트 10-1 Hand 클래스 (Hand.java)

```
public enum Hand {
    // 가위 바위 보를 나타내는 세 개의 enum 상수
    ROCK("바위", 0),
    SCISSORS("가위", 1),
    PAPER("보", 2);

    // enum이 가진 필드
    private String name;    // 가위 바위 보 손의 이름
    private int handvalue; // 가위 바위 보 손의 값

    // 손의 값으로 상수를 얻기 위한 배열
    private static Hand[] hands = {
        ROCK, SCISSORS, PAPER
    };

```

```
    // 생성자
    private Hand(String name, int handvalue) {
        this.name = name;
        this.handvalue = handvalue;
    }

    // 손의 값으로 enum 상수를 가져온다
    public static Hand getHand(int handvalue) {
        return hands[handvalue];
    }

    // this가 h보다 강할 때 true
    public boolean isStrongerThan(Hand h) {
        return fight(h) == 1;
    }

    // this가 h보다 약할 때 true
    public boolean isWeakerThan(Hand h) {
        return fight(h) == -1;
    }

    // 무승부는 0, this가 이기면 1, h가 이기면 -1
    private int fight(Hand h) {
        if (this == h) {
            return 0;
        } else if ((this.handvalue + 1) % 3 == h.handvalue) {
            return 1;
        } else {
            return -1;
        }
    }

    // 가위 바위 보의 문자열 표현
    @Override
    public String toString() {
        return name;
    }
}
```

Strategy 인터페이스

Strategy 인터페이스(리스트 10-2)는 가위바위보 '전략'을 위한 추상 메소드를 모은 것입니다.

nextHand는 '다음에 낼 손을 얻기 위한' 메소드입니다. 이 메소드를 호출하면 Strategy 인터페이스를 구현하는 클래스는 지혜를 짜내서 '다음에 낼 손'을 결정합니다.

study는 '직전에 낸 손으로 이겼는지 졌는지'를 학습하는 메소드입니다. 직전 nextHand 메소드 호출에서 이긴 경우에는 study(true)로 호출하고, 진 경우에는 study(false)로 호출합니다. 이에 따라 Strategy 인터페이스를 구현하는 클래스는 자신의 내부 상태를 변화시키고, 다음 번 이후에 nextHand 메소드의 반환값을 결정하는 재료로 사용합니다.

리스트 10-2 Strategy 인터페이스 (Strategy.java)

```
public interface Strategy {
    public abstract Hand nextHand();
    public abstract void study(boolean win);
}
```

WinningStrategy 클래스

WinningStrategy 클래스(리스트 10-3)는 Strategy 인터페이스를 구현하는 클래스 중 하나입니다. Strategy 인터페이스를 구현하다는 것은 nextHand와 study라는 두 메소드를 구현하는 것입니다. 이 클래스는 이전 승부에 이겼다면, 다음에도 같은 손('바위'라면 '바위', '보'라면 '보')을 내는 어리석은 전략을 취합니다. 만약 이전 승부에 졌다면, 다음 손은 난수를 사용하여 결정합니다.

random 필드는 난수가 필요할 때 사용할 java.util.Random의 인스턴스를 보관합니다. 즉, WinningStrategy의 인스턴스가 사용하는 난수 생성기라고 할 수 있습니다. won 필드는 이전 승부의 결과를 보관합니다. 이겼으면 true, 졌으면 false가 됩니다. prevHand 필드는 이전 승부에서 낸 손을 보관합니다.

리스트 10-3 WinningStrategy 클래스 (WinningStrategy.java)

```
import java.util.Random;

public class WinningStrategy implements Strategy {
    private Random random;
    private boolean won = false;
    private Hand prevHand;

    public WinningStrategy(int seed) {
        random = new Random(seed);
    }
```

```

    @Override
    public Hand nextHand() {
        if (!won) {
            prevHand = Hand.getHand(random.nextInt(3));
        }
        return prevHand;
    }

    @Override
    public void study(boolean win) {
        won = win;
    }
}
```

ProbStrategy 클래스

ProbStrategy 클래스(리스트 10-4)는 또 하나의 구체적인 '전략'입니다. 이번 전략은 조금 더 머리를 썼습니다. 다음 손을 항상 난수로 결정하는데, 과거의 이기고 진 이력을 활용해서 각각의 손을 낼 확률을 바꾸는 것입니다.

history 필드는 과거의 승패를 반영한 확률 계산을 위한 표로 되어 있습니다. history는 2차원 int 배열로, 각 차원의 첨자에는 다음과 같은 뜻이 있습니다.

history[직전에 낸 손][이번에 낼 손]

이 식의 값이 크면 클수록 과거의 승률이 높다는 것입니다. 조금 구체적으로 써 볼까요?

history[0][0] 바위, 바위를 내가 냈을 때 과거의 승수
history[0][1] 바위, 가위를 내가 냈을 때 과거의 승수
history[0][2] 바위, 보를 내가 냈을 때 과거의 승수

직전에 내가 바위를 냈다고 합시다. 이때, 다음에 내가 무엇을 낼지를 위의 history[0][0], history[0][1], history[0][2] 값을 이용해 확률로 계산하자는 것입니다. 요컨대 이 세 가지 식의 값을 더하고(getSum 메소드), 0부터 그 수까지의 난수를 계산한 후 그 결과를 바탕으로 다음 수를 결정합니다(nextHand 메소드).

예를 들어 각각의 값이 다음과 같다고 합시다.

history[0][0] 값이 3
history[0][1] 값이 5
history[0][2] 값이 7

이때 바위, 가위, 보를 내는 비율을 3:5:7로 하고 다음 손을 결정합니다. 0 이상 15 미만(15는 3+5+7의 값)의 난숫값을 얻어 다음과 같이 결정합니다.

0 이상 3 미만이면 바위 (확률: 3/15)
3 이상 8(=3+5) 미만이면 가위 (확률: 5/15)
8 이상 15(=3+5+7) 미만이면 보 (확률: 7/15)

study 메소드는 nextHand 메소드에서 반환한 손의 승패를 바탕으로 history 필드의 내용을 갱신합니다.

·주의· 이 전략에서는 대전 상대의 가위바위보 방법에 일종의 패턴이 있다는 것이 대전제입니다.

리스트 10-4 ProbStrategy 클래스 (ProbStrategy.java)

```
import java.util.Random;

public class ProbStrategy implements Strategy {
    private Random random;
    private int prevHandValue = 0;
    private int currentHandValue = 0;
    private int[][] history = {
        { 1, 1, 1, },
        { 1, 1, 1, },
        { 1, 1, 1, },
    };

    public ProbStrategy(int seed) {
        random = new Random(seed);
    }

    @Override
    public Hand nextHand() {
        int bet = random.nextInt(getSum(currentHandValue));
        int handvalue = 0;
        if (bet < history[currentHandValue][0]) {
            handvalue = 0;
        } else if (bet < history[currentHandValue][0] + history[currentHandValue][1]) {
            handvalue = 1;
```

```java
        } else {
            handvalue = 2;
        }
        prevHandValue = currentHandValue;
        currentHandValue = handvalue;
        return Hand.getHand(handvalue);
    }

    private int getSum(int handvalue) {
        int sum = 0;
        for (int i = 0; i < 3; i++) {
            sum += history[handvalue][i];
        }
        return sum;
    }

    @Override
    public void study(boolean win) {
        if (win) {
            history[prevHandValue][currentHandValue]++;
        } else {
            history[prevHandValue][(currentHandValue + 1) % 3]++;
            history[prevHandValue][(currentHandValue + 2) % 3]++;
        }
    }
}
```

Player 클래스

Player 클래스(리스트 10-5)는 가위바위보하는 사람을 표현한 클래스입니다. Player 클래스는 주어진 '이름'과 '전략'으로 인스턴스를 만듭니다.

nextHand는 다음 손을 얻는 메소드인데, 실제로 다음 손을 결정하는 것은 자신의 '전략'입니다. 전략의 nextHand 메소드의 반환값이 그대로 Player의 nextHand 메소드의 반환값이 됩니다. nextHand 메소드는 자신이 해야 할 처리를 Strategy에 맡기고 있습니다. 다시 말해, '위임'하고 있습니다.

이기거나(win), 지거나(lose), 비기거나(even) 한 승부 결과를 다음 승부에 활용하고자 Player 클래스는 strategy 필드를 통해 study 메소드를 호출합니다. study 메소드로 전략의 내부 상태를 변화시키는 것입니다. wincount, losecount, gamecount는 플레이어의 승수를 기록합니다.

리스트 10-5 Player 클래스 (Player.java)

```
public class Player {
    private String name;
    private Strategy strategy;
    private int wincount;
    private int losecount;
    private int gamecount;

    // 이름과 전략을 받아서 플레이어를 만든다
    public Player(String name, Strategy strategy) {
        this.name = name;
        this.strategy = strategy;
    }

    // 전략에 따라 다음 손을 결정한다
    public Hand nextHand() {
        return strategy.nextHand();
    }

    // 승리
    public void win() {
        strategy.study(true);
        wincount++;
        gamecount++;
    }

    // 패배
    public void lose() {
        strategy.study(false);
        losecount++;
        gamecount++;
    }

    // 무승부
    public void even() {
        gamecount++;
    }

    @Override
    public String toString() {
        return "["
            + name + ":"
            + gamecount + " games, "
            + wincount + " win, "
```

```
                + losecount + " lose"
                + "]";
    }
}
```

Main 클래스

Main 클래스(리스트 10-6)는 앞에서 설명한 클래스를 이용해 실제 컴퓨터로 가위바위보를 하는 클래스입니다. 여기에서는 다음 두 명의 플레이어를 대전시키고 있습니다.

- 이름 : "KIM", 전략 : Winning Strategy
- 이름 : "LEE", 전략 : ProbStrategy

10,000회 대전시켜 그 결과를 표시합니다. 커맨드 라인에서 두 개의 정수를 주고 난수를 생성하는 시드로 사용합니다. 덧붙여, "Winner:"+player1 부분은 "Winner:" +player1.toString()과 같은 의미입니다.

리스트 10-6 Main 클래스 (Main.java)

```
public class Main {
    public static void main(String[] args) {
        if (args.length != 2) {
            System.out.println("Usage: java Main randomseed1 randomseed2");
            System.out.println("Example: java Main 314 15");
            System.exit(0);
        }
        int seed1 = Integer.parseInt(args[0]);
        int seed2 = Integer.parseInt(args[1]);
        Player player1 = new Player("KIM", new WinningStrategy(seed1));
        Player player2 = new Player("LEE", new ProbStrategy(seed2));
        for (int i = 0; i < 10000; i++) {
            Hand nextHand1 = player1.nextHand();
            Hand nextHand2 = player2.nextHand();
            if (nextHand1.isStrongerThan(nextHand2)) {
                System.out.println("Winner:" + player1);
                player1.win();
                player2.lose();
            } else if (nextHand2.isStrongerThan(nextHand1)) {
                System.out.println("Winner:" + player2);
                player1.lose();
                player2.win();
```

```
            } else {
                System.out.println("Even...");
                player1.even();
                player2.even();
            }
        }
        System.out.println("Total result:");
        System.out.println(player1);
        System.out.println(player2);
    }
}
```

그림 10-2 실행 결과 (인수 314와 15는 난수의 시드가 되는 정수)

```
java Main 314 15
Even...                                          ← 무승부
Winner:[LEE:1 games, 0 win, 0 lose]              ← LEE 승
Winner:[KIM:2 games, 0 win, 1 lose]              ← KIM 승
Even...                                          ← 무승부
Winner:[LEE:4 games, 1 win, 1 lose]              ← LEE 승
Winner:[KIM:5 games, 1 win, 2 lose]              ← KIM 승
Even...                                          ← 무승부
Even...                                          ← 무승부
Winner:[KIM:8 games, 2 win, 2 lose]              ← KIM 승
Winner:[KIM:9 games, 3 win, 2 lose]              ← KIM 승
Winner:[KIM:10 games, 4 win, 2 lose]             ← KIM 승
Even...                                          ← 무승부
(중략)
Even...                                          ← 무승부
Winner:[KIM:9992 games, 3164 win, 3488 lose]     ← KIM 승
Winner:[LEE:9993 games, 3488 win, 3165 lose]     ← LEE 승
Winner:[KIM:9994 games, 3165 win, 3489 lose]     ← KIM 승
Winner:[KIM:9995 games, 3166 win, 3489 lose]     ← KIM 승
Winner:[LEE:9996 games, 3489 win, 3167 lose]     ← LEE 승
Even...                                          ← 무승부
Even...                                          ← 무승부
Even...                                          ← 무승부
Total result:
[KIM:10000 games, 3167 win, 3490 lose]           ← KIM 3167승 3490패
[LEE:10000 games, 3490 win, 3167 lose]           ← LEE 3490승 3167패
```

Strategy 패턴의 등장인물

Strategy 패턴의 등장인물은 다음과 같습니다.

◆ Strategy(전략) 역

전략을 이용하기 위한 인터페이스(API)를 결정합니다. 예제 프로그램에서는 `Strategy` 인터페이스가 이 역할을 맡았습니다.

◆ ConcreteStrategy(구체적인 전략) 역

Strategy 역의 인터페이스(API)를 실제로 구현합니다. 여기서 구체적인 전략(작전 · 방안 · 방법 · 알고리즘)을 실제로 프로그래밍합니다. 예제 프로그램에서는 `WinningStrategy` 클래스와 `ProbStrategy` 클래스가 이 역할을 맡았습니다.

◆ Context(문맥) 역

Strategy 역을 이용합니다. ConcreteStrategy의 인스턴스를 가지고 있다가 필요에 따라서 이용합니다(어디까지나 호출하는 것은 Strategy의 인터페이스(API)입니다). 예제 프로그램에서는 `Player` 클래스가 이 역할을 맡았습니다.

그림 10-3 Strategy 패턴의 클래스 다이어그램

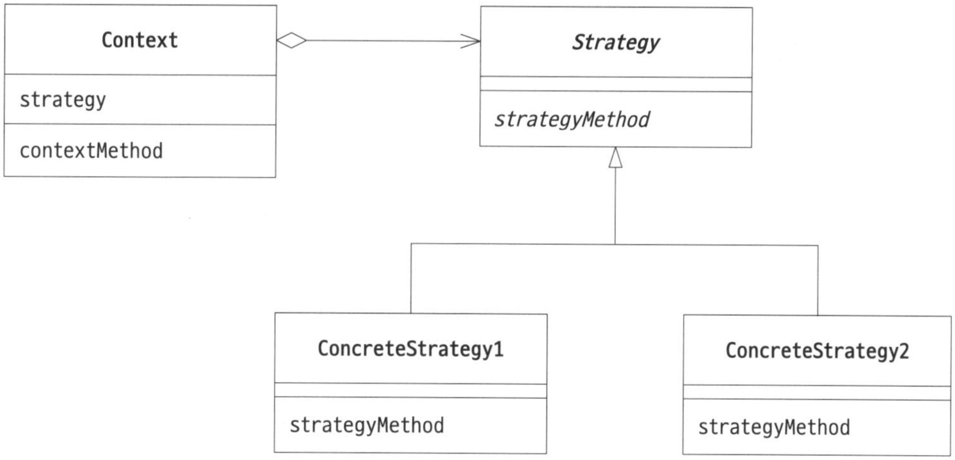

독자의 사고를 넓혀 주는 힌트

일부러 Strategy 역할을 만들 필요가 있을까?

보통 프로그래밍을 하다 보면 메소드 안에 녹아드는 형태로 알고리즘을 구현해 버리기 쉽지만, Strategy 패턴에서는 알고리즘 부분을 다른 부분과 의도적으로 분리합니다. 알고리즘이 있는 인터페이스(API) 부분만 규정해 두고 프로그램에서 위임을 통해 알고리즘을 이용합니다.

이런 방식이 프로그램을 복잡하게 만드는 것처럼 보이지만 그렇지 않습니다. 예를 들어, 알고리즘을 개량해서 더 빠르게 만들고 싶다고 가정합시다. Strategy 패턴을 사용하면 Strategy 역의 인터페이스(API)를 변경하지 않도록 주의하고 ConcreteStrategy 역만 수정하면 됩니다. 게다가, 위임이라는 약한 결합을 사용하므로 알고리즘을 용이하게 전환할 수 있습니다. 원래 알고리즘과 개량한 알고리즘의 속도를 비교하고 싶을 때도 간단히 전환해서 시험해 볼 수 있습니다.

사용자와 대전하는 게임 프로그램에서 Strategy 패턴을 사용하면, 사용자의 선택에 맞게 사고 루틴 레벨도 손쉽게 전환할 수 있을 것입니다.

실행 중 교체도 가능

Strategy 패턴을 사용하면 프로그램 동작 중에 ConcreteStrategy 역을 전환할 수도 있습니다. 예를 들어, 메모리가 적은 환경에서는 `SlowButLessMemoryStrategy`(속도는 느리지만 메모리를 절약하는 전략)를 사용하고, 메모리가 많은 환경에서는 `FastButMoreMemoryStrategy`(속도는 빠르지만 메모리를 더 쓰는 전략)를 사용하는 전략도 생각할 수 있습니다.

한쪽 알고리즘을 다른 쪽 알고리즘 '검산'에 사용할 수도 있습니다. 예를 들어, 표 계산 소프트웨어의 디버그 버전에서 복잡한 계산을 수행한다고 가정합니다. 그때, '버그가 있을지도 모르는 빠른 알고리즘'과 '느리지만 확실하게 계산하는 알고리즘'을 준비해 두고, 전자의 검산을 후자로 실시하게 하는 방식입니다.

다양한 난수 생성기 Java

이 책의 예제 프로그램은 Java에서 매우 일반적으로 사용되는 `java.util.Random` 클래스를 사용하여 난수를 생성합니다. 그러나 용도에 따라서는 다른 클래스를 사용해야 할 수도 있습니다. Java 라이브러리에서 자주 사용되는 난수 생성기를 소개합니다. 자세한 내용은 Java API 레퍼런스를 참조하세요.

- `java.util.Random`은 일반적으로 사용되는 난수 생성기로 선형합동법(linear congruential method)을 사용합니다. 스레드 세이프(Thread Safe)하지만, `ThreadLocalRandom` 쪽이 고성능입니다. 보안 용도로 사용해서는 안됩니다.
- `java.util.concurrent.ThreadLocalRandom`은 멀티스레드 환경에서도 고성능이며, 다른 스레드의 영향을 받지 않는 난수 생성기입니다. 마찬가지로 보안 용도로 사용해서는 안됩니다.
- `java.security.SecureRandom`은 암호학적으로 강한 난수 생성기로, 보안 용도로 사용됩니다. 스레드 세이프합니다.

관련 패턴

Flyweight 패턴(part 20)

ConcreteStrategy 역은 Flyweight 패턴을 사용해 여러 곳에서 공유할 수도 있습니다.

Abstract Factory 패턴(part 8)

Strategy 패턴에서는 알고리즘을 완전히 전환할 수 있습니다. Abstract Factory 패턴에서는 구체적인 공장, 부품, 제품을 완전히 전환할 수 있습니다.

State 패턴(part 19)

Strategy 패턴이나 State 패턴 모두 위임하는 곳을 전환하는 패턴이고 클래스 간의 관계도 매우 비슷하지만, 목적은 다릅니다. Strategy 패턴은 '알고리즘'을 표현하는 클래스를 만들어 ConcreteStrategy 역으로 합니다. Strategy 패턴에서는 클래스를 전환할 수 있지만, 필요 없으면 바꾸지 않아도 됩니다. 반면에, State 패턴에서는 '상태'를 표현하는 클래스를 만들어 ConcreteState 역으로 합니다. State 패턴에서는 상태가 변화할 때마다 위임하는 곳의 클래스가 반드시 전환됩니다.

이 장에서 학습한 내용

이 장에서는 알고리즘을 쉽게 전환할 수 있는 Strategy 패턴을 배웠습니다. 위임 덕분에 알고리즘 전환, 특히 동적 전환이 가능해졌습니다.

연습 문제

해답은 부록A (476페이지)

문제 10-1

무작위로 다음 손을 내는 RandomStrategy 클래스를 만드세요.

문제 10-2 Java

이 장의 예제 프로그램 중 Hand 클래스(리스트 10-1)의 fight 메소드에서 무승부를 판정하는데,

```
this.handvalue == h.handvalue
```

라는 식이 아니라

```
this == h
```

라는 식을 사용하고 있습니다(39행째). 왜 이렇게 해도 잘 작동할까요?

문제 10-3 Java

어떤 사람이 WinningStrategy 클래스(리스트 10-3)를 프로그래밍 할 때, won 필드를

```
private boolean won = false;
```

대신에

```
private boolean won;
```

이라고 써 버렸습니다. 그러나 = false를 붙였을 때와 정확히 같은 동작을 했습니다. 왜 그럴까요?

문제 10-4 Java

java.util.List 인터페이스의 sort(c) 메소드는 'List의 요소를 비교기(Comparator) c를 사용해서 정렬하는(sort) 메소드입니다. 이때 전달하는 비교기 c는 List가 가진 요소의 '순서 관계'를 결정하기 위한 인스턴스이므로 비교기를 바꾸면 정렬 결과가 변합니다. 예를 들어,

```
"D", "B", "C", "E", "A"
```

라는 다섯 개의 String을 요소로 가지는 List<String>의 인스턴스를 '사전순으로 작은 순서' 비교기를 사

용하여 정렬하면 다음과 같이 됩니다.

```
"A", "B", "C", "D", "E"
```

그런데 '사전순으로 큰 순서' 비교기로 정렬하면 다음과 같이 됩니다.

```
"E", "D", "C", "B", "A"
```

즉, sort(c)의 인수로 전달하는 비교기 c는 다소 과장되게 말하면 순서 관계를 결정하는 '전략'을 표현한다고 할 수 있습니다.

리스트 10-7은 사전순으로 '작은 순서'와 '큰 순서'로 List<String>을 정렬하여 표시하는 프로그램인데 /*미구현*/이라고 적힌 부분이 미완성입니다. Java API 레퍼런스를 조사하여 이 프로그램을 완성하세요.

·힌트· 비교기를 나타내는 **java.util.Comparator** 인터페이스의 **compare** 메소드와 **java.lang.String** 클래스의 **compareTo** 메소드를 알아봅시다.

※ '사전 순서'는 **String**의 길이와 포함되는 문자의 Unicode 값으로 결정됩니다. 자세한 내용은 **java.lang.String** 클래스의 **compareTo** 메소드의 API 레퍼런스를 참조해 주세요.

리스트 10-7 List<String>을 정렬해서 표시하는 프로그램 (Main.java)

```
import java.util.*;

class Main {
    public static void main(String[] args) {
        List<String> list = Arrays.asList("D", "B", "C", "E", "A");

        // 사전순으로 작은 순서
        list.sort( /* 미구현 */ );
        System.out.println(list);

        // 사전순으로 큰 순서
        list.sort( /* 미구현 */ );
        System.out.println(list);
    }
}
```

그림 10-4 실행 결과

```
[A, B, C, D, E]    ← 사전순으로 작은 순서
[E, D, C, B, A]    ← 사전순으로 큰 순서
```

PART 11 Composite

그릇과 내용물을 동일시한다

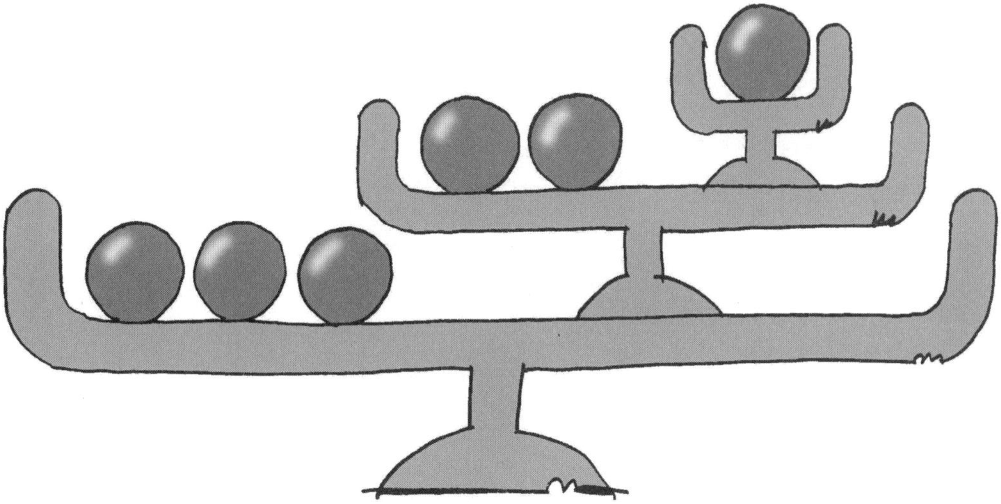

Composite 패턴

컴퓨터의 파일 시스템에는 '디렉터리'라는 것이 있습니다(OS에 따라서는 폴더로 부르기도 합니다). 디렉터리 안에는 파일이나 다른 디렉터리(하위 디렉터리)가 들어갑니다. 그리고 또 그 하위 디렉터리 안에 다른 파일이나 하위 디렉터리가 들어가기도 합니다. 디렉터리는 그러한 '중첩'된 구조, 재귀적인 구조를 만들어 냅니다.

그런데, 디렉터리와 파일은 서로 다르지만, 둘 다 '디렉터리 안에 넣을 수 있는 것'입니다. 디렉터리와 파일을 합쳐서 '디렉터리 엔트리'라고 부르기도 합니다. 디렉터리 엔트리라는 이름으로 디렉터리와 파일을 같은 종류로 간주하는(동일시하는) 것입니다.

예를 들어 어떤 디렉터리 안에 무엇이 있는지를 차례대로 조사한다고 합시다. 이때 조사하는 것이 하위 디렉터리일 수도 있고 파일일 수도 있습니다. 한마디로 '디렉터리 엔트리'를 차례대로 조사하는 것입니다.

디렉터리와 파일을 합쳐서 디렉터리 엔트리로 다루듯이, 그릇과 내용물을 같은 종류로 취급하면 편리한 경우가 있습니다. 그릇 안에는 내용물을 넣을 수도 있고, 더 작은 그릇을 넣을 수도 있습니다. 그리고 그 작은 그릇 안에 더 작은 그릇을 넣는 식으로 중첩된 구조, 재귀적인 구조를 만들 수 있습니다.

이 장에서 학습할 Composite 패턴은 이러한 구조를 만들기 위한 패턴입니다. 그릇과 내용물을 동일시하여 재귀적인 구조를 만드는 디자인 패턴이 바로 Composite 패턴입니다. composite이란 '혼합물', '복합물'이라는 뜻입니다.

예제 프로그램

Composite 패턴의 예제 프로그램으로 파일과 디렉터리를 도식적으로 표현한 프로그램을 만들어 봅시다. 파일을 나타내는 클래스인 `File` 클래스, 디렉터리를 나타내는 클래스인 `Directory` 클래스, 그 둘을 취합하는 형태의 상위 클래스인 `Entry`가 있습니다. `Entry` 클래스는 디렉터리 엔트리를 나타내는 클래스로, `File`과 `Directory`를 동일시하는 클래스입니다.

표 11-1 클래스 목록

이름	설명
Entry	File과 Directory를 동일시하는 추상 클래스
File	파일을 나타내는 클래스
Directory	디렉터리를 나타내는 클래스
Main	동작 테스트용 클래스

그림 11-1 예제 프로그램의 클래스 다이어그램

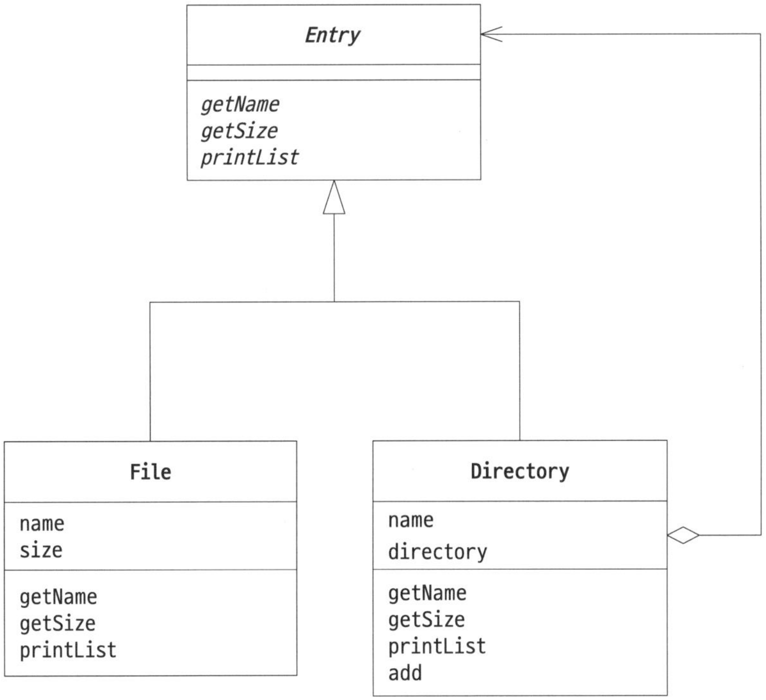

Entry 클래스

Entry 클래스(리스트 11-1)는 추상 클래스이고 디렉터리 엔트리를 표현합니다. 이 하위 클래스로 File 클래스와 Directory 클래스가 만들어집니다.

디렉터리 엔트리는 이름을 갖고 있습니다. 이름을 얻기 위한 메소드로 getName을 준비하고, 하위 클래스에 구현을 맡깁니다(subclass responsibility). 또, 디렉터리 엔트리는 크기를 갖고 있으므로 크기를 얻기 위한

getSize 메소드를 준비합니다. 이 메소드의 구현도 하위 클래스에 맡깁니다.

printList는 '목록'을 표시하는 메소드입니다. 인수 없는 printList()와 인수 있는 printList(String) 두 가지 메소드가 있습니다. 이것을 printList 메소드의 오버로드(다중정의)라고 합니다. 호출할 때 인수의 형에 따라 오버로드된 것 중 적절한 메소드가 선택되어 실행됩니다. 여기서 printList()는 public으로 공개되고, printList(String)은 protected로 Entry의 하위 클래스에서만 사용하도록 되어 있습니다.

toString 메소드는 인스턴스의 표준적인 문자열 표현을 정의합니다. 여기에서는 파일명과 크기를 나열해서 표현합니다. getName이나 getSize는 추상 메소드이지만, 하위 클래스가 이러한 메소드를 구현하기를 기대하며 toString에서 호출하고 있습니다(Template Method 패턴).

리스트 11-1 Entry 클래스 (Entry.java)

```
public abstract class Entry {
    // 이름을 얻는다
    public abstract String getName();

    // 크기를 얻는다
    public abstract int getSize();

    // 목록을 표시한다
    public void printList() {
        printList("");
    }

    // prefix를 앞에 붙여서 목록을 표시한다
    protected abstract void printList(String prefix);

    // 문자열 표시
    @Override
    public String toString() {
        return getName() + " (" + getSize() + ")";
    }
}
```

File 클래스

File 클래스(리스트 11-2)는 파일을 표현하는 클래스로, Entry 클래스의 하위 클래스로 선언되어 있습니다. File 클래스에는 두 개의 필드가 있는데, 파일 이름을 나타내는 name과 크기를 나타내는 size입니다.

생성자에서 이름과 크기를 부여해 File 인스턴스를 만듭니다. 예를 들어, 다음과 같이 readme.txt라는 이름으로 크기가 1,000인 파일을 만들어 봅시다. 물론 이렇게 만들어진 파일은 가상으로 만들어진 파일이고, 실제 파일 시스템 상에 만들어진 것은 아닙니다.

```
new File("readme.txt", 1000)
```

getName 메소드와 getSize 메소드는 각각 파일 이름과 크기를 반환하는 메소드입니다.

상위 클래스에서 만들라고 떠맡긴 printList(String)은 여기에서 구현합니다. printList(String)은 prefix와 자신의 문자열 표현을 "/"로 구분하여 표시합니다. 여기서 "/" + this라는 연산을 하고 있는데, 이렇게 문자열과 객체를 추가하면 자동으로 해당 객체의 toString 메소드가 호출됩니다. 이것은 Java 언어의 사양입니다. 즉, 아래 식은 모두 같습니다.

```
prefix + "/" + this
prefix + "/" + this.toString()
prefix + "/" + toString()
```

상위 클래스인 Entry 클래스에서 선언된 추상 메소드를 모두 여기서 구현했으므로 File 클래스는 추상 클래스가 아닙니다.

리스트 11-2 File 클래스 (File.java)

```
public class File extends Entry {
    private String name;
    private int size;

    public File(String name, int size) {
        this.name = name;
        this.size = size;
    }

    @Override
    public String getName() {
        return name;
    }

    @Override
    public int getSize() {
        return size;
```

```
    }

    @Override
    protected void printList(String prefix) {
        System.out.println(prefix + "/" + this);
    }
}
```

Directory 클래스

Directory 클래스(리스트 11-3)는 디렉터리를 표현합니다. 이 클래스도 마찬가지로 Entry 클래스의 하위 클래스로 선언되어 있습니다.

Directory 클래스에도 두 개의 필드가 있습니다. 필드 name은 디렉터리 이름을 나타내며 File 클래스와 동일합니다. 그러나 Directory에는 크기를 나타내는 필드가 없습니다. 그 이유는 디렉터리의 크기를 동적으로 계산해서 구하기 때문입니다. 또 하나의 필드 directory는 디렉터리 엔트리를 보관해 두는 필드로, 다음과 같이 초기화됩니다.

```
private List<Entry> directory = new ArrayList<>();
```

directory 필드는 List<Entry>형으로 선언되어 있고, 실제로는 ArrayList<Entry>의 인스턴스가 주어집니다. 우변에서는 타입 파라미터의 부분이 <Entry>가 아니라 <>로 되어 있지만, Java 컴파일러가 ArrayList<Entry> 라고 올바르게 추론해 주기 때문에 문제 없습니다. <>는 그 모양에서 다이아몬드 연산자라고 합니다.

getName 메소드는 name 필드를 반환할 뿐이지만, getSize 메소드는 계산을 합니다. directory의 요소를 하나씩 꺼내 그 크기를 합한 것이 반환값이 됩니다. 이 메소드 안에서 사용된 다음 문에 주의하세요.

```
size += entry.getSize();
```

변수 size에 entry의 크기를 더하지만, 이 entry는 File의 인스턴스일지도 모르고 Directory의 인스턴스일지도 모릅니다. 두 경우 모두 동일한 메소드 getSize로 크기를 얻을 수 있습니다. 이것이 Composite 패턴의 특징인 '그릇과 내용물을 같은 것으로 본다'는 의미입니다. entry가 File의 인스턴스이든 Directory의 인스턴스이든 어쨌든 Entry의 하위 클래스 인스턴스이므로, 안심하고 getSize를 호출할 수 있습니다. 나중에 Entry의 하위 클래스로 다른 클래스가 만들어지더라도, 마찬가지로 getSize 메소드를 구현하므로 Directory 클래스에서 이 부분을 수정할 필요는 없습니다.

entry가 Directory의 인스턴스인 경우, entry.getSize()라는 식을 평가하면 디렉터리 안의 엔트리 크기를 하나하나 더합니다. 또 그 안에 디렉터리가 있으면, 다시 하위 디렉터리의 getSize를 호출합니다. 이렇게 재귀적으로 메소드 getSize가 호출됩니다. Composite 패턴의 재귀적 구조가 그대로 getSize 메소드의 재귀적 호출에 대응한다는 것을 알 수 있습니다.

add 메소드는 디렉터리 안에 파일이나 디렉터리를 추가합니다. 인수로 주어진 entry는 그것이 Directory 클래스의 인스턴스인지 File 클래스의 인스턴스인지를 조사하지 않은 채 다음 식으로 필드 디렉터리에 추가됩니다.

```
directory.add(entry);
```

바로, 파일과 디렉터리를 동일시한 '디렉터리 엔트리'로서 추가하는 것입니다.

printList 메소드는 디렉터리 목록을 표시합니다. printList 메소드도 getSize 메소드처럼 printList를 재귀적으로 호출합니다. 이때, 변수 entry가 File의 인스턴스인지 Directory의 인스턴스인지 조사하지 않는 것도 getSize 메소드의 경우와 같습니다. 그릇과 내용물을 동일시하기 때문입니다.

리스트 11-3 Directory 클래스 (Directory.java)

```
import java.util.ArrayList;
import java.util.List;

public class Directory extends Entry {
    private String name;
    private List<Entry> directory = new ArrayList<>();

    public Directory(String name) {
        this.name = name;
    }

    @Override
    public String getName() {
        return name;
    }

    @Override
    public int getSize() {
        int size = 0;
        for (Entry entry: directory) {
            size += entry.getSize();
```

```java
        }
        return size;
    }

    @Override
    protected void printList(String prefix) {
        System.out.println(prefix + "/" + this);
        for (Entry entry: directory) {
            entry.printList(prefix + "/" + name);
        }
    }

    // 디렉터리 엔트리를 디렉터리에 추가한다
    public Entry add(Entry entry) {
        directory.add(entry);
        return this;
    }
}
```

Main 클래스

Main 클래스(리스트 11-4)에서는 다음과 같은 디렉터리 계층을 만듭니다. 먼저, root, bin, tmp, usr이라는 디렉터리를 만들고 bin 아래에 vi라는 파일과 latex라는 파일을 넣습니다.

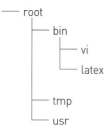

```
── root
    ├── bin
    │    ├── vi
    │    └── latex
    │
    ├── tmp
    └── usr
```

그런 다음 usr 디렉터리 아래에 youngjin, gildong, dojun이라는 디렉터리를 만들고 각 사람의 파일을 그 아래에 만듭니다.

```
── root
    ├── bin
    │    ├── vi
    │    └── latex
    │
    ├── tmp
    └── usr
         ├── youngjin
         │     ├── diary.html
         │     └── Composite.java
         │
         ├── gildong
         │     └── memo.tex
         │
         └── dojun
               ├── game.doc
               └── junk.mail
```

실행 결과는 그림 11-2와 같습니다. 각자의 파일을 만든 후 root 디렉터리 크기가 정확히 증가한 것에 주목하세요.

리스트 11-4 Main 클래스 (Main.java)

```java
public class Main {
    public static void main(String[] args) {
        System.out.println("Making root entries...");
        Directory rootdir = new Directory("root");
        Directory bindir = new Directory("bin");
        Directory tmpdir = new Directory("tmp");
        Directory usrdir = new Directory("usr");
        rootdir.add(bindir);
        rootdir.add(tmpdir);
        rootdir.add(usrdir);
        bindir.add(new File("vi", 10000));
        bindir.add(new File("latex", 20000));
        rootdir.printList();
        System.out.println();

        System.out.println("Making user entries...");
        Directory youngjin = new Directory("youngjin");
        Directory gildong = new Directory("gildong");
```

```java
        Directory dojun = new Directory("dojun");
        usrdir.add(youngjin);
        usrdir.add(gildong);
        usrdir.add(dojun);
        youngjin.add(new File("diary.html", 100));
        youngjin.add(new File("Composite.java", 200));
        gildong.add(new File("memo.tex", 300));
        dojun.add(new File("game.doc", 400));
        dojun.add(new File("junk.mail", 500));
        rootdir.printList();
    }
}
```

그림 11-2 실행 결과

```
Making root entries...
/root (30000)
/root/bin (30000)
/root/bin/vi (10000)
/root/bin/latex (20000)
/root/tmp (0)
/root/usr (0)

Making user entries...
/root (31500)
/root/bin (30000)
/root/bin/vi (10000)
/root/bin/latex (20000)
/root/tmp (0)
/root/usr (1500)
/root/usr/youngjin (300)
/root/usr/youngjin/diary.html (100)
/root/usr/youngjin/Composite.java (200)
/root/usr/gildong (300)
/root/usr/gildong/memo.tex (300)
/root/usr/dojun (900)
/root/usr/dojun/game.doc (400)
/root/usr/dojun/junk.mail (500)
```

Composite 패턴의 등장인물

Composite 패턴의 등장인물은 다음과 같습니다.

◈ Leaf(잎) 역

'내용물'을 나타냅니다. 이 안에는 다른 것을 넣을 수 없습니다. 예제 프로그램에서는 `File` 클래스가 이 역할을 맡았습니다.

◈ Composite(복합체) 역

'그릇'을 나타내며, Leaf 역이나 Composite 역을 넣을 수 있습니다. 예제 프로그램에서는 `Directory` 클래스가 이 역할을 맡았습니다.

◈ Component 역

Leaf 역과 Composite 역을 동일시하기 위한 역할입니다. Component는 Leaf 역과 Composite 역에 공통되는 상위 클래스로 구현됩니다. 예제 프로그램에서는 `Entry` 클래스가 이 역할을 맡았습니다.

◈ Client (의뢰자) 역

Composite 패턴의 사용자입니다. 예제 프로그램에서는 `Main` 클래스가 이 역할을 맡았습니다.

Composite 패턴의 클래스 다이어그램은 그림 11-3에 나타냈습니다. 이 다이어그램에서는 Composite 역이 포함하는 Component(즉, Leaf나 Composite)를 부모에 대한 '자식'으로 간주합니다. `getChild` 메소드는 Component로부터 '자식'을 얻는 메소드입니다.

그림 11-3 Composite 패턴의 클래스 다이어그램

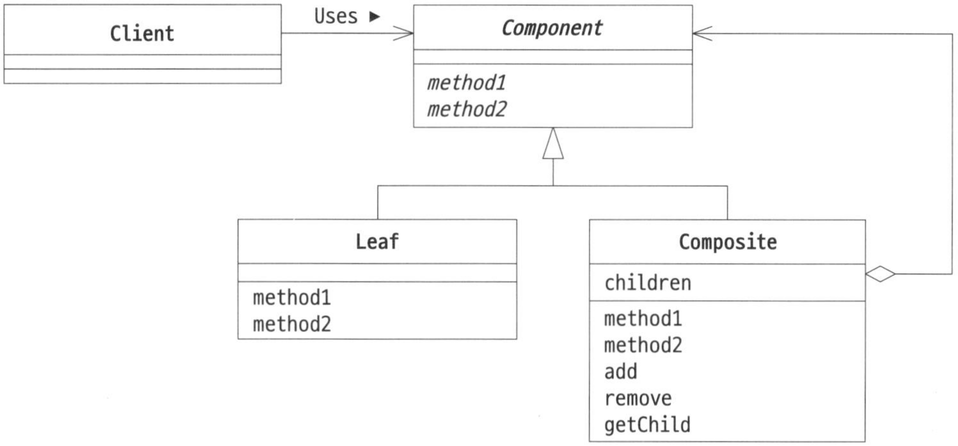

독자의 사고를 넓혀 주는 힌트

복수와 단수 동일시하기

Composite 패턴은 그릇과 내용물을 동일시하는 패턴인데, 이를 복수와 단수의 동일시로 부를 수도 있습니다. 즉, 여러 개를 모아서 마치 하나의 것처럼 취급하는 것입니다.

예를 들어, 프로그램 동작 테스트를 모아서 할 때 Composite 패턴을 사용할 수 있습니다. KeyboardTest에서는 키보드 입력 테스트를 하고, FileTest에서는 파일 입력 테스트를 하고, NetworkTest에서는 네트워크 입력 테스트를 한다고 가정합시다. 이때 KeyboardTest, FileTest, NetworkTest 셋을 한꺼번에 다루고 싶을 때, Composite 패턴을 사용해 여러 테스트를 모아 InputTest라는 '입력 테스트'로 만드는 것입니다. 마찬가지로 복수의 출력 테스트를 모은 OutputTest도 만들 수 있습니다. 심지어 InputTest와 OutputTest를 합쳐 InputOutputTest라는 '입출력 테스트'까지 만들 수 있겠지요.

또 하나 예를 들어, 많은 도형을 그리거나 변형하는 그래픽 툴을 만든다고 합시다. 삼각형이나 원 등 도형을 여러 개 묶어 '그룹'을 만드는 기능에도 Composite 패턴을 활용할 수 있습니다. 복수의 도형을 모은 그룹도 개개의 도형처럼 편집하고 싶기 때문입니다. 여러 그룹을 묶어서 더 큰 그룹을 만들 수도 있을 것입니다.

add는 어디에 두어야 할까

예제 프로그램에서는 디렉터리 엔트리를 추가하는 `add` 메소드를 `Directory` 클래스에서 정의했습니다(리스트 11-3). 디렉터리 엔트리를 추가할 수 있는 것은 디렉터리뿐이므로, 이 판단은 타당하다고 할 수 있습니다. 그림 11-3에서도 `add`, `remove`, `getChild` 등 '자식'을 조작하는 메소드를 Composite 역에서 정의했습니다.

GoF 책(부록D [GoF] 참조)에서는 '자식'을 조작하는 메소드도 Component 역에서 정의합니다. 그런 경우에는 Leaf 역에 대해 '자식'을 조작하는 요청이 발생하면 뭔가 오류 처리가 필요합니다.

'자식'을 조작하는 메소드는 Composite 역과 Component 역 중 어느 쪽에서 정의하면 좋을까요? 결국 그것은 '그릇과 내용물을 동일시한 결과로 얻어지는 것은 무엇인가?'에 대한 대답입니다. 예제 프로그램으로 말하자면 '`Entry` 클래스란 무엇인가?'라는 질문에 답하는 것입니다.

설계자는 그 클래스가 가져야 할 메소드를 정합니다. 그것은 '그 클래스는 무엇인가'에 대해 답하는 일이며, 해당 클래스가 가져야 할 책무를 명확히 하는 일입니다.

재귀적 구조는 모든 장면에서 등장한다

예제 프로그램에서는 디렉터리 엔트리를 예로 들어 이야기했지만, 프로그래밍을 하다 보면 재귀적 구조 및 Composite 패턴은 다양한 곳에서 등장합니다. 예를 들어, 윈도 시스템에서는 윈도 안에 자식 윈도를 갖게 하는데, 이는 전형적인 Composite 패턴에 해당합니다. 문장의 글머리 기호 항목 안에 다시 항목이 포함되는 것도 재귀적 구조라고 할 수 있겠지요. 컴퓨터에 대한 명령을 모아 매크로 명령을 만들 때, 그 매크로 명령을 재귀적인 구조로 구현하면 매크로 명령의 매크로 명령을 만들 수도 있습니다. 일반적으로 트리 구조로 된 데이터 구조는 Composite 패턴에 해당합니다.

관련 패턴

Command 패턴(part 22)

Command 패턴으로 '매크로 명령'을 만들 때 Composite 패턴이 사용됩니다.

Visitor 패턴(part 13)

Visitor 패턴은 Composite을 돌아다니며 처리하는 데 사용합니다.

Decorator 패턴(part 12)

Composite 패턴은 그릇(Composite 역)과 내용(Leaf 역)을 Component 역으로 동일시합니다. Decorator 패턴은 장식 틀과 내용물을 동일시합니다.

이 장에서 학습한 내용

이 장에서는 그릇과 내용물을 동일시하여 재귀적인 구조를 형성하는 Composite 패턴에 대해 알아보았습니다.

연습 문제

해답은 부록A (480페이지)

● 문제 11-1

파일 시스템 이외에 Composite 패턴이 적합한 예를 생각해 보세요.

● 문제 11-2

예제 프로그램에 Entry의 (하위 클래스의) 인스턴스로부터 전체 경로를 얻는 기능을 추가하려고 합니다. 예를 들어 File의 인스턴스에서 다음과 같은 문자열을 얻고자합니다.

```
"/root/usr/youngjin/Composite.java"
```

이때 예제 프로그램의 어떤 클래스를 어떻게 변경하면 좋을까요?

PART 12 Decorator

장식틀과 내용물을 동일시한다

Decorator 패턴

스펀지 케이크가 하나 있다고 가정합니다. 크림을 바르면 아무것도 얹혀 있지 않은 크림 케이크가 완성됩니다. 거기에 딸기를 얹으면 딸기 크림 케이크가 됩니다. 거기에 납작한 초콜릿을 올리고 화이트초콜릿으로 이름을 쓰고, 나이 수만큼 양초를 세우면 생일 케이크가 완성됩니다.

스펀지 케이크, 크림 케이크, 딸기 크림 케이크, 생일 케이크 모두 그 중심에 있는 것은 같은 스펀지 케이크입니다. 하지만, 크림을 바르고 딸기를 올리는 등 여러 가지 장식을 하면 더 맛있고 각각의 목적에 맞는 케이크가 됩니다.

객체도 이런 케이크와 비슷한 점이 있습니다. 먼저 중심이 되는 스펀지 케이크와 같은 객체가 있고, 거기에 장식이 되는 기능을 하나씩 추가해서 목적에 더 맞는 객체로 만들어 가는 것입니다.

이처럼 객체에 점점 장식을 더해 가는 디자인 패턴을 Decorator 패턴이라고 부릅니다. decorator란 'decorate(장식)하는 사람'이라는 뜻입니다. 이 장에서는 Decorator 패턴에 관해 학습합니다.

예제 프로그램

여기서 만들 예제 프로그램은 문자열 주위에 장식틀을 붙여 표시하는 것입니다. 여기서 말하는 장식틀이란 -, +, | 라는 문자로 그린 것을 말합니다. `Hello, world.`라는 문자열에 장식틀을 붙인 예를 그림 12-1에 나타냈습니다.

그림 12-1 Hello, world.에 장식틀을 붙인 예

```
+-------------+
|Hello, world.|
+-------------+
```

표 12-1 클래스 목록

이름	설명
Display	문자열 표시용 추상 클래스
StringDisplay	1행으로 구성된 문자열 표시용 클래스
Border	'장식틀'을 나타내는 추상 클래스
SideBorder	좌우에만 장식틀을 붙이는 클래스
FullBorder	상하좌우에 장식틀을 붙이는 클래스
Main	동작 테스트용 클래스

그림 12-2 예제 프로그램의 클래스 다이어그램

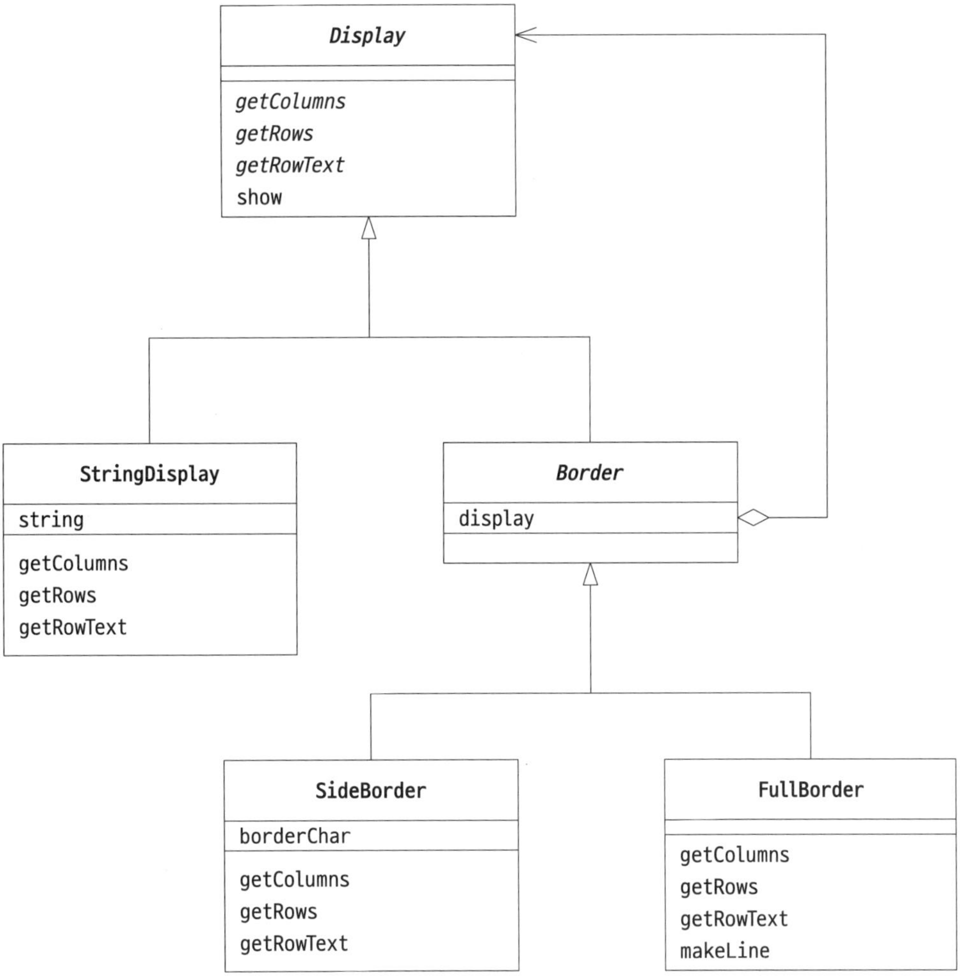

Display 클래스

Display 클래스(리스트 12-1)는 여러 행으로 이루어진 문자열을 표시하는 추상 클래스입니다.

getColumns와 getRows는 각각 가로 문자 수와 세로 행수를 가져오는 추상 메소드로, 하위 클래스에서 구현해야 합니다(subclass responsibility). getRowText는 지정한 행의 문자열을 가져오는 메소드입니다. 이것도 추상 메소드로, 하위 클래스에서 구현해야 합니다.

show는 모든 행을 표시하는 메소드입니다. 이 메소드에서는 getRows 메소드로 행수를 가져오고 getRowText 메소드로 표시할 문자열을 가져와서 for 루프를 사용하여 모든 행을 표시합니다. show는 getRows와 getRowText라는 추상 메소드를 사용한 Template Method 패턴(part 3)으로 되어 있습니다.

리스트 12-1 Display 클래스 (Display.java)

```
public abstract class Display {
    public abstract int getColumns();                // 가로 문자 수를 얻는다
    public abstract int getRows();                   // 세로 행수를 얻는다
    public abstract String getRowText(int row);      // row행째 문자열을 얻는다

    // 모든 행을 표시한다
    public void show() {
        for (int i = 0; i < getRows(); i++) {
            System.out.println(getRowText(i));
        }
    }
}
```

StringDisplay 클래스

Display 클래스만 봐서는 이해하기 어려우므로, 하위 클래스인 StringDisplay 클래스를 살펴보겠습니다. 케이크 이야기에 비유하면, StringDisplay 클래스는 생일 케이크의 중심에 있는 스펀지 케이크에 해당합니다.

StringDisplay 클래스(리스트 12-2)는 문자열을 한 줄 표시합니다. StringDisplay 클래스는 Display 클래스의 하위 클래스로, Display 클래스에서 선언된 추상 메소드를 구현할 책임이 있습니다.

string 필드는 표시할 문자열을 보관합니다. StringDisplay 클래스에서 표시하는 것은 string 필드의 내용 한 줄뿐이므로 getColumns는 string.length()로 얻을 수 있는 문자열 길이를 반환하고, getRows는 1을 반환합니다.[6]

6 여기서는 간단히 하고자 한 문자가 화면에서 한 열을 차지한다는 전제로 코딩했습니다.

또한 getRowText는 0번째 행의 값을 취할 때만 string 필드를 반환합니다. 인수 row가 0이 아니면 IndexOutOfBoundsException 예외를 오류로 던집니다(throw).

리스트 12-2 StringDisplay 클래스 (StringDisplay.java)

```
public class StringDisplay extends Display {
    private String string; // 표시 문자열

    public StringDisplay(String string) {
        this.string = string;
    }

    @Override
    public int getColumns() {
        return string.length();
    }

    @Override
    public int getRows() {
        return 1; // 행수는 1
    }

    @Override
    public String getRowText(int row) {
        if (row != 0) {
            throw new IndexOutOfBoundsException();
        }
        return string;
    }
}
```

Border 클래스

Border 클래스(리스트 12-3)는 '장식틀'을 나타내는 추상 클래스로, 문자열을 표시하는 Display 클래스의 하위 클래스로 정의되어 있습니다. 즉, 상속에 의해 장식틀은 내용물과 동일한 메소드를 갖게 됩니다. 구체적으로 말하면 Border 클래스는 getColumns, getRows, getRowText, show 메소드를 상속받습니다. 장식틀(Border)이 내용물(Display)과 같은 메소드를 갖는다는 것은 인터페이스(API) 관점에서 보면 장식틀과 내용물을 동일시할 수 있다는 뜻입니다. 이런, 조금 설명이 앞서가 버렸네요. 아직 감이 잘 안 올 것입니다. 조금 더 읽어 봅시다.

장식틀 Border 클래스는 Display형의 display 필드를 가지고 있습니다. display 필드는 장식틀 안의 '내용물'을 가리킵니다. 하지만 display의 내용물이 반드시 StringDisplay 인스턴스라고는 할 수 없습니다. 어쨌든 Border도 Display의 하위 클래스이므로 display 필드의 내용물은 또 다른 장식틀(Border 클래스의 하위 클래스의 인스턴스)일지도 모릅니다. 그리고 그 장식틀 또한 display 필드를 가지고 있을 수 있겠지요. 자, 이제 Decorator 패턴의 줄거리가 보이나요?

리스트 12-3 Border 클래스 (Border.java)

```java
public abstract class Border extends Display {
    protected Display display;           // 이 장식틀이 감싸는 '내용물'

    protected Border(Display display) {  // 인스턴스 생성 시 '내용물'을 인수로 지정
        this.display = display;
    }
}
```

SideBorder 클래스

SideBorder 클래스(리스트 12-4)는 구체적인 장식틀의 일종으로 Border 클래스의 하위 클래스입니다. SideBorder 클래스는 문자열 좌우에 정해진 문자(borderChar)로 장식을 합니다. 예를 들어 borderChar 필드의 값이 '|'라고 하면, 다음과 같이 '내용물' 좌우에 그 문자가 붙어 show로 표시됩니다. borderChar 필드는 생성자로 지정합니다.

```
| 내용물 |
```

SideBorder는 추상 클래스가 아닙니다. 왜냐하면 상위 클래스에서 선언된 추상 메소드를 모두 구현했기 때문입니다.

getColumns는 표시 문자의 가로 문자 수를 얻는 메소드입니다. 문자 수는 어떻게 계산할까요? 간단히 이 장식틀이 감싸고 있는 '내용물'의 문자 수에 좌우 장식 문자 수를 더하면 됩니다. 내용물의 문자 수는 display.getColumns()로 얻을 수 있습니다. display 필드는 Border 클래스에서 protected로 선언됐기 때문에 하위 클래스에서 직접 이용할 수 있습니다. 좌우 장식 문자 수를 더한 다음 식이 반환값입니다.

```
1 + display.getColumns() + 1
```

display.getColumns()+2라고 써도 상관없지만, 여기서는 좌우에 1씩 추가되었음을 확실히 알 수 있도록 식

을 썼습니다.

getColumns 메소드 만드는 법을 이해하면, getRows 메소드도 바로 이해할 수 있습니다. SideBorder 클래스는 상하 방향으로는 전혀 손대지 않으므로 식 display.getRows() 값이 그대로 getRows 메소드의 값이 됩니다.

getRowText 메소드는 어떨까요? getRowText는 인수로 지정한 행의 문자열을 가져옵니다. display.getRowText(row)라는 내용물의 문자열 양쪽에 borderChar라는 장식 문자를 붙인 다음 식이 getRowText의 반환값입니다(바로 이것이 SideBorder의 '장식'입니다)

```
borderChar + display.getRowText(row) + borderChar
```

리스트 12-4 SideBorder 클래스 (SideBorder.java)

```
public class SideBorder extends Border {
    private char borderChar;  // 장식 문자

    // 내용물이 될 Display와 장식 문자를 지정
    public SideBorder(Display display, char ch) {
        super(display);
        this.borderChar = ch;
    }

    @Override
    public int getColumns() {
        // 문자 수는 내용물의 양쪽에 장식 문자만큼 더한 것
        return 1 + display.getColumns() + 1;
    }

    @Override
    public int getRows() {
        // 행수는 내용물의 행수와 같다
        return display.getRows();
    }

    @Override
    public String getRowText(int row) {
        // 지정 행의 내용은 내용물의 지정 행 양쪽에 장식 문자를 붙인 것
        return borderChar + display.getRowText(row) + borderChar;
    }
}
```

FullBorder 클래스

FullBorder 클래스(리스트 12-5)는 SideBorder 클래스와 마찬가지로 Border의 하위 클래스 중 하나입니다. SideBorder 클래스는 좌우로만 장식했는데, FullBorder 클래스는 상하좌우로 장식합니다. 단, SideBorder 클래스에서는 장식 문자를 지정할 수 있었지만, FullBorder 클래스에서는 장식 문자가 고정되어 있습니다.

makeLine 메소드는 지정한 문자가 연속하는 문자열을 만드는 보조 메소드입니다(클래스 외부에서 사용할 수 없도록 private로 되어 있습니다).

리스트 12-5 FullBorder 클래스 (FullBorder.java)

```
public class FullBorder extends Border {
    public FullBorder(Display display) {
        super(display);
    }

    @Override
    public int getColumns() {
        // 문자 수는 내용물 양쪽에 좌우 장식 문자만큼 더한 것
        return 1 + display.getColumns() + 1;
    }

    @Override
    public int getRows() {
        // 행수는 내용물의 행수에 상하 장식 문자만큼 더한 것
        return 1 + display.getRows() + 1;
    }

    @Override
    public String getRowText(int row) {
        if (row == 0) {                                          // 상단 테두리
            return "+" + makeLine('-', display.getColumns()) + "+";
        } else if (row == display.getRows() + 1) {               // 하단 테두리
            return "+" + makeLine('-', display.getColumns()) + "+";
        } else {                                                 // 기타
            return "|" + display.getRowText(row - 1) + "|";
        }
    }

    // 문자 ch로 count 수만큼 연속한 문자열을 만든다
    private String makeLine(char ch, int count) {
        StringBuilder line = new StringBuilder();
```

```
        for (int i = 0; i < count; i++) {
            line.append(ch);
        }
        return line.toString();
    }
}
```

Main 클래스

Main 클래스(리스트 12-6)는 동작 테스트용 클래스입니다.

리스트 12-6 Main 클래스 (Main.java)

```
public class Main {
    public static void main(String[] args) {
        Display b1 = new StringDisplay("Hello, world.");
        Display b2 = new SideBorder(b1, '#');
        Display b3 = new FullBorder(b2);
        b1.show();
        b2.show();
        b3.show();
        Display b4 =
                    new SideBorder(
                        new FullBorder(
                            new FullBorder(
                                new SideBorder(
                                    new FullBorder(
                                        new StringDisplay("Hello, world.")
                                    ),
                                    '*'
                                )
                            )
                        ),
                        '/'
                    );
        b4.show();
    }
}
```

Main 클래스에서 사용되는 인스턴스 b1~b4의 역할은 각각 다음과 같습니다.

- b1 … "Hello, world."를 장식 없이 표시하는 것
- b2 … b1에 '#' 문자로 좌우에 장식한 것
- b3 … b2에 전체 장식틀을 붙인 것
- b4 … "Hello, world."에 여러 겹으로 장식틀을 붙인 것

그림 12-3 실행 결과

```
Hello, world.              ← b1.show() 표시
#Hello, world.#            ← b2.show() 표시
+---------------+          ← b3.show() 표시
|#Hello, world.#|
+---------------+
/+-------------------+/    ← b4.show() 표시
/|+-----------------+|/
/||*+-------------+*||/
/||*|Hello, world.|*||/
/||*+-------------+*||/
/|+-----------------+|/
/+-------------------+/
```

인스턴스 b1, b2, b3의 관계를 확인하고자 그림 12-4에 객체 다이어그램(object diagram)을 나타냈습니다. b1의 장식틀이 b2이고 b2의 장식틀이 b3로 되어 있는 모습을 알 수 있습니다.

그림 12-4 b3, b2, b1의 객체 다이어그램

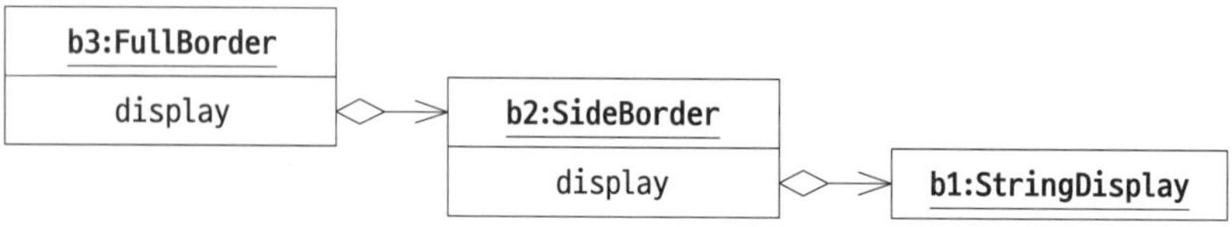

Decorator 패턴의 등장인물

Decorator 패턴의 등장인물은 다음과 같습니다.

◆ Component 역

기능을 추가할 때 핵심이 되는 역할입니다. 케이크에 비유하자면, 장식하기 전의 스펀지 케이크에 해당합니다. Component는 스펀지 케이크의 인터페이스(API)만을 정의합니다. 예제 프로그램에서는 `Display` 클래스가 이 역할을 맡았습니다.

◆ ConcreteComponent 역

Component의 인터페이스(API)를 구현하는 구체적인 스펀지 케이크입니다. 예제 프로그램에서는 `StringDisplay` 클래스가 이 역할을 맡았습니다.

◆ Decorator(장식자) 역

Component와 동일한 인터페이스(API)를 가지며, 이 Decorator가 장식할 대상이 되는 Component도 가지고 있습니다. 이 역은 자신이 장식할 대상을 아는 셈입니다. 예제 프로그램에서는 `Border` 클래스가 이 역할을 맡았습니다.

◆ ConcreteDecorator(구체적인 장식자) 역

구체적인 Decorator입니다. 예제 프로그램에서는 `SideBorder` 클래스와 `FullBorder` 클래스가 이 역할을 맡았습니다.

Decorator 패턴을 클래스 다이어그램으로 나타내면 그림 12-5와 같습니다.

그림 12-5 Decorator 패턴의 클래스 다이어그램

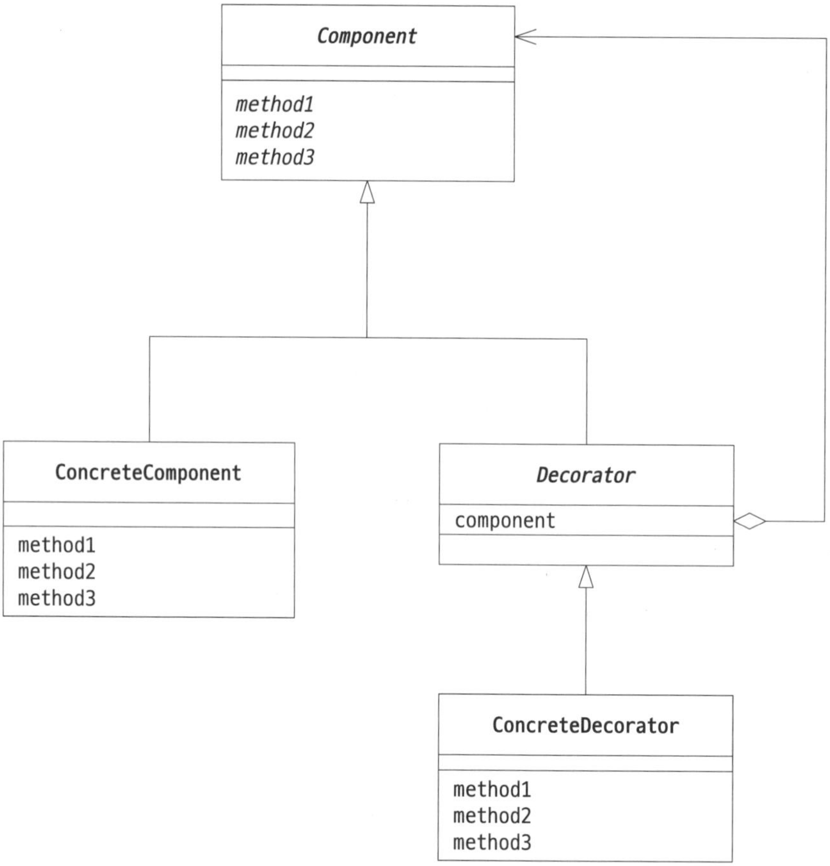

독자의 사고를 넓혀 주는 힌트

투과적 인터페이스(API)

Decorator 패턴에서는 장식틀과 내용물을 동일시합니다. 구체적으로 말하면, 예제 프로그램에서 장식틀을 나타내는 `Border` 클래스가 내용을 나타내는 `Display` 클래스의 하위 클래스로 되어 있는 부분에서 그 동일시가 표현되어 있습니다. 즉, `Border` 클래스(및 그 하위 클래스들)는 내용을 나타내는 `Display` 클래스와 같은 인터페이스(API)를 가집니다.

장식틀을 사용해 내용물을 감싸도 인터페이스(API)는 전혀 가려지지 않습니다. getColumns, getRows, getRowText, show 메소드는 가려지지 않고 다른 클래스에서 볼 수 있습니다. 이것을 인터페이스(API)가 '투과적'이라고 합니다. 예제 프로그램의 인스턴스 b4처럼 장식틀을 많이 사용해서 감싸도 인터페이스(API)는 전혀 변경되지 않았습니다.

인터페이스(API)가 투과적이므로 Decorator 패턴에서는 Composite 패턴과 유사한 재귀적인 구조가 등장합니다. 즉, 장식틀이 감싼 '내용물'이 실제로는 다른 것의 '장식틀'이 되는 구조입니다. 양파 껍질을 벗겨 알맹이가 나왔다고 생각했는데 그것 또한 껍질이었다는 것과 같습니다. Decorator 패턴과 Composite 패턴은 재귀적인 구조를 다루는 점에서는 비슷하지만, 목적이 다릅니다. Decorator 패턴은 바깥 테두리를 겹쳐 기능을 추가해 나가는 것이 주된 목적입니다.

내용물을 바꾸지 않고 기능을 추가할 수 있다

Decorator 패턴에서는 장식틀과 내용물이 공통의 인터페이스(API)를 가집니다. 인터페이스(API)는 공통이지만, 감싸면 감쌀수록 기능이 추가됩니다. Display를 SideBorder로 감싸면 좌우에 새로운 장식 문자를 붙여 표시할 수 있고 FullBorder로 감싸면 주위 전체에 장식틀을 붙일 수 있습니다. 이때 감싸지는 쪽(장식되는 쪽)을 수정할 필요는 없습니다. 내용물을 변경하지 않고 기능을 추가할 수 있습니다.

Decorator 패턴에서는 위임을 사용합니다. '장식틀'에 대한 요구(메소드 호출)는 그 '내용물'로 위임됩니다. 예제 프로그램(리스트 12-4)에서는 SideBorder의 getColumns 메소드 안에서 display.getColumns()를 호출했고, getRows 메소드에서는 display.getRows()를 호출했습니다.

동적으로 기능을 추가할 수 있다

Decorator 패턴에서 사용되는 위임은 클래스 사이를 동적으로 결합합니다. 그러므로 프레임워크의 소스를 변경하지 않고 객체의 관계를 변경한 새로운 객체를 만들 수 있습니다.

단순한 구성이어도 다양한 기능을 추가할 수 있다

Decorator 패턴을 사용하면 다양한 기능을 추가할 수 있습니다. 구체적인 장식틀(ConcreteDecorator 역)을 많이 준비해 두면, 장식틀을 자유롭게 조합해 새로운 객체를 만들 수 있기 때문입니다. 이때 각각의 장식틀은 단순해도 상관없습니다.

이는 바닐라, 초콜릿, 딸기, 키위 등 향을 자유롭게 선택할 수 있는 아이스크림과 같습니다. 손님이 주문할지도 모르는 다양한 아이스크림을 처음부터 전부 준비해 두기는 힘들기 때문에, 가게에서는 다양한 종류의

향을 준비하고 손님 주문에 맞추어 향을 조합해 주문한 아이스크림을 만듭니다. 바닐라만 먹고 싶다, 럼 커피와 피스타치오 더블을 먹고 싶다, 바닐라와 딸기와 키위 트리플을 먹고 싶다 등 손님의 주문은 다양합니다. Decorator 패턴은 그러한 다양한 요구에 대응하기에 적합합니다.

java.io 패키지와 Decorator 패턴 Java

java.io 패키지에 포함된 클래스에 관해 이야기를 나눠 보겠습니다. java.io는 입출력(Input/Output, 줄여서 I/O)하기 위한 패키지입니다. 여기서 Decorator 패턴이 사용됩니다. 우선, 다음과 같이 하면 파일에서 데이터를 읽어 들이는 인스턴스를 만들 수 있습니다.

```
Reader reader = new FileReader ("datafile.txt");
```

또, 다음과 같이 하면 파일에서 데이터를 읽어 들일 때 버퍼링을 하게 됩니다.

```
Reader reader = new BufferedReader (
                    new FileReader ("datafile.txt")
                );
```

이것은 BufferedReader 클래스의 인스턴스를 만들 때, 실제로 데이터를 읽는 곳으로 FileReader 클래스의 인스턴스를 지정한 것입니다.

또 다음과 같이 하면 행 번호를 관리할 수 있습니다.

```
Reader reader = new LineNumberReader (
                    new BufferedReader (
                        new FileReader ("datafile.txt")
                    )
                );
```

LineNumberReader의 생성자와 BufferedReader의 생성자에도 Reader 클래스(의 하위 클래스)의 인스턴스를 전달할 수 있기 때문에 위와 같이 다양하게 조합할 수 있습니다. 다음은 행 번호는 관리하지만 버퍼링하지 않는 경우입니다.

```
Reader reader = new LineNumberReader (
                    new FileReader ("datafile.txt")
                );
```

다음은 행 번호를 관리하고 버퍼링하지만, 파일에서 읽는 것이 아니라 네트워크로부터 읽어 들이기 위한 조합입니다(자세한 부분이나 예외 처리는 생략했습니다).

```
java.net.Socket socket = new Socket(hostname, portnumber);
...
Reader reader = new LineNumberReader (
                    new BufferedReader (
                        new InputStreamReader (
                            socket.getInputStream()
                        )
                    )
                );
```

여기서 사용한 InputStreamReader 클래스는 getInputStream의 반환값으로 얻어지는 InputStream 클래스의 인스턴스를 바탕으로 Reader 클래스의 인터페이스(API)를 제공하는 것입니다(덧붙여, 이것은 Adapter 패턴(part 2)입니다).

java.io 패키지 외에 javax.swing.border 패키지에도 Decorator 패턴이 등장합니다. javax.swing.border 패키지에는 화면에 표시되는 컴포넌트에 부가할 수 있는 장식틀용 클래스가 모여 있습니다.

java.nio.file.Files Java

앞서 java.io 패키지에서 Decorator 패턴을 사용한다고 이야기했지만, 자주 사용하는 기능은 일일이 여러 클래스를 조합하지 않고도 사용하고 싶습니다.

java.nio.file.Files 클래스에는 표 12-2와 같은 클래스 메소드가 준비되어 있어, 간편하게 파일에 액세스할 수 있습니다.

표 12-2 java.nio.file.Files의 편리한 클래스 메소드 일부

이름	기능
newBufferedReader	파일 읽기용 BufferedReader를 얻는다
newBufferedWriter	파일 쓰기용 BufferedWriter를 얻는다
newInputStream	파일 읽기용 InputStream을 얻는다
newOutputStream	파일 쓰기용 OutputStream를 얻는다
readString	파일을 모두 읽은 String를 얻는다
writeString	파일에 String을 쓴다
readAllBytes	파일을 모두 읽은 byte 배열을 얻는다
readAllLines	파일의 모든 행을 읽은 List<String>을 얻는다

관련 패턴

◆ Adapter 패턴(part 2)

Decorator 패턴은 내용물의 인터페이스(API)를 바꾸지 않고 외부 프레임을 만듭니다(투과적). Adapter 패턴은 다른 두 개의 인터페이스(API)를 연결하기 위해서 사용합니다.

◆ Strategy 패턴(part 10)

Decorator 패턴은 장식틀을 교체하거나 겹쳐서 기능을 추가합니다. Strategy 패턴은 알고리즘을 전환하여 기능을 변경합니다.

◆ Composite 패턴(part 11)

Decorator 패턴은 유연하게 기능을 추가하기 위해 재귀 구조를 활용합니다. Composite 패턴은 기능을 추가하는 부분이 아니라, 그릇과 내용물을 동일시하는 부분에 주안점을 둡니다.

보강: 상속의 동일시와 위임의 동일시

여기서 '동일시', 즉 '같은 것으로 간주한다'는 의미에 대해서 조금 더 생각해 봅시다.

상속 - 하위 클래스와 상위 클래스를 동일시하기

하위 클래스는 상위 클래스와 동일시할 수 있습니다. 간단한 예를 들어 보겠습니다.

```
class Parent {
    ...
    void parentMethod() {
        ...
    }
}
```

```
class Child extends Parent {
    ...
    void childMethod() {
        ...
    }
}
```

이때 Child의 인스턴스는 Parent형 변수에 그대로 대입할 수 있습니다. 그리고 Parent로부터 상속받는 메소드를 그대로 호출할 수 있습니다.

```
Parent obj = new Child();
obj.parentMethod();
```

즉, Child의 인스턴스를 마치 Parent의 인스턴스처럼 다루고 있습니다. 이것은 하위 클래스를 상위 클래스로 간주하는 예입니다.

참고로 위의 예와는 반대로 상위 클래스를 하위 클래스로 간주하려면 캐스트가 필요합니다.

```
Parent obj = new Child();
((Child)obj).childMethod();
```

위임 - 자신과 위임할 곳을 동일시하기

위임을 사용해 인터페이스가 투과적으로 되어 있을 때는 자신과 위임할 곳을 동일시할 수 있습니다.

우선 어색한 예부터 알아보겠습니다.

```
class Rose {
    Violet obj = ...
    void method() {
        obj.method();
    }
}
```

```
class Violet {
    void method() {
        ...
    }
}
```

Rose와 Violet은 같은 method를 가지고 있고, Rose는 Violet에 위임하고 있습니다. 어쩐지 이 클래스는 연결된 것 같기도 하고 연결되지 않은 것 같기도 한 느낌이 듭니다. 왜냐하면 이 둘은 공통 메소드 method를 가지고 있는데, method의 정의는 명시되어 있지만 '공통'이라는 정보가 소스 안에 명시되지 않았기 때문입니다. 다음과 같이 공통 추상 클래스 Flower가 있으면 훨씬 강하게 연결됩니다.

```
abstract class Flower {
    abstract void method();
}
```

```
class Rose extends Flower {
    Violet obj = ...
    @Override
    void method() {
        obj.method();
    }
}
```

```
class Violet extends Flower {
    @Override
    void method() {
        ...
    }
}
```

혹은 Flower가 인터페이스일 수도 있습니다.

```
interface Flower {
    abstract void method();
}
```

```java
class Rose implements Flower {
    Violet obj = ...
    @Override
    void method() {
        obj.method();
    }
}
```

```java
class Violet implements Flower {
    @Override
    void method() {
        ...
    }
}
```

여기까지 생각해 보면, 'Rose 안의 필드 obj를 Violet형으로 특화해도 괜찮은 걸까?'라는 의문도 생깁니다. 어쩌면 더 넓은 Flower형이 좋지 않을까요? 어떻게 해야 좋을지는 실제 프로그램에 따라 달라질 것입니다.

이 장에서 학습한 내용

이 장에서는 투과적인 인터페이스(API)를 유지한 채 객체를 차례로 씌워 기능을 추가해 나가는 Decorator 패턴에 대해 배웠습니다. 상속과 위임에 대해서도 배웠습니다. 추상 클래스나 인터페이스에 대해선 많이 이해되었나요?

연습 문제에도 도전해 보세요.

연습 문제

해답은 부록A (483페이지)

● 문제 12-1

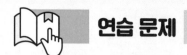

이 장의 예제 프로그램에 추가하는 형태로, 위아래에 장식 문자가 붙는 UpDownBorder 클래스를 만들어 보세요. UpDownBorder 클래스는 리스트 12-7처럼 사용합니다. 실행 결과는 그림 12-6에 나타냈습니다.

리스트 12-7 Main 클래스 (Main.java)

```
public class Main {
    public static void main(String[] args) {
        Display b1 = new StringDisplay("Hello, world.");
        Display b2 = new UpDownBorder(b1, '-');
        Display b3 = new SideBorder(b2, '*');
        b1.show();
        b2.show();
        b3.show();
        Display b4 =
                    new FullBorder(
                        new UpDownBorder(
                            new SideBorder(
                                new UpDownBorder(
                                    new SideBorder(
                                        new StringDisplay("Hello, world."),
                                        '*'
                                    ),
                                    '='
                                ),
                                '|'
                            ),
                            '/'
                        )
                    );
        b4.show();
    }
}
```

그림 12-6 실행 결과

```
Hello, world.                          ← b1.show() 표시
-------------                          ← b2.show() 표시
Hello, world.
-------------
*-------------*                        ← b3.show() 표시
*Hello, world.*
*-------------*
+-----------------+                    ← b4.show() 표시
|/////////////////|
||===============||
||*Hello, world.*||
||===============||
|/////////////////|
+-----------------+
```

● 문제 12-2

ConcreteComponent 역으로 여러 문자열을 표시하는 `MultiStringDisplay` 클래스를 만들어 보세요. `MultiStringDisplay`는 리스트 12-8처럼 사용한다고 가정합니다. 실행 결과는 그림 12-7에 나타냈습니다.

리스트 12-8 Main 클래스 (Main.java)

```java
public class Main {
    public static void main(String[] args) {
        MultiStringDisplay md = new MultiStringDisplay();

        md.add("Hi!");
        md.add("Good morning.");
        md.add("Good night!");
        md.show();

        Display d1 = new SideBorder(md, '#');
        d1.show();

        Display d2 = new FullBorder(md);
        d2.show();
    }
}
```

그림 12-7 실행 결과

```
Hi!                     ← md.show() 표시
Good morning.
Good night!
#Hi!          #         ← d1.show() 표시
#Good morning.#
#Good night!  #
+-------------+         ← d2.show() 표시
|Hi!          |
|Good morning.|
|Good night!  |
+-------------+
```

PART 13 Visitor

데이터 구조를 돌아다니면서 처리한다

Visitor 패턴

크리스마스 이야기를 아시나요? 금방이라도 아기가 태어날 것 같은 마리아는 남편 요셉과 함께 여관을 찾고 있었습니다. 베들레헴에는 많은 여관이 있었기 때문에 차례대로 여관 문을 두드리며 다녔습니다.

이 장에서는 Visitor 패턴에 관해 학습합니다. visitor는 '방문자'라는 뜻입니다.

데이터 구조 안에 많은 요소가 저장되어 있고, 각 요소에 대해 어떠한 '처리'를 한다고 합시다. 이때 그 '처리' 코드는 어디에 써야 할까요? 일반적으로 생각하면 데이터 구조를 나타내는 클래스 안에 쓸 것입니다. 하지만 만약 그 '처리'가 한 종류가 아니라면 어떨까요? 이런 경우엔 새로운 처리가 필요할 때마다 데이터 구조의 클래스를 수정해야 합니다.

Visitor 패턴에서는 데이터 구조와 처리를 분리합니다. 데이터 구조 안을 돌아다니는 주체인 '방문자'를 나타내는 클래스를 준비하고 그 클래스에 처리를 맡깁니다. 새로운 처리를 추가하고 싶을 때는 새로운 '방문자'를 만들면 됩니다. 데이터 구조 쪽에서는 문을 두드리는 '방문자'를 받아 주면 됩니다.

예제 프로그램

Visitor 패턴의 예제 프로그램을 살펴봅시다. 방문자가 돌아다니는 데이터 구조로 Composite 패턴(part 11)에서 등장한 파일과 디렉터리의 예를 다시 사용합니다. 파일과 디렉터리로 구성된 데이터 구조 안을 방문자가 돌아다니며 파일 목록을 표시하는 프로그램을 만듭니다.

표 13-1 클래스 및 인터페이스 목록

이름	설명
Visitor	파일이나 디렉터리를 방문하는 방문자를 나타내는 추상 클래스
Element	Visitor 클래스의 인스턴스를 받아들이는 데이터 구조를 나타내는 인터페이스
ListVisitor	Visitor 클래스의 하위 클래스로 파일이나 디렉터리 목록을 표시하는 클래스
Entry	File과 Directory의 상위 클래스가 되는 추상 클래스 (Acceptor 인터페이스 구현)
File	파일을 나타내는 클래스
Directory	디렉터리를 나타내는 클래스
Main	동작 테스트용 클래스

그림 13-1 예제 프로그램의 클래스 다이어그램

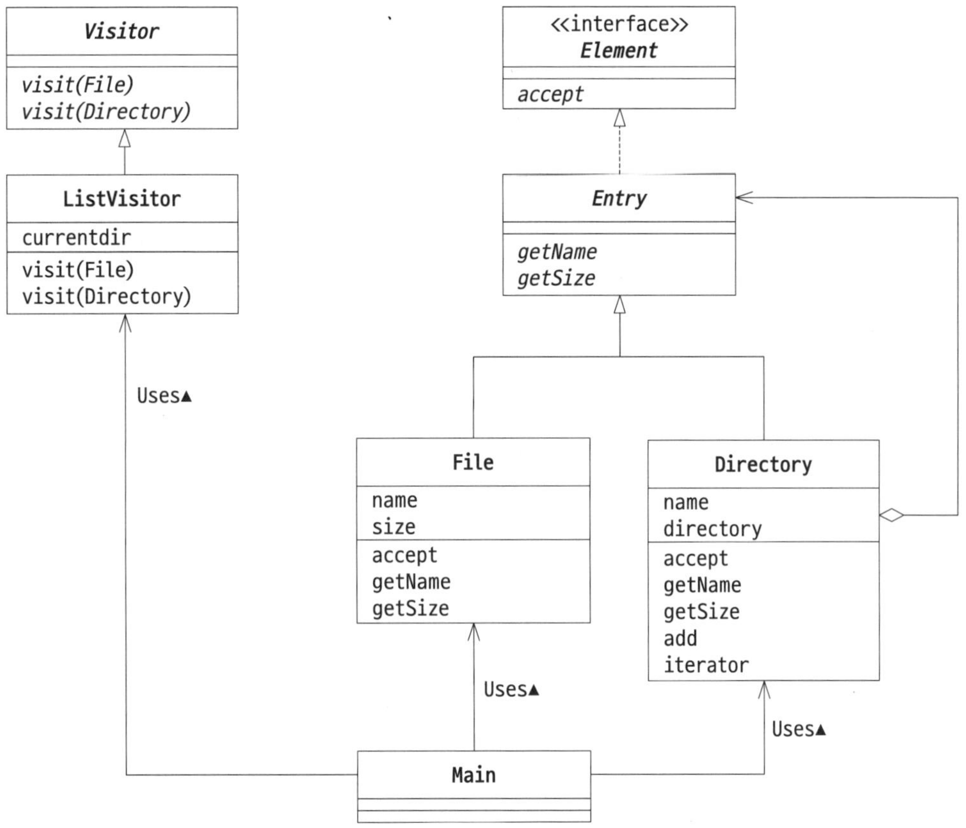

Visitor 클래스

Visitor 클래스(리스트 13-1)는 '방문자'를 나타내는 추상 클래스입니다. 이 방문자는 방문하는 곳의 데이터 구조(즉, File과 Directory)에 의존합니다.

Visitor 클래스에는 이름이 같은 visit이라는 메소드가 두 개 선언되어 있습니다. 이 둘은 이름은 같지만 인수가 다릅니다. 한쪽은 File을, 한쪽은 Directory를 인수로 가집니다. 이름이 같아도 메소드 호출 시 인수의 형에 따라 자동으로 메소드가 식별됩니다. 이것을 메소드의 오버로드(overload)라고 합니다.

visit(File)은 File 방문 시 File 클래스가 호출하는 메소드이고, visit(Directory)는 Directory 방문 시 Directory 클래스가 호출하는 메소드입니다. Visitor 패턴은 클래스 간 상호 호출이 복잡하여, Visitor 클래스만 보아서는 이해되지 않습니다. 여기서는 Visitor 클래스가 두 개의 visit 메소드를 가지고 있다는 것만 이해하고 다음 클래스로 넘어가도록 하겠습니다.

리스트 13-1 Visitor 클래스 (Visitor.java)

```java
public abstract class Visitor {
    public abstract void visit(File file);
    public abstract void visit(Directory directory);
}
```

Element 인터페이스

Visitor 클래스는 '방문자'를 나타내는 클래스입니다. 반면에, Element 인터페이스(리스트 13-2)는 방문자를 받아들이는 인터페이스입니다. Visitor 클래스가 마리아라면 Element 인터페이스는 여관에 해당할 것입니다(Element 인터페이스를 구현한 클래스의 인스턴스가 실제 여관이 됩니다).

Element 인터페이스에서 선언한 메소드는 accept입니다(accept는 '받아들인다'는 뜻). 인수는 방문자인 Visitor 클래스입니다.

리스트 13-2 Element 인터페이스 (Element.java)

```java
public interface Element {
    public abstract void accept(Visitor v);
}
```

Entry 클래스

Entry 클래스(리스트 13-3)는 Composite 패턴의 예제 프로그램(리스트 11-1)에서 등장한 것과 본질적으로 같지만, 여기서는 Element 인터페이스를 구현(implements)합니다. 이는 Entry 클래스를 Visitor 패턴에 맞추기 위해서입니다. Element 인터페이스에서 선언되어 있는 추상 메소드 accept를 실제로 구현하는 것은 Entry의 하위 클래스인 File 클래스나 Directory 클래스입니다. 또한 Command 패턴의 예제 프로그램에서 사용한 printList 메소드는 사용하지 않기 때문에 삭제했습니다.

리스트 13-3 Entry 클래스 (Entry.java)

```java
public abstract class Entry implements Element {
    public abstract String getName();   // 이름을 얻는다
    public abstract int getSize();      // 크기를 얻는다

    // 문자열 표현
```

```
    @Override
    public String toString() {
        return getName() + " (" + getSize() + ")";
    }
}
```

File 클래스

File 클래스(리스트 13-4)도 Composite 패턴의 예제 프로그램에서 등장한 것과 거의 동일합니다. Visitor 패턴에서의 핵심은 당연히 accept 메소드를 어떻게 구현할 것인가입니다. accept 메소드의 인수는 Visitor 클래스입니다. 그리고 accept 메소드 안에서 v.visit(this);문으로 Visitor의 visit 메소드를 호출합니다. visit 메소드는 오버로드되어 있는데, 여기서 호출되는 것은 visit(File) 쪽입니다. 왜냐하면 여기서 this는 File 클래스의 인스턴스이기 때문입니다.

visit 메소드를 호출함으로써 방문한 File의 인스턴스(this)를 Visitor에 가르쳐 줍니다(visit와 accept의 관계는 한번 읽어서는 감이 오지 않을 것입니다. 그림 13-3에서 시퀀스 다이어그램과 함께 설명하겠습니다).

리스트 13-4 File 클래스 (File.java)

```
public class File extends Entry {
    private String name;
    private int size;

    public File(String name, int size) {
        this.name = name;
        this.size = size;
    }

    @Override
    public String getName() {
        return name;
    }

    @Override
    public int getSize() {
        return size;
    }

    @Override
    public void accept(Visitor v) {
```

```
            v.visit(this);
        }
}
```

Directory 클래스

Directory 클래스(리스트 13-5)는 디렉터리를 나타냅니다. Composite 패턴에서 소개했을 때(리스트 11-3)보다 메소드가 두 개 늘었습니다.

하나는 iterator 메소드입니다. iterator 메소드는 디렉터리에 포함된 디렉터리 엔트리(파일이나 디렉터리) 목록을 얻기 위한 Iterator<Entry>를 반환합니다.

다른 하나는 물론 accept 메소드입니다. File 클래스의 accept가 visit(File) 메소드를 호출하는 것처럼 Directory 클래스의 accept는 visit(Directory) 메소드를 호출합니다. 이로써 방문자에게 '당신이 방문한 것은 이 Directory의 인스턴스입니다'라고 전하게 됩니다.

리스트 13-5 Directory 클래스 (Directory.java)

```
import java.util.ArrayList;
import java.util.Iterator;
import java.util.List;

public class Directory extends Entry implements Iterable<Entry> {
    private String name;
    private List<Entry> directory = new ArrayList<>();

    public Directory(String name) {
        this.name = name;
    }

    @Override
    public String getName() {
        return name;
    }

    @Override
    public int getSize() {
        int size = 0;
        for (Entry entry: directory) {
            size += entry.getSize();
```

```java
        }
        return size;
    }

    public Entry add(Entry entry) {
        directory.add(entry);
        return this;
    }

    @Override
    public Iterator<Entry> iterator() {
        return directory.iterator();
    }

    @Override
    public void accept(Visitor v) {
        v.visit(this);
    }
}
```

ListVisitor 클래스

ListVisitor 클래스(리스트 13-6)는 Visitor 클래스의 하위 클래스로, 데이터 구조를 돌아다니면서 목록을 표시합니다. Visitor 클래스의 하위 클래스이므로 visit(File) 메소드와 visit(Directory) 메소드를 구현했습니다.

currentdir 필드에는 현재 주목하는 디렉터리 이름을 저장합니다. visit(File) 메소드는 파일 방문 시 File 클래스의 accept 메소드 안에서 호출됩니다. 인수 file은 방문한 File 클래스의 인스턴스입니다. 즉, 이 visit(File) 메소드는 'File 클래스의 인스턴스에 해야 할 처리'를 기술하는 장소입니다. 여기서는 현재 디렉터리 이름(currentdir) 뒤에 슬래시(/)로 구분하고 파일 이름을 표시합니다.

visit(Directory) 메소드는 디렉터리를 방문했을 때 Directory 클래스의 accept 메소드 안에서 호출됩니다. 인수 directory는 Directory 클래스의 인스턴스입니다. visit(Directory) 메소드에는 'Directory 클래스의 인스턴스에 해야 할 처리'가 기술되어 있습니다. 그럼 그 처리란 무엇일까요? visit(File)과 마찬가지로 디렉터리를 표시한 후 확장 for문을 사용하여 디렉터리의 각 엔트리에 대해 accept 메소드를 호출합니다. 디렉터리 안에는 많은 디렉터리 엔트리가 있으므로, 그 하나하나를 방문하게 됩니다.

accept 메소드는 visit 메소드를 호출하고 visit 메소드는 accept 메소드를 호출합니다. 이것은 상당히 복잡한 재귀적 메소드 호출입니다. 어떤 메소드가 자기 자신을 호출하는 게 일반적인 재귀적 호출인데 Visitor 패턴에서는 visit 메소드와 accept 메소드가 서로 상대방을 호출합니다.

리스트 13-6 ListVisitor 클래스 (ListVisitor.java)

```
public class ListVisitor extends Visitor {
    // 현재 주목하는 디렉터리 이름
    private String currentdir = "";

    // File 방문 시
    @Override
    public void visit(File file) {
        System.out.println(currentdir + "/" + file);
    }

    // Directory 방문 시
    @Override
    public void visit(Directory directory) {
        System.out.println(currentdir + "/" + directory);
        String savedir = currentdir;
        currentdir = currentdir + "/" + directory.getName();
        for (Entry entry: directory) {
            entry.accept(this);
        }
        currentdir = savedir;
    }
}
```

Main 클래스

Main 클래스(리스트 13-7)는 Composite 패턴의 Main 클래스와 거의 동일합니다. 다른 점은 Directory 내용을 표시하는데 표시하는 방문자인 ListVisitor의 인스턴스를 사용하고 있다는 점뿐입니다.

Composite 패턴에서는 디렉터리를 표시하고자 printList라는 메소드를 사용했었습니다. 이 메소드는 Directory 클래스(즉, 데이터 구조 쪽)에서 구현했습니다. 반면에 Visitor 패턴에서는 디렉터리를 표시하는 것도 Visitor 쪽에서 실행합니다. 디렉터리 표시도 데이터 구조 내의 각 요소에 대해서 실행하는 처리이기 때문입니다.

리스트 13-7 Main 클래스 (Main.java)

```
public class Main {
    public static void main(String[] args) {
        System.out.println("Making root entries...");
```

```
        Directory rootdir = new Directory("root");
        Directory bindir = new Directory("bin");
        Directory tmpdir = new Directory("tmp");
        Directory usrdir = new Directory("usr");
        rootdir.add(bindir);
        rootdir.add(tmpdir);
        rootdir.add(usrdir);
        bindir.add(new File("vi", 10000));
        bindir.add(new File("latex", 20000));
        rootdir.accept(new ListVisitor());
        System.out.println();

        System.out.println("Making user entries...");
        Directory youngjin = new Directory("youngjin");
        Directory gildong = new Directory("gildong");
        Directory dojun = new Directory("dojun");
        usrdir.add(youngjin);
        usrdir.add(gildong);
        usrdir.add(dojun);
        youngjin.add(new File("diary.html", 100));
        youngjin.add(new File("Composite.java", 200));
        gildong.add(new File("memo.tex", 300));
        dojun.add(new File("game.doc", 400));
        dojun.add(new File("junk.mail", 500));
        rootdir.accept(new ListVisitor());
    }
}
```

그림 13-2 실행 결과

```
Making root entries...
/root (30000)
/root/bin (30000)
/root/bin/vi (10000)
/root/bin/latex (20000)
/root/tmp (0)
/root/usr (0)

Making user entries...
/root (31500)
/root/bin (30000)
/root/bin/vi (10000)
```

```
/root/bin/latex (20000)
/root/tmp (0)
/root/usr (1500)
/root/usr/youngjin (300)
/root/usr/youngjin/diary.html (100)
/root/usr/youngjin/Composite.java (200)
/root/usr/gildong (300)
/root/usr/gildong/memo.tex (300)
/root/usr/dojun (900)
/root/usr/dojun/game.doc (400)
/root/usr/dojun/junk.mail (500)
```

Vistor와 Element의 상호 호출

자, 지금까지 한 설명을 읽고 Visitor 패턴의 동작을 이해할 수 있었나요? 제가 처음 Visitor 패턴을 배웠을 때는 전혀 이해가 되지 않았습니다. visit 메소드와 accept 메소드의 동작이 머릿속에서 혼란스러웠기 때문입니다. 여기서는 시퀀스 다이어그램(그림 13-3)을 사용해 처리의 흐름을 살펴 보겠습니다(시퀀스 다이어그램 설명은 p.xxiv에 있습니다).

그림 13-3에서는 이야기를 단순화하고자, 디렉터리 하나에 파일이 2개가 있는 경우의 처리의 흐름을 다이어그램으로 나타냈습니다.

① 우선 Main 클래스가 ListVisitor의 인스턴스를 만듭니다. 예제 프로그램에서는 다른 Directory나 File의 인스턴스도 Main 클래스가 만들지만, 이 시퀀스 다이어그램에서는 생략했습니다.

② Main은 Directory의 인스턴스에 대해 accept 메소드를 호출합니다. 이때 인수에 ListVisitor의 인스턴스를 전달하는데 이 다이어그램에서는 생략했습니다.

③ Directory의 인스턴스는 인수로 전달된 ListVisitor의 visit(Directory) 메소드를 호출합니다.

④ 그러면 ListVisitor의 인스턴스는 그 디렉터리 안을 살펴보고 첫 번째 파일의 accept 메소드를 호출합니다. 인수로는 자기 자신(this)을 넘깁니다.

⑤ File의 인스턴스는 인수로 전달된 ListVisitor의 visit(File) 메소드를 호출합니다. 이때 ListVisitor는 visit(Directory)를 실행 중이라는 점에 주목하세요(멀티스레드로 실행 중이라는 의미가 아니라 호출 이력(콜스택) 안에는 visit(Directory)가 있다는 의미입니다. 다이어그램에서는 직사각형을 오른쪽에 겹쳐서 표시했습니다).

⑥ visit(File)에서 돌아오고, accept에서 돌아오면 이제 다른 File의 인스턴스(같은 디렉터리의 두 번째 파일)의 accept 메소드를 호출합니다. 인수로는 ListVisitor의 인스턴스(this)를 전달합니다.

⑦ 이전과 마찬가지로 File의 인스턴스는 visit(File)의 메소드를 호출합니다. 각 메소드의 처리가 끝나면 호출한 곳으로 점점 거슬러 올라가 마지막에는 Main의 accept 메소드의 호출에서도 돌아옵니다.

그림 13-3 예제 프로그램의 시퀀스 다이어그램 (하나의 디렉터리에 두 개의 파일이 있는 경우)

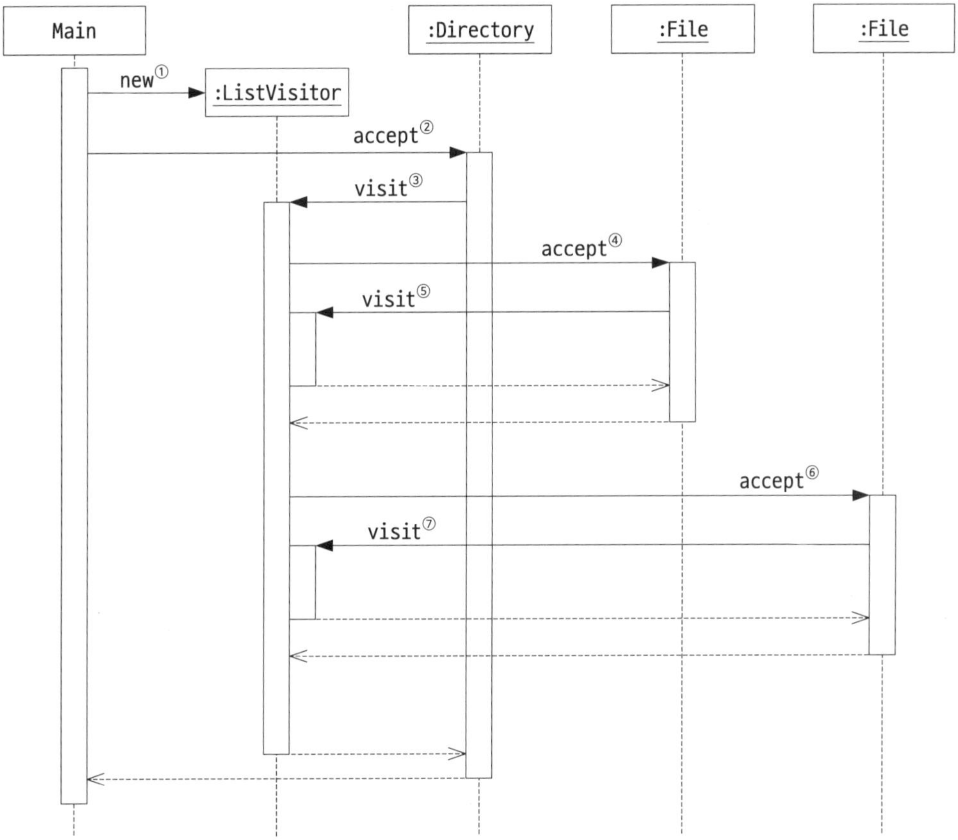

아래의 핵심 내용을 시퀀스 다이어그램을 보며 확인해 보세요.

- Directory의 인스턴스나 File의 인스턴스에 대해서는 accept 메소드가 호출된다.
- accept 메소드는 각 인스턴스에서 한 번만 호출된다.
- ListVisitor의 인스턴스에 대해서는 visit(Directory)나 visit(File) 메소드가 호출된다.
- visit(Directory)나 visit(File)을 처리하는 것은 하나의 ListVisitor의 인스턴스다.

ListVisitor 부분에 visit에 의한 '처리'가 집중되는 모습이 이해되었나요?

Vistor 패턴의 등장인물

Visitor 패턴의 등장인물은 다음과 같습니다.

◆ Visitor(방문자) 역

데이터 구조의 구체적인 요소(ConcreteElement 역)마다 'XXXX를 방문했다'는 `visit(XXXX)` 메소드를 선언합니다. `visit(XXXX)`는 `XXXX`를 처리하기 위한 메소드로 실제 코드는 ConcreteVisitor 쪽에 기술됩니다. 예제 프로그램에서는 `Visitor` 클래스가 이 역할을 맡았습니다.

◆ ConcreteVisitor(구체적인 방문자) 역

Visitor의 인터페이스(API)를 구현합니다. `visit(XXXX)` 형태의 메소드를 구현하고, 각 ConcreteElement마다 처리를 기술합니다. 예제 프로그램에서는 `ListVisitor` 클래스가 이 역할을 맡았습니다. `ListVisitor`에서 `currentdir` 필드 값이 변화한 것처럼 `visit(XXXX)`를 처리하는 중에 ConcreteVisitor 역의 내부 상태가 변화하기도 합니다.

◆ Element(요소) 역

Visitor가 방문할 곳을 나타내며, 방문자를 받아들이는 `accept` 메소드를 선언합니다. `accept` 메소드의 인수로는 Visitor 역이 전달됩니다. 예제 프로그램에서는 `Element` 인터페이스가 이 역할을 맡았습니다.

◆ ConcreteElement(구체적인 요소) 역

Element의 인터페이스(API)를 구현합니다. 예제 프로그램에서는 `File` 클래스와 `Directory` 클래스가 이 역할을 맡았습니다.

◆ ObjectStructure(오브젝트 구조)역

Element 집합을 다룹니다. ConcreteVisitor가 각각의 Element를 취급할 수 있는 메소드를 갖추고 있습니다. 예제 프로그램에서는 `Directory` 클래스가 이 역할을 맡았습니다(1인 2역). ConcreteVisitor가 각각의 Element를 다룰 수 있도록 예제 프로그램의 `Director` 클래스에 `iterator` 메소드가 준비되어 있습니다.

그림 13-4 Visitor 패턴의 클래스 다이어그램

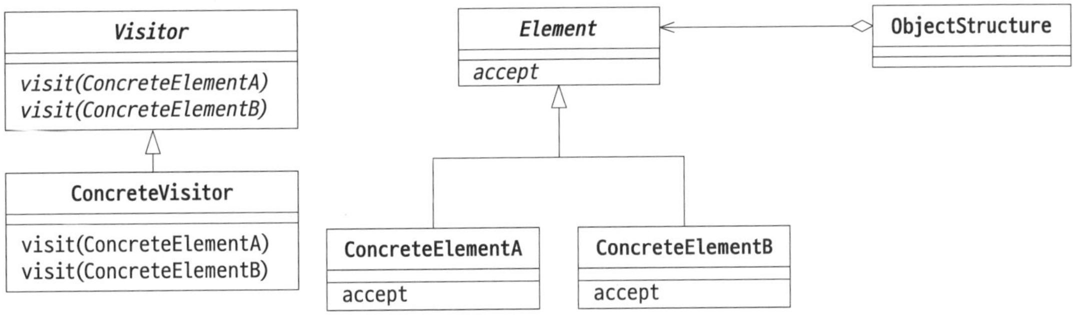

독자의 사고를 넓혀 주는 힌트

더블 디스패치

Visitor 패턴에서 사용되는 메소드 호출을 정리합시다.

accept(수락) 메소드는 다음과 같이 호출됩니다.

```
element.accept(visitor)
```

반면에 visit(방문) 메소드는 다음과 같이 호출됩니다.

```
visitor.visit(element)
```

이 둘을 비교하면, 정확히 반대 관계에 있습니다. element는 visitor를 accept하고 visitor는 element를 visit합니다. Visitor 패턴에서는 ConcreteElement 역과 ConcreteVisitor 역의 조합으로 실제 처리를 결정합니다. 이것을 일반적으로 더블 디스패치(double dispatch)라고 부릅니다.

왜 이렇게 복잡한 일을 하는가?

처리 흐름이 머리에 들어오기 전까지는 'Visitor 패턴은 이야기를 복잡하게 만들 뿐 아닌가?'라고 느낄 수도 있습니다. '반복 처리가 필요하면 데이터 구조 안에 루프를 사용하면 되는데, 왜 accept니 visit니 하며 복잡한 메소드 호출을 해야 하는 걸까?'라고 생각할 수도 있습니다.

Visitor 패턴의 목적은 처리를 데이터 구조와 분리하는 것입니다. 데이터 구조는 요소를 집합으로 정리하거나 요소 사이를 연결해 주는 중요한 역할을 합니다. 그러나, 구조를 유지하는 것과 그 구조를 기초로 한 처리를 기술하는 것은 다릅니다.

예제 프로그램에서는 목록 표시 처리를 실행하는 ConcreteVisitor 역으로 `ListVisitor` 클래스를 만들었습니다. 또한, 연습 문제에서는 다른 처리를 실행하는 ConcreteVisitor 역을 만듭니다. 일반적으로 Concrete-Visitor 역은 `File` 또는 `Directory` 클래스와 독립적으로 개발할 수 있습니다. 즉, Visitor 패턴은 `File` 클래스나 `Directory` 클래스의 부품으로서의 독립성을 높여 줍니다. 만약, 처리 내용을 `File` 클래스나 `Directory` 클래스의 메소드로 프로그램을 작성해 버리면, 새로운 '처리'를 추가해서 기능을 확장하고 싶어질 때마다, `File` 클래스(리스트 13-4)나 `Directory` 클래스(리스트 13-5)를 수정해야 합니다.

The Open-Closed Principle - 확장에 대해서는 열고, 수정에 대해서는 닫는다

기능의 확장과 수정 이야기가 나왔으니, The Open-Closed Principle(OCP: 개방 폐쇄 원칙)에 관해서 설명하겠습니다. 이는 버트란드 마이어(Bertrand Meyer)가 제시한 것으로, 로버트 마틴(Robert C. Martin)이 C++ Report(Jan, 1996)에 쓴 엔지니어링 노트북(Engineering Notebook)이라는 칼럼에 정리되어 있습니다.

이 원칙은 클래스 등 소프트웨어 개체는 다음과 같아야 한다고 주장합니다.

- 확장(extension)에 대해서는 열려 있고(open),
- 수정(modification)에 대해서는 닫혀 있다(closed)

클래스를 설계할 때는 특별한 이유가 없는 한 확장을 허용해야 하며, 이유 없이 확장을 금지해서는 안 됩니다. 그것이 '확장에 대해서 열려 있다'는 뜻입니다. 하지만 확장할 때마다 기존 클래스를 수정하는 것은 번거롭습니다. 확장하더라도 기존 클래스를 수정할 필요가 없게 해야 한다는 것이 '수정에 대해서는 닫혀 있다'는 의미입니다. 확장은 대환영이지만 기존 클래스를 수정해서는 안 됩니다. 기존 클래스를 수정하지 않고 확장할 수 있게 하는 것이 The Open-Closed Principle입니다. 지금까지 디자인 패턴을 학습해 온 독자라면 이 원칙이 맞다고 크게 수긍할 수 있을 것입니다.

클래스에 대한 요구는 빈번하게 변화하는데, 대체로 '기능을 확장'해 달라는 요구입니다. 그럴 때 클래스가 기능을 확장할 수 없게 되어 있다면 곤란합니다. 한편으로는 이미 만들어 테스트까지 마친 클래스를 수정하면 소프트웨어의 품질을 떨어뜨릴 위험이 있습니다.

확장에 대해서는 열려 있고 수정에 대해서는 닫혀 있는 클래스가 부품으로서의 재사용성이 높은 클래스입니다. 그리고 디자인 패턴의 목적, 객체지향의 목적은 바로 그런 클래스를 만드는 구조를 제공하는 것입니다.

ConcreteVisitor 역할 추가는 쉽다

새로운 ConcreteVisitor 역 추가는 간단합니다. 구체적인 처리는 ConcreteVisitor 역에 맡길 수 있고, 그 처리를 위해 ConcreteElement 역을 수정할 필요가 전혀 없기 때문입니다.

ConcreteElement 역할 추가는 어렵다

ConcreteVisitor 역 추가는 간단하지만 ConcreteElement 역 추가는 어렵습니다. 예를 들어, 예제 프로그램에서 `Entry` 클래스의 하위 클래스로 `Device` 클래스를 추가하고 싶다고 합시다. 즉, `Device` 클래스는 `File` 클래스와 `Directory` 클래스의 형제가 됩니다. 이때 `Visitor` 클래스는 `visit(Device)` 메소드를 만들어야 합니다. 그리고 `Visitor` 클래스의 모든 하위 클래스에 새로 `visit(Device)` 메소드를 구현해야 합니다.

Visitor가 처리하려면 무엇이 필요한가?

Visitor 패턴에서는 데이터 구조의 요소에 대한 처리를 잘라 내어 Visitor 역에 맡깁니다. 이렇게 해서 데이터 구조와 요소에 대한 처리를 분리할 수 있습니다. 이는 괜찮은 이야기이지만, Element 역은 Visitor 역에 충분한 정보를 공개할 필요가 있습니다.

예를 들면, 예제 프로그램에서는 `visit(Directory)` 안에서 개개의 디렉터리 엔트리에 대해서 `accept`를 실행합니다. 이러한 처리를 실현하기 위해서는 `Directory`가 '개개의 디렉터리 엔트리를 가져오는' `iterator` 메소드를 제공해야 합니다.

방문자는 데이터 구조에서 필요한 정보를 취득하여 동작합니다. 필요한 정보를 얻지 못하면 방문자가 제대로 일을 할 수 없습니다. 반면에 공개하지 말아야 할 정보까지 공개해 버리면, 미래의 데이터 구조를 개선하기가 어려워집니다.

관련 패턴

◈ Iterator 패턴(part 1)

Iterator 패턴과 Visitor 패턴은 모두 어떤 데이터 구조 상에서 처리하는 것입니다. Iterator 패턴은 데이터 구조가 가진 요소를 하나씩 가져오는 데 사용됩니다. Visitor 패턴은 데이터 구조가 가진 요소에 특정한 처리를 하는 데 사용합니다.

◆ Composite 패턴(part 11)

방문할 곳이 되는 데이터 구조는 Composite 패턴이 되는 경우가 있습니다.

◆ Interpreter 패턴(part 23)

Interpreter 패턴에서는 Visitor 패턴을 사용할 수 있습니다. 예를 들어, 구문 트리를 만든 후 구문 트리의 각 노드를 순회하면서 처리하는 경우입니다.

이 장에서 학습한 내용

이 장에서는 데이터 구조를 돌아다니면서 처리하는 Visitor 패턴을 배웠습니다.

연습 문제

해답은 부록A (486페이지)

● 문제 13-1

이 장의 예제 프로그램에 추가할 클래스로 FileFindVisitor 클래스를 만들어 보세요. 이 클래스는 지정한 확장자로 된 파일을 모은다고 가정합시다. FileFindVisitor 클래스는 리스트 13-8처럼 사용합니다. FileFindVisitor 클래스의 실행 결과는 그림 13-5에 나타냈습니다. 여기서는 확장자가 .html인 파일을 모으고 있습니다.

리스트 13-8 Main 클래스 (Main.java)

```
import java.util.Iterator;

public class Main {
    public static void main(String[] args) {
        Directory rootdir = new Directory("root");
        Directory bindir = new Directory("bin");
        Directory tmpdir = new Directory("tmp");
        Directory usrdir = new Directory("usr");
        rootdir.add(bindir);
        rootdir.add(tmpdir);
        rootdir.add(usrdir);
        bindir.add(new File("vi", 10000));
        bindir.add(new File("latex", 20000));

        Directory youngjin = new Directory("youngjin");
        Directory gildong = new Directory("gildong");
        Directory dojun = new Directory("dojun");
        usrdir.add(youngjin);
        usrdir.add(gildong);
        usrdir.add(dojun);
        youngjin.add(new File("diary.html", 100));
        youngjin.add(new File("Composite.java", 200));
        gildong.add(new File("memo.tex", 300));
        gildong.add(new File("index.html", 350));
        dojun.add(new File("game.doc", 400));
        dojun.add(new File("junk.mail", 500));

        FileFindVisitor ffv = new FileFindVisitor(".html");
        rootdir.accept(ffv);
```

```

        System.out.println("HTML files are:");
        for (File file: ffv.getFoundFiles()) {
            System.out.println(file);
        }
    }
}
```

그림 13-5 실행 결과

```
HTML files are:
diary.html (100)
index.html (350)
```

● 문제 13-2

예제 프로그램의 Directory 클래스(리스트 13-5)의 getSize 메소드는 크기를 얻는 처리를 합니다. 크기를 얻는 처리를 하는 SizeVisitor 클래스를 도입해서, Directory 클래스의 getSize 메소드를 다시 작성하세요.

● 문제 13-3 Java

java.nio.file 패키지에는 Visitor 패턴을 사용해 파일 시스템의 디렉터리나 파일을 방문하는 클래스 라이브러리가 포함되어 있습니다. 예를 들어, Files 클래스의 walkFileTree 메소드는 주어진 파일 시스템을 방문하는 static 메소드입니다. 이 메소드에는 방문의 기점이 되는 Path와 방문에 사용할 FileVisitor<T>를 인수로 줍니다.

java.nio.file 패키지에는 FileVisitor<T>를 구현하는 프로그래머의 편의를 위해 SimpleFileVisitor<T>라는 간단한 클래스도 준비되어 있습니다. 프로그래머는 SimpleFileVisitor<T>의 하위 클래스를 선언하고 아래 메소드 중 필요한 것만 재정의하면, 파일 시스템의 디렉터리와 파일을 방문하는 프로그램을 쉽게 만들 수 있습니다.

```
FileVisitResult preVisitDirectory(T dir, BasicFileAttributes attrs)
        디렉터리 dir을 방문하기 전에 호출되는 메소드

FileVisitResult postVisitDirectory(T dir, IOException e)
        디렉터리 dir의 모든 항목을 방문한 후 호출되는 메소드
```

```
FileVisitResult visitFile(T file, BasicFileAttributes attrs)
        파일 file을 방문할 때 호출되는 메소드

FileVisitResult visitFileFailed(T file, IOException e)
        파일 file을 방문할 수 없을 때 호출되는 메소드
```

리스트 13-9는 커맨드 라인에서 지정한 디렉터리 아래에 있는 실제 디렉터리와 파일을 표시하는 프로그램의 개요이며, 중간중간 '...'로 생략했습니다. 이 프로그램이 바르게 동작하도록 수정하세요.

리스트 13-9 Main 클래스 (Main.java)

```java
…

class MyFileVisitor extends SimpleFileVisitor<Path> {
    … preVisitDirectory(Path dir, …) throws IOException {
        System.out.println("dir: " + dir);
        return FileVisitResult.CONTINUE;
    }

    … visitFile(Path file, …) throws IOException {
        System.out.println("file: " + file);
        return FileVisitResult.CONTINUE;
    }
}

public class Main {
    public static void main(String[] args) {
        if (args.length != 1) {
            System.out.println("Usage: java Main dirname");
            System.out.println("Example: java Main .");
            System.exit(0);
        }

        String dirname = args[0];

        try {
            MyFileVisitor visitor = new MyFileVisitor();
            Path root = Path.of(dirname);
            Files.walkFileTree(root, visitor);
        } catch (IOException e) {
            e.printStackTrace();
        }
```

```
    }
}
```

● **문제 13-4** Java

예제 프로그램의 Directory 클래스(리스트 13-5)는 Iterable<Entry> 인터페이스를 구현하고 있습니다. 만약 implements Iterable<Entry> 부분을 소스 코드에서 삭제한다면 어떤 오류가 일어날까요?

PART 14 Chain of Responsibility

책임을 떠넘긴다

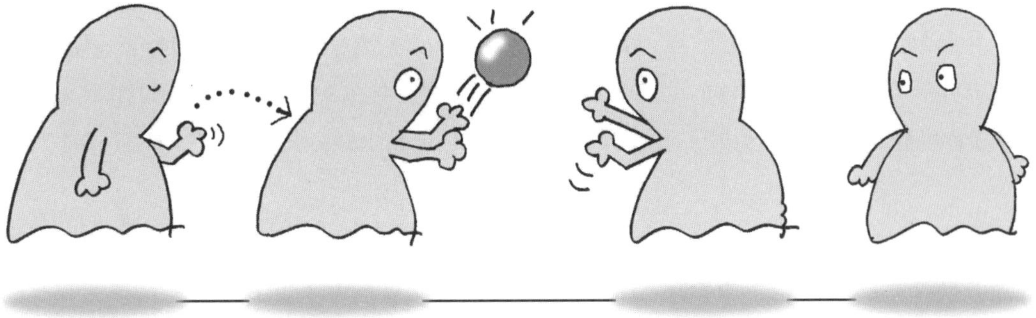

Chain of Responsibility 패턴

책임 떠넘기기에 대해 생각해 봅시다. 어떤 서류를 받으러 회사에 갔다고 합시다. 회사 안내 창구에 물어보니 '영업부'로 가라고 합니다. 그래서 영업부로 가니, 그 서류는 '고객관리부'에서 취급한다고 합니다. 다시 고객관리부로 갔더니, 그 서류는 '문서 지원 센터'에서 받을 수 있다고 합니다. 좀 짜증이 났지만 문서 지원 센터에 가 봅니다. 이런 식으로 적합한 사람을 만날 때까지 계속해서 다음 사람, 다음 사람에게 자신의 요청을 넘기는 것이 '떠넘기기'입니다.

떠넘긴다는 말은 부정적인 의미가 강하지만, 정말 '떠넘기기'로 표현하고 싶어지는 처리가 필요할 때가 있습니다. 어떤 요청이 있을 때, 그 요청을 처리할 객체(오브젝트)를 고정적으로 결정할 수 없는 경우입니다. 이때 여러 객체를 사슬(chain)처럼 연쇄적으로 묶고, 객체 사슬을 차례대로 돌면서 원하는 객체를 결정하는 방법을 생각할 수 있습니다.

이러한 패턴을 Chain of Responsibility 패턴이라고 부릅니다. responsibility란 책임을 뜻하므로, 우리말로 하자면 '책임 사슬'이 됩니다. 요컨대, 책임을 '떠넘기는' 구조라고 생각하는 것이 기억하기 쉽습니다.

이 패턴을 사용하면 '요청하는 쪽'과 '처리하는 쪽'의 결합을 약하게 할 수 있어, 각각 부품으로 독립시킬 수 있습니다. 또 상황에 따라 요청을 처리할 객체가 변하는 프로그램에도 대응할 수 있습니다.

어떤 사람에게 요청이 들어옵니다. 그 사람이 요청을 처리할 수 있으면 처리하고, 처리할 수 없을 때는 그 요청을 '다음 사람'에게 떠넘깁니다. 다음 사람이 요청을 처리할 수 있으면 처리하고, 처리할 수 없을 때는 그 요청을 다시 '다음 사람'에게 떠넘깁니다. 이것이 바로 Chain of Responsibility(책임 사슬) 패턴입니다.

예제 프로그램

Chain of Responsibility 패턴을 사용한 예제 프로그램으로 트러블이 발생했을 때 누군가가 해결해야 하는 상황을 생각해 봅시다. 표 14-1은 예제 프로그램에 등장하는 클래스 목록입니다.

표 14-1 클래스 목록

이름	설명
Trouble	발생한 트러블을 나타내는 클래스. 트러블 번호(number)를 갖는다
Support	트러블을 해결하는 추상 클래스
NoSupport	트러블을 해결하는 구상 클래스(항상 '처리하지 않음')
LimitSupport	트러블을 해결하는 구상 클래스(지정한 번호 미만의 트러블 해결)
OddSupport	트러블을 해결하는 구상 클래스(홀수 번호 트러블 해결)
SpecialSupport	트러블을 해결하는 구상 클래스(특정 번호 트러블 해결)
Main	Support의 연쇄를 만들어 트러블을 일으키는 동작 테스트용 클래스

그림 14-1 예제 프로그램의 클래스 다이어그램

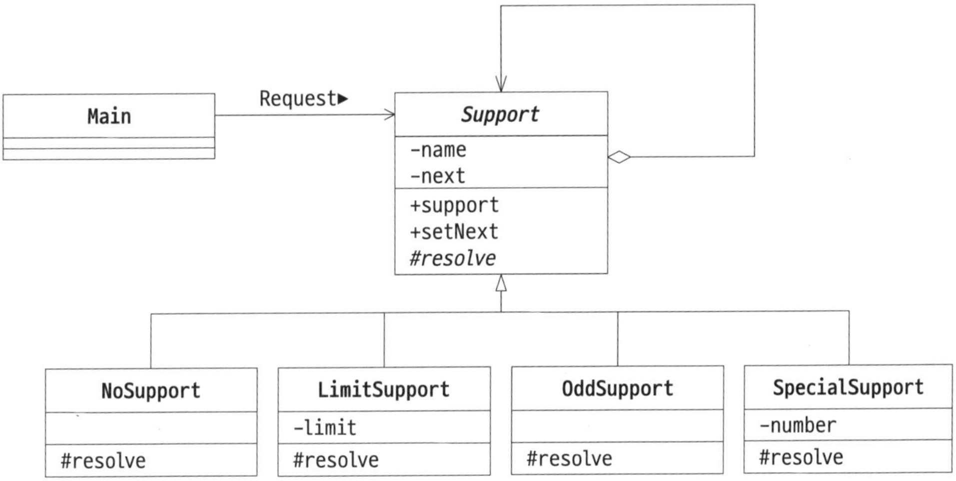

Trouble 클래스

Trouble 클래스(리스트 14-1)는 발생한 트러블을 표현하는 클래스입니다. number는 트러블 번호입니다. getNumber 메소드로 트러블 번호를 얻습니다.

리스트 14-1 Trouble 클래스 (Trouble.java)

```
public class Trouble {
    private int number; // 트러블 번호

```

```
    // 트러블 생성
    public Trouble(int number) {
        this.number = number;
    }

    // 트러블 번호를 얻는다
    public int getNumber() {
        return number;
    }

    // 트러블의 문자열 표현
    @Override
    public String toString() {
        return "[Trouble " + number + "]";
    }
}
```

Support 클래스

Support 클래스(리스트 14-2)는 문제 해결 사슬을 만들기 위한 추상 클래스입니다.

next 필드는 떠넘길 곳을 나타내며, setNext 메소드로 떠넘길 곳을 설정합니다.

resolve 메소드는 하위 클래스에서 구현하는 것을 가정한 추상 메소드로, '트러블을 해결하는' 처리를 나타냅니다. 반환값이 true일 때는 트러블이 해결되었음을 나타내고, false일 때는 트러블이 아직 해결되지 않았음(즉, 다음에 반복한다)을 나타냅니다. resolve란 '해결하다'라는 뜻입니다.

support 메소드는 resolve 메소드를 호출한 후 반환값이 false이면 '다음 사람'에게 트러블 처리를 떠넘깁니다. '다음 사람'이 없는 경우에는 자신이 사슬의 마지막이고, 아무도 해결하지 못한 것이 되므로 그 사실을 표시합니다. 여기에서는 표시만 하면 되지만, 프로그램에 따라서는 예외를 던지는 것이 적절할 수도 있습니다. 덧붙여, 이 support 메소드는 추상 메소드 resolve를 사용한 Template Method 패턴(part 3)으로 되어 있습니다.

리스트 14-2 Support 클래스 (Support.java)

```
public abstract class Support {
    private String name;        // 이 트러블 해결자 이름
    private Support next;       // 떠넘길 곳

```

```java
    public Support(String name) {
        this.name = name;
        this.next = null;
    }

    // 떠넘길 곳을 설정한다
    public Support setNext(Support next) {
        this.next = next;
        return next;
    }

    // 트러블 해결 절차를 결정한다
    public void support(Trouble trouble) {
        if (resolve(trouble)) {
            done(trouble);
        } else if (next != null) {
            next.support(trouble);
        } else {
            fail(trouble);
        }
    }

    // 트러블 해결자의 문자열 표현
    @Override
    public String toString() {
        return "[" + name + "]";
    }

    // 해결하려고 한다
    protected abstract boolean resolve(Trouble trouble);

    // 해결했다
    protected void done(Trouble trouble) {
        System.out.println(trouble + " is resolved by " + this + ".");
    }

    // 해결되지 않았다
    protected void fail(Trouble trouble) {
        System.out.println(trouble + " cannot be resolved.");
    }
}
```

NoSupport 클래스

NoSupport 클래스(리스트 14-3)는 Support 클래스의 하위 클래스입니다. NoSupport 클래스의 resolve 메소드는 항상 false를 반환합니다. 즉, 자신은 어떤 문제도 해결하지 않는 클래스입니다.

리스트 14-3 NoSupport 클래스 (NoSupport.java)

```
public class NoSupport extends Support {
    public NoSupport(String name) {
        super(name);
    }

    @Override
    protected boolean resolve(Trouble trouble) {
        return false; // 자신은 아무것도 해결하지 않는다
    }
}
```

LimitSupport 클래스

LimitSupport 클래스(리스트 14-4)는 limit로 지정한 번호 미만의 문제를 해결하는 클래스입니다. resolve 메소드에서는 판단 후 단순히 true를 반환할 뿐이지만, 원래대로라면 이곳에서 문제를 '해결'해 주어야 합니다.

리스트 14-4 LimitSupport 클래스 (LimitSupport.java)

```
public class LimitSupport extends Support {
    private int limit; // 이 번호 미만이면 해결할 수 있다

    public LimitSupport(String name, int limit) {
        super(name);
        this.limit = limit;
    }

    @Override
    protected boolean resolve(Trouble trouble) {
        if (trouble.getNumber() < limit) {
            return true;
        } else {
            return false;
        }
    }
}
```

OddSupport 클래스

OddSupport 클래스(리스트 14-5)는 홀수 번호 문제를 해결하는 클래스입니다.

리스트 14-5 OddSupport 클래스 (OddSupport.java)

```
public class OddSupport extends Support {
    public OddSupport(String name) {
        super(name);
    }

    @Override
    protected boolean resolve(Trouble trouble) {
        if (trouble.getNumber() % 2 == 1) {
            return true;
        } else {
            return false;
        }
    }
}
```

SpecialSupport 클래스

SpecialSupport 클래스(리스트 14-6)는 지정한 번호의 문제에 한해 해결하는 클래스입니다.

리스트 14-6 SpecialSupport 클래스 (SpecialSupport.java)

```
public class SpecialSupport extends Support {
    private int number; // 이 번호만 해결할 수 있다

    public SpecialSupport(String name, int number) {
        super(name);
        this.number = number;
    }

    @Override
    protected boolean resolve(Trouble trouble) {
        if (trouble.getNumber() == number) {
            return true;
        } else {
            return false;
```

```
        }
    }
}
```

Main 클래스

Main 클래스(리스트 14-7)에서는 우선 Alice~Fred라는 6명의 트러블 해결자를 생성합니다. 모두 Support형 변수를 사용하지만 실제로 대입되는 것은 NoSupport, LimitSupport, SpecialSupport, OddSupport라는 각 클래스의 인스턴스입니다.

다음으로 setNext 메소드를 사용하여 Alice~Fred를 일렬로 나열합니다. 그런 다음, 문제를 하나씩 작성하여 순차적으로 alice에 전달하고, 누가 그 문제를 해결하는지 표시합니다. 여기서 트러블 번호는 0부터 시작해서 33씩 증가시키고 있는데, 33씩 증가시키는 것에 별 의미는 없습니다. 난수를 써도 재미있을 것입니다.

리스트 14-7 Main 클래스 (Main.java)

```
public class Main {
    public static void main(String[] args) {
        Support alice = new NoSupport("Alice");
        Support bob = new LimitSupport("Bob", 100);
        Support charlie = new SpecialSupport("Charlie", 429);
        Support diana = new LimitSupport("Diana", 200);
        Support elmo = new OddSupport("Elmo");
        Support fred = new LimitSupport("Fred", 300);

        // 사슬 형성
        alice.setNext(bob).setNext(charlie).setNext(diana).setNext(elmo).setNext(fred);

        // 다양한 트러블 발생
        for (int i = 0; i < 500; i += 33) {
            alice.support(new Trouble(i));
        }
    }
}
```

그림 14-2 실행 결과

```
[Trouble 0] is resolved by [Bob].
[Trouble 33] is resolved by [Bob].
[Trouble 66] is resolved by [Bob].
[Trouble 99] is resolved by [Bob].
[Trouble 132] is resolved by [Diana].
[Trouble 165] is resolved by [Diana].
[Trouble 198] is resolved by [Diana].
[Trouble 231] is resolved by [Elmo].
[Trouble 264] is resolved by [Fred].
[Trouble 297] is resolved by [Elmo].
[Trouble 330] cannot be resolved.
[Trouble 363] is resolved by [Elmo].
[Trouble 396] cannot be resolved.
[Trouble 429] is resolved by [Charlie].
[Trouble 462] cannot be resolved.
[Trouble 495] is resolved by [Elmo].
```

실행 결과(그림 14-2)를 보겠습니다. 처음에는 Bob이 열심히 하고 있지만, 해결할 수 없게 되자 Diana가 등장합니다. 실행 결과에는 Alice가 전혀 등장하지 않습니다. Alice는 모든 문제를 다 떠넘기기 때문입니다. 트러블 번호가 300 이상이 되면, 이 프로그램에서 LimitSupport의 인스턴스(Bob, Diana, Fred)는 아무도 처리할 수 없게 됩니다. 단, 300 이상이라도 홀수 번호 트러블은 OddSupport의 인스턴스인 Elmo가 처리해 줍니다. SpecialSupport의 인스턴스인 Charlie는 트러블 번호 429번 해결 전문가로 실행 결과에서 단 한 번 얼굴을 내밀었습니다.

그림 14-3은 363번 트러블을 처리할 때의 시퀀스 다이어그램입니다. 이 시퀀스 다이어그램은 support 메소드 호출에 초점을 맞춰 그렸습니다. 실제로는 다음 support 메소드를 호출하기 전에 자신의 resolve 메소드를 호출합니다.

그림 14-3 [Trouble 363]을 처리하는 예제 프로그램의 시퀀스 다이어그램

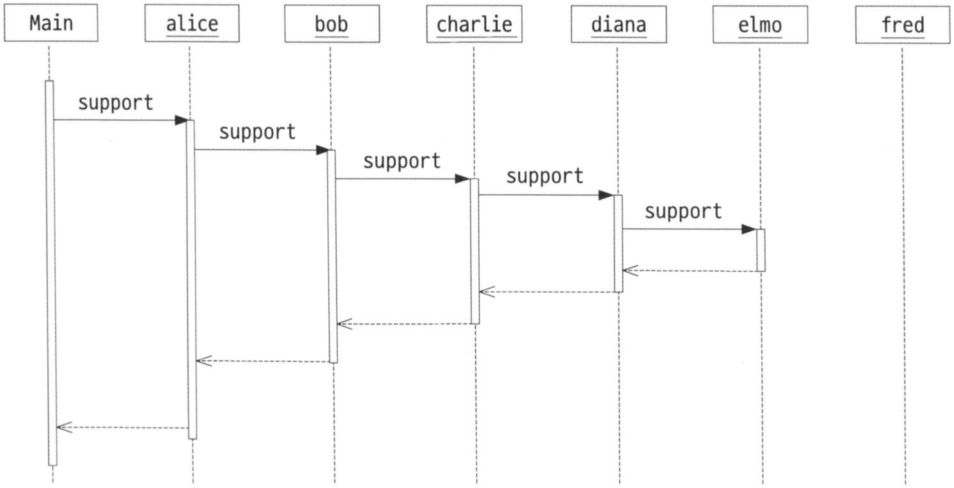

Chain of Responsibility 패턴의 등장인물

Chain of Responsibility 패턴의 등장인물은 다음과 같습니다.

◈ Handler(처리자) 역

요구를 처리하는 인터페이스(API)를 정의합니다. 처리할 '다음 사람'을 준비해 두고 스스로 처리할 수 없는 요구가 나오면 그 사람에게 넘겨 줍니다. 물론 '다음 사람'도 Handler입니다. 예제 프로그램에서는 `Support` 클래스가 이 역할을 맡았습니다. 요구를 처리하는 메소드는 `support` 메소드였습니다.

◈ ConcreteHandler(구체적인 처리자) 역

요구를 구체적으로 처리합니다. 예제 프로그램에서는 `NoSupport`, `LimitSupport`, `OddSupport`, `SpecialSupport` 클래스가 이 역할을 맡았습니다.

◈ Client(요구자) 역

첫 번째 ConcreteHandler에 요구를 합니다. 예제 프로그램에서는 `Main` 클래스가 이 역할을 맡았습니다.

그림 14-4 Chain of Responsibility 패턴의 클래스 다이어그램

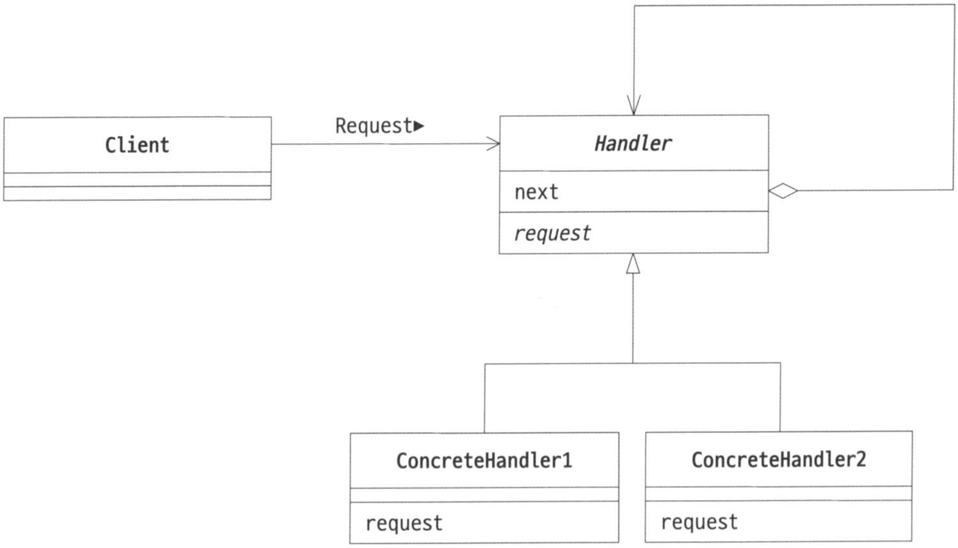

독자의 사고를 넓혀 주는 힌트

요구하는 사람과 요구를 처리하는 사람을 유연하게 연결한다

Chain of Responsibility 패턴의 포인트는 요구하는 사람(Client 역)과 처리하는 사람(ConcreteHandler 역)을 느슨하게 연결하는 데 있습니다. Client 역은 첫 번째 사람에게 요구하기만 하면 됩니다. 그러면 나머지는 그 요구가 사슬 안을 흘러가다가 적절한 처리자에 의해 처리됩니다.

만약 이 패턴을 사용하지 않는다면, '이 요구는 이 사람이 처리해야 한다'는 정보를 누군가가 중앙집권적으로 가지고 있어야 합니다. 그런 정보를 '요구하는 사람'이 갖는 것은 현명하지 못합니다. 요구하는 사람이 처리자들의 세부적인 역할 분담까지 알아야 한다면, 부품으로서의 독립성이 훼손되기 때문입니다.

·보충· 예제 프로그램에서는 단순화를 위해 Client 역인 **Main** 클래스에 최초의 사슬 형성 처리를 맡기고 있습니다.

동적으로 사슬 형태를 바꾼다

예제 프로그램에서는 Alice부터 Fred까지의 지원팀은 항상 고정된 순서로 되어 있었습니다. 그러나 요구를 처리하는 ConcreteHandler 역 객체의 관계가 동적으로 변화하는 상황도 생각할 수 있습니다. Chain of Responsibility 패턴처럼 위임을 통해 처리를 떠넘기면 상황 변화에 따라서 ConcreteHandler 역을 재편할 수 있습니다.

만약 Chain of Responsibility 패턴을 사용하지 않고 프로그램 안에 '이 요구에는 이 처리자'라는 식으로 대응 관계를 고정하면, 프로그램 실행 중에 처리자를 변경하기 어려워집니다.

GUI 앱에서는 사용자가 앱 화면상에 컴포넌트(버튼이나 텍스트 입력 필드)를 자유롭게 추가할 수 있는 경우가 있습니다. 이런 때는 Chain of Responsibility 패턴이 효과적으로 작동합니다.

자기 일에 집중할 수 있다

'떠넘기기'라고 하면 부정적인 뉘앙스가 강하지만, 바꿔 말하면 각 객체가 '자기 일에 집중할 수 있다'는 말이기도 합니다. 각각의 ConcreteHandler 역은 자신이 할 수 있는 일에 집중하고, 할 수 없는 일이라면 시원하게 '다음 사람, 부탁해'라고 넘기는 것입니다. 그렇게 하면 각각의 ConcreteHandler 역으로 작성해야 하는 처리가 그 ConcreteHandler 역에 고유한 내용으로 좁혀지게 됩니다.

Chain of Responsibility 패턴을 사용하지 않을 경우에는 '관리자 한 명이 누가 요구를 처리할지 모두 결정'하는 방법을 취합니다. 혹은 '자신이 처리하지 못하면 다른 사람에게 맡기고, 만약 그래도 안 되면 이 사람, 시스템 상황이 이렇다면 저 사람'이라는 식으로 '일의 할당'까지 개개의 ConcreteHandler 역에 부담시키는 방법을 취하게 됩니다.

떠넘기기로 처리가 지연되지 않을까?

Chain of Responsibility 패턴을 사용해 떠넘기면서 적절한 처리를 할 상대를 찾는 방식은 확실히 유연성이 높을지는 모르지만, 처리가 늦어지는 것은 아닐까요?

그렇습니다. 누가 요구를 처리할지 미리 정해져 있고, 그 담당자가 바로 처리할 때와 비교하면 Chain of Responsibility 패턴을 적용한 경우의 처리는 지연됩니다. 하지만 이것은 무엇을 우선으로 하느냐 하는 트레이드오프 문제입니다. 요구와 처리자의 관계가 고정적이고 처리 속도가 매우 중요한 경우에는 Chain of Responsibility 패턴을 사용하지 않는 편이 효과적일 수도 있습니다.

관련 패턴

◆ Composite 패턴(part 11)

Handler 역에는 Composite 패턴이 등장하는 경우가 종종 있습니다.

◆ Command 패턴(part 22)

Handler 역에 들어오는 '요구'에는 Command 패턴이 사용되는 경우가 있습니다.

이 장에서 학습한 내용

이 장에서는 요구를 처리하는 인스턴스를 사슬 모양으로 나열해 두고, 요구를 처리할 수 있는지를 순서대로 체크해 나가는 '떠넘기기' 패턴인 Chain of Responsibility 패턴을 학습했습니다. Chain of Responsibility 패턴은 GUI 앱 등에 많이 사용됩니다. 연습 문제에서 그 구체적인 예를 생각해 봅시다.

연습 문제

해답은 부록A (493페이지)

● 문제 14-1

GUI 앱은 Chain of Responsibility 패턴을 자주 사용합니다. GUI 앱상에는 버튼과 텍스트 상자, 체크박스 등의 컴포넌트(위젯, 컨트롤 등이라고도 함)가 있습니다. 컴포넌트를 클릭했을 때에 발생하는 이벤트를 어떻게 떠넘길 수 있을까요? Chain of Responsibility 패턴의 'next'(떠넘길 곳)는 어디에 등장하나요?

● 문제 14-2 Java

예제 프로그램의 Support 클래스(리스트 14-2)에서 support 메소드는 public이지만, resolve 메소드는 protected입니다. 클래스 설계자가 이렇게 구분한 의도는 무엇일까요?

● 문제 14-3

예제 프로그램의 support 메소드(리스트 14-2)를 재귀적으로 호출하는 대신 루프로 전개해 봅시다.

PART 15 Facade

단순한 창구를 만든다

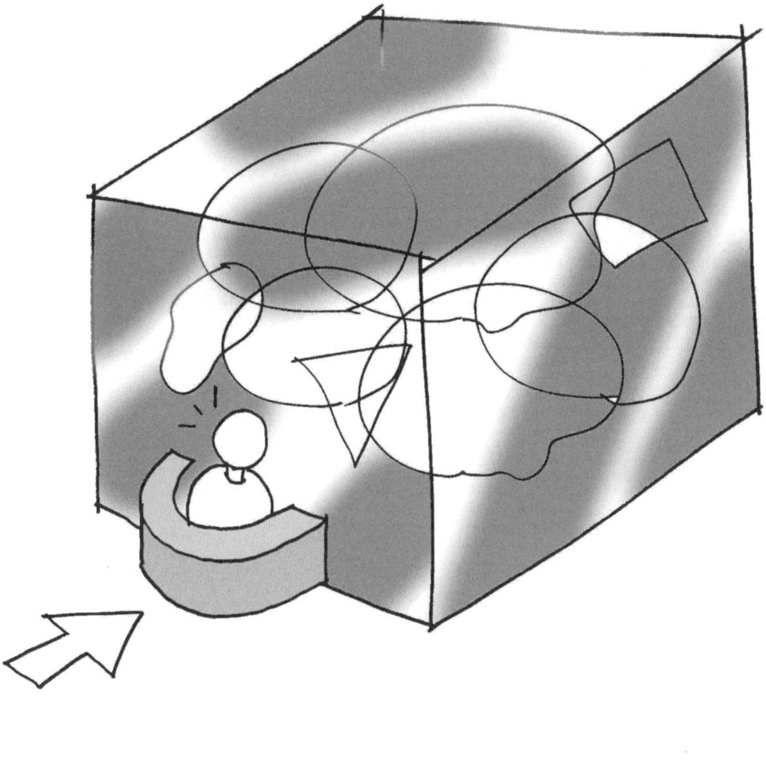

Facade 패턴

프로그램은 점점 커지는 경향이 있습니다. 많은 클래스가 만들어지고 서로 연관되어 복잡해집니다. 클래스를 사용하는 경우에는 클래스 간의 관계를 올바르게 이해하고, 올바른 순서로 메소드를 호출할 필요가 있습니다.

큰 프로그램을 이용해서 처리하려면 관련된 많은 클래스를 적절하게 제어해야만 합니다. 그렇다면 처리하기 위한 '창구'를 준비해 두는 것이 좋겠지요. 그렇게 하면, 많은 클래스를 개별적으로 제어하지 않아도 '창구'에 요청만 하면 일이 끝나기 때문입니다.

그런 '창구'가 이 장에서 학습할 Facade 패턴입니다. facade는 프랑스어 façade를 어원으로 하는 단어로, '건물의 정면'이라는 뜻입니다('파사드'라고 읽습니다).

Facade 패턴은 복잡하게 얽혀서 너저분한 세부 내용을 정리하여 높은 수준의 인터페이스(API)를 제공합니다. Facade 역은 시스템 외부에 간단한 인터페이스(API)를 보여 줍니다. 또한, 시스템 내부의 각 클래스의 역할과 의존 관계를 고려하여 올바른 순서로 클래스를 사용합니다.

이 장에서는 단순한 창구인 Facade 패턴을 학습합니다.

예제 프로그램

여기서 만들 예제 프로그램은 사용자의 웹 페이지를 작성하는 것입니다.

Facade 패턴 예제를 만들려면 원래 '복잡하게 얽힌 많은 클래스'가 필요하지만, 여기에서는 예제 프로그램을 짧게 하고자 3개의 클래스만으로 이루어진 간단한 시스템을 생각합니다. 이 시스템은 이메일 주소에서 이름을 구하는 데이터베이스(`Database`), HTML 파일을 작성하는 클래스(`HtmlWriter`), 그리고 Facade 역으로서 높은 수준의 인터페이스(API)를 제공하는 클래스(`PageMaker`)로 구성됩니다.

예제 프로그램이 만들 웹 페이지는 그림 15-1과 같습니다. 표 15-1은 클래스 목록이며, 각 클래스의 소스 파일은 그림 15-2의 디렉터리에 저장됩니다. UML에 의한 클래스 다이어그램은 그림 15-3에 나타냅니다.

그림 15-1 예제 프로그램이 만드는 웹 페이지를 브라우저로 확인한 모습

Hiroshi Yuki's web page
Welcome to Hiroshi Yuki's web page!
Nice to meet you!
Hiroshi Yuki

표 15-1 클래스 목록

패키지	이름	설명
pagemaker	Database	이메일 주소에서 사용자 이름을 얻는 클래스
pagemaker	HtmlWriter	HTML 파일을 작성하는 클래스
pagemaker	PageMaker	이메일 주소로 사용자의 웹 페이지를 작성하는 클래스
이름 없음	Main	동작 테스트용 클래스

그림 15-2 소스 파일을 저장할 디렉터리

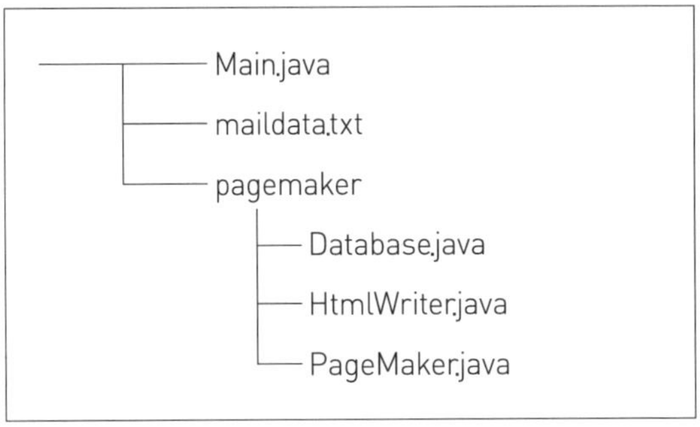

그림 15-3 예제 프로그램의 클래스 다이어그램

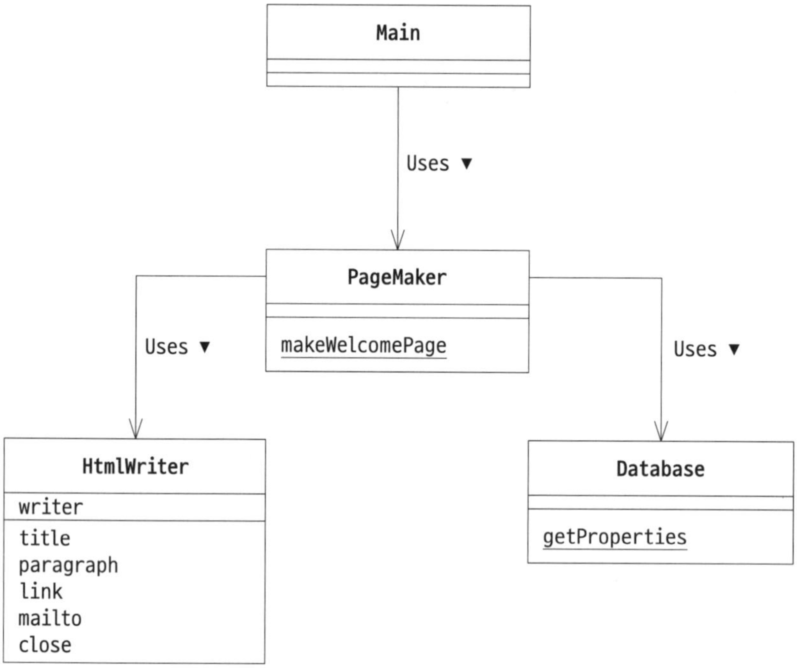

Database 클래스

Database 클래스(리스트 15-1)는 데이터베이스 이름(예를 들어 'maildata')을 지정하여 대응하는 Properties를 생성하는 클래스입니다. Database 클래스는 java.util.Properties 클래스를 간이 데이터베이스로 보고, 이메일 주소와 이름 세트를 데이터 파일(예를 들어 'maildata.txt')로 관리합니다. Database 클래스는 Properties의 인스턴스를 만들지 않고, getProperties라는 static 메소드를 통해 Properties의 인스턴스를 얻습니다. 리스트 15-2는 데이터 파일의 예입니다.

리스트 15-1 Database 클래스 (Database.java)

```
package pagemaker;

import java.io.FileReader;
import java.io.IOException;
import java.util.Properties;
```

```
public class Database {
    private Database() {
    }

    // 데이터베이스 이름에서 Properties를 얻는다
    public static Properties getProperties(String dbname) throws IOException {
        String filename = dbname + ".txt";
        Properties prop = new Properties();
        prop.load(new FileReader(filename));
        return prop;
    }
}
```

리스트 15-2 데이터 파일 (maildata.txt)

```
hyuki@example.com=Hiroshi Yuki
youngjin@example.com=Kim Youngjin
dojun@example.com=dojun
gildong@example.com=Hong Gildong
```

HtmlWriter 클래스

HtmlWriter(리스트 15-3)는 간단한 웹 페이지를 만드는 클래스입니다. 인스턴스 생성 시 Writer를 주고 그 Writer에 HTML을 출력합니다.

title은 타이틀을 출력하는 메소드, paragraph는 단락을 출력하는 메소드, link는 링크를 출력하는 메소드, mailto는 메일 주소의 링크를 출력하는 메소드, 그리고 close는 HTML의 출력을 종료하는 메소드입니다.

이 클래스에는 title 메소드를 가장 먼저 호출해야 하는 제약이 숨겨져 있습니다. 그리고 창구가 되는 PageMaker 클래스는 그 제약을 지키도록 작성되어 있습니다.

리스트 15-3 HtmlWriter 클래스 (HtmlWriter.java)

```
package pagemaker;

import java.io.Writer;
import java.io.IOException;
```

```java
public class HtmlWriter {
    private Writer writer;

    public HtmlWriter(Writer writer) {
        this.writer = writer;
    }

    // 타이틀 출력
    public void title(String title) throws IOException {
        writer.write("<!DOCTYPE html>");
        writer.write("<html>");
        writer.write("<head>");
        writer.write("<title>" + title + "</title>");
        writer.write("</head>");
        writer.write("<body>");
        writer.write("\n");
        writer.write("<h1>" + title + "</h1>");
        writer.write("\n");
    }

    // 단락 출력
    public void paragraph(String msg) throws IOException {
        writer.write("<p>" + msg + "</p>");
        writer.write("\n");
    }

    // 링크 출력
    public void link(String href, String caption) throws IOException {
        paragraph("<a href=\"" + href + "\">" + caption + "</a>");
    }

    // 이메일 주소 출력
    public void mailto(String mailaddr, String username) throws IOException {
        link("mailto:" + mailaddr, username);
    }

    // HTML 닫기
    public void close() throws IOException {
        writer.write("</body>");
        writer.write("</html>");
        writer.write("\n");
        writer.close();
    }
}
```

PageMaker 클래스

PageMaker 클래스(리스트 15-4)는 Database 클래스와 HtmlWriter 클래스를 조합하여 지정한 사용자의 웹 페이지를 만듭니다.

이 클래스에서 정의된 public 메소드는 makeWelcomePage뿐입니다. 이 메소드에 이메일 주소와 출력 파일 이름을 지정하기만 하면 웹 페이지가 만들어집니다. HtmlWriter 클래스의 메소드를 호출하는 복잡한 부분을 PageMaker 클래스가 도맡고, 외부에는 makeWelcomePage 메소드 단 하나만 보여 줍니다. 이곳이 단순한 창구가 됩니다.

리스트 15-4 PageMaker 클래스 (PageMaker.java)

```java
package pagemaker;

import java.io.FileWriter;
import java.io.IOException;
import java.util.Properties;

public class PageMaker {
    private PageMaker() {
    }

    public static void makeWelcomePage(String mailaddr, String filename) {
        try {
            Properties mailprop = Database.getProperties("maildata");
            String username = mailprop.getProperty(mailaddr);
            HtmlWriter writer = new HtmlWriter(new FileWriter(filename));
            writer.title(username + "'s web page");
            writer.paragraph("Welcome to " + username + "'s web page!");
            writer.paragraph("Nice to meet you!");
            writer.mailto(mailaddr, username);
            writer.close();
            System.out.println(filename + " is created for " + mailaddr + " (" + username + ")");
        } catch (IOException e) {
            e.printStackTrace();
        }
    }
}
```

Main 클래스

Main 클래스(리스트 15-5)는 pagemaker 패키지의 PageMaker 클래스를 이용합니다. 내용은 다음과 같은 간단한 한 줄뿐입니다.

```
PageMaker.makeWelcomePage("hyuki@example.com", "welcome.html");
```

hyuki@example.com의 이름을 확인하고, welcome.html이라는 파일 이름으로 웹 페이지를 작성합니다.

리스트 15-5 Main 클래스 (Main.java)

```java
import pagemaker.PageMaker;

public class Main {
    public static void main(String[] args) {
        PageMaker.makeWelcomePage("hyuki@example.com", "welcome.html");
    }
}
```

그림 15-4 컴파일 및 실행 결과

```
javac Main.java
java Main
welcome.html is created for hyuki@example.com (Hiroshi Yuki)
(이 다음, welcome.html을 브라우저로 확인하면 그림 15-5가 된다)
```

그림 15-5 welcome.html을 브라우저로 확인한 모습

Hiroshi Yuki's web page
Welcome to Hiroshi Yuki's web page!
Nice to meet you!
Hiroshi Yuki

Facade 패턴의 등장인물

Facade 패턴의 등장인물은 다음과 같습니다.

◆ Facade(정면) 역

시스템을 구성하는 그 밖의 많은 역을 위한 '단순한 창구'입니다. Facade는 높은 수준의 단순한 인터페이스(API)를 시스템 외부에 제공합니다. 예제 프로그램에서는 `PageMaker` 클래스가 이 역할을 맡았습니다.

◆ 시스템을 구성하는 그 밖의 많은 배역

그 밖의 많은 배역은 각자의 일을 하고, Facade에 대해서는 신경 쓰지 않습니다. Facade로부터 호출을 받고 일하지만, 수많은 다른 배역에서 Facade를 호출하는 경우는 없습니다. 예제 프로그램에서는 `Database` 클래스와 `HtmlWriter` 클래스가 이 역할을 맡았습니다.

◆ Client(의뢰인) 역

Facade 패턴을 이용합니다(GoF 책(부록D [GoF] 참조)에서 Client는 Facade 패턴 안에 포함되지 않습니다). 예제 프로그램에서는 `Main` 클래스가 이 역할을 맡았습니다.

그림 15-6 Facade 패턴의 클래스 다이어그램

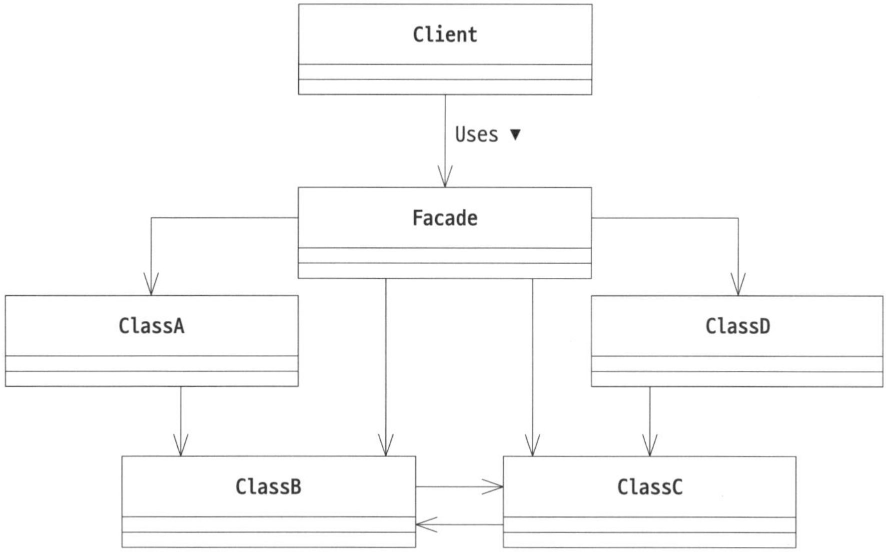

독자의 사고를 넓혀 주는 힌트

Facade의 역할은 무엇인가?

Facade 역은 복잡한 것을 단순하게 보여 줍니다. '복잡한 것'이란 내부에서 동작하는 많은 클래스 사이의 관계나 사용 방법을 말합니다. Facade 역은 그 복잡함을 의식하지 않아도 되도록 해 줍니다.

여기서 핵심은 인터페이스(API) 수를 줄이는 것입니다. 클래스와 메소드가 많이 보이면 프로그래머는 어떤 것을 사용해야 할지 망설이게 되고, 호출 순서에도 주의해야 합니다. 주의해야 한다는 것은 틀리기 쉽다는 말이기도 합니다. 그러므로 인터페이스(API)가 적은 Facade 역을 고려하는 것이 좋습니다. 인터페이스(API)의 수가 적다는 것은 외부와의 결합이 느슨하다고도 표현할 수 있습니다. 외부와의 결합이 느슨하면, 패키지(클래스의 집합)를 부품으로 재사용하기 쉬워집니다.

클래스를 설계할 때는 어떤 메소드를 `public`으로 할지를 생각해야 합니다. 너무 많은 메소드를 `public`으로 선언하면 클래스 내부를 수정하기 어렵습니다. 필드에 대해서도 마찬가지입니다. 부주의하게 필드를 `public`으로 선언하면, 다른 클래스가 해당 필드의 내용을 마음대로 참조하거나 변경하기 때문에 클래스를 수정하기 어렵습니다.

패키지를 설계할 때도 클래스 설계처럼 어느 클래스를 `public`으로 할지 잘 생각해야 합니다. 클래스를 외부(패키지 밖)에서 너무 보이게 하면, 패키지 내부를 수정하기 어려워집니다(이 주제는 연습 문제 15-1에서 다시 살펴보겠습니다).

재귀적인 Facade 패턴의 적용

클래스보다 더 큰 단위인 패키지로 눈을 돌려 생각을 확장해 봅시다. Facade 역을 맡은 클래스 집합이 여러 개 있다고 합시다. 그때, 그 집합을 모아서 새로운 Facade 역을 도입할 수도 있습니다. 즉, Facade 패턴을 재귀적으로 적용하는 것입니다.

많은 클래스와 패키지를 가진 매우 큰 시스템의 경우, 요소요소에 Facade 패턴을 적용하면 시스템이 더 편리해질 것입니다.

프로그래머가 Facade를 만들지 않는 이유 - 심리적 요인

조금 기묘한 이야기를 하겠습니다. 복잡한 프로그램 내부를 숙지한 프로그래머는 어쩌면 Facade 역을 만들고 싶지 않을 수도 있습니다. 오히려 Facade 역 만들기를 무의식중에 피하기도 합니다.

그 이유는 무엇일까요? 숙련된 프로그래머의 머릿속에는 시스템 내용이 모두 들어 있어, 많은 클래스의 상호 관계를 손에 잡힐 듯이 파악하고 있기 때문일 수도 있습니다. 혹은 자기 기술을 자랑하며, 다른 프로그래머에게 '아는 척'을 할 수 있기 때문일지도 모릅니다.

어떤 프로그래머가 '이 클래스를 호출하기 전에 이쪽을 호출해야지'라고 의기양양하게 말한다면, Facade 역을 도입할 필요가 있음을 시사합니다. 명확하게 언어로 표현할 수 있는 노하우는 프로그래머의 머릿속에 숨겨 둘 것이 아니라, 코드로 표현해 두어야 합니다.

관련 패턴

◆ Abstract Factory 패턴(part 8)

Abstract Factory 패턴은 객체 생성이라는 복잡한 작업에 대한 Facade 패턴으로 볼 수 있습니다. '객체를 생성하기 위해서는 이것만 호출하면 OK'라는 인터페이스(API)를 제공하기 때문입니다.

◆ Singleton 패턴(part 5)

Facade 역은 Singleton 패턴으로 만들어질 수 있습니다.

◆ Mediator 패턴(part 16)

Facade 패턴에서는 Facade 역이 일방적으로 다른 역을 이용해서 높은 수준의 인터페이스(API)를 만들었습니다. Mediator 패턴에서 Mediator 역은 Colleague 역의 중개자로서 상호 작용합니다. Facade 패턴은 단방향이지만, Mediator 패턴은 양방향이라고 할 수 있습니다.

이 장에서 학습한 내용

이 장에서는 복잡한 시스템에 대한 단순한 창구 역할을 하는 Facade 패턴을 학습했습니다.

연습 문제

해답은 부록A (495페이지)

● **문제 15-1** Java

클래스 설계자는 앞으로의 확장이나 프로그램 개선에 대비해 PageMaker 클래스만 pagemaker 패키지 밖에서 이용할 수 있게 만들고 싶습니다. Database 클래스와 HtmlWriter 클래스를 pagemaker 패키지 밖에서 이용할 수 없게 하려면 예제 프로그램을 어떻게 변경해야 할까요?

● **문제 15-2** Java

데이터 파일 maildata.txt(리스트 15-2)에 포함된 사용자의 이메일 주소 링크 페이지를 만드는 makeLinkPage 메소드를 PageMaker 클래스에 추가하세요. 호출은 리스트 15-6처럼 합니다. 만들어진 링크 페이지는 그림 15-8과 같습니다(화면은 그림 15-9).

리스트 15-6 Main 클래스 (Main.java)

```
import pagemaker.PageMaker;

public class Main {
    public static void main(String[] args) {
        PageMaker.makeLinkPage("linkpage.html");
    }
}
```

그림 15-7 컴파일 및 실행 결과

```
javac Main.java
java Main
linkpage.html is created.
(이 다음, linkpage.html을 브라우저로 확인하면 그림 15-9가 된다)
```

그림 15-8 만들어진 linkpage.html

```
<!DOCTYPE html><html><head><title>Link page</title></head><body>
<h1>Link page</h1>
<p><a href="mailto:dojun@example.com">dojun</a></p>
<p><a href="mailto:gildong@example.com">Hong Gildong</a></p>
<p><a href="mailto:youngjin@example.com">Kim Youngjin</a></p>
<p><a href="mailto:hyuki@example.com">Hiroshi Yuki</a></p>
</body></html>
```

그림 15-9 linkpage.html을 브라우저로 본 모습

● 문제 15-3 Java

예제 프로그램의 HtmlWriter 클래스(리스트 15-3)에서는 HTML을 기술하기 위해서 많은 문자열 리터럴(" "로 묶인 문자열)이 등장했습니다. 그런데 Java에는 여러 줄에 걸친 문자열 리터럴을 읽기 쉽게 기술하기 위한 텍스트 블록(text block)이 있습니다.[7] 그 예를 살펴보겠습니다.

텍스트 블록은 리스트 15-7처럼 큰따옴표 3개를 짝을 지어 만듭니다. 텍스트 블록을 시작하는 """ 직후에 행을 바꾸고, 그 다음 행부터 텍스트 블록이 끝나는 """까지를 문자열로 취급합니다. 단, 각 행 시작 부분의 공백은 종료를 나타내는 """의 들여쓰기 위치에 맞춰 무시됩니다. 텍스트 블록 안의 "를 \"처럼 쓸 필요가 없습니다. 리스트 15-7을 실행하면 어떻게 출력될까요?

7 Java 15에서 정식 출시된 기능입니다.

리스트 15-7 텍스트 블록을 사용한 예 (Main.java)

```
public class Main {
    public static void main(String[] args) {
        String html = """
        <!DOCTYPE html>
        <html>
            <head>
                <title>Welcome!</title>
            </head>
            <body>
                <h1 style="text-align: center">Hello, world!</h1>
            </body>
        </html>
        """;
        System.out.print(html);
    }
}
```

PART 16 Mediator

중재자를 통해 처리한다

Mediator 패턴

갈등을 빚고 있는 어떤 그룹을 상상해 보세요. 같은 입장의 멤버 10명이 모여 공동 작업을 하는데 좀처럼 끝이 나지 않습니다. 멤버들이 서로 지시하면서 작업은 대혼란을 겪고 있고, 또 서로의 작업에 대해 일일이 참견해서 분쟁이 일어나고 있습니다. 그런데 입장이 다른 '중재자'가 등장해서 이렇게 이야기합니다. '멤버들은 중재자인 저에게 상황을 보고하세요. 그러면 제가 모든 것을 고려한 후에 여러분에게 지시를 내리겠습니다. 하지만 여러분이 하는 일의 상세한 부분까지 참견하진 않겠습니다.' 모든 멤버가 이 중재자의 말에 수긍했고 상황은 정리되었습니다.

멤버는 모두 중재자에게만 보고하고, 중재자만 멤버에게 지시를 내리게 되었습니다. 멤버끼리 상황을 살피거나 지시하는 일은 없어졌습니다.

이 장에서는 Mediator 패턴에 대해서 학습합니다. mediator는 '조정자', '중개자'라는 뜻으로 그룹에 찾아온 의지할 수 있는 '중재자'를 상상하는 편이 이해하기 좋을 것입니다. 곤란한 일이 있거나 그룹 전체로 파급될 사건이 일어나면 중재자에게 알리고, 중재자가 지시한 대로 일을 처리합니다. 그룹의 각 멤버가 마음대로 다른 멤버와 소통하고 판단하는 것이 아니라, 항상 중재자를 통해서 행동합니다. 중재자는 그룹 멤버로부터 올라오는 보고를 바탕으로 대국적으로 판단한 후 각 멤버에게 지시합니다. Mediator 패턴은 이런 디자인 패턴입니다.

Mediator 패턴에서 '중재자'는 mediator(조정자), '각 멤버'는 colleague(동료)라고 합니다. colleague라는 철자는 착각하기 쉽고 익숙하지 않지만, 여기에서는 GoF 책(부록D [GoF] 참조)에서 사용된 용어 그대로 사용합니다.

예제 프로그램

Mediator 패턴을 사용한 예제 프로그램을 살펴봅시다. 여기에서 만들 프로그램은 '이름과 패스워드를 입력하는 로그인 대화상자'라는 GUI 애플리케이션입니다. 프로그램을 실행하면 그림 16-1처럼 됩니다.

그림 16-1 로그인 대화상자의 모습

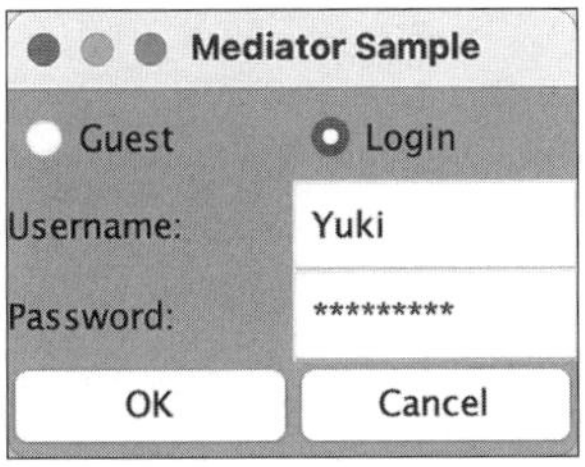

이 대화상자는 다음과 같이 사용합니다.

- 게스트 로그인[Guest] 또는 사용자 로그인[Login]을 선택한다.
- 사용자 로그인일 때만 사용자 이름[Username]과 패스워드[Password]를 입력한다.
- 로그인하려면 [OK] 버튼, 그만두려면 [Cancel] 버튼을 누른다.
  (실제로는 아무 데도 로그인하지 않는다. 버튼을 누르면 단순히 종료된다)

간단한 프로그램 같은데, 정말 그럴까요? 사용 방법만 볼 때는 간단해 보이지만, 다음과 같은 동작을 구현하려고 하면 이야기가 조금 복잡해집니다.

- 게스트 로그인이 선택되어 있을 때는 사용자 이름과 패스워드가 '비활성화'되어 문자열을 입력할 수 없다.
- 사용자 로그인이 선택되면 사용자 이름이 '활성화'되어 문자열을 입력할 수 있다.
- 사용자 이름에 문자가 하나도 들어 있지 않으면 패스워드는 '비활성화'된다.
- 사용자 이름에 문자가 하나라도 들어 있으면 패스워드는 '활성화'된다(게스트 로그인일 경우 패스워드는 당연히 '비활성화'된다).
- 사용자 이름과 패스워드 양쪽에 문자가 하나라도 들어 있으면 OK 버튼이 '활성화'되어 누를 수 있지만, 사용자 이름과 패스워드 중 어느 한쪽이라도 비어 있으면 OK 버튼은 '비활성화'되어 누를 수 없다(게스트 로그인일 경우 OK 버튼은 항상 '활성화'된다).
- Cancel 버튼은 항상 '활성화'되어 있어 언제든지 누를 수 있다.

그림 16-2 사용자 로그인이 선택되면 사용자 이름은 활성화, 패스워드는 비활성화

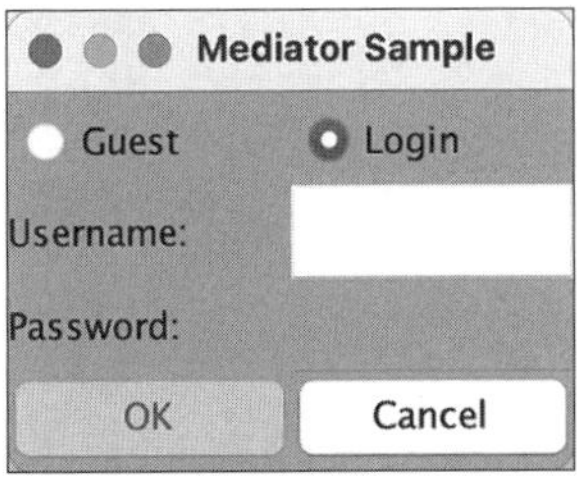

그림 16-3 사용자 이름에 문자가 하나라도 입력되면 패스워드는 활성화, OK 버튼은 비활성화

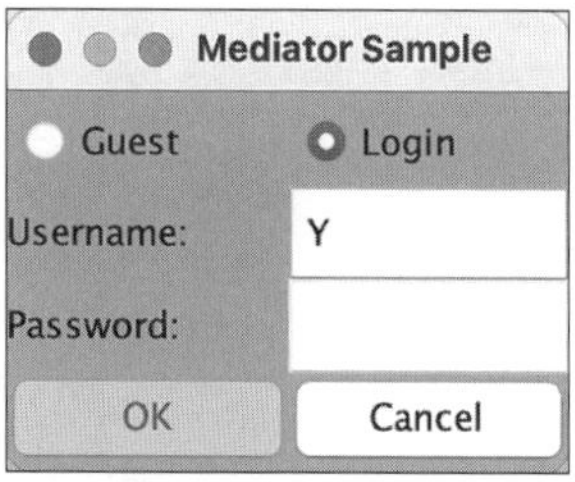

그림 16-4 패스워드에 문자가 입력되면 OK 버튼도 활성화

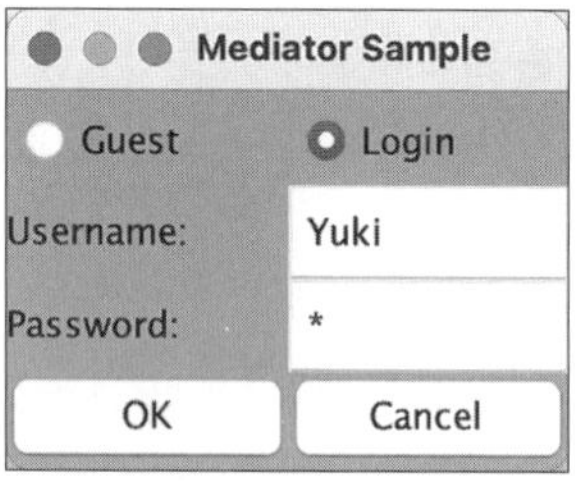

그림 16-5 이때 게스트 로그인을 선택하면, 사용자 이름과 패스워드 모두 비활성화

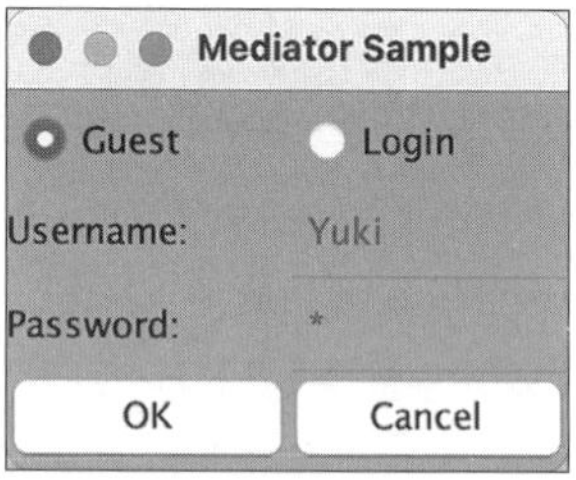

그림 16-6 패스워드가 입력되어 있어도 사용자 이름을 삭제하면 OK 버튼과 패스워드 비활성화

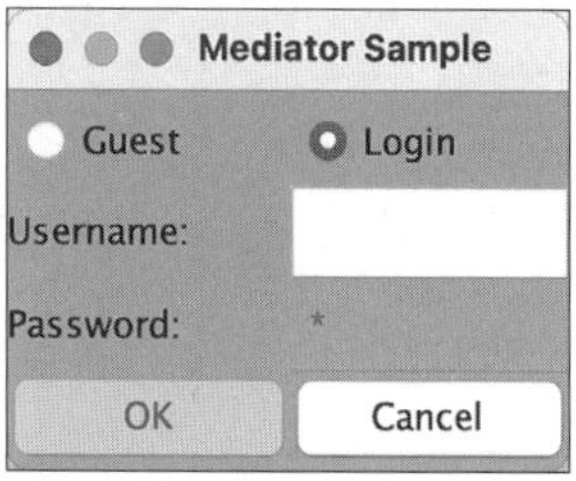

여기에 나열한 조건을 말로 표현하면 복잡해 보이지만, 실제로 대화상자를 사용해 보면 설계자의 의도를 잘 알 수 있습니다. 그럼, 이 대화상자를 어떤 식으로 프로그래밍하면 좋을까요?

대화상자의 라디오 버튼(게스트 로그인, 사용자 로그인 선택)이나 텍스트 필드(사용자 이름, 패스워드 입력), 그리고 버튼(OK, Cancel)은 각각 다른 클래스로 되어 있습니다. 만약 위에서 설명한 로직을 각 클래스에 분산시키면 코딩하기가 매우 힘들어집니다. 각각의 객체가 서로 연관되어 있어 서로가 서로를 통제하는 상황에 빠지기 때문입니다.

'사용자 로그인을 선택하면 사용자 이름과 패스워드가 활성화되는데, 만약 사용자 이름이 비어 있으면 패스워드를 활성화하지 않는다. 그리고 사용자 이름과 패스워드 양쪽에 문자열이 들어가 있으면 OK 버튼을 활성화한다'라는 코드를 어디에 작성해야 할까요? 라디오 버튼 클래스일까요? 하지만 그렇게 하면, 표시 컨트롤을 위한 비슷한 코드가 각 클래스에 제각각 기술되므로 프로그램 작성과 디버깅이 어려워집니다. 게다가 만약 사양을 변경하고자 이메일 주소 입력란이라도 추가하게 되면 큰일입니다.

이처럼 다수의 객체 사이에서 조정해야 할 때가 Mediator 패턴이 등장할 차례입니다. 개별 객체가 서로 통신하는 것이 아니라 '의지가 되는 중재자'를 두고 그 중재자하고만 통신하도록 하겠습니다. 그리고 표시 컨트롤 로직은 중재자 안에만 기술합니다.

서론이 길어졌지만, 대강의 줄거리는 알 수 있겠지요? 다음의 프로그램을 읽을 때에는 위의 Mediator 설명을 염두에 두고 읽어 나가기 바랍니다.

클래스와 인터페이스 목록은 표 16-1에, 클래스 다이어그램과 시퀀스 다이어그램은 각각 그림 16-7, 그림 16-8에 나타냈습니다.

표 16-1 클래스 및 인터페이스 목록

이름	설명
Mediator	'중재자'의 인터페이스(API)를 정하는 인터페이스
Colleague	'멤버'의 인터페이스(API)를 정하는 인터페이스
ColleagueButton	Colleague 인터페이스를 구현. 버튼을 나타내는 클래스
ColleagueTextField	Colleague 인터페이스를 구현. 텍스트를 입력하는 클래스
ColleagueCheckbox	Colleague 인터페이스를 구현. 체크 박스(여기에서는 라디오 버튼)를 나타내는 클래스
LoginFrame	Mediator 인터페이스를 구현. 로그인 대화상자를 나타내는 클래스
Main	동작 테스트용 클래스

그림 16-7 예제 프로그램의 클래스 다이어그램

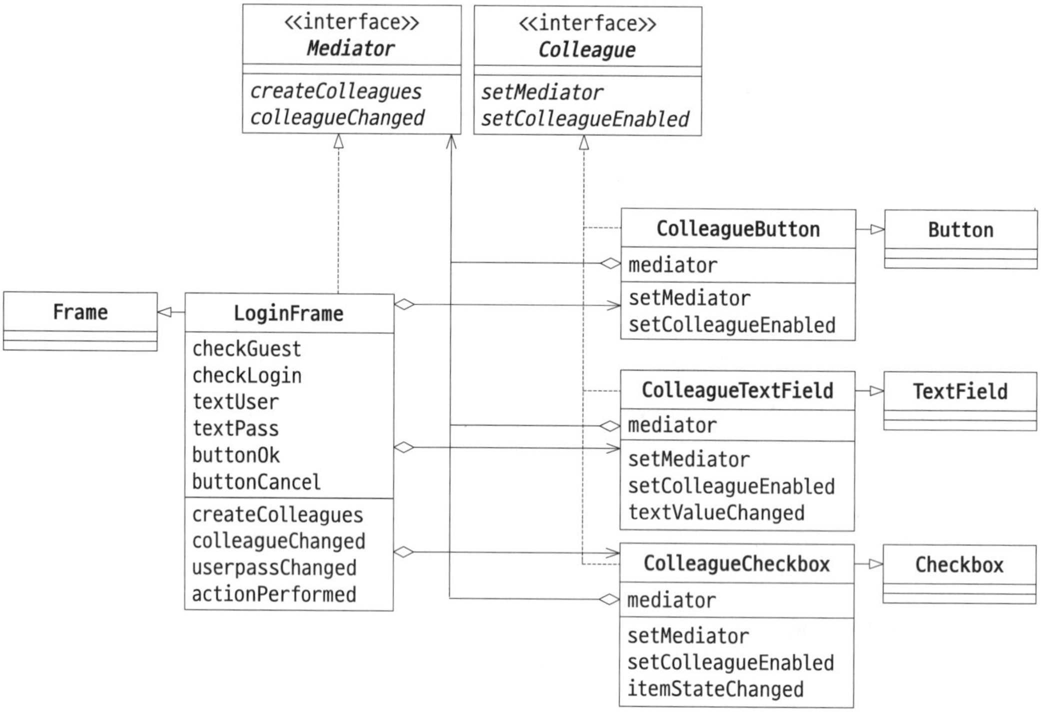

그림 16-8 예제 프로그램의 시퀀스 다이어그램

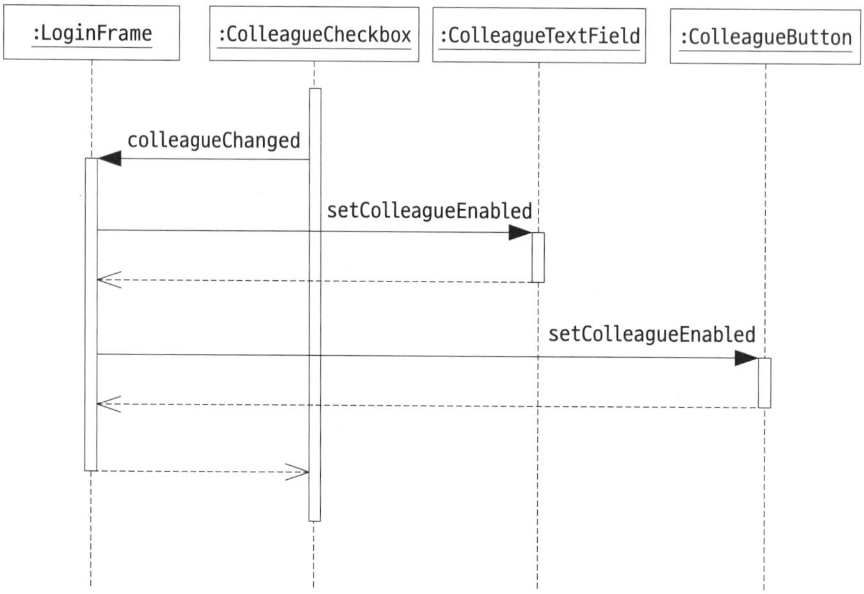

Mediator 인터페이스

Mediator 인터페이스(리스트 16-1)는 '중재자'를 나타내는 인터페이스입니다. 구체적인 중재자(나중에 등장하는 LoginFrame 클래스)가 이 인터페이스를 구현합니다.

createColleagues 메소드는 이 Mediator가 관리할 멤버를 생성하는 메소드입니다. 예제 프로그램에서는 createColleagues 메소드로 필요한 버튼이나 텍스트 필드 등을 작성합니다. colleagueChanged 메소드는 멤버인 Colleague가 호출하는 메소드입니다. 이 메소드는 중재자에게 '상담'을 요청하는 것에 해당합니다. 예제 프로그램에서는 라디오 버튼이나 텍스트 필드 상태가 변화했을 때 이 메소드가 호출됩니다.

리스트 16-1 Mediator 인터페이스 (Mediator.java)

```
public interface Mediator {
    // Colleague를 생성한다
    public abstract void createColleagues();

    // Colleage의 상태가 변화했을 때 호출된다
    public abstract void colleagueChanged();
}
```

Colleague 인터페이스

Colleague 인터페이스(리스트 16-2)는 중재자에게 상담을 의뢰할 멤버를 나타내는 인터페이스입니다. 구체적인 멤버(ColleagueButton, ColleagueTextField, ColleagueCheckbox)가 이 인터페이스를 구현합니다.

setMediator 메소드는 Mediator 인터페이스를 구현한 LoginFrame 클래스가 '내가 중재자니까 기억해 주세요'라는 의미를 담아서 호출하는 메소드입니다. 이 메소드의 인수로 전달된 인스턴스는 나중에 상담이 필요할 때(colleagueChanged를 호출할 때) 사용합니다.

setColleagueEnabled 메소드는 중재자로부터 내려오는 '지시'에 해당합니다. 인수 enabled가 true이면 자기 자신을 '활성 상태'로 만들고, false이면 자기 자신을 '비활성 상태'로 만듭니다. 이 메소드는 자신이 '활성 상태'가 되어야 하는지, '비활성 상태'가 되어야 하는지를 스스로 판단하는 것이 아니라 중재자의 판단에 따라 결정함을 나타냅니다.

덧붙여 Mediator 인터페이스와 Colleague 인터페이스에 어떠한 메소드를 갖게 할지는 작성하는 애플리케이션에 따라 달라집니다. 여기서는 Mediator 쪽에 colleagueChanged 메소드를, Colleague 쪽에 setColleagueEnabled 메소드를 두었는데, Mediator 역과 Colleague 역에서 좀 더 세밀한 통신을 수행해야 한다면 메소드 수를 늘려야 합니다. 같은 Mediator 패턴을 사용해도, 실제 메소드는 애플리케이션에 따라 다릅니다.

리스트 16-2 Colleague 인터페이스 (Colleague.java)

```
public interface Colleague {
    // Mediator를 설정한다
    public abstract void setMediator(Mediator mediator);

    // Mediator에서 활성/비활성을 지시한다
    public abstract void setColleagueEnabled(boolean enabled);
}
```

ColleagueButton 클래스

ColleagueButton 클래스(리스트 16-3)는 java.awt.Button의 하위 클래스이고, Colleague 인터페이스를 구현하여 LoginFrame 클래스(Mediator 인터페이스)와 협조하며 동작합니다.

mediator 필드에는 setMediator로 전달되는 Mediator 객체(LoginFrame 클래스의 인스턴스)를 저장합니다. setColleagueEnabled 메소드는 Java의 GUI에 정의된 setEnabled 메소드를 호출하여 활성화/비활성화를 설정합니다. setEnabled(true)이면 버튼을 누를 수 있지만 setEnabled(false)이면 버튼을 누를 수 없습니다.

리스트 16-3 ColleagueButton 클래스 (ColleagueButton.java)

```
import java.awt.Button;

public class ColleagueButton extends Button implements Colleague {
    private Mediator mediator;

    public ColleagueButton(String caption) {
        super(caption);
    }

    // Mediator를 설정한다
    @Override
    public void setMediator(Mediator mediator) {
        this.mediator = mediator;
    }

```

```
    // Mediator에서 활성/비활성을 지시한다
    @Override
    public void setColleagueEnabled(boolean enabled) {
        setEnabled(enabled);
    }
}
```

ColleagueTextField 클래스

ColleagueTextField 클래스(리스트 16-4)는 java.awt.TextField의 하위 클래스이고 Colleague 인터페이스를 구현합니다. 또 이 클래스는 java.awt.event.TextListener 인터페이스도 구현합니다. 이렇게 한 이유는 텍스트 내용의 변화를 textValueChanged 메소드로 파악하고 싶기 때문입니다.

Java의 클래스는 여러 클래스를 확장(extends)할 수 없지만, 여러 인터페이스를 구현(implements)할 수는 있습니다. setColleagueEnabled 메소드에서는 setEnabled 메소드뿐만 아니라 setBackground 메소드도 호출합니다. 활성화 시에는 배경색을 흰색으로, 비활성화 시에는 밝은 회색으로 하기 위함입니다.

textValueChanged 메소드는 TextListener 인터페이스를 위한 메소드로, 텍스트 내용에 변경이 있으면 AWT 프레임워크에서 호출됩니다. 예제 프로그램의 textValueChanged 메소드에서는 colleagueChanged 메소드를 호출하여 중재자에게 문자열 내용이 바뀌었음을 알리고 있습니다.

리스트 16-4 ColleagueTextField 클래스 (ColleagueTextField.java)

```
import java.awt.Color;
import java.awt.TextField;
import java.awt.event.TextEvent;
import java.awt.event.TextListener;

public class ColleagueTextField extends TextField implements TextListener, Colleague {
    private Mediator mediator;

    public ColleagueTextField(String text, int columns) {
        super(text, columns);
    }

    // Mediator를 설정한다
    @Override
    public void setMediator(Mediator mediator) {
        this.mediator = mediator;
    }
```

```java

    // Mediator에서 활성/비활성을 지시한다
    @Override
    public void setColleagueEnabled(boolean enabled) {
        setEnabled(enabled);
        // 활성/비활성에 맞게 배경색을 변경한다
        setBackground(enabled ? Color.white : Color.lightGray);
    }

    @Override
    public void textValueChanged(TextEvent e) {
        // 문자열이 바뀌면 Mediator에 알린다
        mediator.colleagueChanged();
    }
}
```

ColleagueCheckbox 클래스

ColleagueCheckbox 클래스(리스트 16-5)는 java.awt.Checkbox 클래스의 하위 클래스입니다. 예제 프로그램에서는 체크 박스가 아니라 라디오 버튼으로 사용됩니다(CheckboxGroup 사용). 이 클래스는 라디오 버튼의 상태 변화를 itemStateChanged 메소드로 파악하기 위해 java.awt.event.ItemListener 인터페이스도 구현합니다.

리스트 16-5 ColleagueCheckbox 클래스 (ColleagueCheckbox.java)

```java
import java.awt.Checkbox;
import java.awt.CheckboxGroup;
import java.awt.event.ItemEvent;
import java.awt.event.ItemListener;

public class ColleagueCheckbox extends Checkbox implements ItemListener, Colleague {
    private Mediator mediator;

    public ColleagueCheckbox(String caption, CheckboxGroup group, boolean state) {
        super(caption, group, state);
    }

    // Mediator를 설정한다
    @Override
    public void setMediator(Mediator mediator) {
        this.mediator = mediator;
    }
```

```

    // Mediator에서 활성/비활성을 지시한다
    @Override
    public void setColleagueEnabled(boolean enabled) {
        setEnabled(enabled);
    }

    @Override
    public void itemStateChanged(ItemEvent e) {
        // 상태가 변화하면 Mediator에 알린다
        mediator.colleagueChanged();
    }
}
```

LoginFrame 클래스

드디어 '중재자' 역할까지 도달했습니다. LoginFrame 클래스(리스트 16-6)는 java.awt.Frame(GUI 앱을 만들기 위한 클래스)의 하위 클래스이고 Mediator 인터페이스를 구현합니다. Java의 AWT 프레임워크에 대한 설명은 이 책의 범위를 넘어서므로, 여기서는 중요한 포인트로 좁혀 설명하겠습니다.

생성자 안에서는 다음과 같은 일을 하고 있습니다.

- 배경색 설정
- 레이아웃 매니저 설정(자식 윈도우를 세로 4개×가로 2개 배치한다)
- createColleagues 메소드로 Colleague 생성
- Colleague 배치
- 초기 상태 설정
- 표시

createColleagues 메소드는 대화상자에 필요한 Colleague를 생성하고 필드에 저장합니다. 또, 각 Colleague에 대해 setMediator를 호출해서 '내가 당신의 중재자니까, 무슨 일이 있으면 알려 줘'라고 말해 둡니다. createColleagues 메소드에서는 이 외에 각 Listener 설정도 수행합니다. 이는 각 Listener가 AWT 프레임워크에서 적절하게 호출되도록 하기 위해서입니다.

이 프로그램에서 가장 중요한 메소드는 LoginFrame 클래스의 colleagueChanged 메소드입니다. 이 메소드 안에서 '표시의 활성/비활성을 설정하는 복잡한 처리'를 합니다. 지금까지 살펴본 ColleagueButton, ColleagueTextField, ColleagueCheckbox 클래스를 떠올려 보세요. 이들 클래스에는 자신을 활성/비활성으로 설정하는 메소드는 있었지만, 어떠한 때에 활성/비활성으로 하는지 로직은 쓰여 있지 않았습니다. 어떤 클래스이건 필요

에 따라서 '중재자님, 잘 부탁해요'라고 colleagueChanged 메소드를 호출해 버렸습니다. 즉, 모든 Colleague의 상태 변화가 여기 colleagueChanged 메소드로 집결되는 것입니다.

나머지는 라디오 버튼의 상태를 얻는 getState 메소드나 텍스트 필드의 문자열을 얻는 getText 메소드 등을 구사해, 복잡한 조건들을 코딩하면 됩니다. 덧붙여 여기에서는 공통된 처리로써 userpassChanged 메소드를 호출하고 있습니다. userpassChanged 메소드는 이 내부에서만 사용하는 private 메소드입니다.

리스트 16-6 LoginFrame 클래스 (LoginFrame.java)

```java
import java.awt.CheckboxGroup;
import java.awt.Color;
import java.awt.Frame;
import java.awt.GridLayout;
import java.awt.Label;
import java.awt.event.ActionEvent;
import java.awt.event.ActionListener;

public class LoginFrame extends Frame implements ActionListener, Mediator {
    private ColleagueCheckbox checkGuest;
    private ColleagueCheckbox checkLogin;
    private ColleagueTextField textUser;
    private ColleagueTextField textPass;
    private ColleagueButton buttonOk;
    private ColleagueButton buttonCancel;

    // Colleague를 생성하고 배치한 후에 표시한다
    public LoginFrame(String title) {
        super(title);

        // 배경색을 설정한다
        setBackground(Color.lightGray);

        // 레이아웃 매니저를 사용해 4×2 그리드를 만든다
        setLayout(new GridLayout(4, 2));

        // Colleague를 생성한다
        createColleagues();

        // 배치한다
        add(checkGuest);
        add(checkLogin);
        add(new Label("Username:"));
        add(textUser);
```

```
        add(new Label("Password:"));
        add(textPass);
        add(buttonOk);
        add(buttonCancel);

        // 활성/비활성 초기 설정을 한다
        colleagueChanged();

        // 표시한다
        pack();
        setVisible(true);
    }

    // Colleague를 생성한다
    @Override
    public void createColleagues() {
        // CheckBox
        CheckboxGroup g = new CheckboxGroup();
        checkGuest = new ColleagueCheckbox("Guest", g, true);
        checkLogin = new ColleagueCheckbox("Login", g, false);

        // TextField
        textUser = new ColleagueTextField("", 10);
        textPass = new ColleagueTextField("", 10);
        textPass.setEchoChar('*');

        // Button
        buttonOk = new ColleagueButton("OK");
        buttonCancel = new ColleagueButton("Cancel");

        // Mediator를 설정한다
        checkGuest.setMediator(this);
        checkLogin.setMediator(this);
        textUser.setMediator(this);
        textPass.setMediator(this);
        buttonOk.setMediator(this);
        buttonCancel.setMediator(this);

        // Listener 설정
        checkGuest.addItemListener(checkGuest);
        checkLogin.addItemListener(checkLogin);
        textUser.addTextListener(textUser);
        textPass.addTextListener(textPass);
        buttonOk.addActionListener(this);
        buttonCancel.addActionListener(this);
```

```java
    }

    // Colleage의 상태가 바뀌면 호출된다
    @Override
    public void colleagueChanged() {
        if (checkGuest.getState()) {
            // 게스트 로그인
            textUser.setColleagueEnabled(false);
            textPass.setColleagueEnabled(false);
            buttonOk.setColleagueEnabled(true);
        } else {
            // 사용자 로그인
            textUser.setColleagueEnabled(true);
            userpassChanged();
        }
    }

    // textUser 또는 textPass의 변경이 있다
    // 각 Colleage의 활성/비활성을 판정한다
    private void userpassChanged() {
        if (textUser.getText().length() > 0) {
            textPass.setColleagueEnabled(true);
            if (textPass.getText().length() > 0) {
                buttonOk.setColleagueEnabled(true);
            } else {
                buttonOk.setColleagueEnabled(false);
            }
        } else {
            textPass.setColleagueEnabled(false);
            buttonOk.setColleagueEnabled(false);
        }
    }

    @Override
    public void actionPerformed(ActionEvent e) {
        System.out.println(e.toString());
        System.exit(0);
    }
}
```

Main 클래스

Main 클래스(리스트 16-7)에서는 LoginFrame의 인스턴스를 생성합니다. main 메소드는 끝나지만 LoginFrame의 인스턴스는 AWT의 프레임워크 쪽에서 유지됩니다.

리스트 16-7 Main 클래스 (Main.java)

```
public class Main {
    static public void main(String[] args) {
        new LoginFrame("Mediator Sample");
    }
}
```

Mediator 패턴의 등장인물

Mediator 패턴의 등장인물은 다음과 같습니다.

◆ Mediator(조정자, 중재자) 역

Colleague와 통신하고 조정하는 인터페이스(API)를 정의합니다. 예제 프로그램에서는 Mediator 인터페이스가 이 역할을 맡았습니다.

◆ ConcreteMediator(구체적인 조정자, 중재자) 역

Mediator의 인터페이스(API)를 구현해 실제로 조정합니다. 예제 프로그램에서는 LoginFrame 클래스가 이 역할을 맡았습니다.

◆ Colleague(동료) 역

Mediator와 통신하는 인터페이스(API)를 정의합니다. 예제 프로그램에서는 Colleague 인터페이스가 이 역할을 맡았습니다.

◆ ConcreteColleague(구체적인 동료) 역

Colleague의 인터페이스(API)를 구현합니다. 예제 프로그램에서는 ColleagueButton, ColleagueTextField, ColleagueCheckbox 클래스가 이 역할을 맡았습니다.

그림 16-9 Mediator 패턴의 클래스 다이어그램

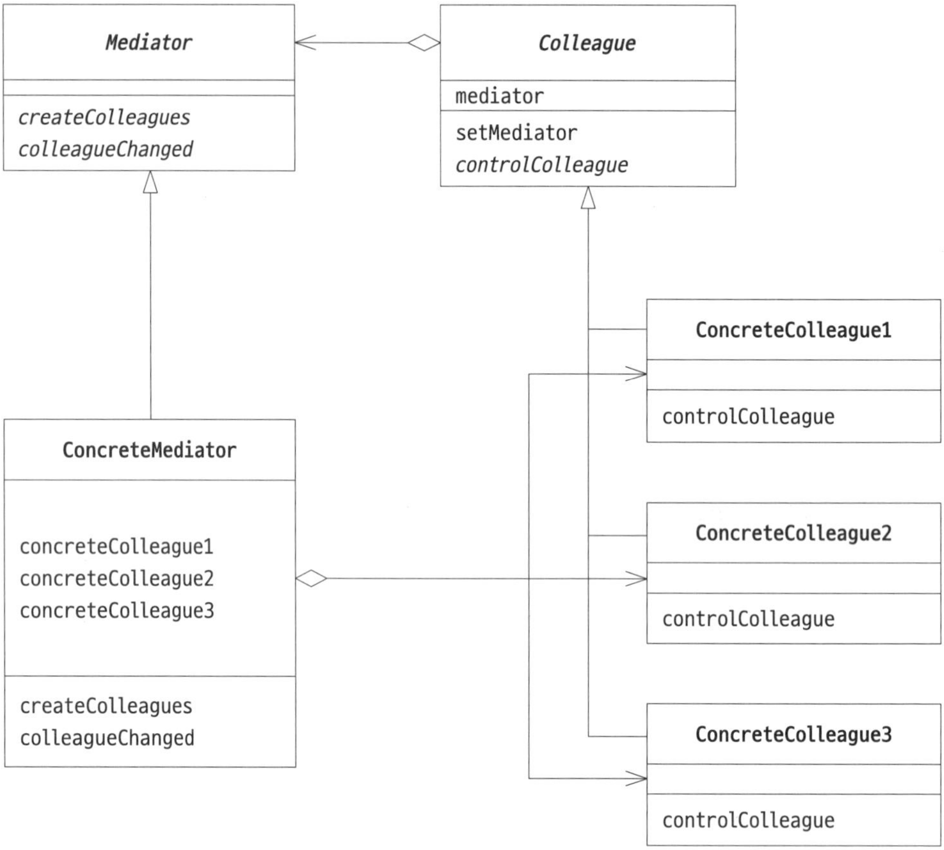

독자의 사고를 넓혀 주는 힌트

분산이 오히려 화를 부를 때

예제 프로그램의 LoginFrame 클래스에 있는 colleagueChanged 메소드는 조금 복잡합니다. 사양이 변경되면 이 복잡한 메소드에 결국 버그가 생기지는 않을까요? 그럴지도 모르지만 그건 문제가 되지 않습니다. 가령 colleagueChanged 메소드에 버그가 생기더라도 표시 활성/비활성에 관한 로직은 이곳에만 존재하므로 여기만 디버깅하면 됩니다.

생각해 보세요. 만약에 로직이 ColleagueButton, ColleagueTextField, ColleagueCheckbox로 각각 분산되어 있다면, 만들기도 디버깅하기도 수정하기도 힘들 것입니다.

객체지향에서는 한 곳으로 집중되는 것을 피하고 처리를 분산하는 경우가 많습니다. 즉, 문제를 '분할해서 다루려는 것'입니다. 그러나 이번 예제 프로그램과 같은 경우에는 각 클래스로 처리를 분산하는 것은 현명하지 않습니다. 각 클래스로 분산할 것은 분산하고 집중할 것은 집중하지 않으면 모처럼의 클래스 분산이 오히려 화를 부르게 됩니다.

통신 경로의 증가

A와 B라는 인스턴스가 2개 있고 서로 통신한다(메소드를 호출한다)고 합시다. 이때, 통신 경로는 A→B와 A←B 두 가지입니다. 인스턴스가 A, B, C 3개라면 통신 경로는 A→B, A←B, B→C, B←C, C→A, C←A의 6개가 됩니다. 인스턴스가 4개가 되면 통신 경로는 한꺼번에 12개로 늘어나고, 5개가 되면 20개, 6개가 되면 30개로 늘어납니다. 같은 입장의 인스턴스가 많이 존재할 때 서로 통신하게 되면 프로그램이 복잡해집니다.

인스턴스 수가 적을 때는 크게 문제가 되지 않습니다. 그러나 처음 설계 그대로 점점 인스턴스를 늘려 가다 보면 어딘가에서 파국을 초래하게 됩니다. Mediator 패턴은 그러한 통신 경로의 가파른 증가를 억제하는 효과가 있습니다.

재사용할 수 있는 것은 무엇인가?

ConcreteColleague 역은 재사용하기 쉽지만 ConcreteMediator 역은 재사용하기 어렵다고 할 수 있습니다. 예를 들어, 로그인 대화상자와는 별도의 새로운 대화상자를 만든다고 합시다. 이때 ConcreteColleague 역인 ColleagueButton, ColleagueTextField, ColleagueCheckbox는 새로운 대화상자에서도 재사용할 수 있습니다. 왜냐하면 ConcreteColleague 안에는 특정 대화상자에 의존하는 코드가 없기 때문입니다.

코드 중 애플리케이션에 대한 의존성이 높은 부분은 ConcreteMediator 역을 맡은 LoginFrame 클래스 안에 갇혀 있습니다. 애플리케이션에 대한 의존성이 높다는 것은 재사용성이 낮다는 것입니다. LoginFrame 클래스를 그대로 다른 대화상자에 재사용하기는 어렵습니다.

GUI 프로그래밍을 할 때 주의점

예제 프로그램에서는 Java GUI 툴킷으로 오래전부터 사용되던 AWT를 이용해 Mediator 패턴을 구현했습니다. 패턴을 설명할 목적으로 AWT를 이용하는 프로그램치고는 다소 번거롭게 구현됐습니다. Colleage나

Mediator 인터페이스를 일일이 경유하지 않아도 Listener를 설정하는 것만으로 같은 기능을 하는 프로그램을 만들 수 있습니다.

또 Java에는 새로운 GUI 툴킷이 여러 개 있는데, 각각 '이런 사고방식으로 프로그램을 만듭시다'라는 구현 방식을 가지고 있습니다. 이 장에서 소개한 Mediator 패턴을 무리하게 적용하지 말고, 각 방식을 이해하고 프로그래밍하세요.

관련 패턴

◆ Facade 패턴(part 15)

Mediator 패턴에서 Mediator 역은 Colleague 역의 중재자로서 통신합니다. Facade 패턴에서는 Facade 역이 일방적으로 다른 배역을 이용해 높은 수준의 인터페이스(API)를 만들었습니다. Mediator는 양방향이지만 Facade는 단방향이라고 할 수 있습니다.

◆ Observer 패턴(part 17)

Mediator 역과 Colleague 역의 통신은 Observer 패턴을 사용하여 이루어질 수 있습니다.

이 장에서 학습한 내용

이 장에서는 의지가 되는 중재자가 등장하는 Mediator 패턴을 학습했습니다. Mediator 패턴은 복잡하게 얽힌 객체 간의 통신을 중지하고 Mediator 역에 정보를 집중시켜 처리를 정리합니다.

연습 문제

해답은 부록A (498페이지)

문제 16-1

'사용자 로그인 시 사용자 이름과 패스워드가 모두 4문자 이상인 경우에만 OK 버튼이 활성화'되도록 예제 프로그램을 수정하세요. 수정해야 할 클래스가 무엇인지 잘 생각해 보세요.

PART 17 Observer

상태 변화를 알려 준다

Observer 패턴

이 장에서는 Observer 패턴에 대해서 학습합니다.

observer란 관찰(observe)하는 사람, 즉 '관찰자'라는 뜻입니다. Observer 패턴에서는 관찰 대상의 상태가 변화하면 관찰자에게 알립니다. Observer 패턴은 상태 변화에 따른 처리를 기술할 때 효과적입니다.

예제 프로그램

Observer 패턴을 사용한 예제 프로그램을 살펴봅시다. 이번에 만들 예제는 수를 많이 생성하는 객체를 관찰자가 관찰하고 그 값을 표시하는 단순한 프로그램입니다. 단, 표시하는 방법은 관찰자에 따라 다릅니다. `DigitObserver`는 값을 숫자로 표시하지만, `GraphObserver`는 값을 간단한 그래프로 표시합니다.

표 17-1 클래스 및 인터페이스 목록

이름	설명
`Observer`	관찰자를 나타내는 인터페이스
`NumberGenerator`	수를 생성하는 객체를 나타내는 추상 클래스
`RandomNumberGenerator`	랜덤하게 수를 생성하는 클래스
`DigitObserver`	숫자로 수를 표시하는 클래스
`GraphObserver`	간이 그래프로 수를 표시하는 클래스
`Main`	동작 테스트용 클래스

그림 17-1 예제 프로그램의 클래스 다이어그램

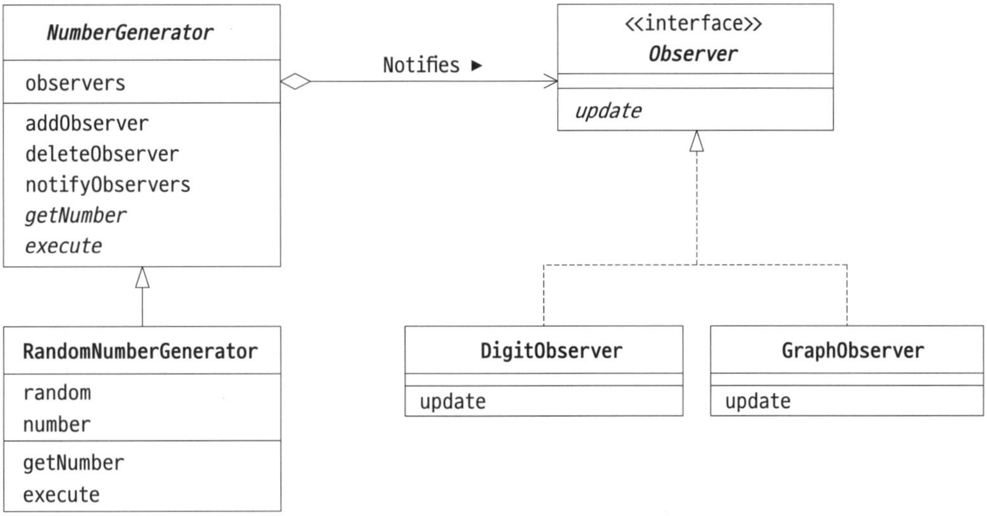

Observer 인터페이스 Java

Observer 인터페이스(리스트 17-1)는 '관찰자'를 나타내는 인터페이스입니다. 구체적인 관찰자가 이 인터페이스를 구현합니다. 덧붙여, 이 Observer 인터페이스는 예제 프로그램용으로 만든 것으로, Java 클래스 라이브러리에 등장하는 java.util.Observer와는 다릅니다. java.util.Observer는 비추천(deprecated) 인터페이스이므로, 새로운 프로그램에는 사용하지 않습니다.

update 메소드를 호출하는 것은 숫자를 생성하는 NumberGenerator입니다(generator는 '생성하는 것', '생성기'라는 뜻입니다). update 메소드는 NumberGenerator가 '내용이 갱신되었어요. 표시하는 쪽도 갱신해 주세요'라고 Observer에 전달하기 위한 메소드입니다.

리스트 17-1 Observer 인터페이스 (Observer.java)

```
public interface Observer {
    public abstract void update(NumberGenerator generator);
}
```

NumberGenerator 클래스

NumberGenerator 클래스(리스트 17-2)는 수를 생성하는 추상 클래스입니다. 실제로 수를 생성하는 부분

(execute 메소드)과 수를 취득하는 부분(getNumber 메소드)은 하위 클래스에서 구현해야 하는 추상 메소드로 되어 있습니다(subclass responsibility).

observers 필드는 NumberGenerator를 관찰하는 Observer를 저장하는 필드입니다. addObserver는 Observer를 추가하는 메소드고 deleteObserver는 Observer를 제거하는 메소드입니다. notifyObservers 메소드는 모든 Observer에 내용이 바뀌었으니 표시를 갱신하라고 알려 줍니다. 이 메소드 안에서는 observers에 저장된 Observer 하나 하나의 update 메소드를 호출합니다.

리스트 17-2 NumberGenerator 클래스 (NumberGenerator.java)

```java
import java.util.ArrayList;
import java.util.List;

public abstract class NumberGenerator {
    // Observer를 저장한다
    private List<Observer> observers = new ArrayList<>();

    // Observer를 추가한다
    public void addObserver(Observer observer) {
        observers.add(observer);
    }

    // Observer를 제거한다
    public void deleteObserver(Observer observer) {
        observers.remove(observer);
    }

    // Observer에 통지한다
    public void notifyObservers() {
        for (Observer o: observers) {
            o.update(this);
        }
    }

    // 수를 취득한다
    public abstract int getNumber();

    // 수를 생성한다
    public abstract void execute();
}
```

RandomNumberGenerator 클래스

RandomNumberGenerator 클래스(리스트 17-3)는 NumberGenerator의 하위 클래스로 난수를 생성합니다.

random 필드에는 java.util.Random 클래스의 인스턴스(일명 난수 생성기)가 저장되고, number 필드에는 현재의 난수 값이 저장됩니다. getNumber 메소드는 number 필드의 값을 반환합니다. execute 메소드는 난수(0~49 범위의 정수)를 20개 생성하고, 그때마다 notifyObservers를 사용하여 관찰자에게 통지합니다. 여기서 사용되는 nextInt 메소드는 java.util.Random 클래스의 메소드로 랜덤한 정수를 반환합니다(0 이상, 인수로 지정한 수 미만).

리스트 17-3 RandomNumberGenerator 클래스 (RandomNumberGenerator.java)

```
import java.util.Random;

public class RandomNumberGenerator extends NumberGenerator {
    private Random random = new Random();      // 난수 생성기
    private int number;                        // 현재 수

    // 수를 취득한다
    @Override
    public int getNumber() {
        return number;
    }

    // 수를 생성한다
    @Override
    public void execute() {
        for (int i = 0; i < 20; i++) {
            number = random.nextInt(50);
            notifyObservers();
        }
    }
}
```

DigitObserver 클래스

DigitObserver 클래스(리스트 17-4)는 Observer 인터페이스를 구현한 클래스이고 관찰한 수를 '숫자'로 표시합니다. update 메소드 안에서 인수로 주어진 NumberGenerator의 getNumber 메소드를 사용하여 수를 얻고 이를 표시합니다. 여기서는 표시되는 모습을 잘 알 수 있도록 Thread.sleep으로 속도를 느리게 했습니다.

리스트 17-4 DigitObserver 클래스 (DigitObserver.java)

```
public class DigitObserver implements Observer {
    @Override
    public void update(NumberGenerator generator) {
        System.out.println("DigitObserver:" + generator.getNumber());
        try {
            Thread.sleep(100);
        } catch (InterruptedException e) {
        }
    }
}
```

GraphObserver 클래스

GraphObserver 클래스(리스트 17-5)도 Observer 인터페이스를 구현한 클래스입니다. 이 클래스는 관찰한 수를 *****처럼 '간이 그래프'로 표시합니다.

리스트 17-5 GraphObserver 클래스 (GraphObserver.java)

```
public class GraphObserver implements Observer {
    @Override
    public void update(NumberGenerator generator) {
        System.out.print("GraphObserver:");
        int count = generator.getNumber();
        for (int i = 0; i < count; i++) {
            System.out.print("*");
        }
        System.out.println("");
        try {
            Thread.sleep(100);
        } catch (InterruptedException e) {
        }
    }
}
```

Main 클래스

Main 클래스(리스트 17-6)에서는 RandomNumberGenerator의 인스턴스를 1개 만들고, 그 관찰자를 2개 만듭니다. observer1은 DigitObserver의 인스턴스이고, observer2는 GraphObserver의 인스턴스입니다.

addObserver 메소드를 사용하여 관찰자를 등록한 후 generator.execute를 사용하여 수를 생성합니다.

리스트 17-6 Main 클래스 (Main.java)

```java
public class Main {
    public static void main(String[] args) {
        NumberGenerator generator = new RandomNumberGenerator();
        Observer observer1 = new DigitObserver();
        Observer observer2 = new GraphObserver();
        generator.addObserver(observer1);
        generator.addObserver(observer2);
        generator.execute();
    }
}
```

그림 17-2 실행 결과 예 (일부)

```
DigitObserver:24
GraphObserver:************************
DigitObserver:23
GraphObserver:***********************
DigitObserver:39
GraphObserver:***************************************
DigitObserver:48
GraphObserver:************************************************
DigitObserver:8
GraphObserver:********
DigitObserver:49
GraphObserver:*************************************************
DigitObserver:32
GraphObserver:********************************
DigitObserver:43
GraphObserver:*******************************************
DigitObserver:8
GraphObserver:********
DigitObserver:24
GraphObserver:************************
DigitObserver:41
GraphObserver:*****************************************
(이하 생략)
```

Observer 패턴의 등장인물

Observer 패턴의 등장인물은 다음과 같습니다.

◆ Subject(관찰 대상자) 역

'관찰되는 대상'을 나타냅니다. Subject는 관찰자인 Observer를 등록하는 메소드와 삭제하는 메소드를 가집니다. 또 '현재 상태를 가져오는' 메소드도 선언되어 있습니다. 예제 프로그램에서는 `NumberGenerator` 클래스가 이 역할을 맡았습니다.

◆ ConcreteSubject(구체적인 관찰 대상자) 역

구체적인 '관찰되는 대상'을 표현합니다. 상태가 변경되면 등록된 Observer에 알립니다. 예제 프로그램에서는 `RandomNumberGenerator` 클래스가 이 역할을 맡았습니다.

◆ Observer(관찰자) 역

Subject로부터 '상태가 변화했어요'라고 전달받습니다. 전달받기 위한 메소드가 `update`입니다. 예제 프로그램에서는 `Observer` 인터페이스가 이 역할을 맡았습니다.

◆ ConcreteObserver(구체적인 관찰자) 역

구체적인 Observer입니다. `update` 메소드가 호출되면, 그 메소드 안에서 Subject의 현재 상태를 취득합니다. 예제 프로그램에서는 `DigitObserver` 클래스와 `GraphObserver` 클래스가 이 역할을 맡았습니다.

그림 17-3 Observer 패턴의 클래스 다이어그램

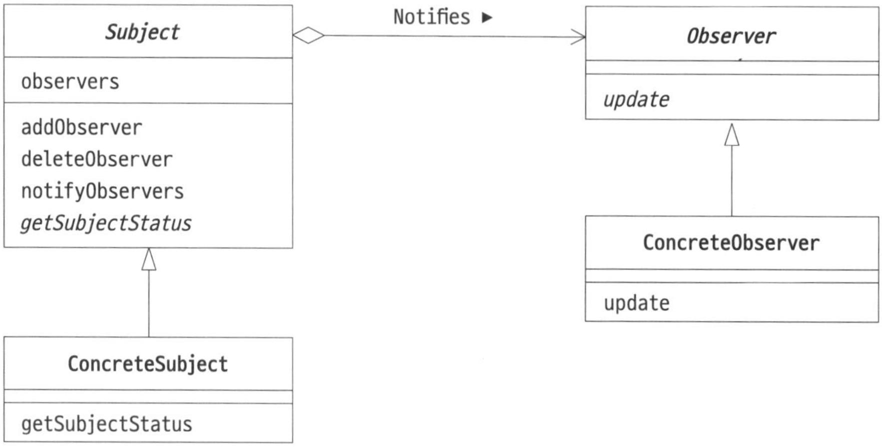

독자의 사고를 넓혀 주는 힌트

여기에도 교환 가능성이 등장한다

디자인 패턴의 목적 중 하나는 클래스를 재사용 가능한 부품으로 만드는 것입니다. Observer 패턴에서는 상태를 가진 ConcreteSubject와 상태 변화를 통보받는 ConcreteObserver가 등장합니다. 그리고 그 둘을 연결하는 것이 인터페이스(API)로서의 Subject와 Observer입니다.

`RandomNumberGenerator` 클래스는 자신을 현재 관찰하는 것(자신이 통지할 상대)이 `DigitObserver` 클래스의 인스턴스인지 `GraphObserver` 클래스의 인스턴스인지 모르며 신경 쓰지도 않지만, `observers` 필드에 저장된 인스턴스가 `Observer` 인터페이스를 구현한다는 것은 알고 있습니다. 그 인스턴스들은 `addObserver`로 추가된 것이므로 반드시 `Observer` 인터페이스를 구현하고 있고, `update` 메소드를 호출할 수 있습니다.

반면에 `DigitObserver` 클래스는 자신이 관찰하는 대상이 `RandomNumberGenerator` 클래스의 인스턴스인지, 다른 `XXXXNumberGenerator` 클래스의 인스턴스인지 신경 쓰지 않습니다. 다만, `NumberGenerator`의 하위 클래스의 인스턴스이며, `getNumber` 메소드를 가지고 있다는 것은 알고 있습니다.

이 책을 여기까지 읽어 온 독자라면 위에서 말한 내용이 지금까지 소개한 패턴 안에도 몇 번이나 등장한다는 것을 눈치챘을 것입니다.

- 추상 클래스나 인터페이스를 사용하여 구상 클래스로부터 추상 메소드를 분리한다.
- 인수로 인스턴스를 전달할 때나 필드로 인스턴스를 저장할 때는 구상 클래스형으로 하지 않고 추상 클래스나 인터페이스형으로 해 둔다.

이렇게 하면 구상 클래스 부분을 쉽게 교환할 수 있습니다.

Observer의 순서

Subject 역에는 여러 Observer가 등록되어 있습니다. 예제 프로그램의 `notifyObservers` 메소드에서는 먼저 등록한 `Observer`의 `update` 메소드가 먼저 호출됩니다.

일반적으로 ConcreteObserver 역의 클래스를 설계할 때는 `update` 메소드가 호출되는 순서가 바뀌어도 문제가 생기지 않도록 해야 합니다. `DigitObserver`의 `update`를 호출한 다음이 아니면 `GraphObserver`의 `update`가 제대로 작동하지 않는다는 등의 일이 있어서는 안 됩니다. 애초에 각 클래스의 독립성이 제대로 유지되면, 의존성의 혼란은 일어나지 않습니다. 그러나 다음 절과 같은 상황에는 주의를 기울일 필요가 있습니다.

Observer의 행위가 Subject에 영향을 미칠 때

예제 프로그램에서는 `RandomNumberGenerator`가 내부에서 데이터를 생성하고 `notifyObservers`를 경유해 `update` 메소드를 호출했습니다. 하지만 일반 Observer 패턴에서는 Subject가 `update` 메소드를 호출하는 계기가 다른 클래스로부터 오기도 합니다. 예를 들어, 그래픽 사용자 인터페이스(GUI)에서는 사용자가 버튼을 누르는 이벤트를 계기로 `update` 메소드가 호출되는 경우가 자주 있습니다.

그런데 Subject가 `update` 메소드를 호출하는 계기가 해당 Observer인 경우도 있습니다. 이런 경우 조심해서 설계하지 않으면 메소드 호출이 영원히 계속될 수 있습니다. 즉, 이렇게 되겠지요.

Subject 상태 변화

↓

Observer로 통지

↓

Observer가 Subject의 메소드 호출

↓

그에 따라 Subject 상태 변화

↓

Observer로 통지

↓

...

현재 통지 처리 중인지 아닌지를 Observer가 판단하거나 통지하는 타이밍을 Subject가 고려하는 등의 대책이 필요할 것입니다.

갱신을 위한 힌트 정보 다루기

`NumberGenerator`는 `update` 메소드를 사용하여 '갱신됐어요'라고 `Observer`에 통지합니다. `update` 메소드의 인수로 주어지는 것은 호출한 `NumberGenerator`의 인스턴스뿐입니다. `Observer`는 `update` 메소드 안에서 `getNumber`를 호출하여 필요한 정보를 얻어야만 합니다.

하지만, 이 예제 프로그램에 한해서 말하면 `update` 메소드의 인수로 갱신된 수 자체를 넘겨 줘도 괜찮습니다. 다시 말해,

```
void update(NumberGenerator generator);                        … (1)
```

가 아니라,

```
void update(NumberGenerator generator, int number);           … (2)
```

아니면 좀 더 단순하게,

```
void update(int number);                                       … (3)
```

라는 메소드로 만들어 버리는 것입니다.

(1)에서는 Subject만 넘겨 줍니다. Observer는 해당 Subject로부터 필요에 따라 정보를 얻습니다.

(2)에서는 Subject에 더해 힌트 정보(여기서는 갱신 정보 전체)를 넘겨 줍니다. 이로써 Observer는 Subject로부터 정보를 얻어 오는 수고를 줄일 수 있습니다. 다만, 이러한 힌트 정보를 준다는 것은 Subject가 Observer의 처리 내용을 의식하고 있다는 것입니다.

예제 프로그램보다 복잡한 프로그램의 경우, 정말 Observer에 필요한 정보가 무엇인지 Subject에게 의식하게 하는 것은 부담되는 일입니다. 예를 들어, 이전 update 메소드를 호출한 후 현재까지 갱신된 정보만 보낸다고 합시다. 이때 Subject는 달라진 부분을 계산해야만 합니다. 그러므로 어느 정도의 힌트 정보를 update 메소드에 줄 것인지는 프로그램의 복잡성을 잘 고려해서 판단해야 합니다.

(3)에서는 (2)를 더 간략화해서 Subject까지 생략했습니다. 예제 프로그램의 경우는 이렇게 해도 동작하지만, 하나의 Observer가 여러 Subject를 관찰하는 경우에는 부적절합니다. 넘어온 숫자가 어느 Subject의 정보인지 모르기 때문입니다.

'관찰'하기보다 '전달'받기를 기다린다

observer라는 말의 본래 의미는 '관찰자'이지만, 실제로 Observer 역은 능동적으로 '관찰'하는 것이 아니라 Subject 역에서 '알려 주는 것'을 수동적으로 기다립니다. Observer 패턴은 Publish-Subscribe 패턴으로 불리기도 합니다. publish(발행)와 subscribe(구독)라는 표현이 더 실체에 맞을지도 모릅니다.

Model / View / Controller (MVC)

Model/View/Controller(MVC)라는 말 들어 봤나요? MVC 구조에서 Model과 View의 관계는 Observer

패턴의 Subject와 Observer 관계에 대응합니다. Model은 '표시 형식에 의존하지 않는 내부 모델'을 조작하는 부분입니다. 또 View는 Model을 '어떻게 보여 줄지' 관리하는 부분입니다. 일반적으로 하나의 Model에 여러 View가 대응합니다.

관련 패턴

◆ Mediator 패턴(part 16)

Mediator 패턴에서는 Mediator 역과 Colleague 역의 통신에 Observer 패턴을 사용하는 경우도 있습니다. Mediator 패턴과 Observer 패턴은 모두 '상태 변화를 알린다'는 점에서는 비슷하지만, 패턴의 목적과 관점은 다릅니다. Mediator 패턴에서도 상태 변화는 통지됩니다. 하지만, 이것은 Colleague 역의 조정을 목적으로 움직이는 Mediator 패턴의 일부에 지나지 않습니다. Observer 패턴에서는 Subject 역의 상태 변화를 Observer 역(복수일 수 있음)에 통지하는 것, 통지하고 동기화하는 것에 주안점이 있습니다.

이 장에서 학습한 내용

이 장에서는 객체의 상태 변화를 다른 객체에 알려 주는 Observer 패턴을 학습했습니다.

연습 문제

해답은 부록A (501페이지)

문제 17-1

NumberGenerator 클래스(리스트 17-2)를 확장해 수가 점점 증가하는 기능을 가진 IncrementalNumberGenerator라는 하위 클래스를 만들어 보세요. 생성자의 인수로 다음과 같은 세 가지 int 값을 전달하도록 합니다.

- 시작하는 수
- 종료하는 수(이 수를 포함하지 않음)
- 증갓값

그리고 DigitObserver 클래스와 GraphObserver 클래스에 동작을 관찰시키는 프로그램을 작성합니다.

IncrementalNumberGenerator 클래스는 리스트 17-7처럼 사용합니다. 그림 17-4는 실행 결과입니다. 10 이상 50 미만의 수가 5씩 증가하며 표시됩니다.

리스트 17-7 IncrementalNumberGenerator를 사용한 Main 클래스 (Main.java)

```
public class Main {
    public static void main(String[] args) {
        NumberGenerator generator = new IncrementalNumberGenerator(10, 50, 5);
        Observer observer1 = new DigitObserver();
        Observer observer2 = new GraphObserver();
        generator.addObserver(observer1);
        generator.addObserver(observer2);
        generator.execute();
    }
}
```

그림 17-4 실행 결과

```
DigitObserver:10
GraphObserver:**********
DigitObserver:15
GraphObserver:***************
DigitObserver:20
GraphObserver:********************
DigitObserver:25
GraphObserver:*************************
DigitObserver:30
GraphObserver:******************************
DigitObserver:35
GraphObserver:***********************************
DigitObserver:40
GraphObserver:****************************************
DigitObserver:45
GraphObserver:*********************************************
```

● 문제 17-2

예제 프로그램에 추가하는 형태로 새로운 ConcreteObserver 역을 자유롭게 만들어 보세요. Main 클래스(리스트 17-6)를 변경하여 ConcreteObserver 역을 활용하도록 합시다.

PART 18 Memento

상태를 저장한다

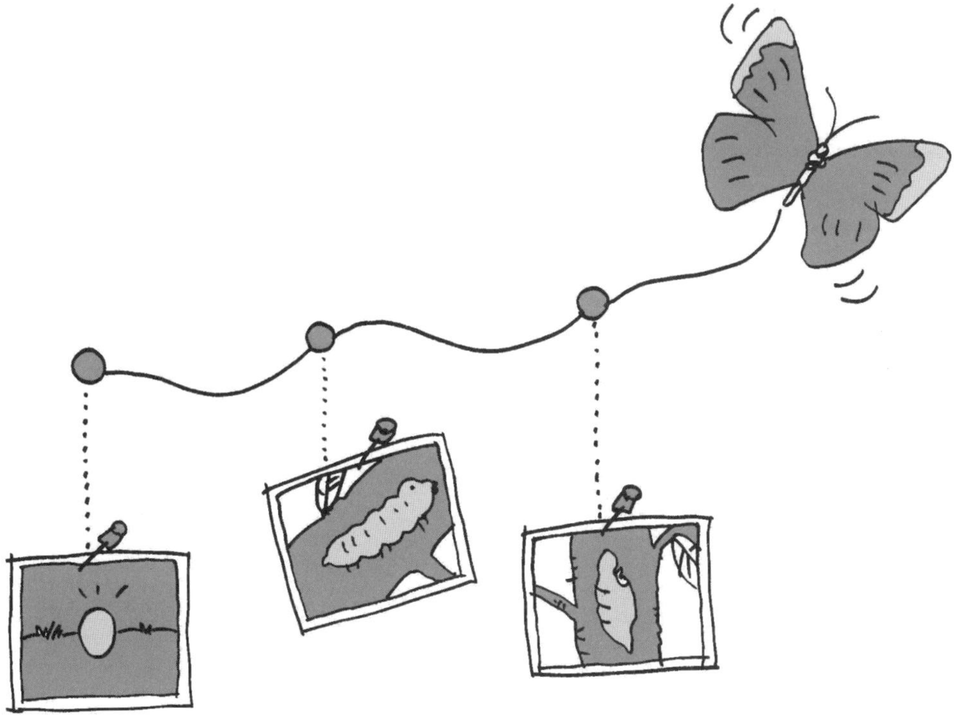

Memento 패턴

텍스트 에디터를 사용할 때, 실수로 필요한 텍스트를 삭제하더라도 실행 취소(undo) 기능을 이용하면, 삭제하기 전 상태로 텍스트를 복원할 수 있습니다. 실행 취소를 반복하면 편집 작업을 얼마든지 과거로 되돌릴 수 있습니다.

객체지향 프로그램으로 실행 취소를 구현하려면 인스턴스가 가진 정보를 저장해 두어야 합니다. 단, 저장해 두는 것만으로는 안 되고 저장해 둔 정보로 인스턴스를 원래 상태로 복원할 수 있어야만 합니다.

인스턴스를 복원하기 위해서는 인스턴스 내부 정보에 자유롭게 접근할 수 있어야 합니다. 그러나, 부주의하게 접근을 허락해 버리면, 해당 클래스의 내부 구조에 의존하는 코드가 프로그램 곳곳에 흩어져 클래스를 수정하기가 곤란해집니다. 이것을 **캡슐화의 파괴**라고 합니다. 인스턴스의 상태를 나타내는 역할을 도입해, 캡슐화의 파괴에 빠지지 않고 저장과 복원을 하는 것이 이 장에서 소개하는 **Memento 패턴**입니다.

Memento 패턴을 이용하면 프로그램에서 다음과 같은 일 등을 할 수 있습니다.

- 실행 취소(undo)
- 다시 실행(redo)
- 작업 이력 작성(history)
- 현재 상태 저장(snapshot)

memento는 '기념품', '유품', '추억거리'라는 뜻입니다. '추억의 사진'을 서랍 속에서 우연히 찾았다고 생각해 봅시다. 그리운 사진을 보면, 그 무렵의 기억이 떠오르고 마치 그 시절로 돌아간 것 같은 기분이 듭니다. Memento 패턴은 이와 유사한 디자인 패턴입니다. 어느 시점에서 인스턴스 상태를 확실하게 기록하여 저장해 두고, 나중에 인스턴스를 그 시점의 상태로 되돌려 줍니다.

예제 프로그램

Memento 패턴을 사용한 예제 프로그램을 살펴봅시다. 여기서 만들 예제 프로그램은 '과일 모으기 주사위 게임'입니다. 규칙은 단순합니다.

- 이 게임은 자동으로 진행됩니다.
- 게임 주인공이 주사위를 던져서 나온 수가 다음 상태를 결정합니다.

- 좋은 수가 나오면 주인공의 돈이 늘어납니다.
- 나쁜 수가 나오면 돈이 줄어듭니다.
- 특히 좋은 수가 나오면 주인공은 과일을 받습니다.
- 돈이 없어지면 종료합니다.

프로그램 안에서는 돈이 모였을 때 미래를 위해 `Memento` 클래스의 인스턴스를 만들고, '현재 상태'를 저장합니다(save). 저장할 것은 현재 가진 돈과 과일입니다. 만약 계속 져서 돈이 줄어들면, 돈이 없어져서 종료되지 않도록 기존에 저장해 둔 `Memento` 인스턴스로 이전 상태를 복원합니다(restore).

이와 같은 작은 프로그램을 통해 Memento 패턴을 이해해 봅시다.

그림 18-1 예제 프로그램의 클래스 다이어그램

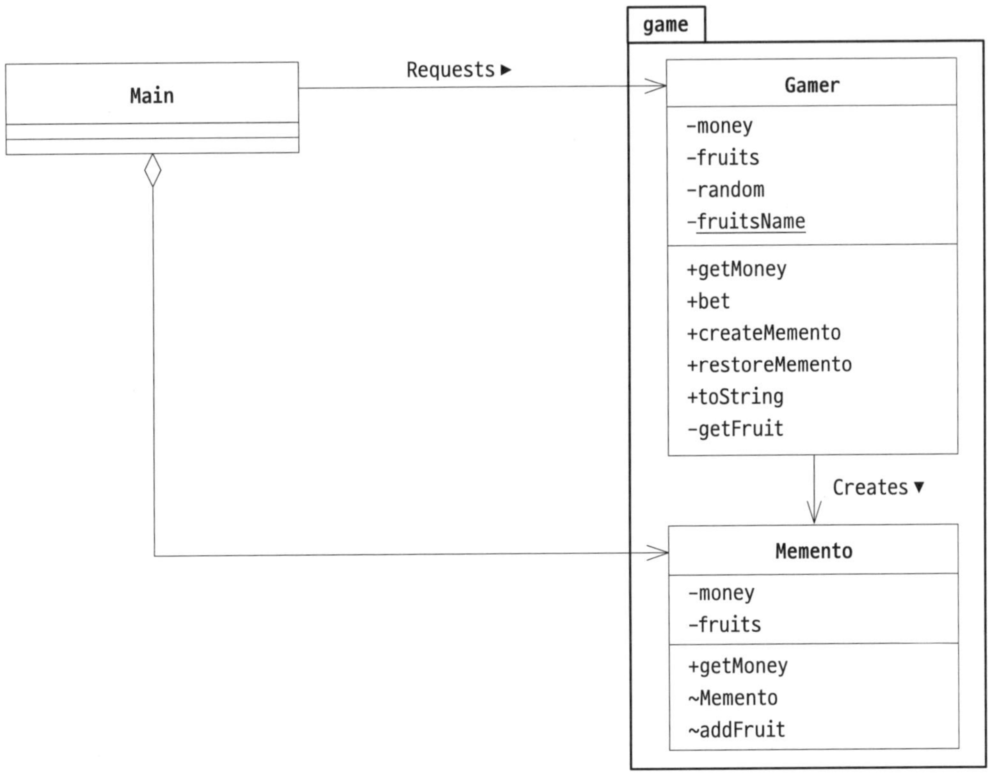

표 18-1 클래스 목록

패키지	이름	설명
game	Memento	Gamer의 상태를 나타내는 클래스
game	Gamer	게임을 하는 주인공 클래스로 Memento의 인스턴스를 생성
이름 없음	Main	게임을 진행시키는 클래스로 Memento의 인스턴스를 저장해 두고, 필요에 따라 Gamer의 상태를 복원

Memento 클래스

Memento 클래스(리스트 18-1)는 주인공(Gamer)의 상태를 나타내는 클래스입니다. Memento 클래스와 Gamer 클래스는 공통 패키지 game에 넣기로 합니다.

Memento 클래스가 가진 필드는 money와 fruits입니다. money는 현재 소지금, fruits는 현재 가지고 있는 과일입니다. getMoney 메소드는 현재 소지금을 얻는 메소드입니다.

Memento 클래스의 생성자에는 public이 없습니다. 따라서 Memento 클래스의 인스턴스는 아무나 만들 수 없으며, 동일한 패키지(여기서는 game 패키지)에 속한 클래스에서만 사용할 수 있습니다. 구체적으로 Memento 클래스의 인스턴스는 game 패키지의 Gamer 클래스가 생성합니다.

addFruit 메소드는 과일을 추가하는 메소드입니다. 이 메소드도 public이 아닙니다. 과일을 추가할 수 있는 것은 같은 패키지의 클래스뿐입니다. 그러므로 game 패키지 외부에서 Memento 내부를 변경할 수 없습니다.

덧붙여 Memento 클래스 안에 'narrow interface'와 'wide interface'라고 하는 주석이 들어 있는데, 이 의미에 대해서는 나중에 등장인물을 소개할 때 자세하게 설명합니다.

리스트 18-1 Memento 클래스 (Memento.java)

```
package game;

import java.util.ArrayList;
import java.util.List;

public class Memento {
    private int money;              // 소지금
    private List<String> fruits;    // 과일
```

```

    // 소지금을 얻는다(narrow interface)
    public int getMoney() {
        return money;
    }

    // 생성자(wide interface)
    Memento(int money) {
        this.money = money;
        this.fruits = new ArrayList<>();
    }

    // 과일을 추가한다(wide interface)
    void addFruit(String fruit) {
        fruits.add(fruit);
    }

    // 과일을 얻는다(wide interface)
    List<String> getFruits() {
        return new ArrayList<>(fruits);
    }
}
```

Gamer 클래스

Gamer 클래스(리스트 18-2)는 게임 주인공을 나타내는 클래스로, 소지금(money)과 과일(fruits)과 난수 생성기(random)를 가지고 있습니다. 또한, 클래스 필드로 과일 이름(fruitsName)을 가지고 있습니다.

게임의 중심이 되는 메소드는 bet(내기하다)입니다. 이 메소드는 만약 주인공이 파산하지 않았다면 주사위를 던지고 그 눈에 따라 소지금과 과일 개수를 변화시킵니다.

createMemento는 현재 상태를 저장하는(스냅샷을 찍는) 메소드입니다. 이 메소드에서는 Memento를 생성합니다. 여기서는 현 시점에서의 소지금과 과일을 바탕으로 Memento의 인스턴스를 하나 만들고 있습니다. 이렇게 만들어진 Memento 인스턴스는 '현재 Gamer 인스턴스의 상태'를 나타냅니다. 이것이 createMemento 메소드의 반환값입니다. 마치 사진을 찍듯이 현재 상태를 Memento 인스턴스에 넣어 둔 것입니다. 과일에 대해서는 '맛있는' 것만 저장하도록 합시다.

restoreMemento는 createMemento 메소드와 반대로 실행을 취소(undo)하는 메소드입니다. 주어진 Memento 인스턴스를 바탕으로 자신의 상태를 복원합니다. 게임에서 '부활의 주문'을 외우는 것과 같습니다.

리스트 18-2 Gamer 클래스 (Gamer.java)

```
package game;

import java.util.ArrayList;
import java.util.List;
import java.util.Random;

public class Gamer {
    // 소지금
    private int money;
    // 과일
    private List<String> fruits = new ArrayList<>();
    // 난수 생성기
    private Random random = new Random();

    // 과일 이름 표
    private static String[] fruitsName = {
        "사과", "포도", "바나나", "오렌지",
    };

    // 생성자
    public Gamer(int money) {
        this.money = money;
    }

    // 현재 소지금을 얻는다
    public int getMoney() {
        return money;
    }

    // 내기한다 … 게임 진행
    public void bet() {
        // 주사위를 던진다
        int dice = random.nextInt(6) + 1;
        if (dice == 1) {
            // 1의 눈 … 소지금이 증가한다
            money += 100;
            System.out.println("소지금이 증가했습니다.");
        } else if (dice == 2) {
            // 2의 눈 … 소지금이 절반이 된다
            money /= 2;
            System.out.println("소지금이 절반으로 줄었습니다.");
        } else if (dice == 6) {
            // 6의 눈 … 과일을 받는다
```

```
                String f = getFruit();
                System.out.println("과일(" + f + ")를 받았습니다.");
                fruits.add(f);
            } else {
                // 그 밖의 눈 … 아무일도 일어나지 않는다
                System.out.println("변동 사항이 없습니다.");
            }
        }

        // 스냅샷을 찍는다
        public Memento createMemento() {
            Memento m = new Memento(money);
            for (String f: fruits) {
                // 과일은 맛있는 것만 저장한다
                if (f.startsWith("맛있는 ")) {
                    m.addFruit(f);
                }
            }
            return m;
        }

        // 복원한다
        public void restoreMemento(Memento memento) {
            this.money = memento.getMoney();
            this.fruits = memento.getFruits();
        }

        @Override
        public String toString() {
            return "[money = " + money + ", fruits = " + fruits + "]";
        }

        // 과일을 하나 얻는다
        private String getFruit() {
            String f = fruitsName[random.nextInt(fruitsName.length)];
            if (random.nextBoolean()) {
                return "맛있는 " + f;
            } else {
                return f;
            }
        }
}
```

Main 클래스

Main 클래스(리스트 18-3)에서는 Gamer 인스턴스를 만들어 게임을 진행합니다. Gamer의 bet 메소드를 반복해서 호출하고 그때마다 소지금을 표시합니다.

이것만으로는 단순한 주사위 던지기 게임에 불과하지만, 여기서는 Memento 패턴을 도입했습니다. 변수 memento에는 '어떤 시점의 Gamer 상태'가 저장됩니다. 운 좋게 소지금이 늘어나면 createMemento를 사용하여 현재 상태를 저장해 둡니다. 소지금이 부족해지면 restoreMemento 메소드에 이 memento를 넘겨 주고 소지금을 원래대로 되돌립니다.

Main이 Gamer의 createMemento를 호출하거나 restoreMemento를 호출하는 모습을 그림 18-2에 나타냈습니다.

리스트 18-3 Main 클래스 (Main.java)

```
import game.Memento;
import game.Gamer;

public class Main {
    public static void main(String[] args) {
        Gamer gamer = new Gamer(100);                // 최초 소지금은 100
        Memento memento = gamer.createMemento();     // 최초 상태를 저장해 둔다

        // 게임 시작
        for (int i = 0; i < 100; i++) {
            System.out.println("==== " + i);       // 횟수 표시
            System.out.println("상태:" + gamer);    // 현재 주인공의 상태 표시

            // 게임을 진행한다
            gamer.bet();

            System.out.println("소지금은 " + gamer.getMoney() + "원이 되었습니다.");

            // Memento 취급 방법 결정
            if (gamer.getMoney() > memento.getMoney()) {
                System.out.println("※많이 늘었으니 현재 상태를 저장하자!");
                memento = gamer.createMemento();
            } else if (gamer.getMoney() < memento.getMoney() / 2) {
                System.out.println("※많이 줄었으니 이전 상태를 복원하자!");
                gamer.restoreMemento(memento);
            }

```

```
            // 잠시 대기
            try {
                Thread.sleep(1000);
            } catch (InterruptedException e) {
            }
            System.out.println();
        }
    }
}
```

그림 18-2 예제 프로그램의 시퀀스 다이어그램

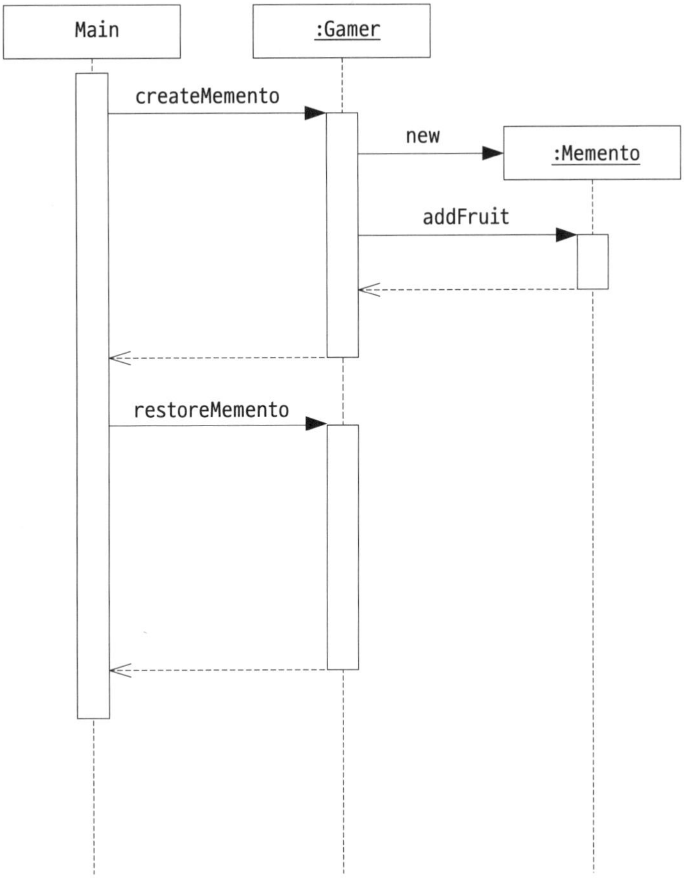

그림 18-3 실행 결과 (일부)

```
==== 0
상태:[money = 100, fruits = []]
변동 사항이 없습니다.
소지금은 100원이 되었습니다.

==== 1
상태:[money = 100, fruits = []]
변동 사항이 없습니다.
소지금은 100원이 되었습니다.

==== 2
상태:[money = 100, fruits = []]
변동 사항이 없습니다.
소지금은 100원이 되었습니다.

(중략)

==== 10
상태:[money = 300, fruits = []]
소지금이 증가했습니다.
소지금은 400원이 되었습니다.
※많이 늘었으니 현재 상태를 저장하자!                ← Memento 작성

==== 11
상태:[money = 400, fruits = []]
변동 사항이 없습니다.
소지금은 400원이 되었습니다.

==== 12
상태:[money = 400, fruits = []]
변동 사항이 없습니다.
소지금은 400원이 되었습니다.

(중략)

==== 26
상태:[money = 400, fruits = [맛있는 사과, 맛있는 사과, 맛있는 오렌지]]
과일(맛있는 사과)를 받았습니다.
소지금은 400원이 되었습니다.

==== 27
상태:[money = 400, fruits = [맛있는 사과, 맛있는 사과, 맛있는 오렌지, 맛있는 사과]]
소지금이 절반으로 줄었습니다.
```

```
소지금은 200원이 되었습니다.
※많이 줄었으니 이전 상태를 복원하자!                     ← Memento에 의한 상태 복원

==== 28
상태:[money = 400, fruits = [맛있는 사과, 맛있는 사과, 맛있는 오렌지]]
변동 사항이 없습니다.
소지금은 400원이 되었습니다.

(이하 생략)
```

Memento 패턴의 등장인물

Memento 패턴의 등장인물은 다음과 같습니다.

◆ Originator(작성자) 역

자신의 현재 상태를 저장하고 싶을 때 Memento를 만들고 이전 Memento를 넘겨받으면 그 Memento를 만든 시점의 상태로 되돌리는 처리를 합니다. 예제 프로그램에서는 `Gamer` 클래스가 이 역할을 맡았습니다.

◆ Memento(기념품) 역

Originator의 내부 정보를 정리합니다. Memento는 Originator 내부 정보를 가지고 있지만, 그 정보를 누구에게나 공개하는 것은 아닙니다.

Memento는 다음 두 종류의 인터페이스(API)를 가지고 있습니다.

- **wide interface … 넓은 인터페이스(API)**
  Memento가 제공하는 '넓은 인터페이스(API)'는 오브젝트의 상태를 되돌리는 데 필요한 정보를 모두 얻을 수 있는 메소드 집합입니다. 넓은 인터페이스(API)는 Memento의 내부 상태를 드러내기 때문에, 이 인터페이스를 사용할 수 있는 것은 Originator뿐입니다.
- **narrow interface … 좁은 인터페이스(API)**
  Memento가 제공하는 '좁은 인터페이스(API)'는 외부 Caretaker에 보여 주는 것입니다. 좁은 인터페이스(API)로 할 수 있는 일에는 한계가 있어 내부 상태가 외부에 공개되는 걸 방지합니다.

이 두 종류의 인터페이스(API)를 구별해서 사용함으로써 객체의 캡슐화 파괴를 막을 수 있습니다. 예제 프로그램에서는 `Memento` 클래스가 이 역할을 맡았습니다. Originator와 Memento는 매우 친밀한 관계입니다.

◆ Caretaker(관리인) 역

현재 Originator의 상태를 저장하고 싶을 때 Originator에 요청합니다. Originator 역은 요청을 받으면 Memento를 만들어 Caretaker에 넘겨 주고, Caretaker는 미래에 대비하여 그 Memento를 저장해 둡니다. 예제 프로그램에서는 `Main` 클래스가 Caretaker 역을 맡았습니다.

하지만 Caretaker는 Memento가 가진 두 가지 인터페이스(API) 중 '좁은 인터페이스(API)'만 사용할 수 있으므로, Memento 내부 정보에 접속할 수 없습니다. 단지, 만들어 준 Memento를 한 덩어리의 블랙 박스로 통째로 보관해 두기만 합니다.

Originator와 Memento는 넓은 인터페이스로 연결되어 있지만, Caretaker와 Memento는 좁은 인터페이스로 연결되어 있습니다. Memento는 Caretaker에 대해 정보를 은폐하고 있습니다.

그림 18-4 Memento 패턴의 클래스 다이어그램

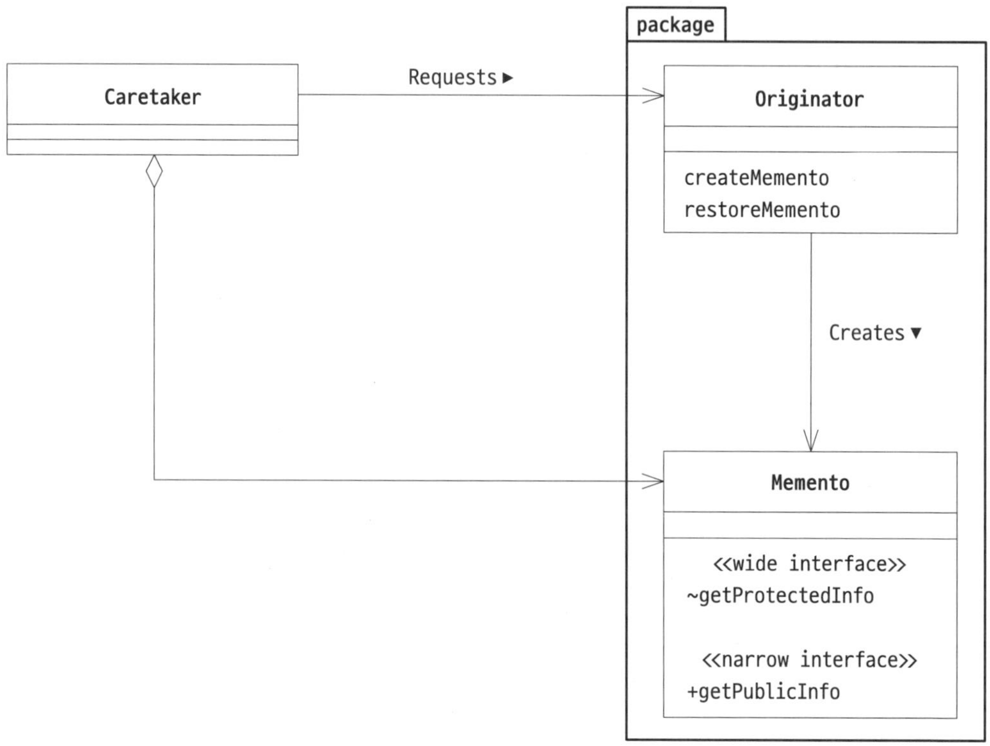

독자의 사고를 넓혀 주는 힌트

두 개의 인터페이스(API)와 액세스 제어

Memento 패턴에 등장하는 두 가지 인터페이스(API)를 실현하고자 예제 프로그램에서는 Java의 접근 제어 기능을 사용했습니다. Java는 메소드나 필드 등에 표 18-2에 나타낸 네 종류의 접근 제한자(access modifier)를 제공합니다.

표 18-2 메소드나 필드의 접근 제한자

접근 제한자	설명
`public`	모든 클래스에서 접근할 수 있다
`protected`	그 패키지 및 하위 클래스에서 접근할 수 있다
default(없음)	그 패키지에서만 접근할 수 있다
`private`	그 클래스에서만 접근할 수 있다

`Memento` 클래스의 메소드나 필드에는 `public`이 붙어 있는 것과 `private`가 붙어 있는 것과 아무것도 붙어 있지 않은 것의 세 종류가 있습니다. 이는 해당 메소드나 필드를 어느 클래스에 보여 주고 어느 클래스에 보여 주지 않을지를 프로그램상에서 표현하기 위해서입니다(표 18-3).

표 18-3 Memento 클래스에서 사용되는 접근 제한자

접근 제한자	필드 메소드 생성자	누구에게 보이지?
`private`	`money`	`Memento` 클래스
`private`	`fruits`	`Memento` 클래스
`public`	`getMoney`	`Memento` 클래스, `Gamer` 클래스, `Main` 클래스
default(없음)	`Memento`	`Memento` 클래스, `Gamer` 클래스
default(없음)	`addFruit`	`Memento` 클래스, `Gamer` 클래스

`Memento` 클래스에서는 `getMoney` 메소드에만 `public`을 붙여 좁은 인터페이스(API)로 했습니다. 이 메소드는 Caretaker 역의 `Main` 클래스에서도 이용할 수 있습니다.

여기서 좀 더 보충해서 설명하겠습니다. public이 붙어 있는데, '좁다'는 건 좀 이상한 느낌이 들기도 합니다. 여기서 말하는 '좁다'는 '내부 상태를 조작할 수 있는 정도가 적다'는 뜻입니다. Memento 클래스가 가진 메소드 중 public이 붙은 것은 getMoney 단 하나입니다. 즉, 할 수 있는 일은 소지금을 얻는 것뿐입니다. 이처럼 '할 수 있는 일이 적은' 상태를 '좁다'라고 표현합니다.

Caretaker 역의 Main 클래스는 game 패키지에 속하지 않으므로, Memento 클래스의 public 메소드인 getMoney 밖에 사용할 수 없습니다. 즉, Main 클래스는 Memento 클래스의 내용을 마음대로 바꿀 수 없습니다. Main 클래스가 할 수 있는 일은 getMoney 메소드로 소지금을 얻는 것과 Memento 클래스의 인스턴스를 변수 등에 저장해 두는 것뿐입니다. Main 클래스에는 Memento의 생성자도 보이지 않는 점에 주의하세요. 생성자가 보이지 않는다는 말은 Main 클래스 안에서 다음과 같이 Memento의 인스턴스를 만들 수가 없다는 것입니다.

```
new Memento(100)
```

이렇게 작성하면 컴파일할 때 오류가 발생합니다. Main 클래스는 Memento의 인스턴스가 필요할 때 createMemento 메소드를 호출하여 '현재 상태를 저장하고 싶으니 Memento의 인스턴스를 만들어 주세요'라고 Gamer 클래스에 부탁하는 수밖에 없습니다.

이상과 같이 접근 제한을 이용하면 '이 클래스에는 이 메소드를 보여 주지만 저 클래스에는 보여 주지 않는다'는 것을 프로그램으로 표현할 수 있습니다. 덧붙여, 여기서 설명한 것은 Java의 대략적인 접근 제한 방식의 예입니다. 대규모 프로그램에서는 Java 모듈과 조합하여 세밀하게 접근을 제한하는 경우도 있습니다.

Memento를 몇 개 가질까?

예제 프로그램에서는 Main 클래스가 가지고 있는 Memento는 하나뿐이었습니다. Main 클래스가 배열 등을 사용하여 Memento의 인스턴스를 여러 개 갖게 하면 인스턴스의 다양한 시점에서의 상태를 저장해 둘 수 있습니다.

Memento의 유효기한은?

예제 프로그램처럼 메모리에서만 Memento를 보관해 둘 경우에는 큰 문제가 없지만, 연습 문제 18-4처럼 Memento를 파일로 영속적으로 저장할 경우에는 Memento의 '유효기한'이 문제가 됩니다.

특정 시점의 Memento를 파일로 저장해 놓더라도 그 후에 프로그램의 버전이 올라가면, 파일로 저장되어 있던 Memento와 맞지 않을 우려가 있기 때문입니다.

Caretaker 역할과 Originator 역할을 나누는 이유

'실행 취소(undo) 기능이 필요하면 Originator 역에 그 기능을 만들면 되지 않을까? 일부러 디자인 패턴까지 가져올 필요가 있을까?' 이런 의문을 가지는 독자도 있을지 모릅니다.

Caretaker는 어느 시점에 스냅샷을 찍을지 결정하고, 언제 실행 취소를 할지 결정하고, Memento를 저장하는 일을 합니다. 반면에 Originator는 Memento를 만드는 일과 주어진 Memento를 사용하여 자신의 상태를 되돌리는 일을 합니다. Caretaker와 Originator는 이처럼 역할을 분담하고 있습니다. 이렇게 역할을 분담해 놓으면 다음과 같이 수정하고 싶을 때에도 Originator를 변경할 필요가 전혀 없습니다.

- 여러 단계의 실행 취소를 할 수 있게 변경하고 싶다.
- 실행 취소뿐만 아니라, 현재 상태를 파일에 저장하고 싶다.

관련 패턴

Command 패턴(part 22)

Command 패턴을 사용하여 명령을 처리하는 경우, Memento 패턴을 사용하여 실행 취소(undo) 또는 다시 실행(redo)을 할 수 있습니다.

Prototype 패턴(part 6)

Memento 패턴은 스냅샷과 실행 취소 기능을 위해, 현재 인스턴스의 상태를 저장합니다. 저장하는 것은 복원에 필요한 정보뿐입니다. Prototype 패턴은 현재 인스턴스와 동일한 상태의 다른 인스턴스를 만듭니다. 이때 인스턴스의 내용이 모두 복사됩니다.

State 패턴(part 19)

Memento 패턴에서 인스턴스는 '상태'를 나타냅니다. State 패턴에서는 클래스가 '상태'를 나타냅니다.

이 장에서 학습한 내용

이 장에서는 현재 객체의 상태를 기록하고 저장하기 위한 Memento 패턴을 학습했습니다. 객체 내부 상태를 최대한 공개하지 않고 객체의 상태를 저장하는 방법도 생각했습니다.

Caretaker는 Originator에 부탁하여 '현재 상태'를 나타내는 Memento를 만듭니다(기념 사진을 찰칵). Caretaker는 Memento의 내부 정보를 모르고 신경도 쓰지 않습니다. Caretaker는 나중에 있을 복원에 대비하여 소중히 Memento를 저장해 둡니다. 그리고 필요할 때 서랍 속에서 Memento를 꺼내 Originator에 넘겨 주면 확실하게 복원되지요. 이것이 Memento 패턴이었습니다.

정보를 보이게/보이지 않게 제어하고자 `public`, `protected`, `private` 등으로 접근을 제한하는 방법도 확인했습니다.

연습 문제

해답은 부록A (505페이지)

● **문제 18-1**

Caretaker 역은 좁은 인터페이스(API)를 통해서만 Memento 역을 조작할 수 있습니다. Caretaker 역이 Memento 역을 자유롭게 조작할 수 있다면, 어떠한 단점이 있을까요?

● **문제 18-2**

예제 프로그램에서는 소지금과 과일만이 상태를 결정하는 정보였습니다. 그러나 저장해야 할 정보가 많을 경우에는 `Memento`의 인스턴스를 저장하려면 큰 메모리 공간과 디스크 공간이 필요합니다. 이 문제를 해결할 방법을 생각해 보세요(이 문제는 GoF 책(부록D [GoF] 참조)을 참고했습니다).

● **문제 18-3** Java

`Memento` 클래스(리스트 18-1)에 다음과 같은 새로운 필드를 추가합니다.

```
int number;
```

이 필드의 값에 대하여, 클래스마다 다음과 같은 제어를 실시하고 싶습니다. 어떻게 하면 구현할 수 있을까요?

- `Memento` 클래스는 `number`의 값을 얻거나 변경할 수 있다.
- `Gamer` 클래스는 `number`의 값을 얻을 수 있지만 변경할 수는 없다.
- `Main` 클래스는 `number`의 값을 얻을 수도 변경할 수도 없다.

● **문제 18-4** Java

`Memento`를 파일에 저장해 봅시다. `Memento`의 클래스 메소드로 다음 두 가지를 구현하세요.

```
boolean saveToFile (String filename, Memento memento)
    Memento 인스턴스가 가진 정보를 파일에 저장한다. 파일명은 filename으로 지정한다.
    저장에 성공하면 true를 반환하고 실패하면 false를 반환한다.

Memento loadFromFile (String filename)
    saveToFile로 저장한 파일의 정보를 바탕으로 Memento의 인스턴스를 생성한다.
    파일명은 filename으로 지정한다.
    파일 읽기에 실패했을 경우에는 null을 반환한다.
```

또한 이 클래스 메소드를 사용하여 다음 기능을 만족하도록 예제 프로그램을 변경하세요.

(1) 프로그램을 시작할 때 game.dat가 존재하지 않으면, 소지금 100원부터 시작한다. 존재할 때는 파일에 저장된 상태 정보를 바탕으로 시작한다.

(2) 예제 프로그램처럼 소지금이 '상당히' 늘어났을 때, 현재 상태를 파일 game.dat에 저장한다.

Java ·주의· Java의 인스턴스를 파일에 보존하는 방법으로 직렬화(serialization)가 자주 이용됩니다. 그러나 신뢰할 수 없는 데이터를 복원할 때 보안상 큰 문제를 일으킬 수 있습니다. 자세한 내용은 Java의 **java.io.Serializable**의 문서와 Secure Coding Guidelines for Java SE[8]를 참조하세요.

『Effective Java』(부록D [Bloch] 참조)에는 '당신이 만들 새로운 시스템에서 Java 직렬화를 사용할 이유는 없습니다'라고까지 적혀 있습니다. 문제 18-4의 해답에서는 직렬화를 사용하지 않고 **Memento**가 가진 정보를 줄 바꿈으로 구분한 문자열로 파일에 저장합니다.

8 https://www.oracle.com/java/technologies/javase/seccodeguide.html

PART 19 State

상태를 클래스로 표현한다

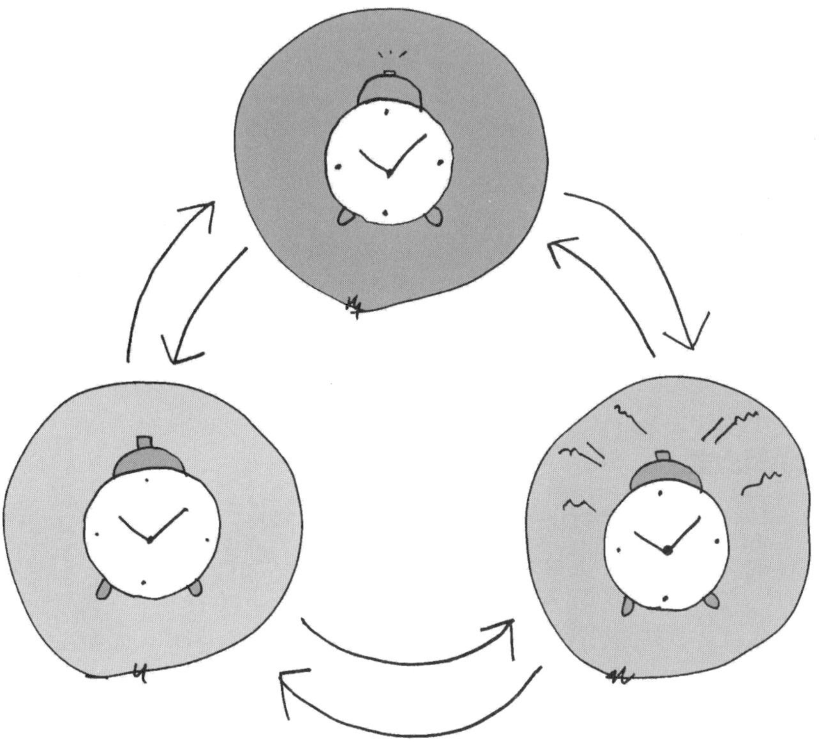

State 패턴

Java에서 객체지향 프로그래밍을 할 때 프로그래밍 대상을 '클래스'로 표현합니다. 어떤 것을 클래스로 표현할지는 설계하는 사람이 생각합니다. 클래스에 대응하는 구체적인 '사물'이 현실에 존재하는 경우도 있고 존재하지 않는 경우도 있습니다. 때로는 '이런 게 클래스가 되는 거야?'라고 할 만큼 놀라운 것을 클래스로 만드는 경우도 있습니다.

이 장에서 학습할 State 패턴에서는 '상태'를 클래스로 표현합니다. state란 '상태(사물 및 현상이 놓여 있는 모양이나 형편)'를 의미합니다. 현실 세계에서 우리는 여러 가지 사물의 '상태'에 대해서 생각합니다. 그러나 '상태를 사물로 인식'하는 경우는 거의 없기 때문에, 상태를 클래스로 표현한다는 것을 이해하기 어려울 수도 있습니다.

이 장에서는 '상태'를 클래스로 표현하는 방법을 알아보겠습니다. 상태를 클래스로 표현하면 클래스를 전환함으로써 '상태 변화'를 나타낼 수 있으며, 새로운 상태를 추가해야 할 때 무엇을 프로그래밍해야 할지 명확해집니다.

예제 프로그램

State 패턴을 사용한 예제 프로그램을 살펴봅시다.

금고 경비 시스템

여기에서는 시간마다 경비 상태가 변화하는 금고 경비 시스템을 생각해 보겠습니다. 금고 경비라고 해도 표 19-1과 같은 단순한 시스템입니다. 그림 19-1은 이 시스템의 구성도입니다.

금고 경비 시스템을 프로그램으로 실현해 봅시다. 실제로 경비 센터를 호출할 순 없으므로, 화면에 호출 상황 등을 표시하는 것으로 대체하겠습니다. 또, 실시간으로 테스트하기 힘들기 때문에 시간 경과는 프로그램상의 1초를 현실 세계의 1시간으로 가정합니다. 실행하는 모습은 그림 19-2와 같습니다.

표 19-1 금고 경비 시스템

•금고가 하나 있다 •금고는 경비 센터와 연결되어 있다 •금고에는 비상벨과 일반 통화용 전화가 연결되어 있다 •금고에는 시계가 설치되어 있어, 현재 시각을 감시한다
•주간은 9:00~16:59, 야간은 17:00~23:59 및 0:00~8:59 범위이다
•금고는 주간에만 사용할 수 있다 •주간에 금고를 사용하면 경비 센터에 사용 기록이 남는다 •야간에 금고를 사용하면 경비 센터에 비상 상황 통보가 간다
•비상벨은 언제든지 사용할 수 있다 •비상벨을 사용하면, 경비 센터에 비상벨 통보가 간다
•일반 통화용 전화는 언제라도 사용할 수 있다(단, 야간은 녹음만 가능) •주간에 전화를 사용하면 경비 센터가 호출된다 •야간에 전화를 사용하면 경비 센터의 자동 응답기가 호출된다

그림 19-1 금고 경비 시스템 구성도

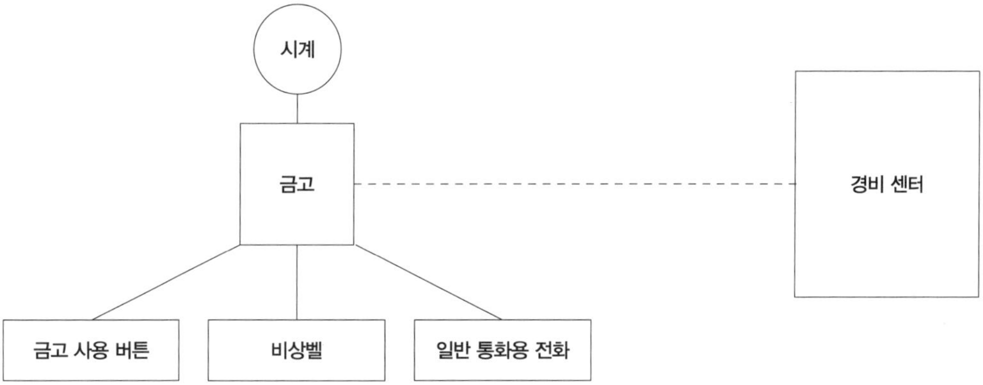

그림 19-2 예제 프로그램 실행 모습

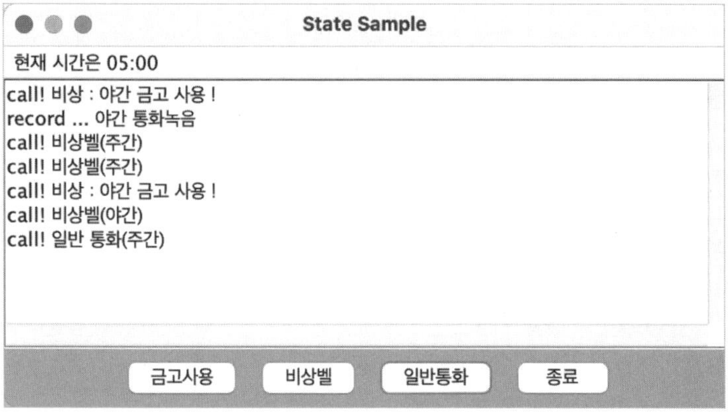

State 패턴을 사용하지 않는 의사 코드

State 패턴을 사용한 예제 프로그램을 설명하기 전에 여러분이라면 어떤 식으로 프로그래밍할지 잠시 생각해 보세요. 필자라면 앞의 설명을 읽고 머릿속으로 이렇게 생각할 것입니다. '요컨대 현재 시각에 따라 시스템 동작이 바뀌는구나. 금고 사용, 비상벨, 일반 통화라는 세 가지 사건 중 하나가 일어나고, 그 결과로 경비 센터에 어떤 연락이 간다. 연락 내용은 시각에 따라 변화하고…'

그리고 리스트 19-1과 같은 의사 코드를 떠올릴 수 있습니다. 그러고 나서 이 의사 코드를 프로그래밍 언어로 실제로 어떻게 표현할지를 생각할 것입니다.

리스트 19-1 State 패턴을 사용하지 않는 금고 경비 시스템의 의사 코드 (1)

```
경비 시스템 클래스 {
        금고 사용 시 호출되는 메소드() {
                if (주간) {
                        경비 센터에 사용 기록
                } else if (야간) {
                        경비 센터에 비상 상황 통보
                }
        }
        비상벨 사용 시 호출되는 메소드() {
                경비 센터에 비상벨 통보
        }
        일반 통화 시 호출되는 메소드() {
                if (주간) {
```

```
                경비 센터 호출
            } else if (야간) {
                경비 센터 자동 응답기 호출
            }
        }
    }
```

State 패턴을 사용한 의사 코드

리스트 19-1의 방법이 결코 잘못된 것은 아닙니다. 하지만 이 장에서 소개하는 State 패턴은 위와 같은 처리를 전혀 다른 관점에서 생각하고 리스트 19-2처럼 프로그래밍합니다.

리스트 19-2 State 패턴을 사용한 금고 경비 시스템의 의사 코드 (2)

```
주간 상태를 표현하는 클래스 {
    금고 사용 시 호출되는 메소드() {
        경비 센터에 사용 기록
    }
    비상벨 사용 시 호출되는 메소드() {
        경비 센터에 비상벨 통보
    }
    일반 통화 시 호출되는 메소드() {
        경비 센터 호출
    }
}

야간 상태를 표현하는 클래스 {
    금고 사용 시 호출되는 메소드() {
        경비 센터에 비상 상황 통보
    }
    비상벨 사용 시 호출되는 메소드(){
        경비 센터에 비상벨 통보
    }
    일반 통화 시 호출되는 메소드() {
        경비 센터 자동 응답기 호출
    }
}
```

두 의사 코드의 차이를 알 수 있을까요?

State 패턴을 사용하지 않는 쪽(1)에서 주간 · 야간이라는 상태는 각 메소드의 if문 부분에 등장합니다. 그리고 각 메소드 안에서 현재 상태를 체크합니다.

반면에, State 패턴을 사용하는 쪽(2)에서는 주간 · 야간이라는 상태가 클래스로 표현됐습니다. 상태가 클래스로 표현되어 있으므로, 각 메소드에는 이제 현재 상태를 체크하는 if문이 등장하지 않습니다.

(1)에서는 '상태'가 메소드 안에 기술되어 있지만, (2)에서는 클래스로써 기술되어 있습니다. 메소드 깊숙이 묻혀 있던 '상태'를 파헤쳐, 바깥쪽으로 끌어낸 모습이 이해되나요?

그럼, (1)과 (2)를 염두에 두고 예제 프로그램을 살펴보겠습니다.

표 19-2 클래스 및 인터페이스 목록

이름	설명
State	금고 상태를 나타내는 인터페이스
DayState	State를 구현한 클래스. 주간 상태를 나타낸다
NightState	State를 구현한 클래스. 야간 상태를 나타낸다
Context	금고의 상태 변화를 관리하고 경비 센터와 연락하는 인터페이스
SafeFrame	Context를 구현한 클래스. 버튼이나 화면 표시 등의 사용자 인터페이스를 가진다
Main	동작 테스트용 클래스

그림 19-3 예제 프로그램의 클래스 다이어그램

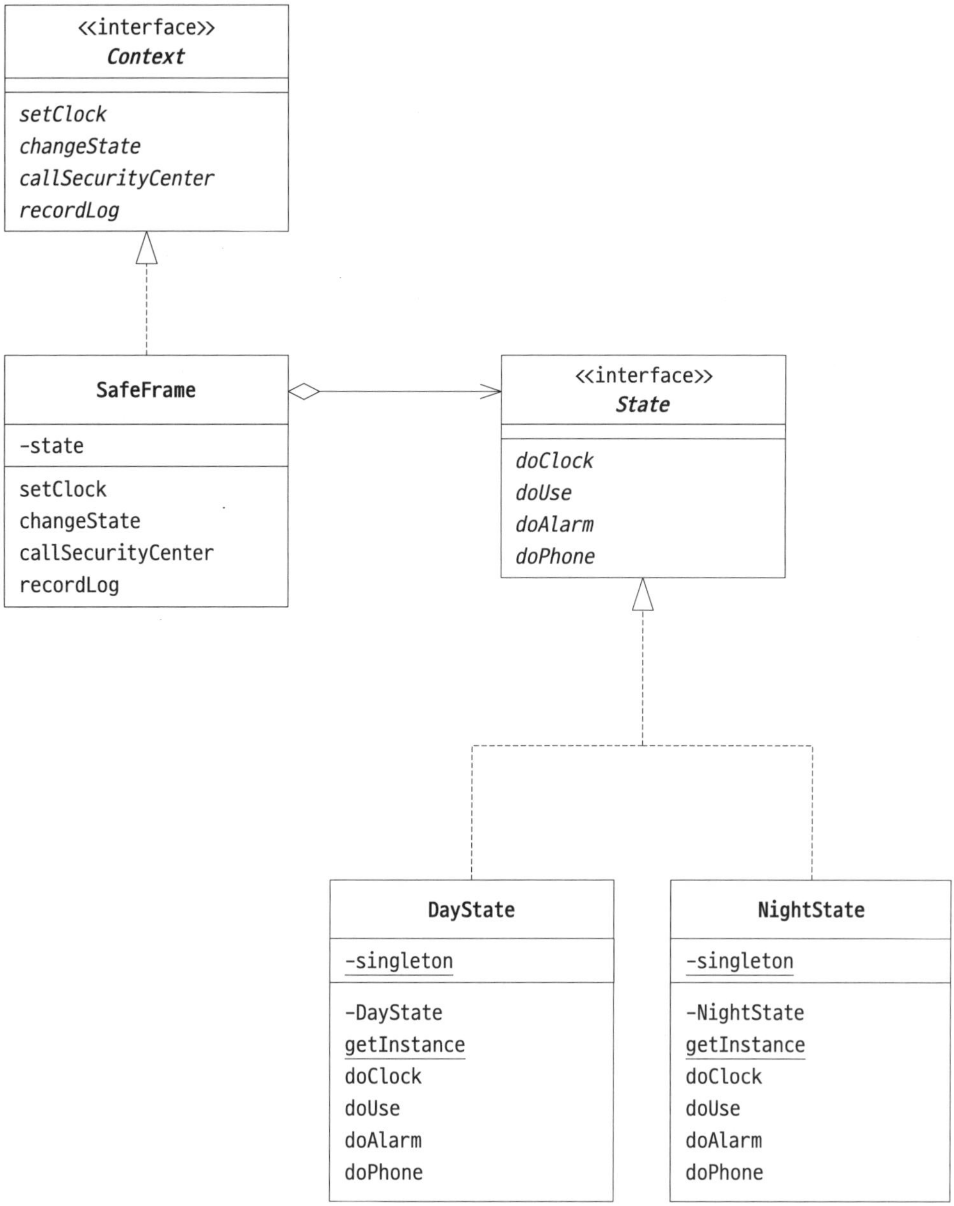

State 인터페이스

State 인터페이스(리스트 19-3)는 금고의 상태를 나타냅니다. State 인터페이스에는 다음과 같은 사건에 대응해서 호출할 인터페이스(API)가 선언되어 있습니다.

- 시간이 설정되었을 때
- 금고가 사용되었을 때
- 비상벨이 눌렸을 때
- 일반 통화를 할 때

조금 전에 본 의사 코드에서 등장한 '금고 사용 시 호출되는 메소드' 등이 이 인터페이스(API)입니다. 이 곳에 선언된 메소드는 모두 상태에 따라 처리가 변화합니다. 즉, State 인터페이스는 상태 의존 메소드의 집합입니다. 인수로 전달되는 Context는 상태를 관리하는 인터페이스인데, 자세한 내용은 나중에 알아보도록 하겠습니다.

리스트 19-3 State 인터페이스 (State.java)

```
public interface State {
    public abstract void doClock(Context context, int hour);     // 시간 설정
    public abstract void doUse(Context context);                 // 금고 사용
    public abstract void doAlarm(Context context);               // 비상벨
    public abstract void doPhone(Context context);               // 일반 통화
}
```

DayState 클래스

DayState 클래스(리스트 19-4)는 주간 상태를 나타내는 클래스이고, State 인터페이스에서 선언된 메소드를 구현합니다.

상태를 나타내는 클래스는 인스턴스를 하나씩만 만든다고 가정합니다. 상태가 변화할 때마다 새로운 인스턴스를 만들면 메모리와 시간이 낭비되기 때문입니다. 그 때문에 Singleton 패턴(part 5)을 사용했습니다.

doClock 메소드는 시간을 설정하는 메소드입니다. 인수로 주어진 시간이 야간이면 야간 상태로 시스템을 전환합니다. 이때 상태 변화(상태 전환)가 일어납니다. 여기서는 Context 인터페이스의 changeState 메소드를 사용하여 상태 변화를 표현합니다. 야간 상태는 NightState 클래스로 표현되며 해당 인스턴스는 getInstance 메소드로 얻고 있습니다(여기서 Singleton 패턴을 사용했군요. new NightState()라고 하지 않은 점에 주의합시다).

doUse, doAlarm, doPhone은 각각 금고 사용, 비상벨, 일반 통화라는 사건에 해당하는 메소드입니다. 각 메소드는 Context의 메소드를 호출하여 필요한 처리를 할 뿐입니다. 이들 메소드 안에 '현재 상태를 체크'하는 if 문이 들어가지 않은 것을 확인하세요. 이러한 메소드를 프로그래밍할 때 프로그래머는 항상 '지금은 낮이야!'라고 마음속으로 외치고 있는 것과 같습니다. State 패턴에서는 상태의 차이가 클래스의 차이로 표현되므로, if문이나 switch문을 사용해 상태별로 분기할 필요가 없습니다.

리스트 19-4 DayState 클래스 (DayState.java)

```
public class DayState implements State {
    private static DayState singleton = new DayState();

    private DayState() {
    }

    public static State getInstance() {
        return singleton;
    }

    @Override
    public void doClock(Context context, int hour) {
        if (hour < 9 || 17 <= hour) {
            context.changeState(NightState.getInstance());
        }
    }

    @Override
    public void doUse(Context context) {
        context.recordLog("금고 사용(주간)");
    }

    @Override
    public void doAlarm(Context context) {
        context.callSecurityCenter("비상벨(주간)");
    }

    @Override
    public void doPhone(Context context) {
        context.callSecurityCenter("일반 통화(주간)");
    }

    @Override
    public String toString() {
```

```
        return "[주간]";
    }
}
```

NightState 클래스

NightState 클래스(리스트 19-5)는 야간 상태를 나타내는 클래스입니다. 이 클래스도 DayState 클래스와 마찬가지로 Singleton 패턴을 사용합니다. DayState 클래스와 구성은 동일하므로, 따로 설명하진 않겠습니다.

리스트 19-5 NightState 클래스 (NightState.java)

```
public class NightState implements State {
    private static NightState singleton = new NightState();

    private NightState() {
    }

    public static State getInstance() {
        return singleton;
    }

    @Override
    public void doClock(Context context, int hour) {
        if (9 <= hour && hour < 17) {
            context.changeState(DayState.getInstance());
        }
    }

    @Override
    public void doUse(Context context) {
        context.callSecurityCenter("비상:야간 금고 사용!");
    }

    @Override
    public void doAlarm(Context context) {
        context.callSecurityCenter("비상벨(야간)");
    }

    @Override
    public void doPhone(Context context) {
        context.recordLog("야간 통화 녹음");
    }

```

```
    @Override
    public String toString() {
        return "[야간]";
    }
}
```

Context 인터페이스

Context 인터페이스(리스트 19-6)는 상태를 관리하거나 경비 센터를 호출합니다. 실제로 무슨 일을 하는지는 SafeFrame 클래스(리스트 19-7)를 보면서 설명하겠습니다.

리스트 19-6 Context 인터페이스 (Context.java)

```
public interface Context {
    public abstract void setClock(int hour);                    // 시간 설정
    public abstract void changeState(State state);              // 상태 전환
    public abstract void callSecurityCenter(String msg);    // 경비 센터 경비원 호출
    public abstract void recordLog(String msg);                 // 경비 센터 기록
}
```

SafeFrame 클래스

SafeFrame 클래스(리스트 19-7)는 GUI를 사용하여 금고 경비 시스템을 실현합니다(safe는 '금고'라는 뜻입니다). SafeFrame 클래스는 Context 인터페이스를 구현합니다.

SafeFrame 클래스의 필드는 화면에 표시되는 텍스트 필드나 텍스트 영역, 버튼 등의 부품입니다. 단, state 필드만은 화면에 등장하는 부품이 아니고, 금고의 현재 상태를 나타냅니다. 처음에는 '주간' 상태로 초기화됩니다. 생성자에서는 다음과 같은 처리를 합니다.

- 배경색 설정
- 레이아웃 관리자 설정
- 부품 배치
- 리스너 설정

리스너 설정은 중요하므로 조금 더 자세히 설명해 두겠습니다. 각 버튼의 addActionListener 메소드를 호출하여 리스너를 설정합니다. 이때 addActionListener 메소드의 인수로 '버튼을 눌렀을 때 호출될 인스턴스'를 지정합니다. addActionListener 메소드의 인수는 ActionListener 인터페이스를 구현해야 합니다. 여기서는

this, 즉 SafeFrame의 인스턴스를 지정하고 있습니다(확실히 SafeFrame은 ActionListener를 implements하고 있습니다). 버튼을 눌렀을 때, 리스너(listener, 듣고 있는 사람)가 호출되는 구조는 Observer 패턴(part 17)과 비슷합니다.

actionPerformed 메소드는 버튼을 눌렀을 때 호출되는 메소드입니다. 이 메소드 이름은 ActionListener 인터페이스(java.awt.event.ActionListener 인터페이스)에서 정해진 이름이므로 함부로 변경해서는 안됩니다. 이 메소드 안에서는 어떤 버튼이 눌렸는지 조사해서 그에 따라 처리합니다.

조금 주의할 것이 있습니다. 여기에 if문이 등장하지만, 여기서의 if문에 의한 분기는 '버튼 종류'에 대응하는 것이지 '현재 상태'에 대응하는 것이 아닙니다. 'State 패턴에서는 if문이 나오지 않는다고 했는데, 여기에 나오잖아?'하고 오해하지 마세요. 덧붙여, 연습 문제 19-1에서는 람다식을 이용해서 이 if문도 없앱니다.

처리 내용은 State 패턴에서 중요한 부분입니다. 예를 들어, 금고 사용 버튼을 누르면, 다음 코드가 실행됩니다.

```
state.doUse(this);
```

현재 시각이나 현재 금고 상태를 조사하지 않고 갑자기 doUse를 호출하고 있네요. 이것이 State 패턴의 특징입니다. 만약 State 패턴을 사용하지 않고 프로그래밍했다면, 바로 doUse를 호출하는 것이 아니라 '현재 시각에 따라 처리를 분기'하는 과정을 거쳤을 것입니다.

setClock 메소드에서는 현재 시간을 지정한 시각으로 설정하고, 다음 코드로 표준 출력에 현재 시간을 표시합니다.

```
System.out.println(clockstring);
```

또 다음 코드로 textClock이라는 텍스트 필드(화면 맨 위)에 현재 시간을 표시합니다.

```
textClock.setText(clockstring);
```

다음 코드에선 현재 상태에 따른 처리를 실행합니다(이 안에서 상태 전환이 일어납니다).

```
state.doClock(this, hour);
```

changeState 메소드는 DayState 클래스나 NightState 클래스에서 호출됩니다. 이 메소드는 상태 전환이 일어날 때 호출되는 메소드입니다. 실제 상태 전환은 다음 코드로 이루어집니다.

```
this.state = state;
```

현재 상태를 나타내는 필드에 상태를 나타내는 클래스의 인스턴스를 대입하는 것이 상태 전환에 해당합니다.

callSecurityCenter 메소드는 경비 센터 호출을 나타내며, recordLog 메소드는 경비 센터의 기록을 나타냅니다. 여기서는 textScreen이라는 텍스트 영역에 문자열을 추가합니다. 원래는 실제 경비 센터를 네트워크 등을 통해 호출하게 됩니다.

리스트 19-7 SafeFrame 클래스 (SafeFrame.java)

```
import java.awt.BorderLayout;
import java.awt.Button;
import java.awt.Color;
import java.awt.Frame;
import java.awt.Panel;
import java.awt.TextArea;
import java.awt.TextField;
import java.awt.event.ActionEvent;
import java.awt.event.ActionListener;

public class SafeFrame extends Frame implements ActionListener, Context {
    private TextField textClock = new TextField(60);              // 현재 시간 표시
    private TextArea textScreen = new TextArea(10, 60);           // 경비 센터 출력
    private Button buttonUse = new Button("금고 사용");             // 금고 사용 버튼
    private Button buttonAlarm = new Button("비상벨");              // 비상벨 버튼
    private Button buttonPhone = new Button("일반 통화");           // 일반 통화 버튼
    private Button buttonExit = new Button("종료");                // 종료 버튼

    private State state = DayState.getInstance();                 // 현재 상태

    // 생성자
    public SafeFrame(String title) {
        super(title);
        setBackground(Color.lightGray);
        setLayout(new BorderLayout());
        // textClock 배치
        add(textClock, BorderLayout.NORTH);
        textClock.setEditable(false);
        // textScreen 배치
        add(textScreen, BorderLayout.CENTER);
        textScreen.setEditable(false);
        // 패널에 버튼 저장
        Panel panel = new Panel();
```

```
        panel.add(buttonUse);
        panel.add(buttonAlarm);
        panel.add(buttonPhone);
        panel.add(buttonExit);
        // 그 패널을 배치
        add(panel, BorderLayout.SOUTH);
        // 표시
        pack();
        setVisible(true);
        // 리스너 설정
        buttonUse.addActionListener(this);
        buttonAlarm.addActionListener(this);
        buttonPhone.addActionListener(this);
        buttonExit.addActionListener(this);
    }

    // 버튼이 눌리면 여기로 온다
    @Override
    public void actionPerformed(ActionEvent e) {
        System.out.println(e.toString());
        if (e.getSource() == buttonUse) {               // 금고 사용 버튼
            state.doUse(this);
        } else if (e.getSource() == buttonAlarm) {      // 비상벨 버튼
            state.doAlarm(this);
        } else if (e.getSource() == buttonPhone) {      // 일반 통화 버튼
            state.doPhone(this);
        } else if (e.getSource() == buttonExit) {       // 종료 버튼
            System.exit(0);
        } else {
            System.out.println("?");
        }
    }

    // 시간 설정
    @Override
    public void setClock(int hour) {
        String clockstring = String.format("현재 시간은 %02d:00", hour);
        System.out.println(clockstring);
        textClock.setText(clockstring);
        state.doClock(this, hour);
    }

    // 상태 전환
    @Override
    public void changeState(State state) {
```

```
            System.out.println(this.state + "에서" + state + "으로 상태가 변화했습니다.");
            this.state = state;
        }

        // 경비 센터 경비원 호출
        @Override
        public void callSecurityCenter(String msg) {
            textScreen.append("call! " + msg + "\n");
        }

        // 경비 센터 기록
        @Override
        public void recordLog(String msg) {
            textScreen.append("record ... " + msg + "\n");
        }
}
```

상태 전환 전후로 doUse를 실행하는 모습을 시퀀스 다이어그램(그림 19-4)으로 나타냈습니다. 처음에는 DayState 쪽 doUse가 호출되지만, changeState한 뒤에는 NightState 쪽 doUse가 호출됩니다.

그림 19-4 예제 프로그램의 시퀀스 다이어그램

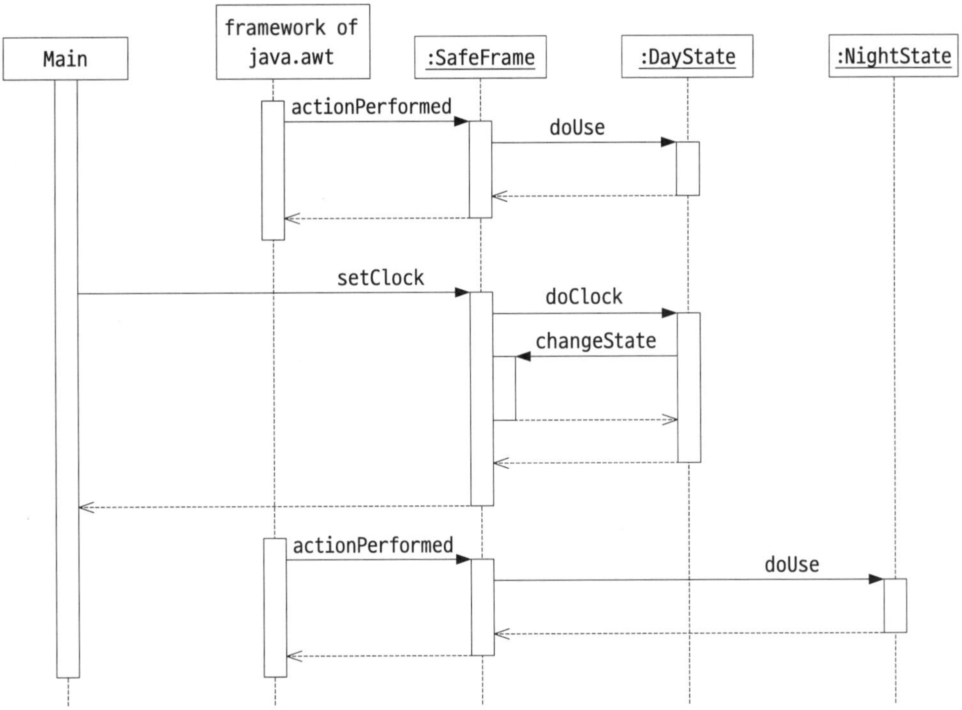

Main 클래스

Main 클래스(리스트 19-8)는 SafeFrame의 인스턴스를 하나 만들고, 그 인스턴스에 대해 setClock으로 정기적으로 시간을 설정합니다. 시간 설정은 1초마다 이루어지는데, 프로그램 안에서는 1시간에 해당합니다.

리스트 19-8 Main 클래스 (Main.java)

```
public class Main {
    public static void main(String[] args) {
        SafeFrame frame = new SafeFrame("State Sample");
        while (true) {
            for (int hour = 0; hour < 24; hour++) {
                frame.setClock(hour);   // 시간 설정
                try {
                    Thread.sleep(1000);
                } catch (InterruptedException e) {
                }
            }
        }
    }
}
```

State 패턴의 등장인물

State 패턴의 등장인물은 다음과 같습니다.

◆ State(상태) 역

상태를 나타냅니다. 상태마다 다르게 동작하는 인터페이스(API)를 정의합니다. 이 인터페이스(API)는 상태에 의존한 동작을 하는 메소드 모음이 됩니다. 예제 프로그램에서는 State 인터페이스가 이 역할을 맡았습니다.

◆ ConcreteState(구체적인 상태) 역

구체적인 각각의 상태를 나타냅니다. State에서 정의된 인터페이스(API)를 구체적으로 구현합니다. 예제 프로그램에서는 DayState 클래스 및 NightState 클래스가 이 역할을 맡았습니다.

◆ Context(상황, 전후관계, 문맥) 역

현재 상태를 나타내는 ConcreteState를 가집니다. 또한, State 패턴 이용자에게 필요한 인터페이스(API)를 정의합니다. 예제 프로그램에서는 `Context` 인터페이스와 `SafeFrame` 클래스가 이 역할을 맡았습니다.

조금 덧붙이자면, 예제 프로그램에서는 `Context` 인터페이스가 인터페이스(API)를 정의하는 부분을 맡았고, `SafeFrame` 클래스가 ConcreteState를 가지는 부분을 맡았습니다.

그림 19-5 State 패턴의 클래스 다이어그램

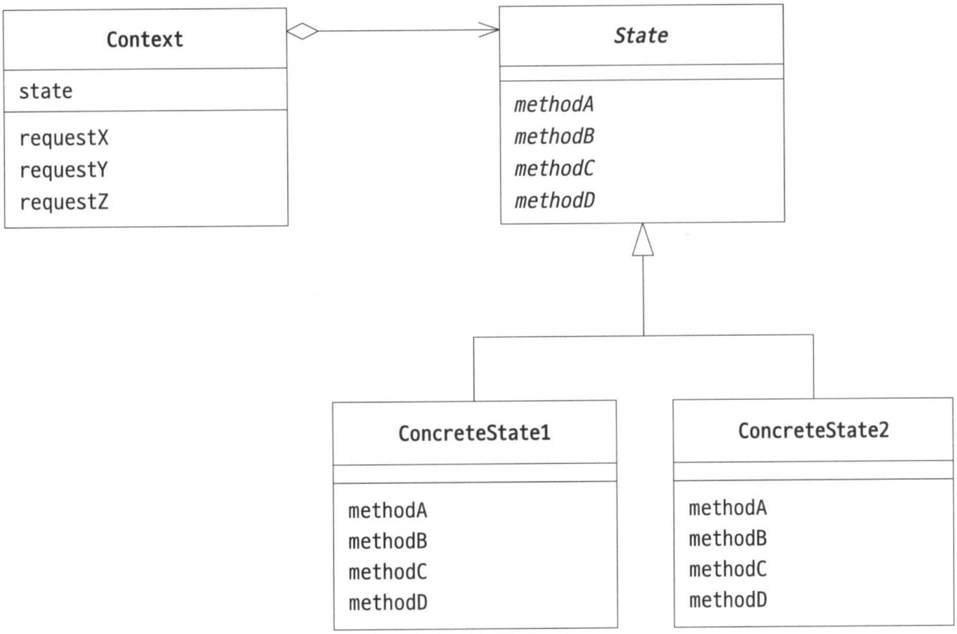

독자의 사고를 넓혀 주는 힌트

분할해서 통치하라

분할해서 통치하라(divide and conquer)는 프로그래밍에 자주 등장하는데, 복잡하고 규모가 큰 프로그램을 다룰 경우에 사용하는 방침입니다. 크고 복잡한 문제를 그대로 해결하려 해선 안 됩니다. 그 문제를 먼저 작은 문제로 나누십시오. 그래도 해결하기 힘들다면 더 작은 문제로 나눕니다. 문제를 쉽게 해결할 수 있을 때까지 작게 나눕니다. 간단히 말하자면, 분할해서 통치하라는 말은 크고 까다로운 문제를 하나 푸는 대신에

작고 쉬운 문제를 많이 풀라는 말입니다.

State 패턴에서는 '상태'를 클래스로 표현합니다. 각각의 구체적인 상태를 다른 클래스로 표현해서 문제를 분할한 것입니다. 하나의 ConcreteState 역의 클래스를 코딩하다 보면, 프로그래머는 다른 클래스를 (어느 정도) 머리에서 잊을 수 있습니다. 이번 금고 경비 시스템처럼 상태가 두 가지뿐인 경우에는 별로 고마움을 느끼지 못하지만, 상태가 많을 때 State 패턴은 그 강점을 발휘합니다.

앞에서 소개한 의사 코드(1)과 (2)를 떠올려 보세요. State 패턴을 사용하지 않으면 금고 사용 시 호출되는 메소드 안에서 현재 상태에 대응한 조건 분기가 발생합니다. 상태가 많아질수록 이 조건 분기도 늘어납니다. 게다가 이벤트가 발생했을 때 호출되는 메소드 전체에 비슷한 조건 분기를 기술해야만 합니다.

이처럼 State 패턴은 시스템의 '상태'를 클래스로 표현함으로써 복잡한 프로그램을 분할합니다.

상태에 의존한 처리

SafeFrame 클래스의 setClock 메소드와 State 인터페이스의 doClock 메소드의 관계를 생각해 봅시다.

SafeFrame 클래스의 setClock 메소드는 Main 클래스에서 호출됩니다. Main 클래스는 setClock 메소드를 호출하여 '시간 설정'을 지시하고, setClock 메소드에서는 다음과 같이 state에 위임합니다.

```
state.doClock(this, hour);
```

즉, 시간 설정을 '현재 상태에 의존하는 처리'로 다루는 것입니다. 이것은 doClock 메소드에만 국한되지 않습니다. State 인터페이스에서 선언된 메소드는 모두 '상태에 의존하는 처리'이고, '상태에 따라 동작이 달라지는 처리'입니다. 이것은 당연해 보이더라도, 확실하게 파악해 둬야 할 부분입니다. State 패턴에서는 '상태에 의존하는 처리'를 프로그램으로 어떻게 표현하고 있을까요? 다음 두 가지로 정리할 수 있습니다.

- 추상 메소드로 선언하고 인터페이스로 한다
- 구상 메소드로 구현하고 개별 클래스로 한다

이것이 State 패턴에서 '상태에 의존하는 처리'를 표현하는 방법입니다. 일부러 추상적으로 기술했지만 위의 두 가지를 읽고 고개가 끄덕여진다면 State 패턴과 인터페이스와 클래스의 관계를 분명히 이해하고 있다고 할 수 있을 것입니다 .

상태 전환은 누가 관리해야 하는가?

상태를 클래스로 표현해서 상태에 의존하는 동작을 각각의 ConcreteState 역에 분담하는 것은 매우 좋은 방법입니다. State 패턴을 사용할 때는 상태 전환을 누가 관리해야 하는지에 주의하세요.

예제 프로그램에서는 Context 역을 맡은 `SafeFrame` 클래스가 실제로 상태를 전환하는 `changeState` 메소드를 구현했습니다. `changeState` 메소드를 실제로 호출하는 것은 ConcreteState 역인 `DayState` 클래스나 `NightState` 클래스입니다. 즉, 예제 프로그램에서는 '상태 전환'을 '상태에 의존하는 동작'으로 생각합니다. 이 방법에는 장단점이 있습니다.

장점은 '다른 상태로 전환하는 것은 언제인가'라는 정보가 한 클래스 내에 있다는 점입니다. 예를 들어, `DayState` 클래스가 다른 상태로 언제 전환하는지 알고 싶으면 `DayState` 클래스의 코드를 읽으면 됩니다.

단점은 '한 ConcreteState 역이 다른 ConcreteState 역을 알아야 한다'는 점입니다. 예를 들어, `DayState` 클래스는 `doClock` 메소드 안에서 `NightState` 클래스를 사용합니다. 즉, 나중에 `NightState` 클래스를 삭제하고 싶어지면 `DayState`도 수정해야 합니다. 상태 전환을 ConcreteState 역에 맡기려면, ConcreteState 역이 적어도 다른 ConcreteState 역을 알아야 합니다. 즉, 상태 전환을 ConcreteState 역에 맡겨 버리면, 클래스 사이의 의존 관계를 깊게 만듭니다.

예제 프로그램과 같은 방식을 그만두고, 모든 상태 전환을 Context 역의 `SafeFrame` 클래스에 맡길 수도 있습니다. 그렇게 하면 개별 ConcreteState 역의 독립성이 높아져서 전체 프로그램의 전망이 좋아지는 경우가 있습니다. 하지만, 이번에는 Context 역이 '모든 ConcreteState 역'을 알아야만 합니다. 여기에 Mediator 패턴(part 16)을 적용할 수 있을지도 모릅니다.

또는 State 패턴 대신 상태 테이블(표)을 사용하여 설계할 수도 있습니다. 자세한 설명은 생략하지만, 테이블은 '입력과 내부 상태'를 바탕으로 '출력과 다음 내부 상태'를 얻을 수 있는 일람표가 됩니다. 상태 전환이 고정된 규칙에 바탕을 둔 경우에는 이처럼 테이블을 사용하는 프로그램도 효과적이라고 할 수 있습니다. 상태 수가 많은 경우에는 수작업을 포기하고, 프로그램을 자동으로 생성하는 다른 프로그램을 사용하는 방법도 있습니다.

자기 모순에 빠지지 않는다

State 패턴을 사용하지 않고 시스템 상태가 여러 변숫값의 집합으로 표현되어 있다고 합시다. 이때 변숫값 사이에 자기 모순이나 불일치가 없어야 합니다.

State 패턴에서는 상태를 클래스로 표현합니다. 현재 상태를 나타내는 변수는 단 하나입니다. 예제 프로그램에서는 SafeFrame 클래스의 state 필드였습니다. state 필드의 값이 시스템의 상태를 확실하게 결정하므로, 자기 모순을 내포한 상태라는 것이 존재하지 않게 됩니다.

새로운 상태를 추가하는 것은 간단하다

State 패턴에 새로운 상태를 추가하는 것은 간단합니다. 예제 프로그램으로 말하자면 State 인터페이스를 구현한 XXXState 클래스를 만들고, 필요한 메소드를 구현하면 되기 때문입니다. 물론 상태 전환 부분은 주의 깊게 코딩해야 합니다. 상태 전환 부분이야말로 다른 ConcreteState 역과의 접점이 되기 때문입니다.

하지만 완성된 State 패턴에 새로운 '상태 의존 처리'를 추가하기는 어렵습니다. 그것은 State 역의 인터페이스에 메소드를 추가하는 것을 의미하며, 모든 ConcreteState 역에 처리를 추가해야 하기 때문입니다. 어려운 작업이긴 하지만, 메소드 추가를 잊어버릴 위험은 없습니다. 예를 들어, 예제 프로그램의 State 인터페이스에 doYYY라고 하는 메소드를 추가했다고 합시다. DayState 클래스나 NightState 클래스에서 그 메소드 구현을 깜빡하면, 소스를 컴파일할 때 '메소드가 구현되지 않았다'고 오류로 알려 줍니다.

만약 State 패턴을 사용하지 않았다면 어떻게 될까요? State 패턴을 사용하지 않은 경우, 상태를 판단하는 것은 if문 안의 조건식입니다. 그 때문에, '이 상태에 대한 구현을 잊었어요'라는 오류를 **컴파일할 때** 검출하기가 매우 어렵습니다(**실행할 때** 검출하는 것은 그다지 어렵지 않습니다. 고려하지 않은 상태를 검출하면 오류로 처리하는 코드를 각 메소드 안에 미리 넣어 두면 되기 때문입니다).

두 얼굴을 가진 인터페이스

SafeFrame 클래스에 등장한 다음 두 코드를 보세요(p.352).

- SafeFrame의 생성자 안:
  buttonUse.addActionListener(this);
- actionPerformed 메소드 안:
  state.doUse(this);

이 두 코드에는 this가 등장합니다. 이 this는 무엇일까요? 물론 둘 다 SafeFrame 클래스의 인스턴스입니다. 예제 프로그램에서는 SafeFrame의 인스턴스가 하나만 생성되므로 this는 동일한 값입니다.

하지만, addActionListener에 전달될 때와 doUse에 전달될 때는 조금 차이가 있습니다.

addActionListener 메소드에 전달될 때 이 인스턴스는 'ActionListener 인터페이스를 구현한 클래스의 인스턴스'로서 다루어집니다. 이는 addActionListener 메소드의 인수가 ActionListener형이기 때문입니다. addActionListener 메소드 안에서는 'ActionListener 인터페이스에서 정의된 메소드 범위'에서 인수가 이용됩니다. 인수로 전달된 것이 SafeFrame의 인스턴스인지 여부는 중요하지 않습니다.

반면에, doUse 메소드에 전달될 때는 동일한 인스턴스가 'Context 인터페이스를 구현한 클래스의 인스턴스'로서 다루어집니다. 이는 doUse 메소드의 인수가 Context형이기 때문입니다. doUse 메소드 안에서는 'Context 인터페이스에서 정의된 메소드 범위'에서 인수가 이용됩니다(DayState 클래스나 NightState 클래스의 doUse 메소드를 다시 읽어 보면 잘 이해할 수 있습니다).

동일한 하나의 인스턴스에 여러 얼굴이 있다는 점을 확실하게 파악하세요.

관련 패턴

◆ Singleton 패턴(part 5)

ConcreteState 역은 Singleton 패턴으로 구현될 수 있습니다. 예제 프로그램에서도 Singleton 패턴을 사용합니다. 상태를 나타내는 클래스에는 인스턴스 필드(즉, 인스턴스의 상태)가 없기 때문입니다.

◆ Flyweight 패턴(part 20)

상태를 나타내는 클래스에는 인스턴스 필드가 없습니다. 따라서 Flyweight 패턴으로 ConcreteState 역을 여러 Context 역에서 공유할 수 있는 경우도 있습니다.

이 장에서 학습한 내용

이 장에서는 시스템의 각 상태를 개별 클래스로 표현하는 State 패턴에 대해 학습했습니다. 상태 전환은 상태를 나타내는 클래스의 인스턴스를 교체하여 표현합니다.

연습 문제

해답은 부록A (509페이지)

● 문제 19-1 Java

예제 프로그램의 SafeFrame 클래스(리스트 19-7)는 ActionListener 인터페이스를 구현하고 있어, 4종류의 버튼 중 어느 것을 눌러도 SafeFrame 클래스의 actionPerformed 메소드가 호출됩니다. 그 때문에, actionPerformed 메소드 안에서 어느 버튼이 눌렸는지 판단하기 위한 if문이 들어 있습니다. 이 if문을 없애 봅시다.

addActionListener 메소드로 버튼에 리스너를 설정할 때, 인수로서 this(SafeFrame의 인스턴스)를 넘겨주는 것이 아니라, '그 버튼이 눌렸을 때 해야 할 처리'를 람다식으로 표현해 넘겨 주도록 예제 프로그램을 수정하세요. 예를 들어, buttonUse에 관해서는 다음과 같습니다.

```
// 버튼을 눌렀을 때의 리스너를 람다식으로 설정
buttonUse.addActionListener(e -> state.doUse(this));
```

● 문제 19-2

예제 프로그램에서 주간과 야간의 시간 범위를 다음과 같이 변경한다고 가정합니다. 소스 프로그램에서 어디를 수정해야 할까요?

	주간	야간
현재	9:00~16:59	17:00~23:59 및 0:00~8:59
변경	8:00~20:59	21:00~23:59 및 0:00~7:59

● 문제 19-3

예제 프로그램에 '점심 시간'(12:00~12:59)이라는 다음과 같은 새로운 상태를 추가하세요.

- 점심 시간에 금고를 사용하면, 경비 센터에 비상 상황 통보가 간다
- 점심 시간에 비상벨을 사용하면, 경비 센터에 비상벨 통보가 간다
- 점심 시간에 전화를 사용하면, 경비 센터의 자동 응답기가 호출된다

● 문제 19-4

예제 프로그램에 '비상시'라는 다음과 같은 새로운 상태를 추가하세요. 이렇게 하면 비상시에는 시간에 관계없이 경비 센터에 연락이 됩니다.

- 비상벨을 누르면, 비상시라는 상태로 전환한다
- 비상시에 금고를 사용하면, 경비 센터에 비상 상황 통보가 간다(시각에 관계없이)
- 비상시에 비상벨을 사용하면, 경비 센터에 비상벨 통보가 간다(시각에 관계없이)
- 비상시에 전화를 사용하면, 경비 센터가 호출된다(시각에 관계없이)

그러나 이 사양에는 문제점이 있습니다. 무엇일까요?

PART 20 Flyweight

같은 것은 공유해서 낭비를 없앤다

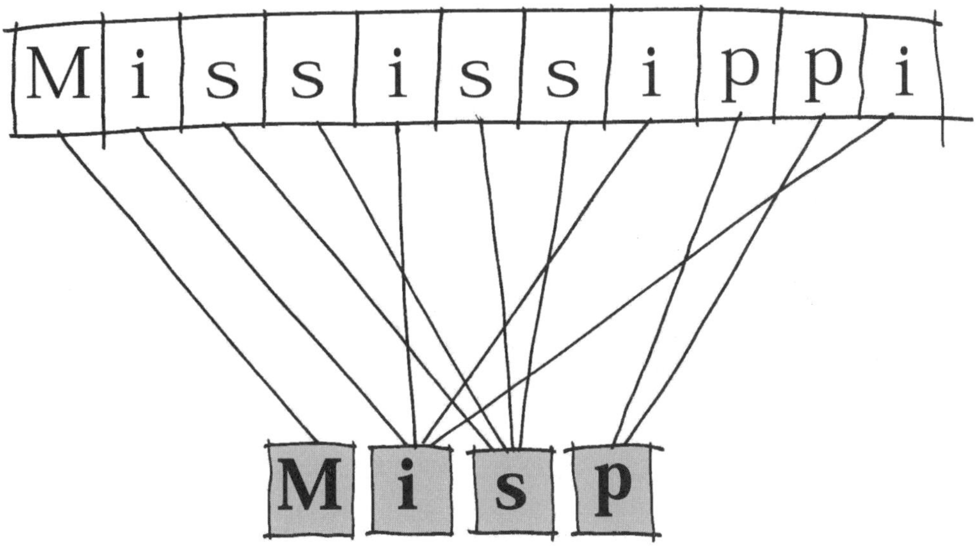

Flyweight 패턴

이 장에서는 Flyweight 패턴에 관해서 학습합니다. flyweight란 복싱에서 가장 체중이 가벼운 체급인 '플라이급'을 나타냅니다. 이 디자인 패턴은 객체를 '가볍게' 만들기 위한 것입니다.

오브젝트는 컴퓨터 안에 가상으로 존재하므로 '무겁다', '가볍다'고 해서 실제 무게를 나타내는 것은 아닙니다. 여기서 말하는 무게는 '메모리 사용량'입니다. 메모리를 많이 사용하는 객체를 '무겁다'고 표현하고 메모리를 적게 사용하는 객체를 '가볍다'고 표현합니다.

Java에서는 다음과 같이 Something 클래스의 인스턴스를 만들 수 있습니다.

```
new Something()
```

이때, 그 인스턴스를 유지하기 위해서 메모리가 확보됩니다. Something 클래스의 인스턴스가 많이 필요해서 new를 잔뜩 사용하면, 메모리 사용량이 커집니다.

Flyweight 패턴에서 사용하는 기법을 한 줄로 요약하면 **'인스턴스를 최대한 공유하고 쓸데없이 new하지 않는다'**입니다. 인스턴스가 필요할 때 항상 new하는 것이 아니라, 이미 만들어진 인스턴스를 이용할 수 있다면 그것을 공유해서 사용한다는 것이 Flyweight 패턴의 핵심입니다. 그럼, Flyweight 패턴에 관해서 알아봅시다.

예제 프로그램

Flyweight 패턴을 사용한 예제 프로그램을 살펴봅시다. 무거운 인스턴스를 만드는 클래스로 '큰 문자'를 표현하는 클래스를 생각해 봅니다. '큰 문자'는 작은 문자를 모아서 만듭니다. 테스트용으로 숫자 '0'~'9'와 '-'를 파일로 준비했습니다(리스트 20-1~리스트 20-11).

리스트 20-1 숫자 0 (big0.txt)

```
....######......
..##......##....
..##......##....
..##......##....
..##......##....
..##......##....
....######......
................
```

리스트 20-2 숫자 1 (big1.txt)

```
......##........
..######........
......##........
......##........
......##........
......##........
..##########....
................
```

리스트 20-3 숫자 2 (big2.txt)

```
....######......
..##......##....
..........##....
......####......
....##..........
..##............
..##########....
................
```

리스트 20-4 숫자 3 (big3.txt)

```
....######......
..##......##....
..........##....
......####......
..........##....
..##......##....
....######......
................
```

리스트 20-5 숫자 4 (big4.txt)

```
........##......
......####......
....##..##......
..##....##......
..##########....
........##......
......######....
................
```

리스트 20-6 숫자 5 (big5.txt)

```
..##########....
..##............
..##............
..########......
..........##....
..##......##....
....######......
................
```

리스트 20-7 숫자 6 (big6.txt)

```
....######......
..##......##....
..##............
..########......
..##......##....
..##......##....
....######......
................
```

리스트 20-8 숫자 7 (big7.txt)

```
..##########....
..##......##....
..........##....
........##......
......##........
......##........
......##........
................
```

리스트 20-9 숫자 8 (big8.txt)

```
....######......
..##......##....
..##......##....
....######......
..##......##....
..##......##....
....######......
................
```

리스트 20-10 숫자 9 (big9.txt)

```
....######......
..##......##....
..##......##....
....########....
..........##....
..##......##....
....######......
................
```

리스트 20-11 문자 – (big-txt.txt)

```
................
................
................
................
..##########....
................
................
................
```

표 20-1은 이 예제 프로그램에서 사용하는 클래스 목록입니다.

표 20-1 클래스 목록

이름	설명
BigChar	'큰 문자'를 나타내는 클래스
BigCharFactory	BigChar의 인스턴스를 공유하면서 생성하는 클래스
BigString	BigChar를 모아서 만든 '큰 문자열'을 나타내는 클래스
Main	동작 테스트용 클래스

BigChar는 '큰 문자'를 표현하는 클래스입니다. 파일에서 큰 문자의 텍스트를 읽어 메모리에 저장한 후, print 메소드로 표시합니다. 큰 문자는 메모리를 많이 소비하므로, BigChar 인스턴스를 공유하는 방법을 생각해 봅시다.

BigCharFactory 클래스는 BigChar 클래스의 인스턴스를 만듭니다. 하지만 같은 문자에 해당하는 BigChar 클래스의 인스턴스가 이미 만들어져 있다면, 기존의 인스턴스를 사용하고 새 인스턴스를 만들지 않습니다. 지금까지 만든 모든 인스턴스는 pool이라는 필드에 저장됩니다. 원하는 문자에 해당하는 인스턴스를 만들었는지 빠르게 판단할 수 있도록 java.util.HashMap을 사용합니다.

BigString 클래스는 BigChar를 모아서 만든 '큰 문자열' 클래스입니다. Main 클래스는 동작 테스트를 위한 클래스입니다.

그림 20-1 예제 프로그램의 클래스 다이어그램

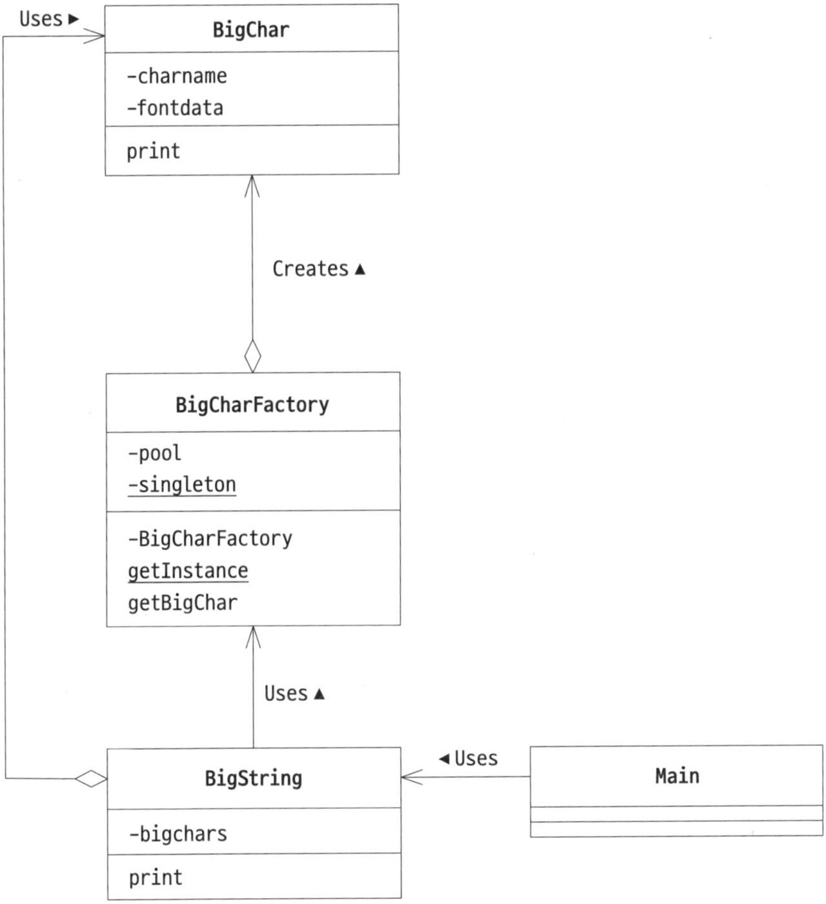

BigChar 클래스

BigChar 클래스(리스트 20-12)는 '큰 문자'를 나타내는 클래스입니다.

생성자에서는 인수로 주어진 문자의 '큰 문자' 버전을 생성합니다. 생성된 문자열은 fontdata 필드에 저장합니다. 예를 들어 인수로 '3'이 주어지면, 다음과 같은 문자열이 fontdata 필드에 저장됩니다(읽기 편하게 여기서는 \n 뒤에서 줄을 바꿔 표시했습니다).

```
....######......\n
..##......##....\n
..........##....\n
......####......\n
..........##....\n
..##......##....\n
....######......\n
................\n
```

'큰 글자'를 구성하는 데이터(일명 폰트 데이터)는 파일로 준비하겠습니다(리스트 20-1~리스트 20-11). 인수로 주어진 문자 앞에 "big"이라는 문자열을 붙이고, 뒤로는 확장자 ".txt"를 붙여서 파일 이름을 만듭시다. 예를 들어, '3'이라는 문자의 폰트 데이터는 "big3.txt"라는 파일로 저장하기로 합니다. 만약 목적한 파일이 없는 경우에는 문자 뒤에 "?"를 붙인 것을 폰트 데이터로 하겠습니다.

이 클래스에는 Flyweight 패턴의 '공유'와 관련된 코드는 아직 등장하지 않습니다. 공유를 제어하는 것은 리스트 20-13의 BigCharFactory 클래스입니다.

리스트 20-12 BigChar 클래스 (BigChar.java)

```
import java.io.IOException;
import java.nio.file.Files;
import java.nio.file.Path;

public class BigChar {
    // 문자의 이름
    private char charname;
    // 큰 문자를 표현하는 문자열('#' '.' '\n'으로 이루어진 열)
    private String fontdata;

    // 생성자
    public BigChar(char charname) {
        this.charname = charname;
        try {
```

```
            String filename = "big" + charname + ".txt";
            StringBuilder sb = new StringBuilder();
            for (String line: Files.readAllLines(Path.of(filename))) {
                sb.append(line);
                sb.append("\n");
            }
            this.fontdata = sb.toString();
        } catch (IOException e) {
            this.fontdata = charname + "?";
        }
    }

    // 큰 문자를 표시한다
    public void print() {
        System.out.print(fontdata);
    }
}
```

BigCharFactory 클래스

BigCharFactory 클래스(리스트 20-13)는 BigChar의 인스턴스를 만드는 공장(factory)입니다. 여기서 공유 구조를 실현하고 있습니다.

pool 필드는 기존에 만든 BigChar의 인스턴스를 관리합니다. pool이란 수영장 풀과 같습니다. 어쨌든 뭔가 모여 있는 장소를 pool이라고 부르겠습니다. 수영장 풀에는 물이 채워져 있지만, BigCharFactory의 pool에는 이미 만들어진 BigChar의 인스턴스가 모여 있습니다.

pool 필드의 형은 java.util.Map<String,BigChar> 인터페이스이고, 'String→BigChar'의 대응 관계를 관리합니다. pool 필드를 실제로 초기화하고 있는 것은 java.util.HashMap<String,BigChar> 클래스의 인스턴스입니다. pool.put 메소드로 어떤 문자열(키)에 대해 하나의 인스턴스(값)를 대응시키고, pool.get 메소드로 키에 대응하는 값을 얻을 수 있습니다. 예를 들어, 문자 '3'에 대응하는 BigChar를 얻고 싶은 경우에는 String.valueOf 메소드로 얻어지는 "3"이라는 문자열이 키가 되고, 파일 "big3.txt"로부터 만들어지는 BigChar 인스턴스가 값이 됩니다.

여기서 BigCharFactory 클래스는 Singleton 패턴(part 5)을 사용해 구현했습니다. BigCharFactory의 인스턴스는 하나만 존재하면 되기 때문입니다. getInstance 메소드는 BigCharFactory의 인스턴스(BigChar 인스턴스가 아닙니다)를 얻기 위한 메소드입니다.

다음 getBigChar 메소드는 Flyweight 패턴의 중심이 되는 메소드입니다. 이 메소드는 인수로 주어진 문자에 대응하는 BigChar 인스턴스를 만듭니다. 단, 이미 같은 문자에 대응하는 인스턴스가 있으면 새로 만들지 않고 이전에 만들었던 인스턴스를 반환값으로 합니다.

이곳의 로직을 자세히 읽어 봅시다. 우선, pool.get으로 주어진 문자(charname)에 대응하는 BigChar 인스턴스가 있는지 확인합니다. 만약 반환값이 null이면 지금까지 그 인스턴스는 만들어진 적이 없다는 것을 나타내므로, new를 사용해 BigChar 인스턴스를 만들고 그 인스턴스를 pool.put으로 등록합니다. 반면에 pool.get의 반환 값이 null이 아니면 이미 만들어진 인스턴스를 반환값으로 설정합니다.

이상의 처리를 통해 BigChar 인스턴스를 잘 공유하고 있음을 알 수 있습니다. 왜 getBigChar 메소드가 synchronized로 되어 있는지는 연습 문제 20-3에서 생각해 봅시다.

리스트 20-13 BigCharFactory 클래스 (BigCharFactory.java)

```java
import java.util.HashMap;
import java.util.Map;

public class BigCharFactory {
    // 이미 만든 BigChar 인스턴스를 관리
    private Map<String,BigChar> pool = new HashMap<>();
    // Singleton 패턴
    private static BigCharFactory singleton = new BigCharFactory();

    // 생성자
    private BigCharFactory() {
    }

    // 유일한 인스턴스를 얻는다
    public static BigCharFactory getInstance() {
        return singleton;
    }

    // BigChar 인스턴스 생성(공유)
    public synchronized BigChar getBigChar(char charname) {
        BigChar bc = pool.get(String.valueOf(charname));
        if (bc == null) {
            // 여기서 BigChar 인스턴스를 생성
            bc = new BigChar(charname);
            pool.put(String.valueOf(charname), bc);
        }
        return bc;
    }
}
```

BigString 클래스

BigString 클래스(리스트 20-14)는 BigChar를 모은 '큰 문자열' 클래스입니다. bigchars 필드는 BigChar의 배열이며, BigChar의 인스턴스를 저장합니다. 생성자의 for문을 보면 getBigChar를 사용해 작성되어 있습니다.

```
BigCharFactory factory = BigCharFactory.getInstance();
bigchars = new BigChar[string.length()];
for(int i = 0; i < bigchars.length; i++) {
  bigchars[i] = factory.getBigChar(string.charAt(i));          ◀ 공유됨
}
```

다음과 같이 new를 사용하지 않습니다.

```
bigchars = new BigChar[string.length()];
for(int i = 0; i < bigchars.length; i++) {
   bigchars[i] = new BigChar(string.charAt(i));               ◀ 공유되지 않음
}
```

BigCharFactory를 사용하므로, 같은 문자에서 생성되는 BigChar 인스턴스는 제대로 공유돼야 합니다. 예를 들어 "1212123"이라는 문자열에 해당하는 BigString 인스턴스를 만들었을 때, 해당 bigchars 필드는 그림 20-2와 같습니다.

리스트 20-14 BigString 클래스 (BigString.java)

```
public class BigString {
    // '큰 문자'의 배열
    private BigChar[] bigchars;

    // 생성자
    public BigString(String string) {
        BigCharFactory factory = BigCharFactory.getInstance();
        bigchars = new BigChar[string.length()];
        for (int i = 0; i < bigchars.length; i++) {
            bigchars[i] = factory.getBigChar(string.charAt(i));
        }
    }

    // 표시
    public void print() {
        for (BigChar bc: bigchars) {
            bc.print();
```

```
        }
    }
}
```

그림 20-2 "1212123"에 대응하는 BigString 인스턴스의 모습

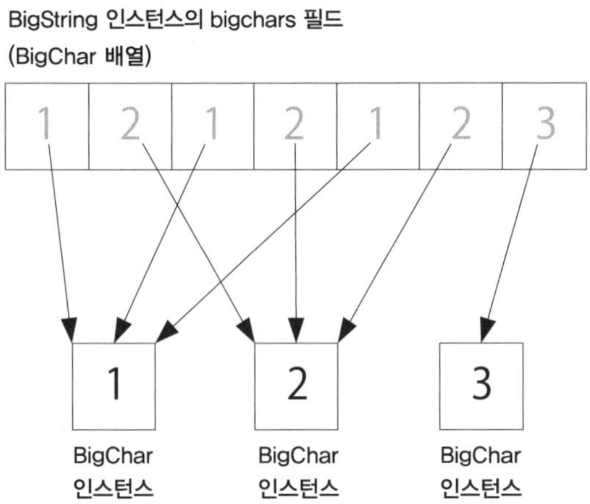

Main 클래스

Main 클래스(리스트 20-15)는 단순합니다. 인수로 주어진 문자열을 바탕으로 BigString 인스턴스를 만들고 이를 표시할 뿐입니다. 실행 결과는 생략합니다.

리스트 20-15 Main 클래스 (Main.java)

```
public class Main {
    public static void main(String[] args) {
        if (args.length == 0) {
            System.out.println("Usage: java Main digits");
            System.out.println("Example: java Main 1212123");
            System.exit(0);
        }

        BigString bs = new BigString(args[0]);
        bs.print();
    }
}
```

Flyweight 패턴의 등장인물

Flyweight 패턴의 등장인물은 다음과 같습니다.

◈ Flyweight(플라이급) 역

평소처럼 다루면 프로그램이 무거워지기 때문에, 공유하는 편이 나은 것을 나타냅니다. 예제 프로그램에서는 BigChar 클래스가 이 역할을 맡았습니다.

◈ FlyweightFactory(플라이급 공장) 역

Flyweight를 만드는 공장입니다. 이 공장을 사용하여 Flyweight를 만들면 인스턴스가 공유됩니다. 예제 프로그램에서는 BigCharFactory 클래스가 이 역할을 맡았습니다.

◈ Client(의뢰자) 역

FlyweightFactory를 사용하여 Flyweight를 만들어 내고 이용합니다. 예제 프로그램에서는 BigString 클래스가 이 역할을 맡았습니다.

그림 20-3 Flyweight 패턴의 클래스 다이어그램

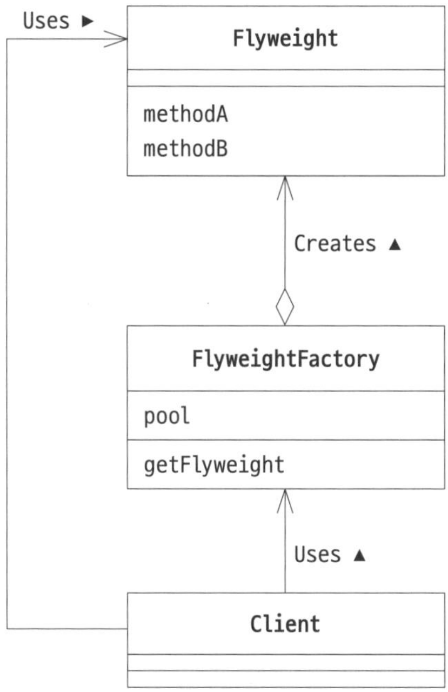

·주의· 여기서는 GoF 책(부록D [GoF] 참조)에 기재된 역할과는 조금 다르게 분류했습니다. GoF 책에는 ConcreteFlyweight와 UnsharedConcreteFlyweight가 등장합니다. GoF 책의 ConcreteFlyweight가 이 장에서 설명하는 Flyweight에 해당합니다. UnsharedConcreteFlyweight는 이번 예제 프로그램에는 등장하지 않습니다.

독자의 사고를 넓혀 주는 힌트

여러 장소에 영향을 미친다

Flyweight 패턴에서는 인스턴스를 '공유'하는 것이 주제입니다. 인스턴스를 공유할 때 어떤 점에 주의해야 할까요?

바로 떠오르는 것은 '공유하고 있는 것을 변경하면 여러 곳에 영향을 미친다'는 점입니다. 즉, 하나의 인스턴스를 변경하는 것만으로 해당 인스턴스를 사용하는 여러 곳에 동시에 변경 사항이 반영됩니다. 예제 프로그램에 등장한 `BigChar` 클래스에서 '3'의 `fontdata`를 변경했다면, `BigString`에서 사용되는 '3'의 글꼴은 모두 바뀝니다. 이렇게 여러 곳에 영향이 미치는 것이 항상 나쁜 것은 아니고, 프로그램이 다루는 문제에 따라 좋은 경우도 있고 그렇지 않은 경우도 있습니다. 어쨌든 공유에는 '하나를 변경한 것만으로 그것을 사용하는 모든 곳에 영향을 미친다'는 특성이 있습니다.

그러므로 Flyweight 역이 가질 정보는 잘 생각해서 골라야 합니다. 정말 여러 곳에서 공유해야 할 정보만 Flyweight 역이 갖게 하는 것이 좋습니다.

예를 보여 드리겠습니다. 예제 프로그램에 기능을 추가하고, '색이 있는 큰 문자열'을 사용하고자 합니다. 이때 '색' 정보는 어느 클래스가 갖게 해야 할까요?

우선 `BigChar`에 '색' 정보를 갖게 한다고 합시다. `BigChar` 인스턴스는 공유되므로 색 정보도 공유됩니다. 즉, `BigString`에서 사용되는 동일한 `BigChar` 인스턴스는 반드시 같은 색상을 갖게 됩니다. 혹은 `BigChar`가 아닌 `BigString`에 '색' 정보를 갖게 한다고 합시다. '세 번째 글자는 빨간색'과 같은 색 정보를 `BigString`이 관리하는 것입니다. 이런 경우에는 같은 `BigChar` 인스턴스라도 다른 색으로 지정할 수 있습니다.

이 두 방식 중 어느 쪽이 옳다고 단언할 수는 없습니다. 어떤 정보를 공유하고 어떤 정보를 공유하지 않을지는 클래스 사용 목적에 달려 있기 때문입니다. Flyweight 패턴으로 클래스를 설계하는 사람은 무엇을 공유해야 할지 잘 생각해야 합니다.

intrinsic과 extrinsic

앞 절에서 말한 '공유하는 정보/공유하지 않는 정보'에는 각각 아래와 같은 이름이 붙어 있습니다.

공유하는 정보는 intrinsic한 정보라고 합니다. intrinsic이란 '본래 갖춰진', '본질적인'이라는 뜻입니다. 즉, 그 인스턴스를 어디에 가지고 가도 어떤 상황에서도 변하지 않는 정보, 상태에 의존하지 않는 정보입니다. BigChar의 폰트 데이터는 BigString의 어디에 등장해도 변하지 않습니다. 따라서 BigChar의 폰트 데이터는 intrinsic한 정보입니다.

반면에, 공유하지 않는 정보를 extrinsic한 정보라고 합니다. extrinsic이란 '외부에서 온', '비본질적인'이라는 뜻입니다. 인스턴스 배치 장소에 따라 변경되는 정보, 상황에 따라 변화하는 정보, 상태에 의존하는 정보입니다. 배치하는 장소에 따라 변하는 정보를 공유할 수는 없습니다. 예를 들어, BigChar의 인스턴스가 BigString의 몇 번째 문자인가 하는 정보는 BigChar의 위치에 따라 달라지므로 BigChar가 가질 수 없습니다. 이 정보는 extrinsic한 정보라고 할 수 있습니다.

앞 절에서 예로 든 '색' 정보를 BigChar가 갖게 할 것인지 아닌지는 '색을 intrinsic한 정보로 다룰 것인가, extrinsic한 정보로 다룰 것인가'로 바꿔 말할 수 있습니다.

표 20-2 intrinsic한 정보와 extrinsic한 정보

intrinsic한 정보	장소나 상황에 의존하지 않으므로 공유 가능
extrinsic한 정보	장소나 상황에 의존하므로 공유 불가능

관리되는 인스턴스는 가비지 컬렉션되지 않는다 Java

BigCharFactory에서는 java.util.HashMap을 이용해서 생성한 BigChar의 인스턴스를 관리합니다. 이처럼 '인스턴스를 관리'하는 기능을 Java에서 실현했을 때, 반드시 '관리되는 인스턴스는 가비지 컬렉션되지 않는다'는 점을 의식할 필요가 있습니다.

가비지 컬렉션에 대해 간단하게 설명하겠습니다. Java 프로그램은 new를 통해 메모리를 확보합니다. 메모리를 많이 확보하다 보면 도중에 메모리가 부족해집니다. 메모리가 부족해지면 Java 프로그램을 동작시키는 가상 머신은 가비지 컬렉션이라는 처리를 시작합니다. 가비지 컬렉션은 메모리 공간(heap 영역)을 조사해, 사용되지 않는 인스턴스를 해제함으로써 메모리의 빈 영역을 늘리는 처리입니다. 가비지(garbage)는 '쓰레기', 컬렉션(collection)은 '수집'이란 뜻입니다. 요컨대 사용되지 않게 된 메모리를 쓰레기 수거 차량처럼 모

아서 재활용하는 것입니다.

가비지 컬렉션 기능 덕분에 Java 프로그래머는 일단 new한 인스턴스를 내버려 둘 수 있습니다. Java에서는 new로 생성한 인스턴스를 삭제할 방법이 없으며 할 필요도 없습니다.

여기서 핵심은 가비지 컬렉션은 '사용되지 않는 인스턴스를 해제한다'라고 한 부분입니다. 가비지 컬렉션을 할 때는 각 인스턴스에 대해 가비지 여부를 판정하는데, 다른 곳에서 참조되고 있는 인스턴스는 '사용 중'으로 간주하여 가비지로 판정하지 않습니다.

그런데 예제 프로그램을 보면, pool 필드로 BigChar 인스턴스를 관리하고 있습니다. 실제로 BigString 인스턴스에서 BigChar 인스턴스를 참조하지 않더라도, pool 필드로 관리되고 있으므로 쓰레기로 간주되지 않습니다. 그렇다는 것은 일단 한 번 만든 BigChar 클래스의 인스턴스는 계속 메모리에 남는다는 말입니다. 예제 프로그램은 문자열을 표시하고 바로 종료되므로 메모리가 부족해지지 않지만, 장시간 동작하는 프로그램이나 적은 메모리로 동작하는 프로그램을 설계할 경우에는 '관리되고 있는 인스턴스는 가비지 컬렉션되지 않는다'는 점을 기억해야 합니다.

인스턴스를 명시적으로 삭제할 수는 없지만, 인스턴스에 대한 참조를 없앨 수는 있습니다. 관리되는 인스턴스를 쓰레기(garbage)로 만들기 위해서는 명시적으로 참조를 없애 관리되지 않게 할 필요가 있습니다. 예를 들어, HashMap에서 해당 인스턴스를 포함하는 엔트리를 삭제하면 인스턴스에 대한 참조를 없앨 수 있습니다.

메모리 이외의 리소스

예제 프로그램에서는 인스턴스를 공유하면 메모리 사용량을 줄일 수 있다고 이야기했습니다. 더 일반적으로 말하자면, 인스턴스를 공유하면 인스턴스를 생성하는 데 필요한 **리소스**의 양을 줄일 수 있습니다. 리소스는 컴퓨터상의 자원이고 메모리는 리소스의 일종입니다.

시간도 자원의 일종입니다. 인스턴스를 new로 생성할 때 일정한 시간이 걸린다고 합시다. Flyweight 패턴을 사용하여 인스턴스를 공유하면 인스턴스를 새로 만드는 횟수를 줄일 수 있습니다. 이를 통해 프로그램 속도를 높일 수 있습니다.

파일 핸들(파일 디스크립터)이나 윈도 핸들 등도 자원의 일종입니다. OS에 따라서는 동시에 사용할 수 있는 파일 핸들이나 윈도우 핸들의 수에 제한이 있습니다. 그럴 때 인스턴스를 공유해 두지 않으면 이 제한에 걸려 프로그램이 동작하지 않을 위험이 있습니다.

static Factory Method

예제 프로그램의 `BigCharFactory` 클래스(리스트 20-13)에는 인스턴스를 얻기 위한 클래스 메소드(`static` 메소드)가 몇 개 등장했습니다.

`getInstance` 메소드는 유일한 인스턴스를 얻기 위한 것입니다(Singleton 패턴). `String.valueOf` 메소드는 특정 문자(`char`)에 대응하는 문자열 표현(`String`)을 얻기 위한 것입니다. 이들은 part 4에서도 접한 static Factory Method라고 할 수 있습니다.

관련 패턴

◆ Proxy 패턴(part 21)

Flyweight 패턴에서는 인스턴스를 생성하는 데 시간이 오래 걸리는 경우, 인스턴스 공유를 통해 처리 속도를 높입니다. Proxy 패턴에서는 대리인을 설정하여 처리 속도를 높입니다.

◆ Composite 패턴(part 11)

Flyweight 패턴을 사용하여 Composite 패턴의 Leaf 역을 공유할 수 있습니다.

◆ Singleton 패턴(5장)

FlyweightFactory 역은 Singleton 패턴이 되는 경우가 있습니다. 또한 Singleton 패턴의 Singleton 역은 인스턴스를 하나만 만들기 때문에 인스턴스가 사용되는 모든 곳에서 공유됩니다. Singleton 역의 인스턴스에는 intrinsic한 정보만 있습니다.

이 장에서 학습한 내용

이 장에서는 메모리 소비를 줄이고자 인스턴스를 공유(share)하는 Flyweight 패턴을 학습했습니다. 공유하는 인스턴스를 변경하면 여러 곳에 영향을 미칩니다. 그러므로 공유해야 할 intrinsic한 정보와 공유하면 안 되는 extrinsic한 정보를 의식해서 구별해야 합니다.

연습 문제

해답은 부록A (518페이지)

문제 20-1

예제 프로그램의 BigString 클래스(리스트 20-14)에 다음과 같은 생성자를 추가합니다.

```
BigString(String string, boolean shared)
```

shared가 true이면 BigChar를 공유하고 false이면 공유하지 않습니다.

문제 20-2

문제 20-1에서 수정한 BigString 클래스(리스트 A20-1)를 사용하여 BigChar 인스턴스를 공유할 때와 공유하지 않을 때의 메모리 소비량을 비교하세요.

·참고· 현재 사용하는 메모리 소비량은 다음 과정으로 어느 정도 알 수 있습니다. 메모리 소비량을 가능한 한 정확하게 구하고자 gc 메소드를 이용해 가비지 컬렉션을 직접 요청합니다.

```
Runtime.getRuntime().gc();
long used = Runtime.getRuntime().totalMemory() - Runtime.getRuntime().freeMemory();
System.out.println("사용 메모리 = " + used);
```

문제 20-3

예제 프로그램의 BigCharFactory 클래스(리스트 20-13)에서는 getBigChar 메소드가 synchronized 메소드로 되어 있습니다. synchronized 메소드로 만든 경우와 그렇지 않는 경우의 차이는 무엇일까요?

PART 21 Proxy

필요해지면 만든다

Proxy 패턴

이 장에서는 Proxy 패턴에 관해서 학습합니다. proxy란 '대리인'이라는 뜻입니다. 대리인이란 일을 해야 할 본인을 대신하는 사람입니다. 본인이 아니어도 할 수 있는 일을 맡기고자 대리인을 내세웁니다. 대리인은 어디까지나 대리에 불과하므로 할 수 있는 일에는 한계가 있습니다. 대리인이 할 수 있는 범위를 넘어서는 일을 해야 한다면 대리인은 본인이 있는 곳으로 가서 상담해야 합니다.

객체지향에서는 '본인'도 '대리인'도 객체(오브젝트)가 됩니다. 바빠서 그 일을 할 수 없는 본인 객체를 대신해서 대리인 객체가 (어느 정도) 일을 처리하게 됩니다.

예제 프로그램

Proxy 패턴을 사용한 예제 프로그램을 살펴봅시다.

이번에 만들 예제 프로그램은 '이름 붙인 프린터'입니다. 프린터라고 하지만 실제로는 화면에 문자열을 표시하기만 합니다. `Main` 클래스는 `PrinterProxy` 클래스의 인스턴스(대리인)를 생성합니다. 그 인스턴스에 '`Alice`'라고 이름 붙이고 그 이름을 표시합니다. 그런 다음 '`Bob`'이라는 이름으로 변경하고 이름을 표시합니다. 이름 설정이나 취득에서는 아직 진짜 `Printer` 클래스의 인스턴스(본인)는 생성되지 않았습니다. 이름을 설정하고 취득하는 부분은 `PrinterProxy` 클래스가 대리로 실시합니다. 마지막으로 `print` 메소드를 호출해, 실제로 프린트하는 단계가 되어서야 비로소 `PrinterProxy` 클래스는 `Printer` 클래스의 인스턴스를 생성합니다. 클래스 다이어그램은 그림 21-1에, 시퀀스 다이어그램은 그림 21-2에 나타냈습니다.

`PrinterProxy` 클래스와 `Printer` 클래스를 동일시하기 위해 `Printable`이라는 인터페이스가 정의되어 있습니다.

여기에서는 `Printer` 클래스의 인스턴스 생성에 시간이 오래 걸린다는 전제로 프로그램을 작성합니다. 시간이 걸린다는 것을 표현하고자 생성자에서 `heavyJob`이라는 메소드를 호출하여 일부러 '무거운 작업'을 시킵니다(무거운 작업이라고 해도 `heavyJob` 메소드는 약 5초 정도의 시간을 벌고 있을 뿐입니다).

표 21-1 클래스 및 인터페이스 목록

이름	해설
Printer	이름 붙인 프린터를 나타내는 클래스(본인)
Printable	Printer와 PrinterProxy의 공통 인터페이스
PrinterProxy	이름 붙인 프린터를 나타내는 클래스(대리인)
Main	동작 테스트용 클래스

그림 21-1 예제 프로그램의 클래스 다이어그램

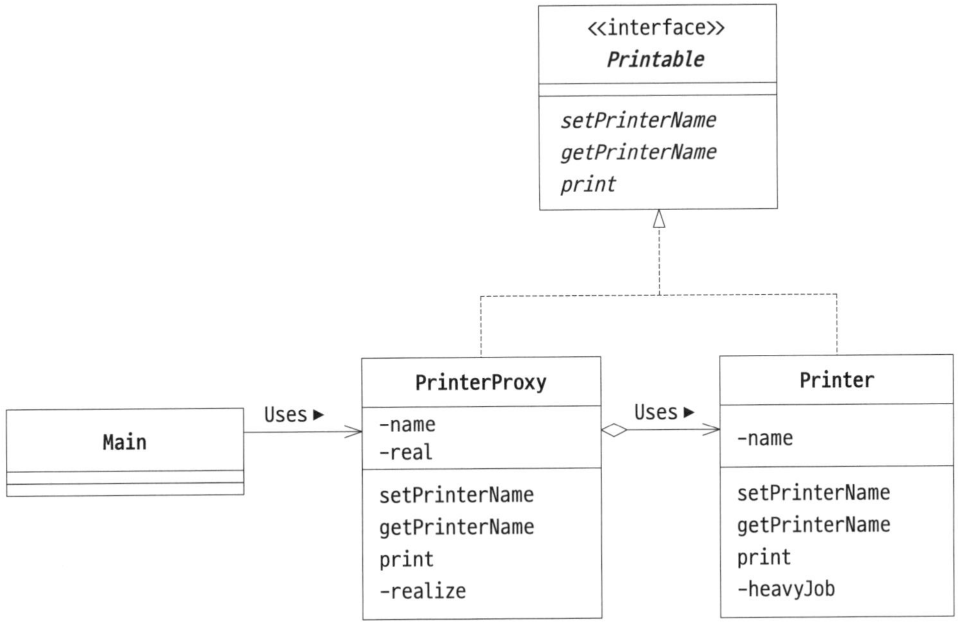

그림 21-2 예제 프로그램의 시퀀스 다이어그램

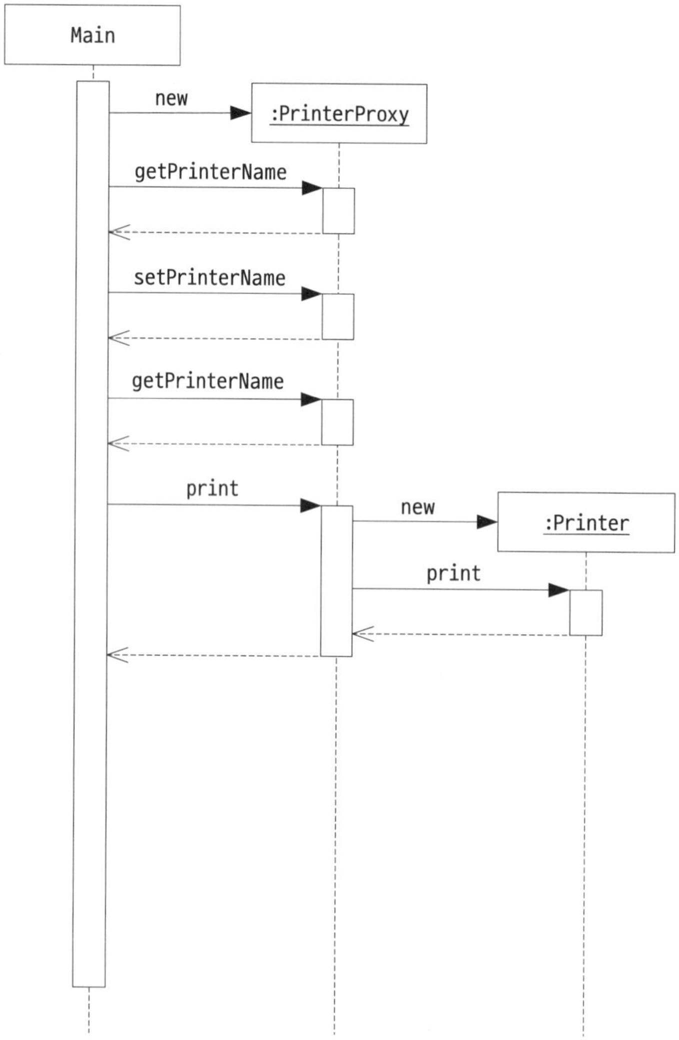

Printer 클래스

Printer 클래스(리스트 21-1)는 '본인'을 나타내는 클래스입니다. 생성자에서는 앞서 말한 것처럼 가짜 '무거운 작업'인 heayJob을 실행하고 있습니다. setPrinterName은 이름을 설정하는 메소드, getPrinterName은 이름을 얻는 메소드입니다. print 메소드는 프린터 이름을 붙여서 문자열을 표시합니다. heavyJob 메소드는 실행에 5초나 걸리는 무거운 작업을 나타냅니다. 1초(1000밀리초)에 한번 마침표(.)를 표시합니다.

Proxy 패턴의 중심은 PrinterProxy 클래스에 있습니다. Printer 클래스에는 특별히 어려운 점이 없습니다.

리스트 21-1 Printer 클래스 (Printer.java)

```
public class Printer implements Printable {
    private String name; // 이름

    // 생성자
    public Printer() {
        heavyJob("Printer 인스턴스 생성 중");
    }

    // 생성자(이름 지정)
    public Printer(String name) {
        this.name = name;
        heavyJob("Printer 인스턴스(" + name + ") 생성 중");
    }

    // 이름 설정
    @Override
    public void setPrinterName(String name) {
        this.name = name;
    }

    // 이름 취득
    @Override
    public String getPrinterName() {
        return name;
    }

    // 이름 붙여서 표시
    @Override
    public void print(String string) {
        System.out.println("=== " + name + " ===");
        System.out.println(string);
    }

    // 무거운 작업이라고 가정
    private void heavyJob(String msg) {
        System.out.print(msg);
        for (int i = 0; i < 5; i++) {
            try {
                Thread.sleep(1000);
            } catch (InterruptedException e) {
            }
```

```
                System.out.print(".");
            }
            System.out.println("완료");
        }
}
```

Printable 인터페이스

Printable 인터페이스(리스트 21-2)는 PrinterProxy 클래스와 Printer 클래스를 동일시하기 위한 것입니다. setPrinterName 메소드는 이름 설정, getPrinterName 메소드는 이름 취득, 그리고 print 메소드는 프린트 아웃(문자열 표시)을 위한 것입니다.

리스트 21-2 Printable 인터페이스 (Printable.java)

```
public interface Printable {
    public abstract void setPrinterName(String name);      // 이름 설정
    public abstract String getPrinterName();               // 이름 취득
    public abstract void print(String string);             // 문자열 표시(프린트 아웃)
}
```

PrinterProxy 클래스

PrinterProxy 클래스(리스트 21-3)는 대리인 역할을 하며, Printable 인터페이스를 구현합니다. name 필드는 이름을 저장하고 real 필드는 '본인'을 저장합니다. 생성자에서는 이름을 설정합니다(이 시점에서는 아직 '본인'이 만들어지지 않습니다).

setPrinterName 메소드는 새로 이름을 설정합니다. 만약 real이 null이 아니라면(즉, '본인'이 이미 만들어졌더라면) 본인에 대해서도 그 이름을 설정합니다. 하지만 real이 null이면(즉, '본인'이 아직 만들어지지 않았다면), 그냥 자신(PrinterProxy의 인스턴스)의 name 필드에 이름을 설정할 뿐입니다.

getPrinterName 메소드는 자신의 name 필드 값을 반환합니다.

print 메소드는 대리인이 할 수 있는 범위를 넘어서는 처리이므로, realize 메소드를 호출하여 본인을 생성합니다. realize란 '현실화한다'는 의미입니다. realize 메소드를 실행한 후 real 필드에는 본인(Printer 클래스의 인스턴스)이 저장되어 있으므로 real.print를 호출합니다. 이는 '위임'입니다.

setPrinterName이나 getPrinterName을 여러 번 호출해도 Printer 인스턴스는 생성되지 않습니다. Printer

인스턴스 '본인'이 정말로 필요할 때 생성됩니다(본인이 생성되어 있는지는 PrinterProxy의 이용자는 전혀 알 수 없고 신경 쓸 필요도 없습니다).

realize 메소드는 단순합니다. real 필드가 null이면 new Printer를 통해 Printer 인스턴스를 생성합니다. 만약 real 필드가 null이 아니면(즉, 이미 만들어져 있으면) 아무 일도 하지 않습니다.

기억해 두어야 하는 것은 Printer 클래스는 PrinterProxy의 존재를 모른다는 것입니다. 자신이 PrinterProxy를 경유해서 호출되는지, 아니면 직접 호출되는지 Printer 클래스는 모릅니다.

반면에 PrinterProxy 클래스는 Printer 클래스를 알고 있습니다. 왜냐하면 PrinterProxy 클래스의 real 필드는 Printer형이고, PrinterProxy 클래스의 소스 코드 안에는 Printer라는 클래스 이름이 쓰여 있기 때문입니다. PrinterProxy 클래스는 Printer 클래스와 고정적으로 결합된 부품인 것입니다(이를 분리하는 방법에 관해서는 연습 문제 21-1에서 생각해 보겠습니다).

주의 깊게 살펴본 독자라면 setPrinterName 메소드와 realize 메소드가 synchronized로 되어 있다는 것을 알아차렸을 것입니다. 그 이유도 연습 문제 21-2에서 생각해 보겠습니다.

리스트 21-3 PrinterProxy 클래스 (PrinterProxy.java)

```
public class PrinterProxy implements Printable {
    private String name;            // 이름
    private Printer real;           // '본인'

    // 생성자
    public PrinterProxy() {
        this.name = "No Name";
        this.real = null;
    }

    // 생성자(이름 지정)
    public PrinterProxy(String name) {
        this.name = name;
        this.real = null;
    }

    // 이름 설정
    @Override
    public synchronized void setPrinterName(String name) {
        if (real != null) {
            // '본인'에게도 설정한다
            real.setPrinterName(name);
```

```
        }
        this.name = name;
    }

    // 이름 취득
    @Override
    public String getPrinterName() {
        return name;
    }

    // 표시
    @Override
    public void print(String string) {
        realize();
        real.print(string);
    }

    // 본인 생성
    private synchronized void realize() {
        if (real == null) {
            real = new Printer(name);
        }
    }
}
```

Main 클래스

Main 클래스(리스트 21-4)는 PrinterProxy를 경유해서 Printer를 이용하는 클래스입니다. 이 클래스는 처음에 PrinterProxy를 생성하고, getPrinterName으로 이름을 표시합니다. 그런 다음 setPrinterName으로 이름을 설정합니다. 그리고 마지막으로 print로 "Hello,world."라고 표시합니다.

실행 결과(그림 21-3)를 보면서 이름을 설정하고 표시하는 동안에는 Printer 인스턴스(본인)가 생성되지 않고, print 메소드를 호출한 후에 생성되는 것을 확인하십시오.

리스트 21-4 Main 클래스 (Main.java)

```
public class Main {
    public static void main(String[] args) {
        Printable p = new PrinterProxy("Alice");
        System.out.println("이름은 현재 " + p.getPrinterName() + "입니다.");
```

```java
        p.setPrinterName("Bob");
        System.out.println("이름은 현재 " + p.getPrinterName() + "입니다.");
        p.print("Hello, world.");
    }
}
```

그림 21-3 실행 결과

```
이름은 현재 Alice입니다.
이름은 현재 Bob입니다.
Printer 인스턴스(Bob) 생성 중..... 완료
=== Bob ===
Hello, world.
```

Proxy 패턴의 등장인물

Proxy 패턴의 등장 인물은 다음과 같습니다.

◈ Subject(본인) 역

Proxy와 RealSubject를 동일시하기 위한 인터페이스(API)를 정의합니다. Subject 덕분에 Client는 Proxy와 RealSubject의 차이를 의식할 필요가 없습니다. 예제 프로그램에서는 `Printable` 인터페이스가 이 역할을 맡았습니다.

◈ Proxy(대리인) 역

Client의 요청을 최대한 처리합니다. 만약 자기 혼자서 처리할 수 없다면, Proxy는 RealSubject에 처리를 맡깁니다. Proxy는 정말로 RealSubject가 필요할 때 RealSubject를 생성합니다. Proxy는 Subject에 정의된 인터페이스(API)를 구현합니다. 예제 프로그램에서는 `PrinterProxy` 클래스가 이 역할을 맡았습니다.

◈ RealSubject(실제 본인) 역

'대리인'인 Proxy만으로 감당할 수 없을 때 등장하는 것이 '본인'인 RealSubject입니다. 이 역할도 Proxy처럼 Subject에서 정의한 인터페이스(API)를 구현합니다. 예제 프로그램에서는 `Printer` 클래스가 이 역할을 맡았습니다.

◆ Client(의뢰인) 역

Proxy 패턴을 이용하는 역입니다(GoF 책(부록D [GoF] 참조)에서 Client는 Proxy 패턴에 포함되어 있지 않습니다). 예제 프로그램에서는 `Main` 클래스가 이 역할을 맡았습니다.

그림 21-4 Proxy 패턴의 클래스 다이어그램

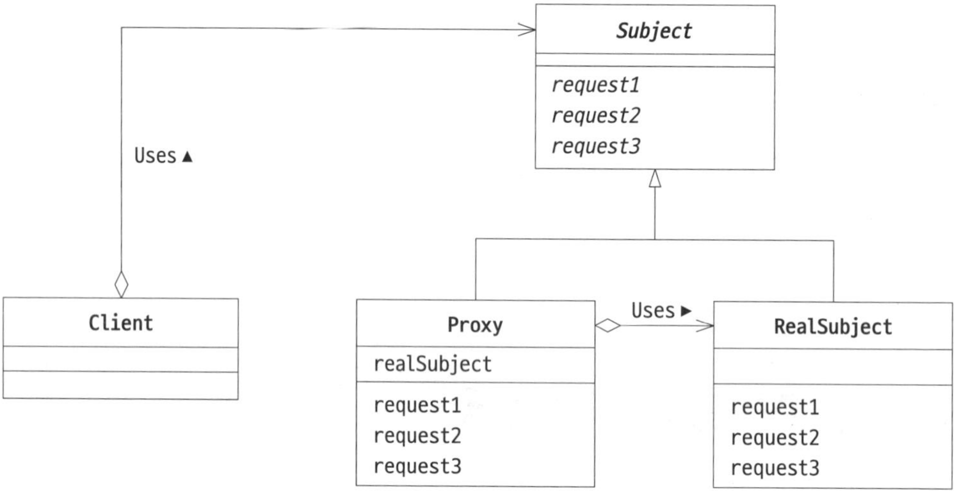

독자의 사고를 넓혀 주는 힌트

대리인을 사용해 속도 올리기

Proxy 패턴에서는 Proxy 역할이 대리인이 되어 가능한 한 처리를 대신합니다. 예를 들어, 예제 프로그램에서는 Proxy를 사용함으로써 실제로 `print` 할 때까지 무거운 처리(인스턴스 생성)를 늦출 수 있었습니다.

이 예제 프로그램에서는 무거운 처리라고 해봐야 뻔한 일이라서 고마움을 크게 느낄 수 없었지만, 초기화에 시간이 걸리는 기능이 많은 대규모 시스템을 생각해 보세요. 시작 시점에 이용하지 않는 기능까지 전부 초기화해 버리면 애플리케이션 시작 시간이 길어집니다. 이러면 사용자가 불만을 느끼게 됩니다. 실제로 그 기능을 사용하는 단계가 되었을 때 초기화하는 편이 사용자의 스트레스를 줄일 수 있습니다.

GoF 책(부록D [GoF] 참조)에서는 Proxy 패턴의 예로 문서 안에 그래픽 객체(이미지 등)를 삽입한 문서 편집기를 보여 줍니다. 그래픽 객체를 생성하려면 이미지 파일을 불러오는 등 시간이 오래 걸릴 수 있기 때문에, 문서를 열 때 모든 그래픽 객체를 생성하는 것은 시간 낭비입니다. 각각의 그래픽 객체를 화면에 표시할 때가 되었을 때 생성하는 것이 좋겠지요. Proxy 패턴은 그런 경우에 위력을 발휘합니다.

대리인과 본인을 나눌 필요가 있을까?

`PrinterProxy` 클래스와 `Printer` 클래스로 나누지 않고 `Printer` 클래스 안에 처음부터 지연 평가 기능(필요할 때 인스턴스를 생성하는 기능)을 넣어 둘 수도 있습니다. 그러나 Proxy 역과 RealSubject 역을 분리함으로써 프로그램이 부품화되면 개별적으로 수정할 수 있습니다(분할해서 통치하라!).

`PrinterProxy` 클래스의 구현을 바꾸면 `Printable` 인터페이스에 선언된 메소드 중 무엇을 대리인이 처리하고 무엇을 본인이 처리할지 변경할 수 있습니다. 게다가 그런 변경을 아무리 하더라도 `Printer` 클래스를 수정할 필요가 전혀 없습니다. 지연 평가를 전혀 하지 않으려면, `Main` 클래스에서 `PrinterProxy` 클래스의 인스턴스를 생성(`new`)하지 않고 `Printer` 클래스의 인스턴스를 생성(`new`)하면 됩니다. `PrinterProxy`와 `Printer` 클래스는 모두 `Printable` 인터페이스를 구현하므로, `Main` 클래스는 안심하고 `PrinterProxy`와 `Printer`를 전환해서 사용할 수 있습니다.

`PrinterProxy` 클래스는 'Proxy 역'이라는 기능을 표현하고 있습니다. 그래서 그 기능을 이용할지 이용하지 않을지의 선택은 `PrinterProxy`를 사용할지 사용하지 않을지로 표현됩니다.

대리와 위임

대리인 혼자 처리할 수 있는 작업은 대리인이 처리합니다. 하지만, 대리인이 처리할 수 없는 경우에는 처리할 수 있는 본인에게 '맡깁니다'. '맡긴다'는 것은 이 책 곳곳에서 등장하는 '위임'을 말합니다. `PrinterProxy` 클래스의 `print`에서 `real.print`를 호출하는 부분이 바로 그 '위임'입니다. 원래 현실 세계에서는 본인이 대리인에게 책임을 위임하는데, 디자인 패턴에서는 반대로 되어 있습니다.

투과적이란?

`PrinterProxy` 클래스와 `Printer` 클래스는 같은 `Printable` 인터페이스를 구현합니다. `Main` 클래스는 실제로 호출하는 곳이 `PrinterProxy` 클래스이든 `Printer` 클래스이든 상관하지 않습니다. `Printer`를 직접 이용해도, 중간에 `PrinterProxy`가 들어가도 문제없이 사용할 수 있습니다.

이 경우 `PrinterProxy` 클래스는 '투과적'이라고 말할 수 있습니다. 여러분과 그림 사이에 투명한 유리판이 있어도 그림이 비쳐 보이는 것처럼 `Main` 클래스와 `Printer` 클래스 사이에 `PrinterProxy` 클래스가 있어도 문제가 없습니다.

HTTP 프록시

프록시라고 하면 HTTP 프록시를 떠올리는 사람도 있을 것입니다. HTTP 프록시는 HTTP 서버(웹 서버)와 HTTP 클라이언트(웹 브라우저) 사이에서 웹 페이지 캐싱 등을 하는 소프트웨어입니다. 이것도 Proxy 패턴을 적용해서 생각할 수 있습니다. HTTP 프록시에는 많은 기능이 있기 때문에, 여기서는 한 예로 페이지 캐싱(caching)에 대해서 설명하겠습니다.

웹 브라우저가 있는 웹 페이지를 표시할 때 일일이 원격지에 있는 웹 서버에 접속해서 그 페이지를 가져오는 것이 아니라, HTTP 프록시가 캐싱해 놓은 페이지를 대신 가져옵니다. 최신 정보가 필요할 때나 웹 페이지의 유효 기간이 지났을 때 비로소 웹 서버로 웹 페이지를 가지러 갑니다.

여기서는 웹 브라우저가 Client 역, HTTP 프록시가 Proxy 역, 그리고 웹 서버가 RealSubject 역을 맡고 있습니다.

다양한 Proxy

Proxy 패턴에는 다양한 종류가 있습니다.

Virtual Proxy(가상 프록시)

Virtual Proxy는 이 장에서 소개한 Proxy 패턴입니다. 실제로 인스턴스가 필요한 시점에서 생성 및 초기화합니다.

Remote Proxy(원격 프록시)

Remote Proxy는 RealSubject 역이 네트워크 저편에 있음에도 불구하고 마치 자기 옆에 있는 것처럼(투과적으로) 메소드를 호출할 수 있습니다. Java RMI(Remote Method Invocation: 원격 메소드 호출) 등이 여기에 해당합니다.

Access Proxy(보호 프록시)

Access Proxy는 RealSubject 역의 기능에 대해 접근 제한을 설정합니다. 지정된 사용자라면 메소드 호출을 허가하지만, 나머지는 오류가 되도록 처리하는 프록시입니다.

관련 패턴

◈ Adapter 패턴(part 2)

Adapter 패턴에서는 인터페이스(API)가 다른 객체 사이를 메우는 역할을 합니다. 반면에, Proxy 패턴에서는 Proxy와 RealSubject의 인터페이스(API)가 다르지 않습니다(투과적).

◈ Decorator 패턴(part 12)

Decorator 패턴과 Proxy 패턴은 모두 투과적인 인터페이스(API)를 사용하고 있어 매우 비슷하지만, 이 두 패턴의 목적은 다릅니다. Decorator 패턴의 목적은 새로운 기능을 추가하는 것이지만, Proxy 패턴의 목적은 새로운 기능을 추가하는 것보다는 본인의 작업을 위임하여 본인에 대한 액세스를 줄이는 것입니다.

이 장에서 학습한 내용

이 장에서는 본인이 필요해질 때까지 대리인에게 일을 맡기는 Proxy 패턴에 관하여 학습했습니다.

연습 문제

해답은 부록A (522페이지)

문제 21-1 Java

예제 프로그램에서 PrinterProxy 클래스(리스트 21-3)는 Printer 클래스(리스트 21-1)를 알고 있습니다. 즉, PrinterProxy 클래스 안에서 Printer라는 클래스 이름을 직접 사용합니다. PrinterProxy 클래스가 Printer 클래스를 '몰라도 상관없도록' PrinterProxy 클래스를 수정하세요.

·힌트· 여러 가지 방법이 있지만, PrinterProxy 클래스의 생성자에 클래스 이름을 문자열로 전달해 봅시다.

문제 21-2 Java

PrinterProxy 클래스(리스트 21-3)에서는 setPrinterName 메소드와 realize 메소드가 synchronized 메소드로 되어 있습니다. synchronized 메소드로 하지 않았을 때 일어날 오류를 예로 들어 보세요.

PART 22 Command

명령을 클래스로 표현한다

Command 패턴

클래스는 자기 자신이나 다른 클래스의 메소드를 호출해서 일을 처리합니다. 메소드를 호출한 결과는 객체 상태에 반영되지만, 일한 이력은 어디에도 남지 않습니다.

이럴 때 '이 일을 처리하시오'라는 '명령'을 표현하는 클래스가 있으면 편리합니다. 처리하고 싶은 일을 '메소드 호출'이라는 동적인 처리로 표현하지 않고, 명령을 나타내는 클래스의 인스턴스라는 하나의 '객체'로 표현할 수 있습니다. 이력을 관리하고 싶을 때는 해당 인스턴스의 집합을 관리하면 됩니다. 명령의 집합을 저장해 두면 같은 명령을 재실행할 수도 있고, 여러 명령을 모아서 새로운 명령으로 재이용할 수도 있을 것입니다.

디자인 패턴에서는 이러한 '명령'에 Command 패턴이라는 이름을 붙였습니다(command는 '명령'이라는 뜻입니다). Command는 Event라고 불리는 경우도 있습니다(event는 '사건'이라는 뜻입니다). '이벤트 구동형 프로그래밍(event driven programming)'에서 사용되는 '이벤트'와 같은 의미입니다. 마우스 클릭이나 키 입력 등의 이벤트가 일어났을 때, 그 사건을 일단 인스턴스라는 '객체'로 만들어 두고, 발생 순서대로 대기 행렬에 나열합니다. 그리고 나열된 이벤트를 순서대로 처리해 나갑니다. GUI(Graphical User Interface) 관련 프로그래밍에서는 '이벤트'가 자주 등장합니다.

이 장에서는 '명령'을 다루는 Command 패턴에 대해 알아보겠습니다.

예제 프로그램

Command 패턴을 사용한 예제 프로그램을 살펴봅시다. 이번에 만들 예제 프로그램은 간단한 그림 그리기 소프트웨어입니다. 마우스를 드래그하면 빨간색 점으로 된 선이 그려지고, [clear] 버튼을 누르면 모든 점이 사라집니다.

사용자가 마우스를 드래그할 때마다 '이 위치에 점을 그리시오'라는 명령이 `DrawCommand` 클래스의 인스턴스로 생성됩니다. 이 인스턴스를 저장하면 필요에 따라 점을 다시 그릴 수 있습니다.

그림 22-1 실행 결과

예제 프로그램에 등장하는 클래스와 인터페이스의 목록은 표 22-1과 같습니다. 예제 프로그램은 세 가지 패키지로 나누어져 있습니다.

표 22-1 클래스 및 인터페이스 목록

패키지	이름	설명
command	Command	'명령'을 표현하는 인터페이스
command	MacroCommand	'복수의 명령을 모은 명령'을 표현하는 클래스
drawer	DrawCommand	'점 그리기 명령'을 표현하는 클래스
drawer	Drawable	'그리는 대상'을 표현하는 인터페이스
drawer	DrawCanvas	'그리는 대상'을 구현하는 클래스
이름 없음	Main	동작 테스트용 클래스

command 패키지에는 '명령'에 관한 것을, drawer 패키지에는 '그리기'에 관한 것을 모아 두었습니다. Main 클래스는 이름 없는(unnamed) 패키지에 넣습니다.

그림 22-2 예제 프로그램의 클래스 다이어그램

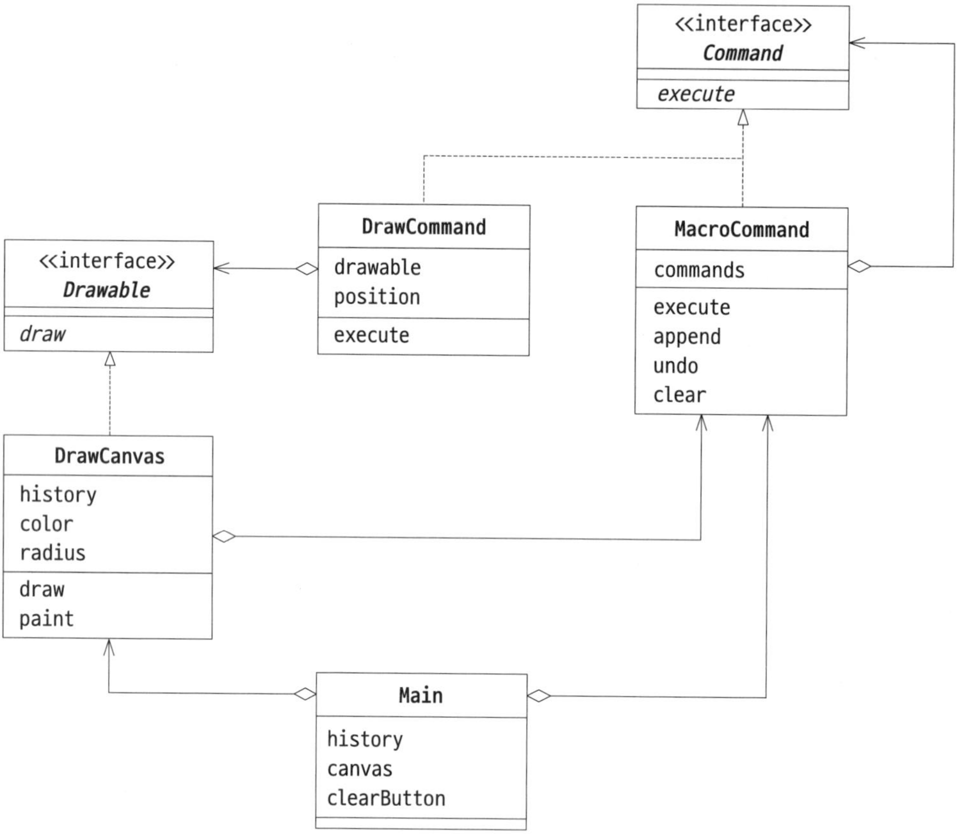

Command 인터페이스

Command 인터페이스(리스트 22-1)는 '명령'을 나타냅니다. 이 인터페이스에는 단 하나의 메소드 execute가 있습니다(execute는 '실행하다'라는 뜻입니다). execute 메소드를 호출했을 때 구체적으로 무슨 일이 일어날지는 Command 인터페이스를 구현한 클래스가 결정하는데, 어쨌든 무언가를 '실행'하는 것이 Command 인터페이스입니다.

리스트 22-1 Command 인터페이스 (Command.java)

```
package command;

public interface Command {
    public abstract void execute();
}
```

MacroCommand 클래스

MacroCommand 클래스(리스트 22-2)는 '복수의 명령을 모은 명령'을 나타냅니다. 이 클래스는 Command 인터페이스를 구현합니다. MacroCommand의 macro는 '크다'라는 뜻인데 프로그래밍에서는 일반적으로 여러 명령을 모은 것을 의미합니다.

MacroCommand 클래스의 commands 필드는 java.util.Deque 인터페이스형으로, 여러 Command의 인스턴스를 모아 두기 위한 것입니다. Deque는 double ended que(양단 큐) 데이터 구조를 나타내는 인터페이스로, 여기서는 push와 pop을 할 수 있는 스택으로 사용합니다. 실제로 commands 필드에 대입되는 것은 ArrayDeque의 인스턴스입니다. 또한, Java에는 스택을 표현하는 java.util.Stack 클래스가 있지만, Java Collection Framework에 포함되지 않은 오래된 클래스라서 사용하지 않습니다.

MacroCommand 클래스는 Command 인터페이스를 구현하므로 execute 메소드가 정의되어 있습니다. execute 메소드에서는 복수 명령을 실행합니다. 즉, commands 필드에 저장된 각 인스턴스의 execute 메소드를 호출해 주면 됩니다. 이렇게 하면 자신이 가진 여러 Command를 모두 실행한 셈이 됩니다. 어쩌면 이 for 루프에서 실행하려는 Command가 새로운 MacroCommand의 인스턴스일 수도 있습니다. 그런 경우에도 다시 그 인스턴스의 execute가 호출되므로 결국 모든 Command가 실행됩니다.

append 메소드는 이 MacroCommand의 인스턴스에 새로운 Command의 인스턴스를 추가하는 메소드입니다. 추가되는 Command의 인스턴스는 다른 MacroCommand의 인스턴스일 수도 있습니다. 실수로 자기 자신을 push해 버리면 execute 메소드가 영원히 끝나지 않으므로, 인수를 체크합니다(이 체크는 간단합니다).

undo 메소드는 마지막으로 추가한 Command의 인스턴스를 삭제하는 메소드입니다. 여기서 사용하는 pop 메소드는 마지막에 push 메소드로 추가한 요소를 꺼냅니다. clear 메소드는 모든 명령을 삭제하는 메소드입니다.

리스트 22-2 MacroCommand 클래스 (MacroCommand.java)

```
package command;

import java.util.ArrayDeque;
import java.util.Deque;

public class MacroCommand implements Command {
    // 명령의 배열
    private Deque<Command> commands = new ArrayDeque<>();

```

```
    // 실행
    @Override
    public void execute() {
        for (Command cmd: commands) {
            cmd.execute();
        }
    }

    // 추가
    public void append(Command cmd) {
        if (cmd == this) {
            throw new IllegalArgumentException("infinite loop caused by append");
        }
        commands.push(cmd);
    }

    // 마지막 명령을 삭제
    public void undo() {
        if (!commands.isEmpty()) {
            commands.pop();
        }
    }

    // 전부 삭제
    public void clear() {
        commands.clear();
    }
}
```

DrawCommand 클래스

DrawCommand 클래스(리스트 22-3)는 Command 인터페이스를 구현한 클래스로, '점을 그리는 명령'을 표현한 것입니다. 이 클래스에는 drawable과 position이라는 두 개의 필드가 있습니다. drawable 필드에는 그리기를 실행할 대상을 저장합니다(Drawable 인터페이스는 나중에 등장합니다). position 필드는 그리기를 실행할 위치를 나타냅니다. Point 클래스는 java.awt 패키지에 정의되어 있는 클래스로 X 좌표와 Y 좌표를 갖는 2차원 평면의 위치를 나타냅니다.

생성자에서는 Drawable 인터페이스를 구현한 클래스의 인스턴스와 Point 클래스의 인스턴스를 인수로 넘겨 필드에 대입합니다. 이것이 '이 위치에 점을 그리라'는 명령을 만드는 부분입니다.

execute 메소드에서는 drawable 필드의 draw 메소드를 호출합니다. 이것은 명령을 실행하는 부분입니다.

리스트 22-3 DrawCommand 클래스 (DrawCommand.java)

```java
package drawer;

import command.Command;
import java.awt.Point;

public class DrawCommand implements Command {
    // 그리는 대상
    protected Drawable drawable;

    // 그리는 위치
    private Point position;

    // 생성자
    public DrawCommand(Drawable drawable, Point position) {
        this.drawable = drawable;
        this.position = position;
    }

    // 실행
    @Override
    public void execute() {
        drawable.draw(position.x, position.y);
    }
}
```

Drawable 인터페이스

Drawable 인터페이스(리스트 22-4)는 '그리는 대상'을 나타냅니다. draw는 그리는 메소드입니다. 사양을 단순하게 만들었기 때문에, 예제 프로그램에서는 색을 지정하거나 그리는 점의 크기를 지정할 수 없습니다. 색 지정은 연습 문제 22-1에서 생각해 봅시다.

리스트 22-4 Drawable 인터페이스 (Drawable.java)

```java
package drawer;

public interface Drawable {
    public abstract void draw(int x, int y);
}
```

DrawCanvas 클래스

DrawCanvas 클래스(리스트 22-5)는 Drawable 인터페이스를 구현하는 클래스로, java.awt.Canvas 클래스의 하위 클래스입니다. 자신이 그려야 할 명령 집합은 history 필드에 저장됩니다. 이 필드의 형은 command.MacroCommand입니다.

생성자는 너비(width)와 높이(height) 및 드로잉 내용(history)을 받아서 DrawCanvas의 인스턴스를 초기화합니다. 이 안에서 호출하는 setSize나 setBackground 메소드는 java.awt.Canvas 클래스의 메소드로 각각 크기와 배경색을 지정합니다.

paint 메소드는 DrawCanvas를 다시 그릴 필요가 있을 때, Java 처리 시스템(java.awt 프레임워크)에서 호출되는 메소드입니다. 해야 할 처리는 history.execute를 호출하는 것뿐입니다. 이것만으로 history에 기록된 명령 집합이 다시 실행됩니다.

draw 메소드는 Drawable 인터페이스를 구현하고자 정의된 메소드입니다. 이 안에서 g.setColor로 색상을 지정하고 g.fillOval로 원을 표시합니다.

리스트 22-5 DrawCanvas 클래스 (DrawCanvas.java)

```
package drawer;

import command.MacroCommand;

import java.awt.Canvas;
import java.awt.Color;
import java.awt.Graphics;

public class DrawCanvas extends Canvas implements Drawable {
    // 그리는 색
    private Color color = Color.red;
    // 그리는 점의 반지름
    private int radius = 6;
    // 이력
    private MacroCommand history;

    // 생성자
    public DrawCanvas(int width, int height, MacroCommand history) {
        setSize(width, height);
        setBackground(Color.white);
        this.history = history;
```

```java
    }

    // 이력 전체 다시 그리기
    @Override
    public void paint(Graphics g) {
        history.execute();
    }

    // 그리기
    @Override
    public void draw(int x, int y) {
        Graphics g = getGraphics();
        g.setColor(color);
        g.fillOval(x - radius, y - radius, radius * 2, radius * 2);
    }
}
```

Main 클래스

Main 클래스(리스트 22-6)는 예제 프로그램을 실행하기 위한 클래스입니다.

history 필드는 그리기 이력을 저장합니다. 이것은 나중에 DrawCanvas의 인스턴스에 전달하는 것과 같습니다. 즉, 그리기 이력은 Main의 인스턴스와 DrawCanvas의 인스턴스에서 공유됩니다. canvas 필드는 그리는 영역입니다. 초기 크기는 400×400으로 지정했습니다. clearButton 필드는 그린 점을 지우는 삭제 버튼입니다. JButton 클래스는 javax.swing 패키지 클래스로 버튼을 표현한 것입니다. 생성자에서는 마우스 클릭 등의 이벤트를 받는 리스너(listener)를 설정하고 컴포넌트(부품)를 배치하고 있습니다.

버튼 레이아웃은 연습 문제에서 확장하기 위해 조금 복잡하게 만들었습니다. 우선 가로로 부품을 나열하는 buttonBox 상자를 만듭니다. 가로로 나열하기 위해 생성자에 BoxLayout.X_AXIS를 넘겨 줍니다. 그리고 buttonBox 위에 clearButton을 올립니다. 그런 다음 세로로 부품을 나열하는 mainBox 상자를 만들고 mainBox에 buttonBox와 canvas를 올립니다. 마지막으로 mainBox를 JFrame에 올립니다. java.awt.Frame에는 직접 컴포넌트를 올릴 수 있지만, javax.swing.JFrame에서는 getContentPane 메소드로 가져온 컨테이너에 컴포넌트를 올려야 합니다. 대략적인 레이아웃은 그림 22-3에 나타냈습니다.

그림 22-3 컴포넌트의 레이아웃

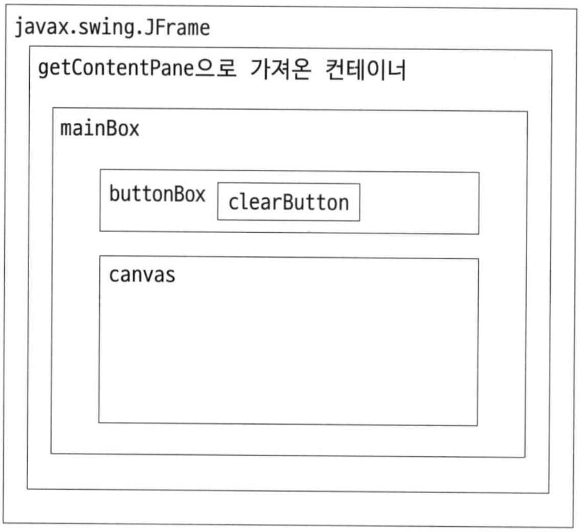

clearButton.addActionListener를 호출하는 곳에서는 람다식을 이용해 '그리기 이력을 지운 후에 다시 그리기' 처리를 설정했습니다. mouseMoved 및 mouseDragged 메소드는 MouseMotionListener 인터페이스를 구현한 것입니다. 여기서 마우스를 드래그할 때 (mouseDragged)에 '이 위치에 점을 그려라'라는 명령을 만들었습니다. 만든 명령은

```
history.append(cmd);
```

로 실행 이력에 추가한 후,

```
cmd.execute();
```

로 즉시 실행하고 있습니다.

window...로 시작하는 메소드 그룹은 WindowListener 인터페이스를 구현하기 위한 것입니다. 여기에서는 종료 처리(exit)만 구현했습니다. main 메소드에서는 Main 클래스의 인스턴스를 만들어 실행하고 있습니다. 시퀀스 다이어그램은 그림 22-4에 나타냈습니다.

리스트 22-6 Main 클래스 (Main.java)

```
import command.*;
import drawer.*;
```

```java

import java.awt.*;
import java.awt.event.*;
import javax.swing.*;

public class Main extends JFrame implements MouseMotionListener, WindowListener {
    // 그리기 이력
    private MacroCommand history = new MacroCommand();
    // 그리는 영역
    private DrawCanvas canvas = new DrawCanvas(400, 400, history);
    // 삭제 버튼
    private JButton clearButton  = new JButton("clear");

    // 생성자
    public Main(String title) {
        super(title);

        this.addWindowListener(this);
        canvas.addMouseMotionListener(this);
        clearButton.addActionListener(e -> {
            history.clear();
            canvas.repaint();
        });

        Box buttonBox = new Box(BoxLayout.X_AXIS);
        buttonBox.add(clearButton);
        Box mainBox = new Box(BoxLayout.Y_AXIS);
        mainBox.add(buttonBox);
        mainBox.add(canvas);
        getContentPane().add(mainBox);

        pack();
        setVisible(true);
    }

    // MouseMotionListener용
    @Override
    public void mouseMoved(MouseEvent e) {
    }

    @Override
    public void mouseDragged(MouseEvent e) {
        Command cmd = new DrawCommand(canvas, e.getPoint());
        history.append(cmd);
        cmd.execute();
    }
```

```java
    // WindowListener용
    @Override
    public void windowClosing(WindowEvent e) {
        System.exit(0);
    }

    @Override public void windowActivated(WindowEvent e) {}
    @Override public void windowClosed(WindowEvent e) {}
    @Override public void windowDeactivated(WindowEvent e) {}
    @Override public void windowDeiconified(WindowEvent e) {}
    @Override public void windowIconified(WindowEvent e) {}
    @Override public void windowOpened(WindowEvent e) {}

    public static void main(String[] args) {
        new Main("Command Pattern Sample");
    }
}
```

그림 22-4 예제 프로그램의 시퀀스 다이어그램

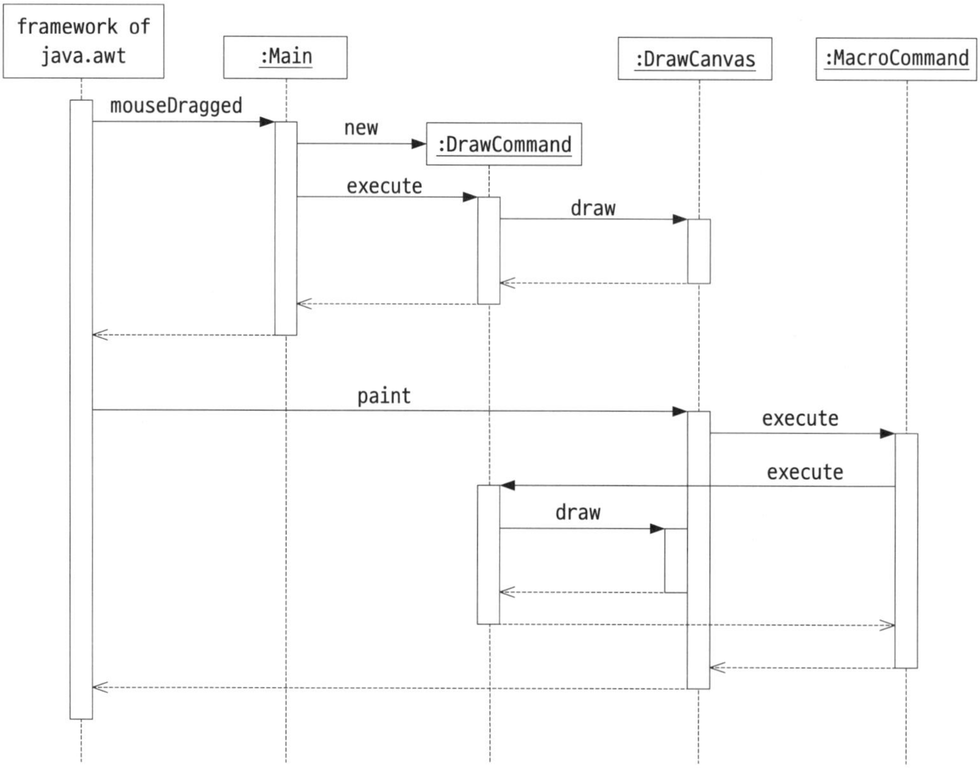

Command 패턴의 등장인물

Command 패턴의 등장인물은 다음과 같습니다.

◈ Command(명령) 역

명령의 인터페이스(API)를 정의합니다. 예제 프로그램에서는 `Command` 인터페이스가 이 역할을 맡았습니다.

◈ ConcreteCommand(구체적인 명령) 역

Command의 인터페이스(API)를 구현합니다. 예제 프로그램에서는 `MacroCommand` 클래스와 `DrawCommand` 클래스가 이 역할을 맡았습니다.

◈ Receiver(수신자) 역

Command가 명령을 실행할 때 대상이 됩니다. 명령의 수신자로 부를 수 있습니다. 예제 프로그램에서 `DrawCommand`의 명령을 받는 것은 `DrawCanvas` 클래스입니다.

◈ Client(의뢰자) 역

ConcreteCommand를 생성하고 그때 Receiver를 할당합니다. 예제 프로그램에서는 `Main` 클래스가 이 역할을 맡았습니다. `Main` 클래스는 마우스의 드래그에 맞추어 `DrawCommand`의 인스턴스를 생성하는데, 그때 Receiver 역으로서 `DrawCanvas`의 인스턴스를 생성자에 넘겨 줍니다.

◈ Invoker(호출자) 역

명령 실행을 시작합니다. Command에 정의된 인터페이스(API)를 호출합니다. 예제 프로그램에서는 `Main` 클래스와 `DrawCanvas` 클래스가 이 역할을 맡았습니다. 이 두 클래스는 `Command` 인터페이스의 `execute` 메소드를 호출합니다. `Main` 클래스는 Client 역과 Invoker 역을 모두 맡았습니다.

그림 22-5 Command 패턴의 클래스 다이어그램

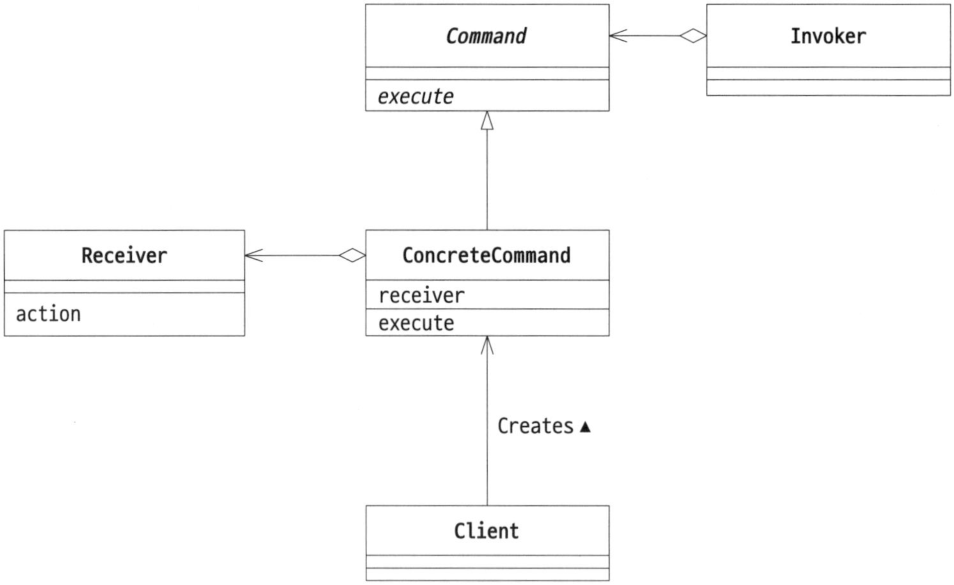

그림 22-6 Command 패턴의 시퀀스 다이어그램

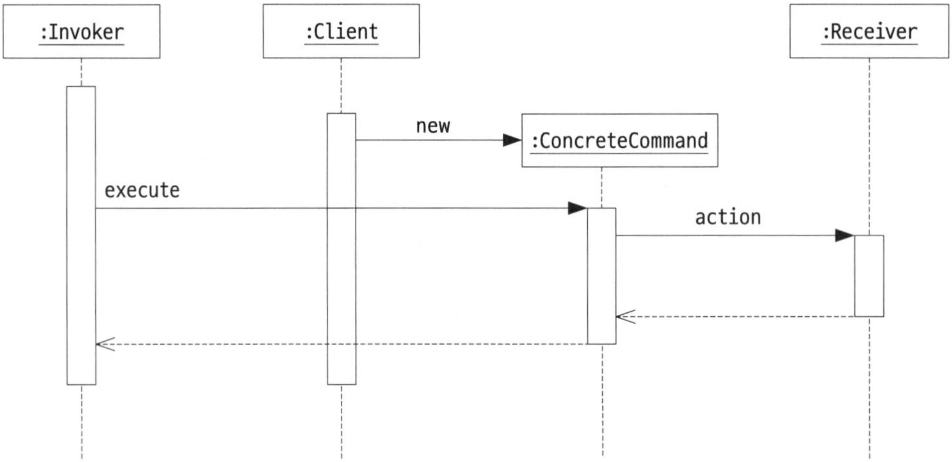

독자의 사고를 넓혀 주는 힌트

명령이 가져야 하는 정보는?

'명령'에 어느 정도의 정보를 갖게 할지는 목적에 따라 달라집니다. DrawCommand 클래스에는 그리는 점의 위치 정보만 있습니다. 점의 크기나 색상, 모양 등의 정보는 없습니다. DrawCommand가 '이벤트 발생 시각(타임스탬프)' 정보를 갖고 있다면, 다시 그릴 때 단순한 그리기가 아니라 마우스 동작의 완급까지 재현할 수 있을지도 모릅니다.

DrawCommand 클래스에는 그리는 대상을 나타내는 필드(drawable)도 있습니다. 예제 프로그램에서 DrawCanvas의 인스턴스는 하나뿐이고 모든 그리기는 그곳에서 이루어지기 때문에, 이 drawable 필드가 별 의미가 없습니다. 그러나 그리는 대상(Receiver 역)이 여러 개 존재하는 프로그램일 경우에는 이런 필드가 도움이 됩니다. ConcreteCommand 역 자신이 Receiver 역을 '알고' 있어서 ConcreteCommand 역을 누가 관리하든 누가 가지고 있든 언제든지 execute 할 수 있기 때문입니다.

이력의 저장

예제 프로그램에서는 그리기 이력을 MacroCommand의 인스턴스(history)로 표현했습니다. 이 인스턴스는 지금까지 그린 정보를 모두 가지고 있습니다. 이 인스턴스를 파일로 잘 저장해 두면, 그리기 이력이 보존됩니다.

어댑터 Java

예제 프로그램의 Main 클래스(리스트 22-6)는 두 개의 인터페이스를 구현했는데, 인터페이스의 메소드 중에서 실제로 사용하는 것은 그 일부입니다.

예를 들어, 아래의 MouseMotionListener 메소드 중에서 사용하는 것은 mouseDragged 메소드 뿐입니다.

```
public void mouseMoved(MouseEvent e)
public void mouseDragged(MouseEvent e)
```

또 하나 예를 들자면, WindowListener에서는 다음의 7개 메소드 중에서 windowClosing 메소드만 사용합니다.

```
public void windowClosing(WindowEvent e)
public void windowActivated(WindowEvent e)
public void windowClosed(WindowEvent e)
public void windowDeactivated(WindowEvent e)
public void windowDeiconified(WindowEvent e)
public void windowIconified(WindowEvent e)
public void windowOpened(WindowEvent e)
```

프로그래밍을 간결하게 하기 위해 어댑터 클래스들이 java.awt.event 패키지에 준비되어 있습니다. 예를 들어, MouseMotionListener 인터페이스에는 MouseMotionAdapter 클래스, WindowListener 인터페이스에는 WindowAdapter 클래스가 준비되어 있습니다(표 22-2). 이러한 어댑터는 Adapter 패턴(part 2)의 한 예입니다.

표 22-2 인터페이스와 어댑터

인터페이스	어댑터
MouseMotionListener 인터페이스	MouseMotionAdapter 클래스
WindowListener 인터페이스	WindowAdapter 클래스

여기서는 MouseMotionAdapter 클래스를 예로 들어 봅시다. 이 클래스는 MouseMotionListener 인터페이스가 요구하는 메소드를 모두 구현하지만, 그 내용은 모두 비어 있습니다(아무것도 하지 않는 메소드). 따라서 MouseMotionAdapter 클래스의 하위 클래스를 만들고 필요한 메소드만 구현하면 목적을 달성할 수 있습니다.

특히, Java의 익명 클래스(anonymous class)와 조합해서 어댑터를 사용하면, 한층 더 스마트하게 프로그램을 작성할 수 있습니다. 아래에 인터페이스로 MouseMotionListener를 사용하는 경우(리스트 22-7)와 익명의 클래스로 MouseMotionAdapter를 사용하는 경우(리스트 22-8)를 비교했습니다. 세부 내용은 …으로 생략했습니다.

리스트 22-7 MouseMotionListener를 사용한 경우 (빈 mouseMoved 메소드 필요)

```
public class Main extends JFrame implements MouseMotionListener, WindowListener {
    ...
    public Main(String title) {
        ...
        canvas.addMouseMotionListener(this);
        ...
    }
```

```
        ...
        // MouseMotionListener용
        public void mouseMoved(MouseEvent e) {
        }
        public void mouseDragged(MouseEvent e) {
            Command cmd = new DrawCommand(canvas, e.getPoint());
            history.append(cmd);
            cmd.execute();
        }
        ...
    }
```

리스트 22-8 MouseMotionAdapter를 사용한 경우 (빈 mouseMoved 메소드 불필요)

```
public class Main extends JFrame implements WindowListener {
    ...
    public Main(String title) {
        ...
        canvas.addMouseMotionListener(new MouseMotionAdapter() {
            public void mouseDragged(MouseEvent e) {
                Command cmd = new DrawCommand(canvas, e.getPoint());
                history.append(cmd);
                cmd.execute();
            }
        });
        ...
    }
    ...
}
```

익명 클래스의 구문은 익숙하지 않으면 읽기 어렵지만, 리스트 22-8을 주의 깊게 살펴 보면 다음과 같은 사실을 알 수 있습니다.

- new MouseMotionAdapter( )는 마치 인스턴스를 만드는 식과 비슷하다
- 뒤에 이어지는 { ... }은 클래스 정의의 일부(메소드 정의)와 비슷하다

이제 MouseMotionAdapter 클래스의 하위 클래스(이름 없음)를 만들어 인스턴스를 생성합니다. 오버라이드(override)할 메소드(mouseDragged)만 구현하면, 나머지는 아무것도 쓸 필요가 없습니다. 연습 문제 22-3에서는 MouseMotionAdapter와 WindowAdapter를 사용하여 예제 프로그램을 수정합니다.

관련 패턴

◆ Composite 패턴(part 11)

매크로 명령을 실현하기 위해 Composite 패턴이 사용되는 경우가 있습니다.

◆ Memento 패턴(part 18)

Command 역의 이력을 저장할 때 Memento 패턴이 사용되는 경우가 있습니다.

◆ Prototype 패턴(part 6)

발생한 이벤트(작성한 명령)를 복제하고자 할 때 Prototype 패턴이 사용되는 경우가 있습니다.

이 장에서 학습한 내용

이 장에서는 '명령'을 객체(오브젝트)로 표현하여 이력을 남기거나 재실행할 수 있는 Command 패턴을 학습했습니다. 평소에는 사물로 의식하지 않았던 것도 객체로 표현하면 이처럼 다루기 쉬워지는 경우가 있습니다.

연습 문제

해답은 부록A (525페이지)

- **문제 22-1**

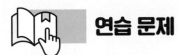

예제 프로그램에 '그리기 색 설정' 기능을 추가하세요. 이 기능은 그냥 페인트 브러시를 바꾸는 것과 같습니다. 새로운 색을 설정한 후 마우스를 드래그하면 새로운 색으로 점이 그려집니다.

·힌트· 그리기 색을 설정하는 명령을 나타내는 `ColorCommand` 클래스를 새로 작성합니다.

- **문제 22-2**

예제 프로그램에 '마지막으로 그린 점 삭제'라는 실행 취소(undo) 기능을 추가하세요.

- **문제 22-3** Java

`MouseMotionListener`와 `WindowListener` 인터페이스를 사용하는 대신 `MouseMotionAdapter`와 `WindowAdapter` 클래스(어댑터)를 사용하도록 예제 프로그램의 `Main` 클래스(리스트 22-6)를 수정하세요.

PART 23 Interpreter

문법 규칙을 클래스로 표현한다

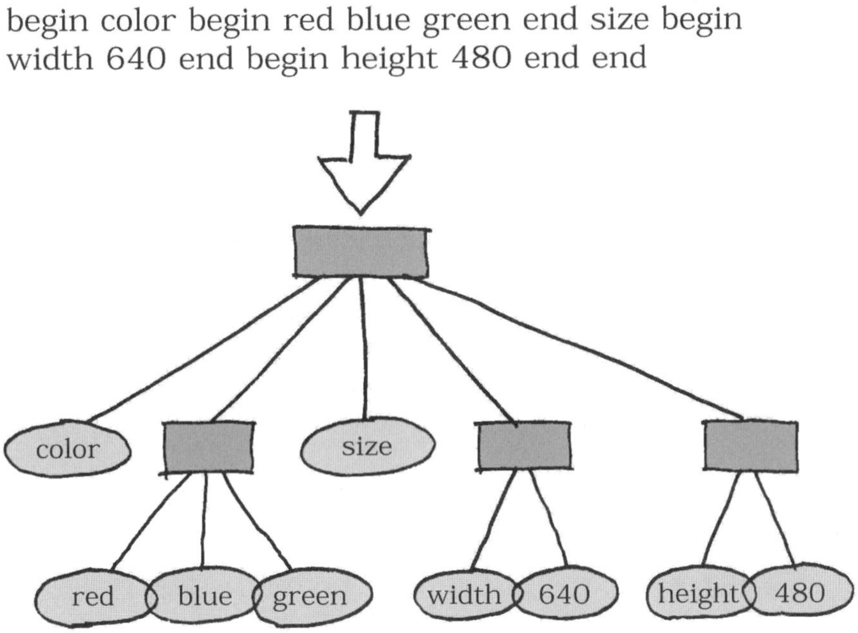

Interpreter 패턴

우리는 이 책을 통해서 다양한 디자인 패턴을 학습했습니다. 디자인 패턴의 목적 중 하나는 클래스의 재사용성을 높이는 것이었습니다. 재사용성이란 한 번 작성한 클래스를 거의 수정하지 않고(가능하면 전혀 수정하지 않고) 몇 번이고 사용할 수 있도록 하는 것입니다.

이 장에서는 Interpreter 패턴에 관하여 학습합니다. Interpreter 패턴에서는 프로그램이 해결하려는 문제를 간단한 '미니 언어'로 표현합니다. 구체적인 문제를 미니 언어로 작성된 '미니 프로그램'으로 나타내는 것입니다. 미니 프로그램은 그 자체로는 동작하지 않기 때문에, Java 언어로 '통역(interpreter)'하는 역할을 하는 프로그램을 만들어 둡니다. 통역 프로그램은 미니 언어를 이해하고 해석하여 프로그램을 실행합니다. 이 통역 프로그램 자체를 인터프리터라고 부릅니다. 해결해야 할 문제가 변경됐을 때는 Java 언어로 작성한 프로그램을 바꾸는 것이 아니라, 미니 프로그램 쪽 코드를 변경해서 대처합니다.

문제가 변경되었을 때, 어느 수준의 프로그램을 수정할 것인지 그림으로 나타냈습니다. Java 언어로 프로그래밍하는 경우, 보통은 그림 23-1처럼 프로그램을 수정합니다. 가능한 한 프로그램 수정은 적게 하고 싶지만, 많든 적든 Java 언어 프로그램을 수정해야 합니다.

그림 23-1 문제가 변경된 경우, 보통은 Java 언어로 기술한 프로그램을 수정한다

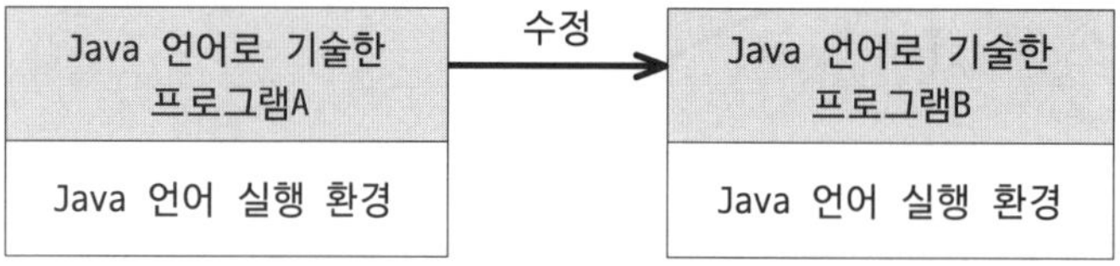

그러나 Interpreter 패턴을 사용하면, Java 언어로 작성한 프로그램은 수정하지 않고 미니 언어로 작성한 미니 프로그램을 다시 작성하면 됩니다(그림 23-2).

그림 23-2 Interpreter 패턴에서는 미니 언어로 기술한 미니 프로그램을 수정한다

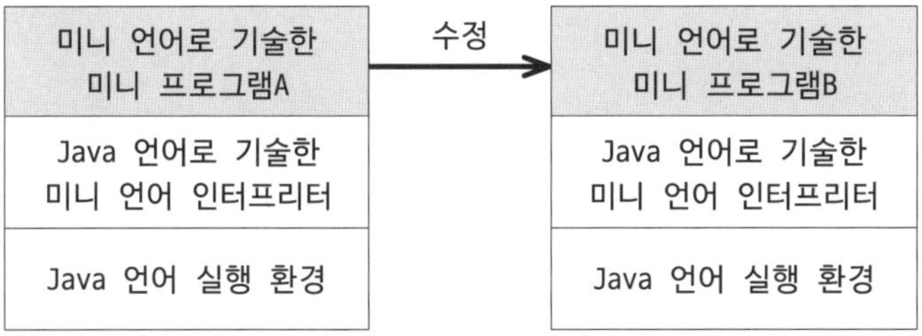

미니 언어

미니 언어의 명령

Interpreter 패턴 예제 프로그램을 설명하기에 앞서, 이 장에서 다룰 '미니 언어'에 관하여 설명하겠습니다. 여기서는 무선으로 자동차를 조종하는 언어를 생각해 보겠습니다. 자동차 조종이라고 하지만 할 수 있는 일은 다음 세 가지뿐입니다.

- 앞으로 1미터 이동한다(go)
- 오른쪽으로 돈다(right)
- 왼쪽으로 돈다(left)

이 세 가지가 자동차에 대해 내릴 수 있는 명령(커맨드)입니다. `go`는 1미터 전진하고 멈추는 명령입니다. `right`는 제자리에서 오른쪽으로 도는 명령, `left`는 제자리에서 왼쪽으로 도는 명령입니다. 실제 자동차는 제자리에서 오른쪽이나 왼쪽으로 회전할 수 없지만, 여기서는 프로그램을 간단히 하고자 위치를 변경하지 않고 턴테이블을 돌리듯이 방향을 바꿀 수 있다고 가정합니다.

하지만, 이것만으로는 시시하니 반복 명령도 추가해 보겠습니다.

- 반복(repeat)

이러한 명령을 조합하여 자동차를 움직이는 언어가 이 장에서 사용할 미니 언어입니다.

그림 23-3 자동차를 움직이는 미니 언어

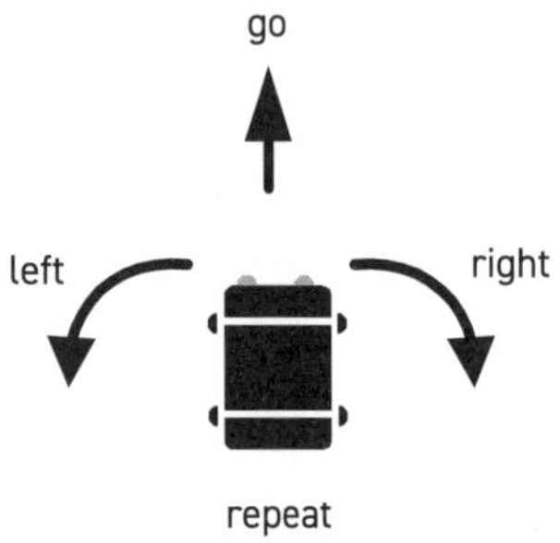

미니 프로그램의 예

미니 언어로 작성된 미니 프로그램의 몇 가지 예를 살펴보겠습니다. 다음은 자동차를 전진시키킨 후 멈추는 프로그램입니다.

```
program go end
```

프로그램의 시작과 끝을 알 수 있도록 program과 end라는 단어로 명령을 감쌉니다(미니 언어의 문법에 관해서는 잠시 후에 설명합니다). 이 미니 프로그램을 실행한 예가 그림 23-4입니다(이 GUI를 가진 프로그램은 연습 문제 23-1에서 작성할 것입니다).

그림 23-4 program go end 실행 화면

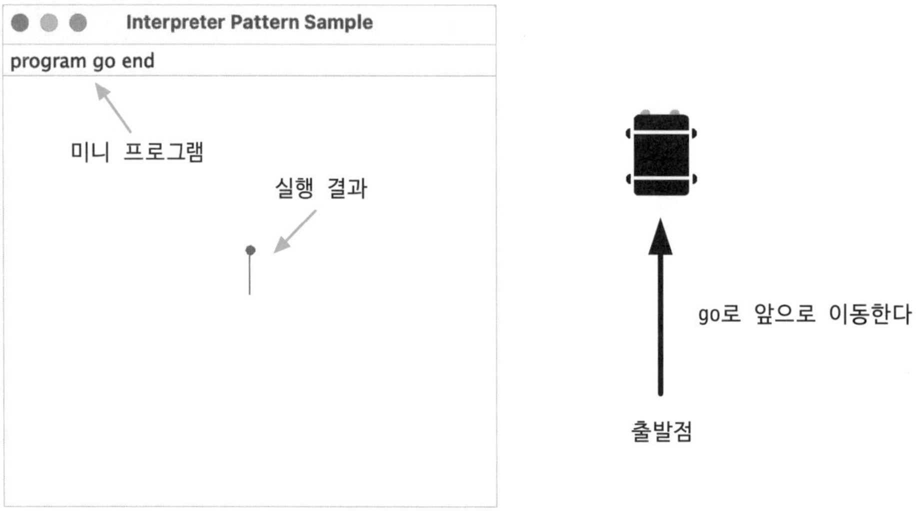

다음은 자동차가 앞으로 갔다가 뒤로 돌아서 오는 미니 프로그램입니다. program과 end 사이에는 임의의 수의 명령을 넣을 수 있습니다.

```
program go right right go end
```

다음은 바로 뒤로 돌아서 오는 것이 아니라, 정사각형을 그리고 돌아오는 미니 프로그램입니다. 실행 예를 그림 23-5에 나타냈습니다.

```
program go right go right go right go right end            … (A)
```

그림 23-5 program go right go right go right go right end 실행 화면

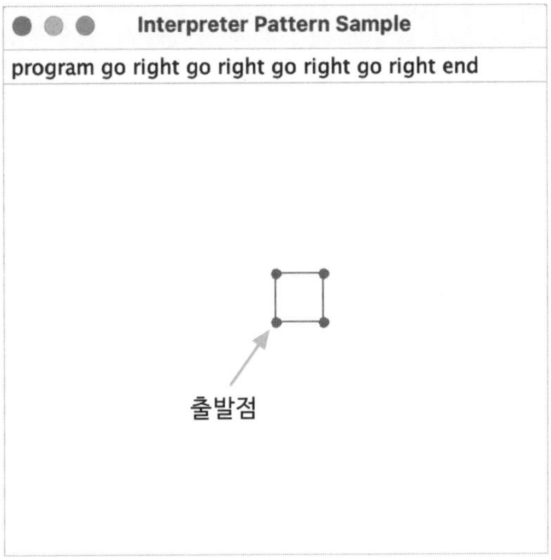

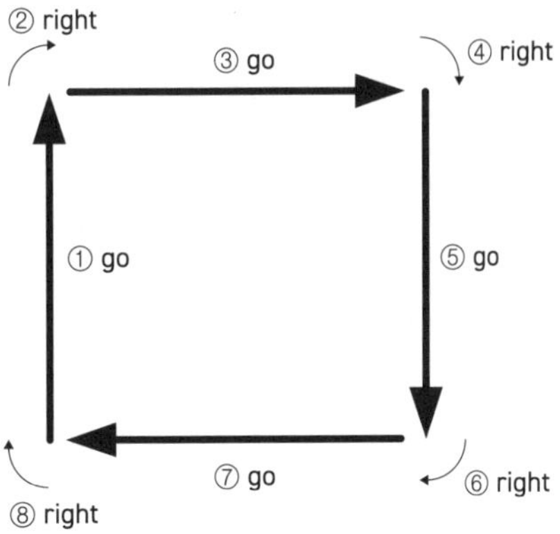

(A) 프로그램에서 마지막(end 직전)에 right를 넣은 이유는 자동차 방향을 처음과 같은 방향으로 돌리고 싶어서입니다. (A) 프로그램을 가만히 보면, go right를 4회 반복하는 것을 알 수 있습니다. 이 명령은 repeat...end 구문을 이용하여 (B)처럼 쓸 수도 있습니다(쓸 수 있도록 미니 언어 문법을 정하겠습니다). 실행 예를 그림 23-6에 나타냈습니다.

```
program repeat 4 go right end end            … (B)
```

그림 23-6 program repeat 4 go right end end 실행 화면 (그림 23-5와 같다)

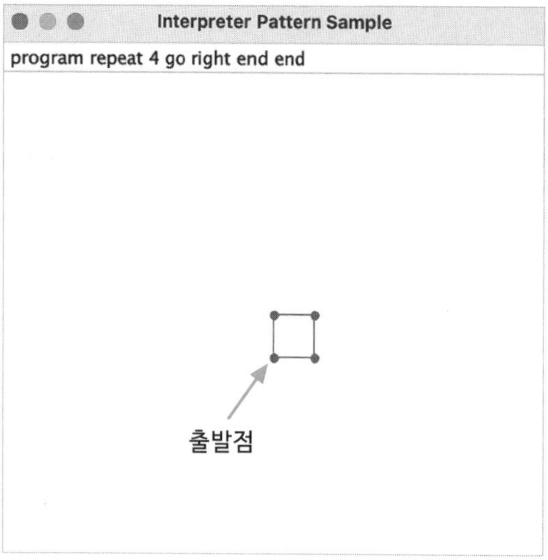

(B)의 마지막은 end가 2개 중첩되어 있는데, 처음(왼쪽) end는 repeat의 끝을 나타내고, 마지막(오른쪽) end는 program의 끝을 나타냅니다. 즉, 다음과 같습니다.

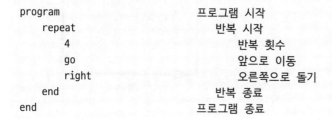

```
program                              프로그램 시작
    repeat                               반복 시작
        4                                    반복 횟수
        go                                   앞으로 이동
        right                                오른쪽으로 돌기
    end                                  반복 종료
end                                  프로그램 종료
```

머릿속에서 자동차가 빙글빙글 돌고 있나요? 그럼, 다음 미니 프로그램은 자동차를 어떻게 움직일까요?

```
program repeat 4 repeat 3 go right go left end right end end
```

자동차는 그림 23-7처럼 들쭉날쭉한 변을 가진 마름모를 그립니다. repeat가 중첩되어 있으므로 복잡하지만, 다음과 같이 분해하면 쉽게 이해할 수 있습니다.

```
program                    프로그램 시작
    repeat                   반복 시작(외부)
        4                        반복 횟수
        repeat                   반복 시작(내부)
            3                        반복 횟수
            go                       앞으로 이동
            right                    오른쪽으로 돌기
            go                       앞으로 이동
            left                     왼쪽으로 돌기
        end                      반복 종료(내부)
        right                    오른쪽으로 돌기
    end                      반복 종료(외부)
end                        프로그램 종료
```

안쪽의 반복 내용 'go right go left'는 '앞으로 이동 후 오른쪽으로 돌고, 다시 앞으로 이동 후 왼쪽으로 돌라'는 명령입니다. 이것을 세 번 반복합니다. 즉, 들쭉날쭉하게 선을 그리면서 오른쪽으로 나아갑니다. 전체적으로는 계단처럼 '들쭉날쭉하게 오른쪽으로 나아간 후, 1회만 right로 오른쪽으로 도는' 동작을 4회 반복합니다. 이로써 들쭉날쭉한 마름모를 그리게 된다는 것을 알 수 있습니다.

그림 23-7 program repeat 4 repeat 3 go right go left end right end end 실행 화면

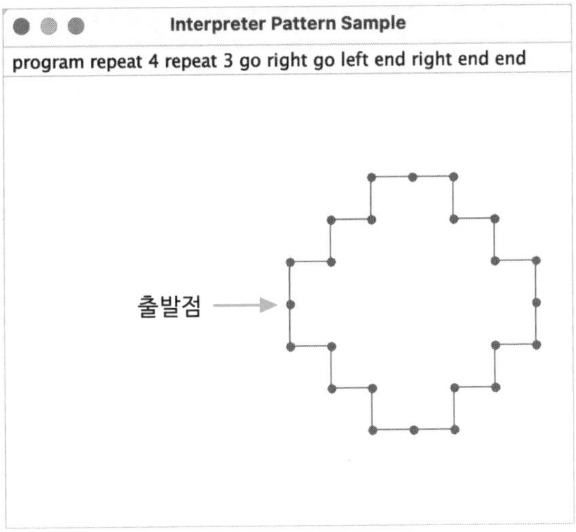

미니 언어의 문법

이제 미니 언어의 문법을 설명하겠습니다(그림 23-8). 여기서 사용하는 표기법은 'BNF'라고 불리는 형식의 변형입니다. BNF는 Backus-Naur Form 또는 Backus Normal Form의 줄임말로 언어의 문법을 표기할 때 많이 사용됩니다.

그림 23-8 예제 프로그램의 인터프리터가 해석할 미니 언어의 문법

```
<program> ::= program <command list>
<command list> ::= <command>* end
<command> ::= <repeat command> | <primitive command>
<repeat command> ::= repeat <number> <command list>
<primitive command> ::= go | right | left
```

차례대로 설명하겠습니다.

```
<program> ::= program <command list>
```

여기서는 프로그램이라는 <program>을 정의합니다. '<program>이란 program이라는 키워드 뒤로 명령 목록 <command list>가 이어진 것'으로 정의합니다. ::=의 좌변이 정의되는 대상이고, 우변이 정의되는 내용입니다.

```
<command list> ::= <command>* end
```

여기서는 명령 목록 <command list>를 정의합니다. '<command list>는 명령 <command>가 0개 이상 반복된 후 end라는 단어가 오는 것'이라고 정의합니다. *는 직전의 것이 0회 이상 반복한다는 것을 나타냅니다.

```
<command> ::= <repeat command> | <primitive command>
```

이번에는 명령 <command>를 정의하고 있습니다. '<command>는 반복 명령 <repeat command> 또는 기본 명령 <primitive command> 중 하나'로 정의됩니다. |는 '또는'을 나타냅니다.

```
<repeat command> ::= repeat <number> <command list>
```

다음으로 반복 명령 <repeat command>를 정의합니다. '<repeat command>는 repeat이라는 단어 뒤에 반복 횟수 <number>가 오고 명령 목록 <command list>가 뒤따르는 것'으로 정의합니다. 명령 목록 <command list>

는 위에서 이미 정의했습니다. <command list>의 정의에는 <command>가 사용되고, <command>의 정의 안에 <repeat command>가 사용되고, <repeat command>의 정의 안에 <command list>가 사용됩니다. 이처럼 어떤 것을 정의하는 도중에 자신이 등장하는 정의를 '재귀적인 정의'라고 합니다. 나중에 Java 언어를 사용하여 미니 언어 인터프리터를 만드는데, 그때에도 재귀적인 정의가 반영된 구조가 등장하므로 기억해 두세요.

```
<primitive command> ::= go | right | left
```

기본 명령 <primitive command>를 정의합니다. '<primitive command>는 go 또는 right 또는 left'로 정의됩니다.

나머지는 <number>이지만 이 정의를 모두 작성하면 복잡해지므로 여기서는 설명을 생략합니다. 우선 <number>는 3, 4, 12345와 같은 0 이상의 정수를 나타내는 것이라고 생각하십시오.

·주의· 엄밀하게는 여기서 사용하는 것은 확장 BNF입니다. 오리지널 BNF에는 0회 이상의 반복을 나타내는 *는 없으며, 반복도 재귀적인 정의로 표현합니다.

터미널 익스프레션과 논터미널 익스프레션

잠시 용어를 설명해 두겠습니다. 앞에서 설명한 문법 중에서 go나 right, left처럼 더 전개되지 않는 표현을 '터미널 익스프레션(terminal expression)'이라고 합니다. 버스나 열차의 종착역을 터미널이라고 하는 것과 비슷합니다. 문법 규칙의 종착점입니다.

또한, <program>이나 <command>처럼 다시 더 전개되는 표현을 '논터미널 익스프레션(nonterminal expression)'이라고 합니다.

예제 프로그램

미니 언어에 관한 설명을 마쳤으니, 이제 예제 프로그램 설명으로 넘어가겠습니다. 여기서 만들 예제 프로그램은 앞의 미니 언어를 구문 해석하는 프로그램입니다.

앞에서 미니 프로그램 내용을 설명할 때 미니 프로그램의 각 부분을 분해해서 설명했습니다. 단순한 문자열인 미니 프로그램을 분해하여 각 부분이 어떤 구조로 되어 있는지를 해석하는 것이 구문 해석입니다. 예를 들어, 다음과 같은 미니 프로그램이 주어졌다고 합시다.

```
program repeat 4 go right end end
```

이때, 그림 23-9와 같은 구조(구문 트리)를 메모리상에 만들어 내는 처리가 구문 해석입니다. 예제 프로그램에서는 구문 트리 구축까지만 다루고, 실제로 '실행'하는 부분은 연습 문제 23-1에서 다룹니다.

그림 23-9 미니 프로그램 repeat 4 go right end end의 구문 트리

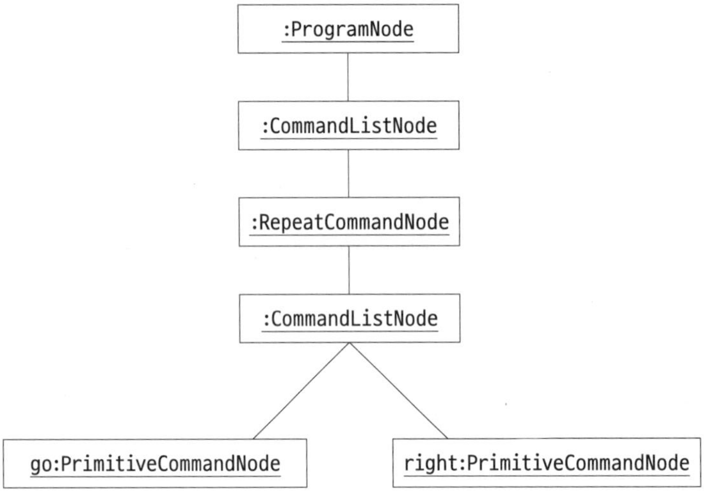

표 23-1 클래스 목록

이름	설명
Node	구문 트리의 '노드'가 되는 클래스
ProgramNode	<program>에 대응하는 클래스
CommandListNode	<command list>에 대응하는 클래스
CommandNode	<command>에 대응하는 클래스
RepeatCommandNode	<repeat command>에 대응하는 클래스
PrimitiveCommandNode	<primitive command>에 대응하는 클래스
Context	구문 해석을 위한 전후 관계를 나타내는 클래스
ParseException	구문 해석 중의 예외 클래스
Main	동작 테스트용 클래스

그림 23-10 예제 프로그램의 클래스 다이어그램

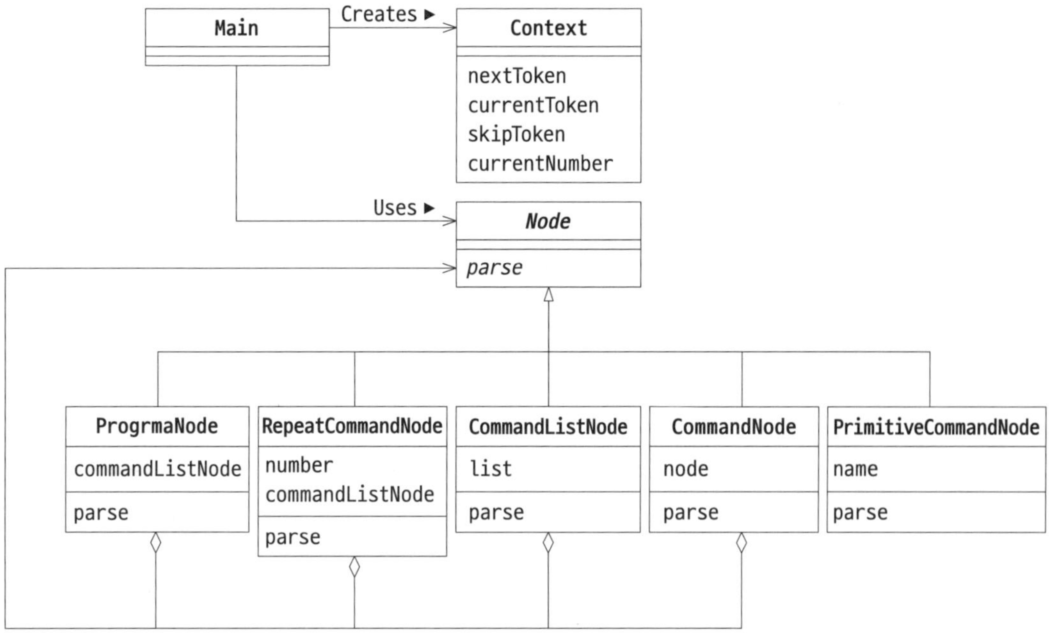

Node 클래스

Node 클래스(리스트 23-1)는 구문 트리의 각 부분(노드)을 구성하는 최상위 클래스입니다. Node 클래스에는 추상 메소드 parse만 선언되어 있습니다. parse는 '구문 해석 처리'를 위한 메소드입니다. Node 클래스에서는 단순히 parse 메소드를 선언만 하고, 구체적으로 어떻게 해석할지는 Node 클래스의 하위 클래스 쪽에 맡깁니다(subclass responsibility). parse 메소드의 인수로 전달하는 Context는 구문 해석을 하는 '상황'을 나타내는 클래스인데, 이에 관해서는 나중에 자세히 설명하겠습니다. parse 메소드 선언에는 throws 절이 있습니다. 이 throws 절은 구문 해석을 하다가 오류가 났을 때 ParseException 예외를 던진다는 것을 나타냅니다.

Node 클래스만으로는 구체적인 내용을 전혀 알 수 없으므로, 계속해서 다른 클래스를 설명하겠습니다.

리스트 23-1 Node 클래스 (Node.java)

```
public abstract class Node {
    public abstract void parse(Context context) throws ParseException;
}
```

ProgramNode 클래스

지금부터 조금 전 그림 23-8에서 본 미니 언어의 문법(BNF)에 따라서 클래스 정의를 살펴보겠습니다. 우선, 프로그램이라고 하는 `<program>`을 나타내는 `ProgramNode` 클래스(리스트 23-2)입니다. 이 클래스에는 `Node`형 `CommandListNode` 필드가 있습니다. 이 필드는 자신의 뒤에 이어지는 `<command list>`에 대응하는 구조(노드)를 저장하기 위한 것입니다.

`ProgramNode`의 `parse` 메소드에서는 어떤 처리를 할까요? BNF를 보면 `<program>`의 시작에는 `program`이라는 단어가 올 것입니다. 다음 문에서 그 `program`이라는 단어를 건너뜁니다.

```
context.skipToken("program");
```

구문 해석을 할 때 처리 단위를 **토큰**(token)이라고 부릅니다. 이 미니 언어에서 '토큰'은 '영어 단어'와 동의어이지만, 일반적인 프로그래밍 언어에서는 `+`나 `==` 등도 토큰이 됩니다. 좀 더 자세히 말하자면, 어휘 분석(lex)은 문자로부터 토큰을 만들고, 구문 해석(parse)은 토큰으로부터 구문 트리를 만듭니다.

이 `skipToken` 메소드는 `program`이라는 토큰을 건너뜁니다. `program`이라는 토큰이 없다면 `ParseException` 예외를 던집니다.

BNF를 보면, 그 뒤로 `<command list>`가 이어집니다. `<command list>`에 대응하는 `CommandListNode`의 인스턴스를 생성하고, 그 인스턴스의 `parse` 메소드를 호출합니다. `<command list>`가 어떠한 내용으로 되어 있는지는 `ProgramNode` 클래스의 메소드에는 기술되어 있지 않은 것에 주의하세요. `ProgramNode` 클래스에 기술하는 것은 어디까지나 다음과 같이 BNF에서 보이는 범위만입니다.

```
<program> ::= program <command list>
```

`toString` 메소드는 이 노드의 문자열 표현을 기술하기 위한 것입니다. Java에서는 인스턴스를 문자열과 연결하면 `toString` 메소드가 자동으로 호출됩니다.

```
"[program " + commandListNode + "]"
```

그러므로 이 식과 등가입니다.

```
"[program " + commandListNode.toString() + "]"
```

`toString` 메소드 역시 BNF의 내용과 딱 맞는 코드가 기술되어 있는 점에 주목합시다.

리스트 23-2 ProgramNode 클래스 (ProgramNode.java)

```
// <program> ::= program <command list>
public class ProgramNode extends Node {
    private Node commandListNode;

    @Override
    public void parse(Context context) throws ParseException {
        context.skipToken("program");
        commandListNode = new CommandListNode();
        commandListNode.parse(context);
    }

    @Override
    public String toString() {
        return "[program " + commandListNode + "]";
    }
}
```

CommandListNode 클래스

다음은 CommandListNode 클래스(리스트 23-3)를 살펴봅시다. BNF는 이렇게 되어 있습니다.

```
<command list> ::= <command>* end
```

<command>가 0회 이상 반복되고 마지막에 end가 옵니다. CommandListNode 클래스는 0회 이상 반복하는 <command>를 가지고자 java.util.List<Node>형 필드 list를 가지고 있습니다. 이 필드는 <command>에 해당하는 CommandNode 클래스의 인스턴스를 저장합니다.

parse 메소드는 어떻게 되어 있나요? 우선 현재 주목하고 있는 토큰, context.currentToken()의 값이 null이면, 더는 남은 토큰이 없다(즉, 미니 프로그램을 끝까지 읽었다)는 것입니다. 이 경우, parse 메소드는 'end가 없다(Missing 'end')'라는 메시지를 붙여 ParseException 예외를 던집니다.

다음으로 현재 주목하는 토큰이 end이면, <command list>의 끝까지 온 것입니다. 이 경우 end를 읽고 while 문을 break합니다.

현재 주목하는 토큰이 end가 아니면, 그것은 <command>라는 의미이므로, CommandNode 인스턴스를 만들어 parse합니다. 그런 다음 인스턴스를 CommandListNode의 list 필드에 add합니다.

여기서도 또한 BNF로 기술된 범위에서만 처리하는 것을 알 수 있습니다. 가능한 한 BNF에 충실하게, 마치 BNF를 Java로 옮겨 놓는 것처럼 프로그래밍하고 있습니다. 이렇게 하면 프로그램에 실수가 줄어듭니다. 무심코 '이렇게 하면 속도가 빨라지지 않을까?'라는 유혹에 사로잡혀 더 자세한 구조까지 읽는 처리를 하고 싶어지겠지만, 그렇게 하면 생각지도 못한 버그를 만들어 낼 우려가 있습니다. Interpreter 패턴은 원래 미니 언어라는 간접적인 처리 방법을 이용하므로, 잔재주로 효율화를 꾀하는 것은 그다지 현명한 방법이 아닙니다.

리스트 23-3 CommandListNode 클래스 (CommandListNode.java)

```
import java.util.ArrayList;
import java.util.List;

// <command list> ::= <command>* end
public class CommandListNode extends Node {
    private List<Node> list = new ArrayList<>();

    @Override
    public void parse(Context context) throws ParseException {
        while (true) {
            if (context.currentToken() == null) {
                throw new ParseException("Error: Missing 'end'");
            } else if (context.currentToken().equals("end")) {
                context.skipToken("end");
                break;
            } else {
                Node commandNode = new CommandNode();
                commandNode.parse(context);
                list.add(commandNode);
            }
        }
    }

    @Override
    public String toString() {
        return list.toString();
    }
}
```

CommandNode 클래스

`ProgramNode` 클래스와 `CommandListNode` 클래스 설명을 읽고 이해했다면, `CommandNode` 클래스(리스트 23-4)에 대해서도 금방 이해할 수 있을 것입니다. BNF는 다음과 같습니다.

```
<command> ::= <repeat command> | <primitive command>
```

Node형 필드 node는 <repeat command>에 대응하는 RepeatCommandNode 클래스의 인스턴스 또는 <primitive command>에 대응하는 PrimitiveCommandNode 클래스의 인스턴스를 저장하기 위해서 사용됩니다.

리스트 23-4 CommandNode 클래스 (CommandNode.java)

```java
// <command> ::= <repeat command> | <primitive command>
public class CommandNode extends Node {
    private Node node;

    @Override
    public void parse(Context context) throws ParseException {
        if (context.currentToken().equals("repeat")) {
            node = new RepeatCommandNode();
            node.parse(context);
        } else {
            node = new PrimitiveCommandNode();
            node.parse(context);
        }
    }

    @Override
    public String toString() {
        return node.toString();
    }
}
```

RepeatCommandNode 클래스

RepeatCommandNode 클래스(리스트 23-5)는 <repeat command>에 해당합니다.

```
<repeat command> ::= repeat <number> <command list>
```

<number> 부분은 int형 number 필드, <command list> 부분은 Node형 commandListNode 필드에 저장됩니다.

parse 메소드가 가진 재귀성에 대해서는 이미 눈치챘을 것입니다. 메소드 호출을 따라가 봅시다.

- RepeatCommandNode의 parse 메소드 안에서는
  CommandListNode의 인스턴스를 만들어 parse 메소드를 호출하고

- CommandListNode의 parse 메소드 안에서는
  CommandNode의 인스턴스를 만들어 parse 메소드를 호출하고
- CommandNode의 parse 메소드 안에서는
  RepeatCommandNode의 인스턴스를 만들어 parse 메소드를 호출하고,
- RepeatCommandNode의 parse 메소드 안에서는 ...

'parse 메소드를 호출하는 이 여정'은 어디까지 계속되는 것일까요? 바로 여행의 종착점인 터미널 익스프레션입니다. CommandNode의 parse 메소드 안의 if문에 의해 언젠가는 RepeatCommandNode가 아니라 PrimitiveCommandNode를 만드는 쪽으로 넘어갑니다. 그리고 PrimitiveCommandNode의 parse 메소드 안에서는 다른 parse 메소드를 호출하지 않습니다. 이 점에 관해서는 곧 다음에 소개할 테니 확인해 봅시다.

재귀적인 정의의 취급에 익숙하지 않으면, 왠지 무한 루프가 될 것 같은 생각이 들지만, 그것은 착각입니다. BNF에서도 Java에서도 언젠가는 반드시 터미널 익스프레션에 도달하게 됩니다. 터미널 익스프레션에 영원히 도달하지 않으면 그 정의는 잘못된 것입니다.

리스트 23-5 RepeatCommandNode 클래스 (RepeatCommandNode.java)

```
// <repeat command> ::= repeat <number> <command list>
public class RepeatCommandNode extends Node {
    private int number;
    private Node commandListNode;

    @Override
    public void parse(Context context) throws ParseException {
        context.skipToken("repeat");
        number = context.currentNumber();
        context.nextToken();
        commandListNode = new CommandListNode();
        commandListNode.parse(context);
    }

    @Override
    public String toString() {
        return "[repeat " + number + " " + commandListNode + "]";
    }
}
```

PrimitiveCommandNode 클래스

PrimitiveCommandNode 클래스(리스트 23-6)에 해당하는 BNF는 다음과 같습니다.

```
<primitive command> ::= go | right | left
```

확실히 여기 parse 메소드에서는 다른 parse 메소드를 호출하지 않았습니다.

리스트 23-6 PrimitiveCommandNode 클래스 (PrimitiveCommandNode.java)

```java
// <primitive command> ::= go | right | left
public class PrimitiveCommandNode extends Node {
    private String name;

    @Override
    public void parse(Context context) throws ParseException {
        name = context.currentToken();
        if (name == null) {
            throw new ParseException("Error: Missing <primitive command>");
        } else if (!name.equals("go") && !name.equals("right") && !name.equals("left")) {
            throw new ParseException("Error: Unknown <primitive command>: '" + name + "'");
        }
        context.skipToken(name);
    }

    @Override
    public String toString() {
        return name;
    }
}
```

Context 클래스

이상으로 Node 클래스와 그 하위 클래스 설명은 끝났습니다. 나머지는 Context 클래스입니다. Context 클래스(리스트 23-7)는 구문 해석을 위해 필요한 메소드를 제공합니다.

표 23-2 Context 클래스가 제공하는 메소드

이름	설명
nextToken	다음 토큰을 얻는다(다음 토큰으로 진행한다)
currentToken	현재 토큰을 얻는다(다음 토큰으로 진행하지 않는다)
skipToken	현재 토큰을 체크하고 나서, 다음 토큰을 얻는다(다음 토큰으로 진행한다)
currentNumber	현재 토큰을 수치로 얻는다(다음 토큰으로 진행하지 않는다)

Context 클래스에서는 주어진 문자열로부터 '공백 문자가 한 개 이상 연속된 것'을 구분하여 토큰 배열을 작성합니다. 사용되고 있는 split 메소드는 인수로 건네받은 정규 표현과 일치하는 문자열을 단락으로 분할해, 결과를 배열에 변환합니다. '공백 문자가 한 개 이상 연속된 것'을 의미하는 정규 표현은 \s+이므로, text.split("\\s+")로 원하는 배열을 얻을 수 있습니다. "\\s"에서 처음에 백슬래시가 2개 들어 있는 것은 Java의 문자열 리터럴에서는 \를 나타내는데 \\라고 쓸 필요가 있기 때문입니다.

예를 들어, text 값이 "program go end"인 경우 text.split("\\s+")의 결과는 "program", "go", "end"라는 세 개의 문자열로 구성된 배열입니다.

리스트 23-7 Context 클래스 (Context.java)

```
import java.util.*;

public class Context {
    private String[] tokens;
    private String lastToken;
    private int index;

    public Context(String text) {
        this.tokens = text.split("\\s+");
        this.index = 0;
        nextToken();
    }

    public String nextToken() {
        if (index < tokens.length) {
            lastToken = tokens[index++];
        } else {
            lastToken = null;
        }
        return lastToken;
```

```java
    }

    public String currentToken() {
        return lastToken;
    }

    public void skipToken(String token) throws ParseException {
        if (currentToken() == null) {
            throw new ParseException("Error: '" + token + "' is expected, but no more token is found.");
        } else if (!token.equals(currentToken())) {
            throw new ParseException("Error: '" + token + "' is expected, but '" + currentToken() + "' is found.");
        }
        nextToken();
    }

    public int currentNumber() throws ParseException {
        if (currentToken() == null) {
            throw new ParseException("Error: No more token.");
        }
        int number = 0;
        try {
            number = Integer.parseInt(currentToken());
        } catch (NumberFormatException e) {
            throw new ParseException("Error: " + e);
        }
        return number;
    }
}
```

ParseException 클래스

ParseException 클래스(리스트 23-8)는 구문 해석 중 예외 처리를 위한 클래스입니다. 특별한 부분은 없습니다.

리스트 23-8 ParseException 클래스 (ParseException.java)

```java
public class ParseException extends Exception {
    public ParseException(String msg) {
        super(msg);
    }
}
```

Main 클래스

Main 클래스(리스트 23-9)는 지금까지 살펴본 미니 언어 인터프리터를 동작시키기 위한 클래스입니다. Main은 "program.txt"라는 파일을 읽어들여, 한줄한줄 미니 프로그램으로 생각하고 구문을 분석하여 결과를 문자열로 표시합니다.

그림 23-11의 실행 결과에서 text =로 시작하는 부분이 주어진 미니 프로그램이고 node =로 시작하는 부분이 구문 해석 결과입니다. 표시된 결과를 보면, 주어진 program ... end라는 단순한 문자열에 정리를 나타내는 [ ]가 삽입된 것을 볼 수 있습니다. 주어진 미니 프로그램을 인터프리터가 올바르게 이해한 것입니다.

·주의· CommandListNode의 인스턴스를 문자열화한 부분, 예를 들어 [go, right] 부분에서 대괄호 [ ]나 콤마 ,를 붙이는 것은 java.util.ArrayList의 toString 메소드입니다.

리스트 23-9 Main 클래스 (Main.java)

```
import java.nio.file.Files;
import java.nio.file.Path;

public class Main {
    public static void main(String[] args) {
        try {
            for (String text: Files.readAllLines(Path.of("program.txt"))) {
                System.out.println("text = \"" + text + "\"");
                Node node = new ProgramNode();
                node.parse(new Context(text));
                System.out.println("node = " + node);
            }
        } catch (Exception e) {
            e.printStackTrace();
        }
    }
}
```

리스트 23-10 미니 프로그램의 예 (program.txt)

```
program end
program go end
program go right go right go right go right end
program repeat 4 go right end end
program repeat 4 repeat 3 go right go left end right end end
```

그림 23-11 실행 결과

```
text = "program end"                          ← 미니 프로그램 내용
node = [program []]                           ← 구문 해석 결과
text = "program go end"
node = [program [go]]
text = "program go right go right go right go right end"
node = [program [go, right, go, right, go, right, go, right]]
text = "program repeat 4 go right end end"
node = [program [[repeat 4 [go, right]]]]
text = "program repeat 4 repeat 3 go right go left end right end end"
node = [program [[repeat 4 [[repeat 3 [go, right, go, left]], right]]]]
```

Interpreter 패턴의 등장인물

Interpreter 패턴의 등장인물은 다음과 같습니다.

◈ AbstractExpression(추상 표현) 역

구문 트리의 노드에 공통 인터페이스(API)를 선언합니다. 예제 프로그램에서는 `Node` 클래스가 이 역할을 맡았습니다. 그림 23-12에서는 인터페이스(API)를 `interpret`이라는 이름으로 표현했지만 예제 프로그램에서는 `parse`라는 메소드였습니다.

◈ TerminalExpression(종단 표현) 역

BNF의 터미널 익스프레션에 대응합니다. 예제 프로그램에서는 `PrimitiveCommandNode` 클래스가 이 역할을 맡았습니다.

◈ NonterminalExpression(비종단 표현) 역

BNF의 논터미널 익스프레션에 대응합니다. 예제 프로그램에서는 `ProgramNode`, `CommandNode`, `Repeat-CommandNode`, `CommandListNode`의 각 클래스가 이 역할을 맡았습니다.

◈ Context(문맥, 전후 관계) 역

인터프리터가 구문 해석을 하기 위한 정보를 제공합니다. 예제 프로그램에서는 `Context` 클래스가 이 역할을 맡았습니다.

◆ Client(의뢰자) 역

구문 트리를 조립하기 위해 TerminalExpression과 NonterminalExpression을 호출합니다. 예제 프로그램에서는 `Main` 클래스가 이 역할을 맡았습니다.

그림 23-12 Interpreter 패턴의 클래스 다이어그램

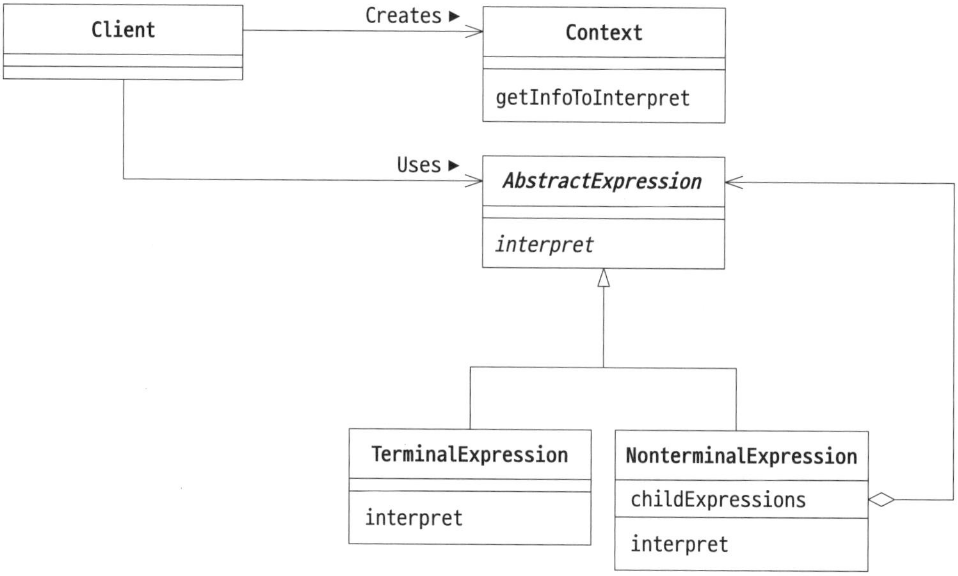

독자의 사고를 넓혀 주는 힌트

그 외에 어떤 미니 언어가 있을까?

이 장에서는 무선으로 자동차를 조종하는 미니 언어를 학습했습니다. 이것은 Interpreter 패턴의 한 예일 뿐입니다. 또 어떤 미니 언어가 있을까요? 몇 가지 예를 들어 보겠습니다.

◆ 정규 표현

GoF 책(부록D [GoF] 참조)에는 미니 언어의 예로 정규 표현(regular expression)이 등장합니다. 여기서는 다음과 같은 표기를 해석하여 구문 트리를 작성합니다.

```
raining & (dogs | cats) *
```

참고로 이 표현은 raining 뒤에 dogs 또는 cats가 0번 이상 반복된다는 것을 나타냅니다.

◆ 검색 구문

웹 검색 엔진에서는 특수한 검색을 하기 위해 검색 구문이나 검색 옵션이라고 불리는 표현이 준비되어 있습니다. 예를 들면 Google에서는 검색어 앞에 마이너스(-)를 붙여 '그 검색어를 포함하지 않는 검색'을 나타내거나 검색어를 큰따옴표(")로 묶어서 '그 검색어와 완전히 일치하는 검색'을 나타내기도 합니다. 또 다음과 같이 지정하면, 'example.com이라는 특정 사이트에서 검색어1과 검색어2에 완전히 일치하는 검색'을 나타낼 수도 있습니다.

```
site: example.com "검색어1" AND "검색어2"
```

이렇게 검색 구문를 이용해 사용자가 실시하는 다양한 검색에 유연하게 대응하는 것은 Interpreter 패턴과 동일합니다.

◆ 일괄(batch) 처리 언어

기본적인 명령이 몇 개 준비되어 있고 그 명령을 순서대로 실행하거나 반복하는 언어(일괄 처리 언어)도 Interpreter 패턴으로 처리할 수 있습니다. 이 장의 무선 조종 제어도 일괄 처리 언어의 일종이라고 할 수 있습니다.

건너뛸 것인가 읽을 것인가?

인터프리터를 만들 때 자주 일어나는 것이 토큰을 한 개 더 읽거나 못 읽는 버그입니다. 각 논터미널에 대응하는 메소드를 쓸 때는 항상 '이 메소드에 왔을 때 어디까지 토큰을 읽었는지, 이 메소드에서 나올 때 어디까지 토큰을 읽어야 하는지'를 알고 있어야 합니다.

관련 패턴

◆ Composite 패턴(part 11)

NonterminalExpression 역은 재귀적인 구조를 갖는 경우가 많기 때문에 Composite 패턴을 사용하여 표현되는 경우가 많습니다.

◆ Flyweight 패턴(part 20)

TerminalExpression 역은 Flyweight 패턴을 사용해 공유되는 경우도 있습니다.

◆ Visitor 패턴(13장)

구문 트리를 만든 후 구문 트리의 각 노드를 순회하며 처리할 때는 Visitor 패턴을 사용할 수도 있습니다.

이 장에서 학습한 내용, 그리고 책을 마치며

이 장에서는 미니 언어를 사용하여 문제를 해결하는 Interpreter 패턴을 학습했습니다. BNF로 언어를 재귀적으로 정의하는 방법, 그리고 구문 트리를 구축하는 방법도 살펴보았습니다.

GoF가 소개한 23개의 디자인 패턴을 둘러보는 여행도 일단 종착역에 도달한 것 같습니다. 여러분의 소감은 어떠신가요? 간단한 패턴이나 잘 이해할 수 있는 패턴이 있는가 하면 복잡한 패턴이나 잘 이해할 수 없는 패턴도 있었을 것입니다.

하지만, 개별 패턴에 대한 이해를 떠나서 프로그램을 '디자인 패턴'의 관점에서 바라보는 힘은 상당히 향상되었을 거로 생각합니다. 추상 클래스나 인터페이스의 역할, 상속이나 위임하는 방법, 클래스나 메소드를 보여 주거나 숨기는 방법, 교환 가능성, 소스를 다시 작성하지 않고 부품으로 재사용하는 방법 등 각 장에서 배웠던 디자인 패턴이라는 드라마가 되살아나지 않나요?

여러분이 설계하는 프로그램이 멋진 드라마를 만들어 내길 기대하며 이 책을 마치고자 합니다. 여기까지 읽어 주셔서 감사합니다. 또 언젠가 만날 날을 기대하겠습니다.

Enjoy Patterns!

연습 문제

해답은 부록A (535페이지)

● 문제 23-1

예제 프로그램에서는 구문 해석까지만 했습니다. 구문 해석을 하고 주어진 프로그램을 '실행'하도록 프로그램을 수정하세요. `go`나 `right`, `left`라는 기본 명령(`<primitive command>`)을 어떻게 '실행'할지 자유롭게 생각해 보세요.

·힌트· 이 책의 마지막 연습 문제이므로, 패턴도 정리할 겸 아래와 같이 손을 많이 본 해답을 준비했습니다.

- GUI를 사용하여 기본 명령의 결과를 그리게 했습니다.
- Facade 패턴(part 15)을 사용해 인터프리터를 이용하기 쉽게 했습니다.
- 기본 명령을 생성하는 클래스를 만들었습니다(Factory Method 패턴(part 4)).
- 인터프리터 부분을 별도의 패키지로 정리했습니다.

그림 23-4~그림 23-7에서 미니 언어를 설명할 때 보여 준 것이 실행 예입니다.

부록

부록A : 연습 문제 해답

부록B : GOF에 의한 디자인 패턴 분류

부록C : 디자인 패턴 Q&A

부록D : 참고 문헌

부록A 연습 문제 해답

Part 1

문제 1-1의 해답

[문제 p.56]

문제 1-1의 해답은 다음과 같습니다. Main 클래스의 while문과 확장 for문은 전혀 변경할 필요가 없습니다.

리스트 A1-1 BookShelf 클래스 (BookShelf.java)

```
import java.util.ArrayList;
import java.util.Iterator;
import java.util.List;

public class BookShelf implements Iterable<Book> {
    private List<Book> books;

    public BookShelf(int initialsize) {
        this.books = new ArrayList<>(initialsize);
    }

    public Book getBookAt(int index) {
        return books.get(index);
    }

    public void appendBook(Book book) {
        books.add(book);
    }

    public int getLength() {
        return books.size();
    }

    @Override
    public Iterator<Book> iterator() {
        return new BookShelfIterator(this);
    }
}
```

리스트 A1-2 Main 클래스 (Main.java)

```java
import java.util.Iterator;

public class Main {
    public static void main(String[] args) {
        BookShelf bookShelf = new BookShelf(4);
        bookShelf.appendBook(new Book("Around the World in 80 Days"));
        bookShelf.appendBook(new Book("Bible"));
        bookShelf.appendBook(new Book("Cinderella"));
        bookShelf.appendBook(new Book("Daddy-Long-Legs"));
        bookShelf.appendBook(new Book("East of Eden"));
        bookShelf.appendBook(new Book("Frankenstein"));
        bookShelf.appendBook(new Book("Gulliver's Travels"));
        bookShelf.appendBook(new Book("Hamlet"));

        // 명시적으로 Iterator를 사용하는 방법
        Iterator<Book> it = bookShelf.iterator();
        while (it.hasNext()) {
            Book book = it.next();
            System.out.println(book.getName());
        }
        System.out.println();

        // 확장 for문을 사용하는 방법
        for (Book book: bookShelf) {
            System.out.println(book.getName());
        }
        System.out.println();
    }
}
```

그림 A1-1 실행 결과

```
Around the World in 80 Days
Bible
Cinderella
Daddy-Long-Legs
East of Eden
Frankenstein
Gulliver's Travels
Hamlet

Around the World in 80 Days
Bible
Cinderella
Daddy-Long-Legs
East of Eden
Frankenstein
Gulliver's Travels
Hamlet
```

Part 2

문제 2-1의 해답

[문제 p.69]

'Print 인터페이스의 메소드만 사용한다'는 점을 강조하기 위함입니다. 예제 프로그램에서 PrintBanner 클래스와 Print 인터페이스가 제공하는 메소드는 같습니다. 하지만, 경우에 따라 PrintBanner 클래스가 더 많은 메소드를 가지는 경우가 있습니다. Print형 변수에 대입해 그것을 사용함으로써 'PrintBanner 클래스의 메소드가 아니라, Print 인터페이스의 메소드를 이용한다'는 프로그래머의 의도가 명확해집니다.

·보충· 비록 Print형 변수에 대입되어 있어도, 실제로 그 인스턴스가 PrintBanner 클래스의 인스턴스라면, 다음과 같이 캐스트해서 PrintBanner의 고유의 메소드도 호출할 수 있습니다.

```
((PrintBanner)p).methodWhichExistsOnlyInPrintBanner();
```

만약 p에 대입된 것이 PrintBanner 클래스 및 그 하위 클래스의 인스턴스가 아니라면, 런타임 예외(java.lang.ClassCastException)가 발생합니다. 단, Java 프로그래밍에서 캐스트가 필요한 상황은 제한적입니다. 캐스트를 안이하게 사용하지 않도록 합시다.

문제 2-2의 해답

(문제 p.69)

문제 2-2의 해답은 다음과 같습니다. 여기서는 위임을 사용한 Adapter 패턴을 적용했습니다.

리스트 A2-1 FileProperties 클래스 (FileProperties.java)

```
import java.io.FileReader;
import java.io.FileWriter;
import java.io.IOException;
import java.util.Properties;

public class FileProperties implements FileIO {
    Properties property = new Properties();

    @Override
    public void readFromFile(String filename) throws IOException {
        property.load(new FileReader(filename));
    }

    @Override
    public void writeToFile(String filename) throws IOException {
        property.store(new FileWriter(filename), "written by FileProperties");
    }

    @Override
    public void setValue(String key, String value) {
        property.setProperty(key, value);
    }

    @Override
    public String getValue(String key) {
        return property.getProperty(key, "");
    }
}
```

Part 3

문제 3-1의 해답

[문제 p.86]

하위 클래스에서 구현해야 하는 것은 java.io.InputStream의 read() 메소드(인수가 없는 것)입니다. read() 메소드는 java.io.InputStream의 템플릿 메소드인 read(byte[] b, int off, int len)에 의해 반복 호출됩니다. 결국, '1바이트를 읽는' 처리의 구체적인 내용은 하위 클래스에 맡기고, java.io.InputStream 쪽에서는 '지정한 수만큼의 바이트를 배열의 지정 위치로 읽어들이는' 처리의 템플릿을 만드는 것이 됩니다.

문제 3-2의 해답

[문제 p.86]

display 메소드가 하위 클래스에서 오버라이드(override)할 수 없다는 것을 나타냅니다. 설명을 보충하자면, 이 클래스 작성자는 '하위 클래스를 만들게 되면, display 메소드를 오버라이드(override)하지 않고 기능을 확장하라'고 하위 클래스 작성자에게 요구하는 것입니다.

GoF 책(부록D [GoF] 참조)에는 템플릿 메소드를 재정의해서는 안 된다고 쓰여 있습니다. 메소드 오버라이드(override)를 금지하려면, 이 예제 프로그램처럼 final 선언을 합니다.

문제 3-3의 해답

[문제 p.86]

AbstractDisplay 클래스에서 open, print, close 메소드를 protected로 선언합니다. 그러면, 이러한 메소드는 상속 관계에 있는 하위 클래스에서는 호출할 수 있지만, 다른 패키지에 있는 클래스에서는 호출할 수 없습니다(단, 같은 패키지에 있는 클래스에서는 호출할 수 있습니다).

문제 3-4의 해답

[문제 p.86]

AbstractDisplay 인터페이스는 리스트 A3-1처럼 됩니다. 또한 CharDisplay와 StringDisplay에서는 클래스 확장을 나타내는 extends가 아니라 인터페이스 구현을 나타내는 implements를 사용하는 수정이 필요합니다. Main 클래스는 수정할 필요가 없습니다. 덧붙여, 인터페이스의 default 메소드는 어디까지나 디폴트 구현을 제공하는 것이 목적이므로 final로 선언할 수 없습니다.

리스트 A3-1 AbstractDisplay.java

```java
public interface AbstractDisplay {
    public void open();
    public void print();
    public void close();

    public default void display() {
        open();
        for (int i = 0; i < 5; i++) {
            print();
        }
        close();
    }
}
```

리스트 A3-2 CharDisplay.java

```java
public class CharDisplay implements AbstractDisplay {
    private char ch; // 표시해야 하는 문자

    // 생성자
    public CharDisplay(char ch) {
        this.ch = ch;
    }

    @Override
    public void open() {
        // 시작 문자열 "<<"를 표시한다
        System.out.print("<<");
    }

    @Override
    public void print() {
        // 필드에 저장해 둔 문자를 1회 표시한다
        System.out.print(ch);
    }

    @Override
    public void close() {
        // 종료 문자열 ">>"를 표시한다
        System.out.println(">>");
    }
}
```

리스트 A3-3 StringDisplay.java

```java
public class StringDisplay implements AbstractDisplay {
    private String string;  // 표시해야 하는 문자열
    private int width;      // 문자열의 길이

    // 생성자
    public StringDisplay(String string) {
        this.string = string;
        this.width = string.length();
    }

    @Override
    public void open() {
        printLine();
    }

    @Override
    public void print() {
        System.out.println("|" + string + "|");
    }

    @Override
    public void close() {
        printLine();
    }

    // open과 close에서 호출되어 "+----+" 문자열을 표시하는 메소드
    private void printLine() {
        System.out.print("+");
        for (int i = 0; i < width; i++) {
            System.out.print("-");
        }
        System.out.println("+");
    }
}
```

Part 4

문제 4-1의 해답

[문제 p.99]

IDCard의 인스턴스는 idcard 패키지 외부에서 new를 사용하여 생성할 수 없다는 것을 나타냅니다. 따라서 IDCard의 인스턴스를 생성할 때는 반드시 IDCardFactory를 경유해야만 합니다.

예를 들어, Main 클래스(이름 없는 패키지)에서 다음과 같이 IDCard의 인스턴스를 만들 수 없습니다. 이 코드는 컴파일 할 때 오류가 발생합니다.

```
IDCard idcard = new IDCard("Youngjin Kim");
```

·보충· Java에서는 public, protected, private 등 아무런 액세스 제한자가 붙어 있지 않은 생성자나 메소드는 같은 패키지 안의 클래스만 이용할 수 있습니다.

문제 4-2의 해답

[문제 p.99]

리스트 A4-1, 리스트 A4-2처럼 됩니다. framework.Product 클래스(리스트 4-1), framework.Factory 클래스(리스트 4-2) 및 Main 클래스(리스트 4-5)를 수정할 필요가 없습니다. IDCard 클래스와 IDCardFactory 클래스를 수정해도, 프레임워크 측의 소스 코드는 수정할 필요가 전혀 없다는 점에 주목하세요.

일련번호는 100번부터 시작하지만, 특별한 의미는 없습니다. IDCardFactory 클래스의 createProduct 메소드를 synchronized 메소드로 한 이유는 멀티스레드로 동작시킬 때, 다른 인스턴스에 같은 일련번호가 붙는 것을 방지하기 위해서입니다. 여러 스레드에서 액세스되지 않는 경우에는 synchronized 메소드가 필요하지 않습니다.

리스트 A4-1 일련번호를 붙인 IDCard 클래스 (IDCard.java)

```
package idcard;

import framework.Product;

public class IDCard extends Product {
    private String owner;
    private int serial;

```

```java
    IDCard(String owner, int serial) {
        System.out.println(owner + "의 카드를 " + serial + "번으로 만듭니다.");
        this.owner = owner;
        this.serial = serial;
    }

    @Override
    public void use() {
        System.out.println(this + "을 사용합니다.");
    }

    @Override
    public String toString() {
        return "[IDCard:" + owner + "(" + serial + ")]";
    }

    public String getOwner() {
        return owner;
    }

    public int getSerial() {
        return serial;
    }
}
```

리스트 A4-2 일련번호를 붙인 IDCardFactory 클래스 (IDCardFactory.java)

```java
package idcard;

import framework.Factory;
import framework.Product;

public class IDCardFactory extends Factory {
    private int serial = 100;

    protected synchronized Product createProduct(String owner) {
        return new IDCard(owner, serial++);
    }

    @Override
    protected void registerProduct(Product product) {
        System.out.println(product + "을 등록했습니다.");
    }
}
```

그림 A4-1 실행 결과

```
Youngjin Kim의 카드를 100번으로 만듭니다.
[IDCard:Youngjin Kim(100)]을 등록했습니다.
Heungmin Son의 카드를 101번으로 만듭니다.
[IDCard:Heungmin Son(101)]을 등록했습니다.
Kane의 카드를 102번으로 만듭니다.
[IDCard:Kane(102)]을 등록했습니다.
[IDCard:Youngjin Kim(100)]을 사용합니다.
[IDCard:Heungmin Son(101)]을 사용합니다.
[IDCard:Kane(102)]을 사용합니다.
```

문제 4-3의 해답

[문제 p.99]

Java에서는 abstract한 생성자를 만들 수 없기 때문입니다. Java에서는 생성자가 상속되지 않으므로 abstract한 생성자는 의미가 없습니다. 생성자에서 제품에 이름을 붙이는 것이 아니라 이름을 붙이는 메소드를 별도로 선언해야 합니다.

Part 5

문제 5-1의 해답

[문제 p.108]

문제 5-1의 해답은 리스트 A5-1과 같습니다.

Singleton 패턴의 주제에서 조금 벗어나지만, 여기서는 getNextTicketNumber를 synchronized 메소드로 만든 점에 주의하기 바랍니다. 이는 멀티스레드 환경에서 getNextTicketNumber 메소드가 호출되어도 올바르게 움직이도록 하기 위한 조치입니다. 만약 synchronized가 붙어 있지 않으면 복수의 스레드에 같은 값을 반환할 우려가 있습니다.

리스트 A5-1 Singleton 패턴으로 되어 있는 TicketMaker 클래스 (TicketMaker.java)

```java
public class TicketMaker {
    private int ticket = 1000;
    private static TicketMaker singleton = new TicketMaker();

```

```java
    private TicketMaker() {
    }

    public static TicketMaker getInstance() {
        return singleton;
    }

    public synchronized int getNextTicketNumber() {
        return ticket++;
    }
}
```

리스트 A5-2 TicketMaker 클래스를 이용하는 클래스 (Main.java)

```java
public class Main {
    public static void main(String[] args) {
        System.out.println("Start.");
        for (int i = 0; i < 10; i++) {
            System.out.println(i + ":" + TicketMaker.getInstance().getNextTicketNumber());
        }
        System.out.println("End.");
    }
}
```

그림 A5-1 실행 결과

```
Start.
0:1000
1:1001
2:1002
3:1003
4:1004
5:1005
6:1006
7:1007
8:1008
9:1009
End.
```

문제 5-2의 해답

[문제 p.108]

`Triple` 클래스(리스트 A5-3) 인스턴스는 자신의 이름(name)을 가집니다. `Triple` 클래스는 `static` 필드(클래스 변수)에서 이름과 `Triple` 인스턴스의 대응표 `map`을 가지고 있고, 거기에 `"ALPHA"`, `"BETA"`, `"GAMMA"`라는 이름의 인스턴스를 등록합니다. `getInstance` 메소드는 인수로 주어진 `name`을 사용해 대응표 `map`에서 인스턴스를 하나 반환합니다.

이름 배열(`names`)을 사용하여 3개의 인스턴스를 등록하는 부분에서는 Java의 스트림을 사용했습니다.

```
String[] names= { "ALPHA", "BETA", "GAMMA" };
Arrays.stream(names).forEach(s -> map.put(s, new Triple(s)));
```

`Arrays.stream(names)`로 만든 스트림을 `forEach` 메소드로 보내고 스트림으로부터 전달된 각각의 이름은 다음 람다식에 인수 `s`로서 전달됩니다.

```
s -> map.put(s, new Triple(s))
```

요컨대 여기서는 다음과 같은 처리를 하고 있습니다.

```
map.put("ALPHA", new Triple("ALPHA"));
map.put("BETA", new Triple("BETA"));
map.put("GAMMA", new Triple("GAMMA"));
```

리스트 A5-3 Triple 클래스 (Triple.java)

```
import java.util.Arrays;
import java.util.HashMap;
import java.util.Map;

public class Triple {
    private static Map<String,Triple> map = new HashMap<>();
    static {
        String[] names = { "ALPHA", "BETA", "GAMMA" };
        Arrays.stream(names).forEach(s -> map.put(s, new Triple(s)));
    }

    private String name;

    private Triple(String name) {
        System.out.println("The instance " + name + " is created.");
```

```java
        this.name = name;
    }

    public static Triple getInstance(String name) {
        return map.get(name);
    }

    @Override
    public String toString() {
        return this.name;
    }
}
```

리스트 A5-4 Triple 클래스를 이용하는 클래스 (Main.java)

```java
public class Main {
    public static void main(String[] args) {
        System.out.println("Start.");
        Triple a1 = Triple.getInstance("ALPHA");
        Triple b1 = Triple.getInstance("BETA");
        Triple c1 = Triple.getInstance("GAMMA");
        Triple a2 = Triple.getInstance("ALPHA");
        Triple b2 = Triple.getInstance("BETA");
        Triple c2 = Triple.getInstance("GAMMA");
        if (a1 == a2) {
            System.out.println("a1 == a2 (" + a1 + ")");
        } else {
            System.out.println("a1 != a2");
        }
        if (b1 == b2) {
            System.out.println("b1 == b2 (" + b1 + ")");
        } else {
            System.out.println("b1 != b2");
        }
        if (c1 == c2) {
            System.out.println("c1 == c2 (" + c1 + ")");
        } else {
            System.out.println("c1 != c2");
        }
        System.out.println("End.");
    }
}
```

그림 A5-2 실행 결과

```
Start.
The instance ALPHA is created.
The instance BETA is created.
The instance GAMMA is created.
a1 == a2 (ALPHA)
b1 == b2 (BETA)
c1 == c2 (GAMMA)
End.
```

리스트 A5-3에서는 복수의 인스턴스를 저장하고자 배열을 사용했는데, 리스트 A5-5처럼 enum을 사용하는 방법도 있습니다. enum에는 자동으로 생성되는 valueOf 메소드가 있어, 문자열 표현에서 인스턴스를 얻을 수 있습니다.

리스트 A5-5 enum을 사용해서 실현하는 Triple 클래스 (Triple.java)

```
public enum Triple {
    ALPHA, BETA, GAMMA;

    private Triple() {
        System.out.println("The instance " + this + " is created.");
    }

    public static Triple getInstance(String name) {
        return valueOf(name);
    }
}
```

문제 5-3의 해답

(문제 p.108)

복수의 스레드가 거의 동시에 Singleton.getInstance 메소드를 호출하게 되면, 인스턴스가 여러 개 생성될 가능성이 있기 때문입니다.

리스트 A5-6 여러 스레드에서 Singleton.getInstance를 호출한다 (Main.java)

```java
public class Main extends Thread {
    public static void main(String[] args) {
        System.out.println("Start.");
        new Main("A").start();
        new Main("B").start();
        new Main("C").start();
        System.out.println("End.");
    }

    @Override
    public void run() {
        Singleton obj = Singleton.getInstance();
        System.out.println(getName() + ": obj = " + obj);
    }

    public Main(String name) {
        super(name);
    }
}
```

리스트 A5-6은 실행할 때의 머신 상태에 따라 결과가 달라지므로, 확실하게 여러 인스턴스를 생성하려면 리스트 A5-7처럼 합니다. 예를 들어, 그림 A5-3과 같은 실행 결과가 됩니다.

리스트 A5-7 확실히 여러 인스턴스를 생성하기 위해 일부러 속도를 느리게 한 것 (Singleton.java)

```java
public class Singleton {
    private static Singleton singleton = null;

    private Singleton() {
        System.out.println("인스턴스가 생성되었습니다.");
        slowdown();
    }

    public static Singleton getInstance() {
        if (singleton == null) {
            singleton = new Singleton();
        }
        return singleton;
    }

```

```
    private void slowdown() {
        try {
            Thread.sleep(1000);
        } catch (InterruptedException e) {
        }
    }
}
```

그림 A5-3 실행 결과

```
Start.
End.
인스턴스가 생성되었습니다.                ← 인스턴스가 여러 번 만들어진다
인스턴스가 생성되었습니다.
인스턴스가 생성되었습니다.
A: obj = Singleton@c7cbbff                ← A, B, C 인스턴스의 내용이 다르다
B: obj = Singleton@10ab6798
C: obj = Singleton@6722ef0d
```

이렇게 되는 까닭은 조건 판단이 엄격하지 않기(스레드 세이프가 아님) 때문입니다.

```
if (singleton == null) {
    singleton = new Singleton();
}
```

예제 코드에선 다음과 같이 첫 번째 인스턴스인지 여부를 확인한 후,

```
singleton == null
```

인스턴스를 생성하여 대입하고 있습니다.

```
singleton = new Singleton();
```

하지만, 이 대입이 이루어지기 전에 다른 스레드가 위의 조건식을 평가할지도 모릅니다. 리스트 A5-8처럼 `synchronized`를 사용하면 여러 스레드에서 `getInstance` 메소드를 호출해도 여러 개의 인스턴스가 생성되지 않습니다. 단, `getInstance` 메소드의 동작 속도는 느려집니다.

문제 5-3처럼 필드 값이 필요할 때까지 초기화를 지연시키는 기법을 일반적으로 지연 초기화라고 합니다. 지연 초기화의 목적은 인스턴스가 필요할 때까지 생성 타이밍을 늦춰 초기화 속도를 높이려는 것이지만, 초기화 후 동작에는 시간이 걸립니다. 명확한 이유가 없다면, 지연 초기화를 사용하지 않고 예제 프로그램의 리스트 5-1처럼 정상적으로 초기화하는 것이 무난합니다(연습 문제 5-3은 부록 D의 [Bloch]를 참고했습니다).

리스트 A5-8 엄격한 Singleton 패턴으로 만든 예 (Singleton.java)

```java
public class Singleton {
    private static Singleton singleton = null;

    private Singleton() {
        System.out.println("인스턴스를 생성했습니다.");
        slowdown();
    }

    public static synchronized Singleton getInstance() {
        if (singleton == null) {
            singleton = new Singleton();
        }
        return singleton;
    }

    private void slowdown() {
        try {
            Thread.sleep(1000);
        } catch (InterruptedException e) {
        }
    }
}
```

그림 A5-4 실행 결과

```
Start.
End.
인스턴스를 생성했습니다.         ← 인스턴스는 한번만 만들어진다
C: obj = Singleton@35f9a42      ← A, B, C 인스턴스의 내용이 같다
B: obj = Singleton@35f9a42
A: obj = Singleton@35f9a42
```

Part 6

문제 6-1의 해답

(문제 p.126)

예를 들어, 다음과 같은 방법이 있습니다.

(a) Product 인터페이스를 Product 클래스로 만들고 createCopy 메소드를 구현합니다(Template Method 패턴).

(b) UnderlinePen 클래스와 MessageBox 클래스의 공통 상위 클래스로서, ConcreteProduct 클래스를 정의합니다. ConcreteProduct 클래스는 Product 인터페이스를 구현하는 것으로 하고, 그 안에서 createCopy 메소드를 구현합니다.

어떤 경우라도 상속을 통해 createCopy 메소드를 공유합니다.

문제 6-2의 해답

(문제 p.126)

Product 인터페이스는 Cloneable을 확장하지 않습니다(리스트 A6-1). MessageBox(리스트 A6-2)와 UnderlinePen(리스트 A6-3)에서는 새로 복사 생성자를 만들고, createCopy 메소드로 clone 대신 복사 생성자를 이용하여 인스턴스를 만듭니다. Manager 클래스와 Main 클래스는 수정할 필요가 없습니다.

리스트 A6-1 Product 클래스 (Product.java)

```
package framework;

public interface Product {
    public abstract void use(String s);
    public abstract Product createCopy();
}
```

리스트 A6-2 MessageBox 클래스 (MessageBox.java)

```
import framework.Product;

public class MessageBox implements Product {
    private char decochar;

    public MessageBox(char decochar) {
```

```java
        this.decochar = decochar;
    }

    // 복사 생성자
    public MessageBox(MessageBox prototype) {
        this.decochar = prototype.decochar;
    }

    @Override
    public void use(String s) {
        int decolen = 1 + s.length() + 1;
        for (int i = 0; i < decolen; i++) {
            System.out.print(decochar);
        }
        System.out.println();
        System.out.println(decochar + s + decochar);
        for (int i = 0; i < decolen; i++) {
            System.out.print(decochar);
        }
        System.out.println();
    }

    @Override
    public Product createCopy() {
        return new MessageBox(this);
    }
}
```

리스트 A6-3 UnderlinePen 클래스 (UnderlinePen.java)

```java
import framework.Product;

public class UnderlinePen implements Product {
    private char ulchar;

    public UnderlinePen(char ulchar) {
        this.ulchar = ulchar;
    }

    // 복사 생성자
    public UnderlinePen(UnderlinePen prototype) {
        this.ulchar = prototype.ulchar;
    }

```

```
    @Override
    public void use(String s) {
        int ulen = s.length();
        System.out.println(s);
        for (int i = 0; i < ulen; i++) {
            System.out.print(ulchar);
        }
        System.out.println();
    }

    @Override
    public Product createCopy() {
        return new UnderlinePen(this);
    }
}
```

Part 7

문제 7-1의 해답

[문제 p.142]

수정할 부분은 세 군데입니다. 리스트 7-2의 `Director` 클래스와 리스트 7-5의 `Main` 클래스는 수정할 필요가 없습니다.

- **Builder 클래스(리스트 7-1)에서 수정할 부분**

```
public abstract class Builder
```

↓

```
public interface Builder
```

- **TextBuilder 클래스(리스트 7-3)에서 수정할 부분**

```
public class TextBuilder extends Builder
```

↓

```
public class TextBuilder implements Builder
```

- **HTMLBuilder 클래스(리스트 7-4)에서 수정할 부분**

```
public class HTMLBuilder extends Builder
```

↓

```
public class HTMLBuilder implements Builder
```

문제 7-2의 해답

[문제 p.142]

예를 들어 리스트 A7-1과 같습니다. TextBuilder나 HTMLBuilder도 수정할 필요가 없습니다.

리스트 A7-1 Director 클래스 (Director.java)

```java
public class Director {
    private Builder builder;

    public Director(Builder builder) {
        this.builder = builder;
    }

    public void construct() {
        builder.makeTitle("Bye");
        builder.makeString("헤어질 때 하는 가벼운 인삿말");
        builder.makeItems(new String[]{
            "See you.",
            "Take care.",
            "Bye."
        });
        builder.makeString("헤어질 때 하는 정중한 인삿말");
        builder.makeItems(new String[]{
            "It was nice to see you.",
            "I'm looking forward to seeing you again.",
        });
        builder.close();
    }
}
```

그림 A7-1 실행 결과 (텍스트)

```
javac Main.java
java Main text
================================
[Bye]

■헤어질 때 하는 가벼운 인삿말

  • See you.
  • Take care.
  • Bye.
```

```
■헤어질 때 하는 정중한 인삿말

 • It was nice to see you.
 • I'm looking forward to seeing you again.

==============================
```

그림 A7-2 실행 결과 (HTML 파일)

```
javac Main.java
java Main html
HTML 파일 Bye.html이 작성되었습니다.
```

그림 A7-3 Bye.html (HTMLBuilder가 작성한 파일)

```
<!DOCTYPE html>
<html>
<head><title>Bye</title></head>
<body>
<h1>Bye</h1>

<p>헤어질 때 하는 가벼운 인삿말</p>

<ul>
<li>See you.</li>
<li>Take care.</li>
<li>Bye.</li>
</ul>

<p>헤어질 때 하는 정중한 인삿말</p>

<ul>
<li>It was nice to see you.</li>
<li>I'm looking forward to seeing you again.</li>
</ul>

</body></html>
```

그림 A7-4 HTMLBuilder가 작성한 Bye.html을 브라우저로 본 모습

Bye
헤어질 때 하는 가벼운 인삿말
See you.
Take care.
Bye.
헤어질 때 하는 정중한 인삿말
It was nice to see you.
I'm looking forward to seeing you again.

문제 7-3의 해답

(문제 p.142)

ConcreteBuilder로 JFC/Swing을 이용한 그래픽 유저 인터페이스(GUI)를 만들어 보았습니다. 리스트 A7-2의 `FrameBuilder` 클래스에서 `makeString` 부분은 윈도우의 라벨(`JLabel`)로 구현했고, `makeItems` 부분은 윈도우의 버튼(`JButton`)으로 구현했습니다. `Builder` 클래스와 `Director` 클래스는 예제 프로그램과 동일합니다. 실행하면 그림 A7-5와 같은 창이 나타납니다. 버튼을 클릭하면 버튼에 적혀 있는 "Good morning." 등이 표준 출력에 표시됩니다.

리스트 A7-2 FrameBuilder 클래스 (FrameBuilder.java)

```
import java.awt.*;
import java.awt.event.*;
import javax.swing.*;

public class FrameBuilder extends Builder {
    private JFrame frame = new JFrame();
    private Box box = new Box(BoxLayout.Y_AXIS);

    @Override
    public void makeTitle(String title) {
        frame.setTitle(title);
    }
```

```java

    @Override
    public void makeString(String str) {
        JLabel label = new JLabel(str);
        label.setBorder(BorderFactory.createEmptyBorder(10, 10, 10, 10));
        box.add(label);
    }

    @Override
    public void makeItems(String[] items) {
        Box innerbox = new Box(BoxLayout.Y_AXIS);
        for (String caption: items) {
            JButton button = new JButton(caption);
            button.addActionListener(e -> {
                System.out.println(e.getActionCommand());
            });
            innerbox.add(button);
        }
        innerbox.setBorder(BorderFactory.createEmptyBorder(10, 10, 10, 10));
        box.add(innerbox);
    }

    @Override
    public void close() {
        frame.getContentPane().add(box);
        frame.pack();
        frame.addWindowListener(new WindowAdapter() {
            public void windowClosing(WindowEvent e) {
                System.exit(0);
            }
        });
    }

    public JFrame getFrameResult() {
        return frame;
    }
}
```

리스트 A7-3 Main 클래스 (Main.java)

```
import javax.swing.JFrame;

public class Main {
    public static void main(String[] args) {
        FrameBuilder framebuilder = new FrameBuilder();
        Director director = new Director(framebuilder);
        director.construct();
        JFrame frame = framebuilder.getFrameResult();
        frame.setVisible(true);
    }
}
```

그림 A7-5 실행 결과

Greeting
일반적인 인사
How are you?
Hello.
Hi.
시간대별 인사
Good morning.
Good afternoon.
Good evening.

문제 7-4의 해답

[문제 p.142]

String을 사용해도 리스트 A7-4처럼 append를 +=로 수정하면 문제는 없습니다. 단, 이 프로그램처럼 문자열 수정이나 추가가 빈번하게 발생하는 경우에는 String보다 StringBuilder를 사용하는 편이 더 빠릅니다. String을 사용하면 수정이나 추가를 할 때마다 String 클래스의 새로운 인스턴스를 생성하기 때문입니다.

리스트 A7-4 TextBuilder 클래스 (TextBuilder.java)

```
public class TextBuilder extends Builder {
    private String text = "";

    @Override
    public void makeTitle(String title) {
        text += "==============================\n";
        text += "[" + title + "]\n";
        text += "\n";
    }

    @Override
    public void makeString(String str) {
        text += "■" + str + "\n";
        text += "\n";
    }

    @Override
    public void makeItems(String[] items) {
        for (String s: items) {
            text += " · " + s + "\n";
        }
        text += "\n";
    }

    @Override
    public void close() {
        text += "==============================\n";
    }

    public String getTextResult() {
        return text;
    }
}
```

Part 8

문제 8-1의 해답

(문제 p.169)

private로 지정할 경우, 장점은 Tray의 하위 클래스(즉, 구체적인 부품)가 tray 필드 구현에 의존하지 않는다는 것이고, 단점은 적절한 액세스용 메소드를 새로 만들어야 한다는 것입니다. 일반적으로 protected 필드를 사용하기보다 필드를 private로 지정하고, 액세스용 메소드를 만드는 편이 안전한 프로그램이 됩니다.

문제 8-2의 해답

(문제 p.169)

문제 8-2의 해답은 다음과 같습니다. 수정할 것은 Factory 클래스와 Main 클래스뿐입니다.

리스트 A8-1 Factory 클래스 (Factory.java)

```
package factory;

public abstract class Factory {
    public static Factory getFactory(String classname) {
        Factory factory = null;
        try {
            factory = (Factory)Class.forName(classname).getDeclaredConstructor().newInstance();
        } catch (ClassNotFoundException e) {
            System.out.println(classname + " 클래스가 발견되지 않았습니다.");
        } catch (Exception e) {
            e.printStackTrace();
        }
        return factory;
    }

    public abstract Link createLink(String caption, String url);
    public abstract Tray createTray(String caption);
    public abstract Page createPage(String title, String author);

    public Page createNaverPage() {
        Link link = createLink("Naver", "https://www.naver.com/");
        Page page = createPage("Naver", "Naver");
        page.add(link);
        return page;
    }
}
```

리스트 A8-2 Main 클래스 (Main.java)

```java
import factory.*;

public class Main {
    public static void main(String[] args) {
        if (args.length != 2) {
            System.out.println("Usage: java Main filename.html class.name.of.ConcreteFactory");
            System.out.println("Example 1: java Main listNaver.html listfactory.ListFactory");
            System.out.println("Example 2: java Main divNaver.html divfactory.DivFactory");
            System.exit(0);
        }

        String filename = args[0];
        String classname = args[1];

        Factory factory = Factory.getFactory(classname);

        // Page
        Page page = factory.createNaverPage();

        page.output(filename);
    }
}
```

그림 A8-1 listfactory를 사용한 Naver 링크

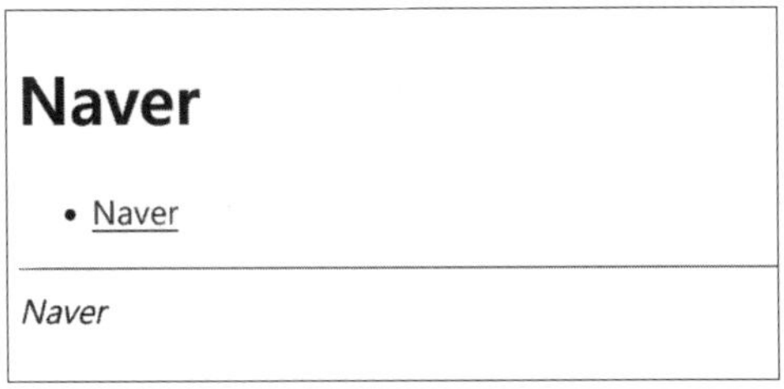

그림 A8-2 divfactory를 사용한 Naver 링크

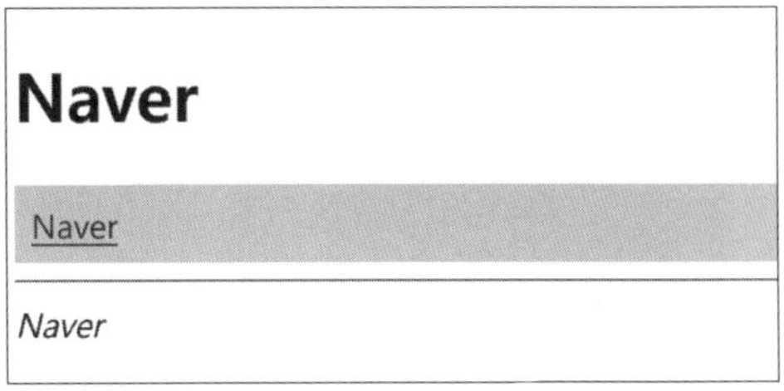

문제 8-3의 해답

[문제 p.169]

Java에서는 생성자를 상속하지 못하기 때문입니다. 상위 클래스에 Link(String caption, String url) 생성자가 있어도 ListLink 쪽에서 ListLink(String caption, String url) 생성자를 정의하지 않으면, 다음과 같이 호출할 수 없습니다. 컴파일할 때 오류가 발생합니다.

```
new ListLink("Naver", "https://www.naver.com/")
```

문제 8-4의 해답

[문제 p.169]

Page는 Tray에 add할 수 없기 때문입니다(HTML 문법상 부적절). Page 클래스를 Tray 클래스의 하위 클래스로 만들어 버리면, Page도 Item의 하위 클래스가 되므로 add의 대상이 됩니다. 그 대신, Page 클래스에서 makeHTML을 선언해야 합니다. makeHTML 메소드를 포함하는 Java 인터페이스 HTMLable을 다음과 같이 만들고, Item 클래스와 Page 클래스는 HTMLable을 implements하도록 변경하면 더 깔끔하게 정리할 수 있습니다.

```
public interface HTMLable {
    public abstract String makeHTML();
}
```

Part 9

문제 9-1의 해답

[문제 p.184]

이것은 '기능의 클래스 계층'에 추가됩니다. RandomCountDisplay 클래스(리스트 A9-1)는 Display의 하위 클래스로 만들어도 상관없지만 여기서는 CountDisplay의 하위 클래스로 만들었습니다. java.util.Random은 난수 생성기를 표현한 클래스로, nextInt(n) 메소드는 0 이상 n 미만의 정수를 랜덤으로 생성하여 반환합니다.

리스트 A9-2의 Main 클래스에서는 RandomCountDisplay의 randomDisplay 메소드를 호출합니다. 실행하면 0~9개의 "Hello, Korea."라는 문자열이 표시됩니다.

리스트 A9-1 RandomCountDisplay 클래스 (RandomCountDisplay.java)

```
import java.util.Random;

public class RandomCountDisplay extends CountDisplay {
    private Random random = new Random();

    public RandomCountDisplay(DisplayImpl impl) {
        super(impl);
    }

    public void randomDisplay(int times) {
        multiDisplay(random.nextInt(times));
    }
}
```

리스트 A9-2 Main 클래스 (Main.java)

```
public class Main {
    public static void main(String[] args) {
        RandomCountDisplay d = new RandomCountDisplay(new StringDisplayImpl("Hello, Korea."));
        d.randomDisplay(10);
    }
}
```

그림 A9-1 실행 결과 예 1 (4번 반복, 실행할 때마다 달라진다)

```
+-------------+
|Hello, Korea.|
|Hello, Korea.|
|Hello, Korea.|
|Hello, Korea.|
+-------------+
```

그림 A9-2 실행 결과 예 2 (8번 반복)

```
+-------------+
|Hello, Korea.|
|Hello, Korea.|
|Hello, Korea.|
|Hello, Korea.|
|Hello, Korea.|
|Hello, Korea.|
|Hello, Korea.|
|Hello, Korea.|
+-------------+
```

그림 A9-3 실행 결과 예 3 (0번 반복)

```
+-------------+
+-------------+
```

클래스 다이어그램은 그림 A9-4와 같습니다.

그림 A9-4 RandomCountDisplay를 추가한 클래스 다이어그램

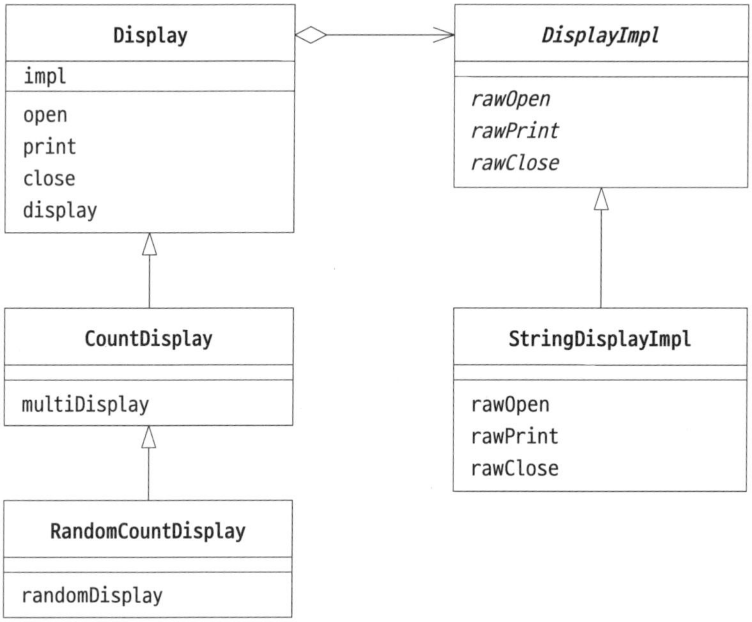

문제 9-2의 해답

[문제 p.184]

이것은 '구현의 클래스 계층'에 추가됩니다. DisplayImpl 클래스의 하위 클래스로 FileDisplayImpl 클래스를 만들었습니다. 리스트 A9-3의 FileDisplayImpl 클래스에서는 표시가 너무 단조롭지 않게 조금 꾸몄습니다. 리스트 A9-4의 Main 클래스는 CountDisplay 클래스와 FileDisplayImpl 클래스를 사용하여 star.txt 파일(리스트 A9-5)을 세 번 표시합니다. 1번 문제에 나온 RandomCountDisplay와 FileDisplayImpl을 사용하면 파일을 임의의 횟수대로 표시할 수 있습니다.

리스트 A9-3 FileDisplayImpl 클래스 (FileDisplayImpl.java)

```java
import java.io.IOException;
import java.nio.file.Files;
import java.nio.file.Path;

public class FileDisplayImpl extends DisplayImpl {
    private String filename;

    public FileDisplayImpl(String filename) {
        this.filename = filename;
    }

    @Override
    public void rawOpen() {
        // 장식
        System.out.println("=-=-=-=-=-= " + filename + " =-=-=-=-=-=");
    }

    @Override
    public void rawPrint() {
        try {
            for (String line: Files.readAllLines(Path.of(filename))) {
                System.out.print("> ");
                System.out.println(line);
            }
        } catch (IOException e) {
            e.printStackTrace();
        }
    }

    @Override
    public void rawClose() {
        // 장식
```

```
            System.out.println("=-=-=-=-=-= ");
        }
}
```

리스트 A9-4 Main 클래스 (Main.java)

```
public class Main {
    public static void main(String[] args) {
        CountDisplay d = new CountDisplay(new FileDisplayImpl("star.txt"));
        d.multiDisplay(3);
    }
}
```

리스트 A9-5 표시할 텍스트 파일 (star.txt)

```
Twinkle, twinkle, little star,
How I wonder what you are.
```

그림 A9-5 실행 결과

```
=-=-=-=-=-= star.txt =-=-=-=-=-=
> Twinkle, twinkle, little star,
> How I wonder what you are.
> Twinkle, twinkle, little star,
> How I wonder what you are.
> Twinkle, twinkle, little star,
> How I wonder what you are.
=-=-=-=-=-=
```

클래스 다이어그램은 그림 A9-6처럼 됩니다.

그림 A9-6 FileDisplayImpl을 추가한 클래스 다이어그램

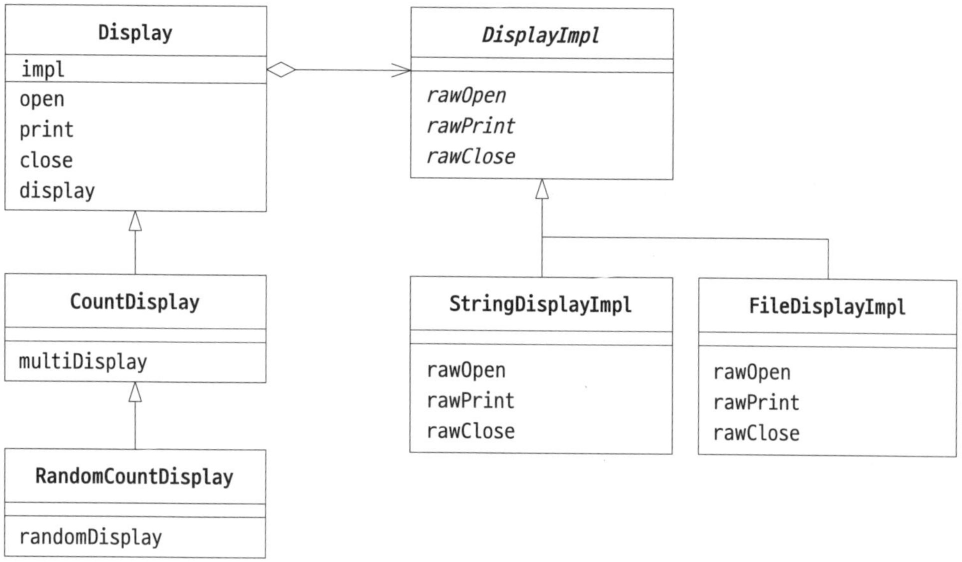

문제 9-3의 해답

(문제 p.184)

문제에서는 기능의 추가와 구현의 추가를 한 클래스에서 동시에 하려고 했습니다. 하지만 추가할 내용을 일단 기능과 구현으로 분리해서 다른 클래스로 만들고, 한쪽은 기능의 클래스 계층에 넣고 다른 한쪽은 구현의 클래스 계층에 넣으면 Bridge 패턴에 딱 맞아떨어집니다. 또한 이 경우, 추가한 구현은 다른 클래스(CountDisplay나 RandomCountDisplay)에서도 사용할 수 있고, 추가한 기능은 다른 클래스(StringDisplayImpl이나 FileDisplayImpl)에서도 동작합니다.

문제와 같은 모양을 만드는 클래스를 다음 두 클래스로 분리합니다.

- IncreaseDisplay 클래스(리스트 A9-6) … 점점 횟수를 늘려 표시하는 '기능'을 나타내는 클래스
- CharDisplayImpl 클래스(리스트 A9-7) … 문자로 표시하는 '구현'을 나타내는 클래스

리스트 A9-6 IncreaseDisplay 클래스 (IncreaseDisplay.java)

```
public class IncreaseDisplay extends CountDisplay {
    private int step; // 증감값

    public IncreaseDisplay(DisplayImpl impl, int step) {
        super(impl);
```

```
        this.step = step;
    }

    public void increaseDisplay(int level) {
        int count = 0;
        for (int i = 0; i < level; i++) {
            multiDisplay(count);
            count += step;
        }
    }
}
```

리스트 A9-7 CharDisplayImpl 클래스 (CharDisplayImpl.java)

```
public class CharDisplayImpl extends DisplayImpl {
    private char head;
    private char body;
    private char foot;

    public CharDisplayImpl(char head, char body, char foot) {
        this.head = head;
        this.body = body;
        this.foot = foot;
    }

    @Override
    public void rawOpen() {
        System.out.print(head);
    }

    @Override
    public void rawPrint() {
        System.out.print(body);
    }

    @Override
    public void rawClose() {
        System.out.println(foot);
    }
}
```

리스트 A9-8 Main 클래스 (Main.java)

```
public class Main {
    public static void main(String[] args) {
        IncreaseDisplay d1 = new IncreaseDisplay(new CharDisplayImpl('<', '*', '>'), 1);
        IncreaseDisplay d2 = new IncreaseDisplay(new CharDisplayImpl('|', '#', '-'), 2);
        d1.increaseDisplay(4);
        d2.increaseDisplay(6);
    }
}
```

그림 A9-7 실행 결과

```
<>
<*>
<**>
<***>
|-
|##-
|####-
|######-
|########-
|##########-
```

클래스 다이어그램은 그림 A9-8과 같습니다. 이 클래스 다이어그램에는 예제 프로그램에서 등장한 클래스와 연습 문제에 등장한 클래스가 모두 포함되어 있습니다. 왼쪽에 있는 기능 클래스 계층, 오른쪽에 있는 구현 클래스 계층, 그리고 양쪽을 연결하는 위임의 브릿지가 보이나요?

그림 A9-8 IncreaseDisplay와 CharDisplayImpl을 추가한 클래스 다이어그램

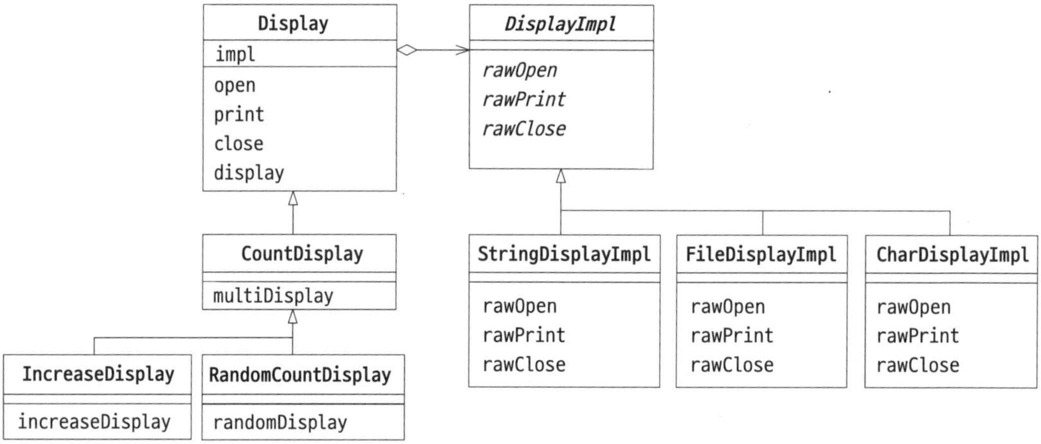

Part 10

문제 10-1의 해답

(문제 p.200)

문제 10-1의 해답은 리스트 A10-1과 같습니다. 무작위로 다음 손을 내기 때문에, study는 비어 있습니다.

리스트 A10-1 RandomStrategy 클래스 (RandomStrategy.java)

```java
import java.util.Random;

public class RandomStrategy implements Strategy {
    private Random random;

    public RandomStrategy(int seed) {
        random = new Random(seed);
    }

    @Override
    public void study(boolean win) {
    }

    @Override
    public Hand nextHand() {
        return Hand.getHand(random.nextInt(3));
    }
}
```

리스트 A10-2 Main 클래스 (Main.java)

```
public class Main {
    public static void main(String[] args) {
        if (args.length != 2) {
            System.out.println("Usage: java Main randomseed1 randomseed2");
            System.out.println("Example: java Main 314 15");
            System.exit(0);
        }
        int seed1 = Integer.parseInt(args[0]);
        int seed2 = Integer.parseInt(args[1]);
        Player player1 = new Player("KIM", new ProbStrategy(seed1));
        Player player2 = new Player("LEE", new RandomStrategy(seed2));
        for (int i = 0; i < 10000; i++) {
            Hand nextHand1 = player1.nextHand();
            Hand nextHand2 = player2.nextHand();
            if (nextHand1.isStrongerThan(nextHand2)) {
                System.out.println("Winner:" + player1);
                player1.win();
                player2.lose();
            } else if (nextHand2.isStrongerThan(nextHand1)) {
                System.out.println("Winner:" + player2);
                player1.lose();
                player2.win();
            } else {
                System.out.println("Even...");
                player1.even();
                player2.even();
            }
        }
        System.out.println("Total result:");
        System.out.println(player1.toString());
        System.out.println(player2.toString());
    }
}
```

문제 10-2의 해답

[문제 p.200]

Hand형 인스턴스(enum 상수)가 원래 ROCK, SCISSORS, PAPER로 3개만 존재한다는 것이 보증되기 때문입니다. handvalue 필드의 값이 같은 인스턴스가 두 개 있다면 사실 그 둘은 같은 인스턴스입니다.

문제 10-3의 해답

[문제 p.200]

Java에서 명시적으로 초기화되지 않은 필드는 자동으로 초기화되기 때문입니다. boolean형 필드는 false로 초기화됩니다. 숫자는 0으로, 참조형은 null로 초기화됩니다.

·주의· 필드는 초기화되지만 로컬 변수(지역 변수)는 초기화되지 않습니다.

문제 10-4의 해답

[문제 p.200]

'익명 클래스'를 이용하는 방법과 '람다식'을 이용하는 방법 두 가지를 모두 살펴보겠습니다.

리스트 A10-3은 익명 클래스를 이용한 방법입니다. sort 메소드의 인수로서 전달하는 것은 java.util.Comparator<String> 인터페이스의 인스턴스입니다. Comparator<String> 인터페이스를 구현(implements)한 클래스를 선언하고 해당 클래스의 인스턴스를 new를 이용해 만드는 것이 일반적이지만, 다음과 같이 인터페이스에서 직접 인스턴스를 만들 수도 있습니다.

```
new Comparator<String>() {
    public int compare(String a, String b) {
        return a.compareTo(b);
    }
}
```

이 식 안에 추상 메소드 compare의 실체가 정의되어 있습니다. Java 컴파일러는 이 식을 바탕으로 이름이 겉으로 드러나지 않는 익명 클래스(무명 클래스)를 만들고, 그 클래스의 인스턴스를 생성해 줍니다.

a.compareTo(b)에서 사용되는 compareTo는 String의 인스턴스 메소드로 a와 b의 순서 관계를 구하는 메소드입니다. 사전식 순서로 a<b라면 음수 값, a>b라면 양수 값, a와 b가 같으면 0이 반환됩니다(그리고 이것은 compare 메소드가 기대하는 반환값과 일치합니다). b.compareTo(a)처럼 a와 b를 바꾸면 사전식 순서의 역순이 됩니다.

리스트 A10-3 익명 클래스를 이용한 프로그램 (Main.java)

```
import java.util.*;

class Main {
    public static void main(String[] args) {
        List<String> list = Arrays.asList("D", "B", "C", "E", "A");
```

```

        // 사전순으로 작은 순서
        list.sort(new Comparator<String>() {
            public int compare(String a, String b) {
                return a.compareTo(b);
            }
        });
        System.out.println(list);

        // 사전순으로 큰 순서
        list.sort(new Comparator<String>() {
            public int compare(String a, String b) {
                return b.compareTo(a);
            }
        });
        System.out.println(list);
    }
}
```

리스트 A10-4는 '람다식'을 이용하는 방법입니다. 리스트 A10-3과 완전히 같은 동작을 하지만, 코드가 훨씬 간결해집니다. `java.util.Comparator<String>`은 `compare`라는 유일한 추상 메소드를 가지는 인터페이스로, Java의 함수형 인터페이스(functional interface)의 일종입니다. 함수형 인터페이스의 인스턴스는 리스트 A10-4에서 볼 수 있듯이 람다식으로 생성할 수 있습니다.

```
(a, b) -> a.compareTo(b)
```

리스트 A10-3의 익명 클래스 작성법과 비교하면, `(a, b)` 부분이 인수에 해당하고 `a.compareTo(b)` 부분이 메소드 본체에 해당하는 것을 알 수 있습니다. 람다식을 이용하면 '인수 `a`, `b`를 비교하는 함수'라는 추상적인 개념을 간결하게 표현할 수 있고, 람다식에 의해서 정렬 순서를 바꿀 수도 있습니다.

리스트 A10-4 람다식을 이용한 프로그램 (Main.java)

```
import java.util.*;

class Main {
    public static void main(String[] args) {
        List<String> list = Arrays.asList("D", "B", "C", "E", "A");

        // 사전순으로 작은 순
```

```java
        list.sort((a, b) -> a.compareTo(b));
        System.out.println(list);

        // 사전순으로 큰 순
        list.sort((a, b) -> b.compareTo(a));
        System.out.println(list);
    }
}
```

Part 11

문제 11-1의 해답

[문제 p.216]

예를 들어, HTML의 리스트(ul 요소, ol 요소, dl 요소)와 테이블 등은 Composite 패턴으로 표현할 수 있습니다.

문제 11-2의 해답

[문제 p.216]

여러 가지 방법이 있지만, 여기서는 Entry 클래스에 parent 필드(이 인스턴스를 가진 Directory의 인스턴스)를 갖게 해 봅시다. root 디렉토리(최상위 디렉토리)는 이 parent 필드가 null이 되는 것으로 합니다. 주어진 인스턴스에서부터 parent 필드를 위로 따라올라가 전체 경로를 구성합니다. 수정할 코드는 Entry 클래스와 Directory 클래스입니다. Directory 클래스는 add 메소드 안에서 setParent 메소드를 호출합니다.

리스트 A11-1 변경한 Entry 클래스 (Entry.java)

```java
public abstract class Entry {
    private Entry parent;

    // 부모를 설정한다
    protected void setParent(Entry parent) {
        this.parent = parent;
    }

    // 이름을 가져온다
    public abstract String getName();

```

```java
    // 크기를 가져온다
    public abstract int getSize();

    // 목록을 표시한다
    public void printList() {
        printList("");
    }

    // prefix를 앞에 붙여 목록을 표시한다
    protected abstract void printList(String prefix);

    // 문자열 표시
    @Override
    public String toString() {
        return getName() + " (" + getSize() + ")";
    }

    // 전체 경로를 가져온다
    public String getFullName() {
        StringBuilder fullname = new StringBuilder();
        Entry entry = this;
        do {
            fullname.insert(0, entry.getName());
            fullname.insert(0, "/");
            entry = entry.parent;
        } while (entry != null);
        return fullname.toString();
    }
}
```

리스트 A11-2 변경한 Directory 클래스 (Directory.java)

```java
import java.util.ArrayList;
import java.util.List;

public class Directory extends Entry {
    private String name;
    private List<Entry> directory = new ArrayList<>();

    public Directory(String name) {
        this.name = name;
    }

```

```java
    @Override
    public String getName() {
        return name;
    }

    @Override
    public int getSize() {
        int size = 0;
        for (Entry entry: directory) {
            size += entry.getSize();
        }
        return size;
    }

    @Override
    protected void printList(String prefix) {
        System.out.println(prefix + "/" + this);
        for (Entry entry: directory) {
            entry.printList(prefix + "/" + name);
        }
    }

    public Entry add(Entry entry) {
        directory.add(entry);
        entry.setParent(this);
        return this;
    }
}
```

리스트 A11-3 Main 클래스 (Main.java)

```java
public class Main {
    public static void main(String[] args) {
        Directory rootdir = new Directory("root");

        Directory usrdir = new Directory("usr");
        rootdir.add(usrdir);

        Directory youngjin = new Directory("youngjin");
        usrdir.add(youngjin);

        File file = new File("Composite.java", 100);
        youngjin.add(file);
```

```
        rootdir.printList();

        System.out.println();
        System.out.println("file = " + file.getFullName());
        System.out.println("youngjin = " + youngjin.getFullName());
    }
}
```

그림 A11-1 실행 결과

```
/root (100)
/root/usr (100)
/root/usr/youngjin (100)
/root/usr/youngjin/Composite.java (100)

file = /root/usr/youngjin/Composite.java
youngjin = /root/usr/youngjin
```

Part 12

문제 12-1의 해답

[문제 p.236]

그림 12-1의 해답은 다음과 같습니다.

리스트 A12-1 UpDownBorder 클래스 (UpDownBorder.java)

```
public class UpDownBorder extends Border {
    private char borderChar;  // 장식 문자

    // 내용물이 될 Display와 장식 문자를 지정
    public UpDownBorder(Display display, char ch) {
        super(display);
        this.borderChar = ch;
    }

    @Override
    public int getColumns() {
        // 문자 수는 내용물의 문자 수와 같다
```

```
        return display.getColumns();
    }

    @Override
    public int getRows() {
        // 행수는 내용물의 행수에 상하 장식 문자 수를 더한 것
        return 1 + display.getRows() + 1;
    }

    @Override
    public String getRowText(int row) {
        if (row == 0 || row == getRows() - 1) {
            // 맨 위와 맨 아래는 장식 문자만의 행
            return makeLine(borderChar, getColumns());
        } else {
            // 내용물의 행(맨 위 행수만큼 행 번호를 줄인다)
            return display.getRowText(row - 1);
        }
    }

    // 문자 ch로 count 수만큼 연속한 문자열을 만든다
    private String makeLine(char ch, int count) {
        StringBuilder line = new StringBuilder();
        for (int i = 0; i < count; i++) {
            line.append(ch);
        }
        return line.toString();
    }
}
```

문제 12-2의 해답

[문제 p.237]

문제 12-2의 해답은 다음과 같습니다. updatePadding 메소드는 너비를 일정하게 만들기 위해서 문자열 끝에 공백을 추가합니다. spaces 메소드는 java.lang.String 클래스의 repeat 메소드를 사용해도 실현할 수 있습니다.

리스트 A12-2 MultiStringDisplay 클래스 (MultiStringDisplay.java)

```
import java.util.ArrayList;
import java.util.List;

```

```
public class MultiStringDisplay extends Display {
    // 표시 문자열 저장 장소
    private List<String> body = new ArrayList<>();
    // 표시 문자열 최대 문자 수
    private int columns = 0;

    // 문자열 추가
    public void add(String msg) {
        body.add(msg);
        if (columns < msg.length()) {
            // 최대 문자 수 갱신
            columns = msg.length();
        }
        updatePadding();
    }

    @Override
    public int getColumns() {
        return columns;
    }

    @Override
    public int getRows() {
        return body.size();
    }

    @Override
    public String getRowText(int row) {
        return body.get(row);
    }

    // 표시 문자열 오른쪽 끝에 채울 공백을 필요에 따라 늘린다
    private void updatePadding() {
        for (int row = 0; row < body.size(); row++) {
            String line = body.get(row);
            int padding = columns - line.length();
            if (padding > 0) {
                body.set(row, line + spaces(padding));
            }
        }
    }

    // count 수만큼의 공백을 만든다
    private String spaces(int count) {
        StringBuilder spaces = new StringBuilder();
```

```java
        for (int i = 0; i < count; i++) {
            spaces.append(' ');
        }
        return spaces.toString();
    }
}
```

Part 13

문제 13-1의 해답

[문제 p.255]

문제 13-1의 해답은 리스트 A13-1과 같습니다. File.java(리스트 13-4) 및 Directory.java(리스트 13-5)를 수정할 필요는 없습니다.

리스트 A13-1 FileFindVisitor 클래스 (FileFindVisitor.java)

```java
import java.util.ArrayList;
import java.util.Iterator;
import java.util.List;

public class FileFindVisitor extends Visitor {
    private String filetype;
    private List<File> foundFiles = new ArrayList<>();

    // ".txt"처럼 확장자를 피리어드(.)를 붙여 지정
    public FileFindVisitor(String filetype) {
        this.filetype = filetype;
    }

    // 발견한 파일을 가져온다
    public Iterable<File> getFoundFiles() {
        return foundFiles;
    }

    @Override
    public void visit(File file) {
        if (file.getName().endsWith(filetype)) {
            foundFiles.add(file);
        }
    }
```

```java

    @Override
    public void visit(Directory directory) {
        for (Entry entry: directory) {
            entry.accept(this);
        }
    }
}
```

문제 13-2의 해답

(문제 p.256)

리스트 A13-2, 리스트 A13-3처럼 됩니다. 실행 결과는 Directory 클래스를 수정하기 전(그림 13-2)과 같습니다.

리스트 A13-2 Directory 클래스 (Directory.java)

```java
import java.util.ArrayList;
import java.util.Iterator;
import java.util.List;

public class Directory extends Entry implements Iterable<Entry> {
    private String name;
    private List<Entry> directory = new ArrayList<>();

    public Directory(String name) {
        this.name = name;
    }

    @Override
    public String getName() {
        return name;
    }

    @Override
    public int getSize() {
        SizeVisitor v = new SizeVisitor();
        accept(v);
        return v.getSize();
    }

    public Entry add(Entry entry) {
        directory.add(entry);
```

```java
        return this;
    }

    @Override
    public Iterator<Entry> iterator() {
        return directory.iterator();
    }

    @Override
    public void accept(Visitor v) {
        v.visit(this);
    }
}
```

리스트 A13-3 SizeVisitor 클래스 (SizeVisitor.java)

```java
public class SizeVisitor extends Visitor {
    private int size = 0;

    public int getSize() {
        return size;
    }

    @Override
    public void visit(File file) {
        size += file.getSize();
    }

    @Override
    public void visit(Directory directory) {
        for (Entry entry: directory) {
            entry.accept(this);
        }
    }
}
```

문제 13-3의 해답

[문제 p.256]

해답은 리스트 A13-4와 같습니다. `import`, `extends`, `@Override`, `public` 메소드의 인수나 반환값 등을 보충했습니다.

리스트 A13-4 Main.java

```java
import java.io.IOException;
import java.nio.file.FileVisitResult;
import java.nio.file.Files;
import java.nio.file.Path;
import java.nio.file.SimpleFileVisitor;
import java.nio.file.attribute.BasicFileAttributes;

class MyFileVisitor extends SimpleFileVisitor<Path> {
    @Override
    public FileVisitResult preVisitDirectory(Path dir,
            BasicFileAttributes attrs) throws IOException {
        System.out.println("dir: " + dir);
        return FileVisitResult.CONTINUE;
    }

    @Override
    public FileVisitResult visitFile(Path file,
            BasicFileAttributes attrs) throws IOException {
        System.out.println("file: " + file);
        return FileVisitResult.CONTINUE;
    }
}

public class Main {
    public static void main(String[] args) {
        if (args.length != 1) {
            System.out.println("Usage: java Main dirname");
            System.out.println("Example: java Main .");
            System.exit(0);
        }

        String dirname = args[0];

        try {
            MyFileVisitor visitor = new MyFileVisitor();
            Path root = Path.of(dirname);
            Files.walkFileTree(root, visitor);
        } catch (IOException e) {
            e.printStackTrace();
        }
    }
}
```

다른 방법입니다. 리스트 A13-5는 동일하게 동작하지만, `MyFileVisitor` 클래스를 `Main` 클래스의 `static` 멤버 클래스로 선언했습니다.

리스트 A13-5 Main.java

```java
import java.io.IOException;
import java.nio.file.FileVisitResult;
import java.nio.file.Files;
import java.nio.file.Path;
import java.nio.file.SimpleFileVisitor;
import java.nio.file.attribute.BasicFileAttributes;

public class Main {
    static class MyFileVisitor extends SimpleFileVisitor<Path> {
        @Override
        public FileVisitResult preVisitDirectory(Path dir,
                BasicFileAttributes attrs) throws IOException {
            System.out.println("dir: " + dir);
            return FileVisitResult.CONTINUE;
        }

        @Override
        public FileVisitResult visitFile(Path file,
                BasicFileAttributes attrs) throws IOException {
            System.out.println("file: " + file);
            return FileVisitResult.CONTINUE;
        }
    }

    public static void main(String[] args) {
        if (args.length != 1) {
            System.out.println("Usage: java Main dirname");
            System.out.println("Example: java Main .");
            System.exit(0);
        }

        String dirname = args[0];

        try {
            MyFileVisitor visitor = new MyFileVisitor();
            Path root = Path.of(dirname);
            Files.walkFileTree(root, visitor);
        } catch (IOException e) {
            e.printStackTrace();
```

```
        }
    }
}
```

또 다른 방법입니다. 리스트 A13-6도 같은 동작을 하지만, 처리하는 클래스를 익명 클래스(무명 클래스)로 선언했습니다.

리스트 A13-6 Main.java

```
import java.io.IOException;
import java.nio.file.FileVisitResult;
import java.nio.file.Files;
import java.nio.file.Path;
import java.nio.file.FileVisitor;
import java.nio.file.SimpleFileVisitor;
import java.nio.file.attribute.BasicFileAttributes;

public class Main {
    public static void main(String[] args) {
        if (args.length != 1) {
            System.out.println("Usage: java Main dirname");
            System.out.println("Example: java Main .");
            System.exit(0);
        }

        String dirname = args[0];

        try {
            FileVisitor<Path> visitor = new SimpleFileVisitor<>() {
                @Override
                public FileVisitResult preVisitDirectory(Path dir,
                        BasicFileAttributes attrs) throws IOException {
                    System.out.println("dir: " + dir);
                    return FileVisitResult.CONTINUE;
                }

                @Override
                public FileVisitResult visitFile(Path file,
                        BasicFileAttributes attrs) throws IOException {
                    System.out.println("file: " + file);
                    return FileVisitResult.CONTINUE;
                }
            };
```

```
        Path root = Path.of(dirname);
        Files.walkFileTree(root, visitor);
    } catch (IOException e) {
        e.printStackTrace();
    }
  }
}
```

문제 13-4의 해답

(문제 p.258)

implements Iterable<Entry>를 삭제하면 두 가지 문제가 발생합니다.

첫 번째는 Directory 클래스의 iterator 메소드에 추가된 @Override 어노테이션에서 컴파일 오류가 발생합니다. 이 메소드는 Iterable 인터페이스로 선언된 메소드를 구현한 것이고, 그것을 명시적으로 나타내고자 @Override 어노테이션이 부가되어 있기 때문입니다.

두 번째는 ListVisitor 클래스(리스트 13-6)의 visit(Directory) 메소드 안에 있는 확장 for문에서 컴파일 오류가 발생합니다.

```
for (Entry entry: directory) {
    entry.accept(this);
}
```

확장 for문은 배열 또는 Iterable 인터페이스에 대한 반복 처리를 수행하기 때문입니다. 확장 for문에 관한 내용은 50페이지를 참조하십시오.

문제 13-4는 @Override 어노테이션이 메소드의 위치를 명확히 해 준다는 것과 확장 for문을 사용하고 싶은 클래스에서는 Iterable 인터페이스를 구현한다는 것을 재확인하기 위해 출제했습니다.

Part 14

문제 14-1의 해답

[문제 p.272]

컴포넌트가 실려 있는 부모 컴포넌트(부모 윈도, 컨테이너)가 'next'가 되는 경우가 많습니다. 컴포넌트로 전달된 이벤트(요구)는 해당 컴포넌트에서 처리하지 않을 때, 순차적으로 부모 컴포넌트로 전달됩니다.

문제 14-2의 해답

[문제 p.272]

Support 클래스의 인스턴스에 다른 클래스가 '트러블 해결'을 의뢰할 때는 resolve 메소드가 아니고 support 메소드를 사용해 주었으면 한다는 의도가 표현되어 있습니다.

resolve 메소드가 public으로 되어 있으면, Support 클래스와 관계가 없는 클래스에서도 resolve를 갑자기 호출할 수 있습니다. 그렇게 되면, resolve 메소드가 Support 클래스에 기대하는 것과는 다른 방식으로 사용될 위험성이 있습니다. 또한, resolve 메소드가 public으로 되어 있으면, resolve 메소드의 이름이나 시그니처를 나중에 변경할 경우, 수정해야 할 대상이 프로그램의 여기저기로 흩어져 버리게 됩니다.

·주의· Java에서 protected한 이름은 하위 클래스뿐만 아니라 같은 패키지의 클래스에서도 볼 수 있습니다. 그래서 예제 프로그램처럼 한 패키지에서 사용하는 동안에는 public이든 protected든 차이가 없습니다(예제 프로그램의 클래스는 모두 이름 없는 패키지 안에 있습니다). 그러나 미래에 특정 패키지로 클래스를 마이그레이션할 때는 protected가 효과를 발휘합니다.
Java는 여러 패키지를 결합하는 모듈(module)이라는 메커니즘도 가지고 있습니다. 어떤 클래스나 메소드를 누구에게 보여 줄지는 일반적으로 액세스 제어(access control)라고 불리며, 패키지나 모듈과 깊은 관계가 있습니다. 액세스 제어에 관한 이해는 대규모 시스템을 구축할 때 특히 중요합니다.

문제 14-3의 해답

[문제 p.272]

다양한 작성 방법이 있는데 리스트 A14-1에 예를 들어 보겠습니다.

리스트 A14-1 수정한 Support 클래스 (Support.java)

```java
public abstract class Support {
    private String name;    // 이 트러블 해결자의 이름
    private Support next;   // 떠넘길 곳

    public Support(String name) {
        this.name = name;
        this.next = null;
    }

    // 떠넘길 곳을 설정한다
    public Support setNext(Support next) {
        this.next = next;
        return next;
    }

    // 트러블 해결 절차를 결정한다
    public void support(Trouble trouble) {
        for (Support obj = this; true; obj = obj.next) {
            if (obj.resolve(trouble)) {
                obj.done(trouble);
                break;
            } else if (obj.next == null) {
                obj.fail(trouble);
                break;
            }
        }
    }

    @Override
    public String toString() {
        return "[" + name + "]";
    }

    // 해결하려고 한다
    protected abstract boolean resolve(Trouble trouble);

    // 해결했다
    protected void done(Trouble trouble) {
        System.out.println(trouble + " is resolved by " + this + ".");
    }

    // 해결되지 않았다
    protected void fail(Trouble trouble) {
```

```
        System.out.println(trouble + " cannot be resolved.");
    }
}
```

Part 15

문제 15-1의 해답

[문제 p.284]

Database 클래스(리스트 15-1)와 HtmlWriter 클래스(리스트 15-3)의 정의를 다음과 같이 public 없이 합니다. 이제 Database 클래스와 HtmlWriter 클래스의 이름은 pagemaker 패키지 밖에서 참조할 수 없게 됩니다(메소드에 붙은 public은 삭제하지 않아도 됩니다).

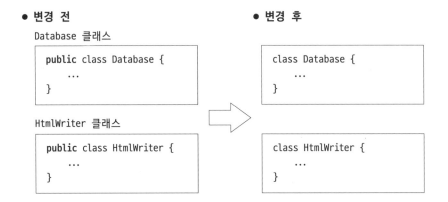

- **변경 전**

Database 클래스

```
public class Database {
    ...
}
```

HtmlWriter 클래스

```
public class HtmlWriter {
    ...
}
```

- **변경 후**

```
class Database {
    ...
}
```

```
class HtmlWriter {
    ...
}
```

Java의 패키지는 클래스나 인터페이스 등을 정리하는 메커니즘인데, 더 나아가 복수의 패키지를 정리하는 모듈(module)이라는 메커니즘도 있습니다. 모듈을 사용하면 어느 패키지를 모듈 밖에서 액세스할 수 있게 할지 제어할 수 있습니다.

문제 15-2의 해답

[문제 p.284]

문제 15-2의 해답은 리스트 A15-1과 같습니다.

리스트 A15-1 다시 작성한 PageMaker 클래스 (PageMaker.java)

```
package pagemaker;

```

```java
import java.io.FileWriter;
import java.io.IOException;
import java.util.Properties;

public class PageMaker {
    private PageMaker() {
    }

    public static void makeWelcomePage(String mailaddr, String filename) {
        try {
            Properties mailprop = Database.getProperties("maildata");
            String username = mailprop.getProperty(mailaddr);
            HtmlWriter writer = new HtmlWriter(new FileWriter(filename));
            writer.title(username + "'s web page");
            writer.paragraph("Welcome to " + username + "'s web page!");
            writer.paragraph("Nice to meet you!");
            writer.mailto(mailaddr, username);
            writer.close();
            System.out.println(filename + " is created for " + mailaddr + " (" + username + ")");
        } catch (IOException e) {
            e.printStackTrace();
        }
    }

    public static void makeLinkPage(String filename) {
        try {
            HtmlWriter writer = new HtmlWriter(new FileWriter(filename));
            writer.title("Link page");
            Properties mailprop = Database.getProperties("maildata");
            for (String mailaddr: mailprop.stringPropertyNames()) {
                String username = mailprop.getProperty(mailaddr, "(unknown)");
                writer.mailto(mailaddr, username);
            }
            writer.close();
            System.out.println(filename + " is created.");
        } catch (IOException e) {
            e.printStackTrace();
        }
    }
}
```

문제 15-3의 해답

[문제 p.285]

실행 결과는 그림 A15-1과 같습니다.

그림 A15-1 실행 결과

```
<!DOCTYPE html>
<html>
    <head>
        <title>Welcome!</title>
    </head>
    <body>
        <h1 style="text-align: center">Hello, world!</h1>
    </body>
</html>
```

덧붙여, 문자열 속에 `%s` 등과 같은 제어 문자열을 포함해서, `java.lang.String` 클래스의 `formatted` 메소드를 사용하면, 리스트 A15-2처럼 변수 `title`, `message`의 내용을 포함할 수가 있습니다(리스트 A15-2의 실행 결과는 그림 A15-1과 동일합니다).

리스트 A15-2 formatted 메소드를 사용한 예 (Main.java)

```
public class Main {
    public static void main(String[] args) {
        String title = "Welcome!";
        String message = "Hello, world!";
        String html = """
        <!DOCTYPE html>
        <html>
            <head>
                <title>%s</title>
            </head>
            <body>
                <h1 style="text-align: center">%s</h1>
            </body>
        </html>
        """.formatted(title, message);
        System.out.print(html);
    }
}
```

Part 16

문제 16-1의 해답

[문제 p.305]

LoginFrame 클래스(리스트 16-6)의 userpassChanged 메소드를 다음과 같이 수정합니다.

```
if (textPass.getText().length() > 0) {
```

↓

```
if (textUser.getText().length() >= 4 && textPass.getText().length() >= 4) {
```

다른 클래스는 전혀 수정할 필요가 없습니다.

그림 A16-1 패스워드가 3문자일 때는 아직 OK 버튼을 누를 수 없다

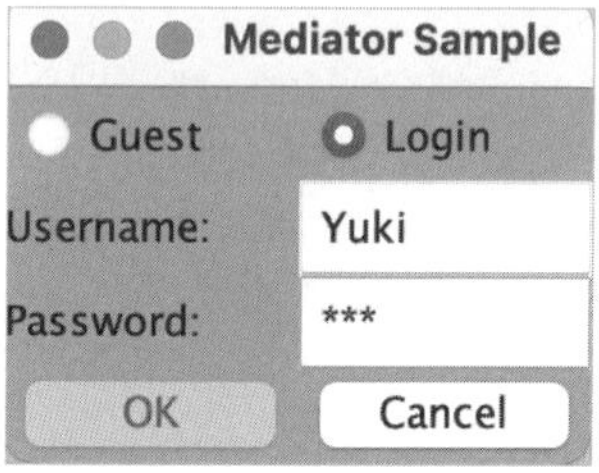

그림 A16-2 패스워드가 4문자가 되면 OK 버튼을 누를 수 있다

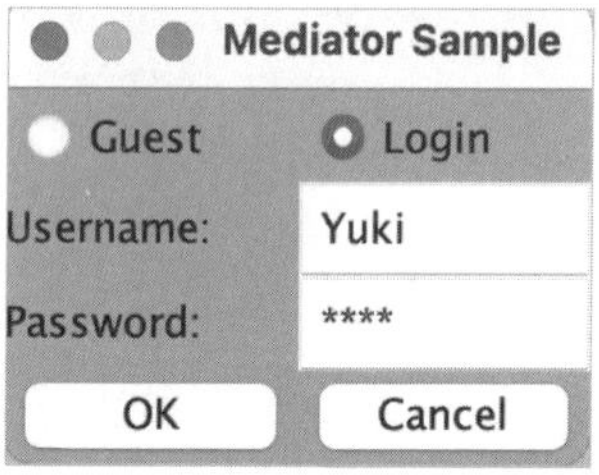

리스트 A16-1 LoginFrame 클래스 (LoginFrame.java)

```
import java.awt.CheckboxGroup;
import java.awt.Color;
import java.awt.Frame;
import java.awt.GridLayout;
import java.awt.Label;
```

```java
import java.awt.event.ActionEvent;
import java.awt.event.ActionListener;

public class LoginFrame extends Frame implements ActionListener, Mediator {
    private ColleagueCheckbox checkGuest;
    private ColleagueCheckbox checkLogin;
    private ColleagueTextField textUser;
    private ColleagueTextField textPass;
    private ColleagueButton buttonOk;
    private ColleagueButton buttonCancel;

    // Colleague를 생성하고 배치한 후에 표시한다
    public LoginFrame(String title) {
        super(title);

        // 배경색을 설정한다
        setBackground(Color.lightGray);

        // 레이아웃 매니저를 사용해 4×2 그리드를 만든다
        setLayout(new GridLayout(4, 2));

        // Colleague를 생성한다
        createColleagues();

        // 배치한다
        add(checkGuest);
        add(checkLogin);
        add(new Label("Username:"));
        add(textUser);
        add(new Label("Password:"));
        add(textPass);
        add(buttonOk);
        add(buttonCancel);

        // 활성/비활성 초기 설정을 한다
        colleagueChanged();

        // 표시한다
        pack();
        setVisible(true);
    }

    // Colleague를 생성한다
    @Override
    public void createColleagues() {
```

```
        // CheckBox
        CheckboxGroup g = new CheckboxGroup();
        checkGuest = new ColleagueCheckbox("Guest", g, true);
        checkLogin = new ColleagueCheckbox("Login", g, false);

        // TextField
        textUser = new ColleagueTextField("", 10);
        textPass = new ColleagueTextField("", 10);
        textPass.setEchoChar('*');

        // Button
        buttonOk = new ColleagueButton("OK");
        buttonCancel = new ColleagueButton("Cancel");

        // Mediator를 설정한다
        checkGuest.setMediator(this);
        checkLogin.setMediator(this);
        textUser.setMediator(this);
        textPass.setMediator(this);
        buttonOk.setMediator(this);
        buttonCancel.setMediator(this);

        // Listener 설정
        checkGuest.addItemListener(checkGuest);
        checkLogin.addItemListener(checkLogin);
        textUser.addTextListener(textUser);
        textPass.addTextListener(textPass);
        buttonOk.addActionListener(this);
        buttonCancel.addActionListener(this);
    }

    // Colleage의 상태가 바뀌면 호출된다
    @Override
    public void colleagueChanged() {
        if (checkGuest.getState()) {
            // 게스트 로그인
            textUser.setColleagueEnabled(false);
            textPass.setColleagueEnabled(false);
            buttonOk.setColleagueEnabled(true);
        } else {
            // 사용자 로그인
            textUser.setColleagueEnabled(true);
            userpassChanged();
        }
    }
```

```java

    // textUser 또는 textPass의 변경이 있다
    // 각 Colleage의 활성/비활성을 판정한다
    private void userpassChanged() {
        if (textUser.getText().length() > 0) {
            textPass.setColleagueEnabled(true);
            if (textUser.getText().length() >= 4 && textPass.getText().length() >= 4) {
                buttonOk.setColleagueEnabled(true);
            } else {
                buttonOk.setColleagueEnabled(false);
            }
        } else {
            textPass.setColleagueEnabled(false);
            buttonOk.setColleagueEnabled(false);
        }
    }

    @Override
    public void actionPerformed(ActionEvent e) {
        System.out.println(e.toString());
        System.exit(0);
    }
}
```

Part 17

문제 17-1의 해답

[문제 p.319]

문제 17-1의 해답은 리스트 A17-1과 같습니다.

리스트 A17-1 수가 증가해 가는 IncrementalNumberGenerator 클래스 (IncrementalNumberGenerator.java)

```java
public class IncrementalNumberGenerator extends NumberGenerator {
    private int number; // 현재 수
    private int end;    // 종룟값(이 값은 포함하지 않는다)
    private int inc;    // 증갓값

    public IncrementalNumberGenerator(int start, int end, int inc) {
        this.number = start;
        this.end = end;
```

```java
        this.inc = inc;
    }

    // 수를 취득한다
    @Override
    public int getNumber() {
        return number;
    }

    // 수를 생성한다
    @Override
    public void execute() {
        while (number < end) {
            notifyObservers();
            number += inc;
        }
    }
}
```

문제 17-2의 해답

[문제 p.320]

GUI를 사용해 원형 차트 형태의 ConcreteObserver 역을 만들어 봤습니다(그림 A17-1). 여기서는 세 가지 ConcreteObserver 역이 등장하지만, 실제로 `RandomNumberGenerator`에서 호출되는 것은 `FrameObserver`(리스트 A17-2)뿐입니다. `FrameObserver`는 `GraphText`와 `GraphCanvas`를 호출합니다(위임).

그림 A17-1 실행한 모습

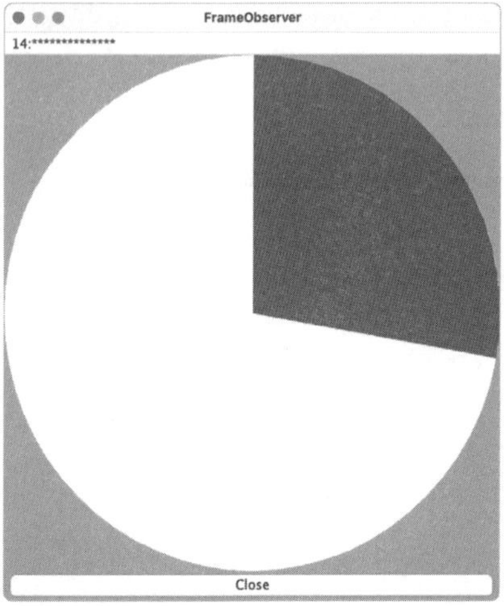

리스트 A17-2 GUI로 표시하는 FrameObserver 클래스 (FrameObserver.java)

```java
import java.awt.BorderLayout;
import java.awt.Button;
import java.awt.Canvas;
import java.awt.Color;
import java.awt.Frame;
import java.awt.Graphics;
import java.awt.TextField;
import java.awt.event.ActionEvent;
import java.awt.event.ActionListener;

public class FrameObserver extends Frame implements Observer, ActionListener {
    // GraphText는 통지된 수를 텍스트 필드로 표시하는 static 클래스
    static class GraphText extends TextField implements Observer {
        public GraphText(int columns) {
            super(columns);
        }

        @Override
        public void update(NumberGenerator generator) {
            int number = generator.getNumber();
            String text = number + ":";
            for (int i = 0; i < number; i++) {
                text += '*';
            }
            setText(text);
        }
    }

    // GraphCanvas는 통지된 수를 원그래프로 표시하는 static 클래스
    static class GraphCanvas extends Canvas implements Observer {
        private int number;

        @Override
        public void update(NumberGenerator generator) {
            number = generator.getNumber();
            repaint();
        }

        public void paint(Graphics g) {
            int width = getWidth();
            int height = getHeight();
            g.setColor(Color.white);
            g.fillArc(0, 0, width, height, 0, 360);
            g.setColor(Color.red);
```

```java
            g.fillArc(0, 0, width, height, 90, - number * 360 / 50);
        }
    }

    private GraphText textGraph = new GraphText(60);
    private GraphCanvas canvasGraph = new GraphCanvas();
    private Button buttonClose = new Button("Close");

    public FrameObserver() {
        super("FrameObserver");
        setLayout(new BorderLayout());
        setBackground(Color.lightGray);
        textGraph.setEditable(false);
        canvasGraph.setSize(500, 500);
        add(textGraph, BorderLayout.NORTH);
        add(canvasGraph, BorderLayout.CENTER);
        add(buttonClose, BorderLayout.SOUTH);
        buttonClose.addActionListener(this);
        pack();
        setVisible(true);
    }

    @Override
    public void actionPerformed(ActionEvent e) {
        System.out.println(e.toString());
        System.exit(0);
    }

    @Override
    public void update(NumberGenerator generator) {
        textGraph.update(generator);
        canvasGraph.update(generator);
    }
}
```

리스트 A17-3 Main 클래스 (Main.java)

```java
public class Main {
    public static void main(String[] args) {
        NumberGenerator generator = new RandomNumberGenerator();
        Observer observer1 = new DigitObserver();
        Observer observer2 = new GraphObserver();
        Observer observer3 = new FrameObserver();
        generator.addObserver(observer1);
```

```
        generator.addObserver(observer2);
        generator.addObserver(observer3);
        generator.execute();
    }
}
```

Part 18

문제 18-1의 해답

(문제 p.337)

Caretaker와 Originator 및 Memento 사이의 독립성이 사라집니다. 만약 Caretaker가 Memento를 자유롭게 조작할 수 있다면, Originator 내부에 수정이 가해졌을 때, Caretaker에도 같은 수정을 해야만 합니다. Caretaker가 좁은 인터페이스(API)만 사용한다면, 해당 인터페이스(API)가 변경되지 않는 한 Caretaker는 수정하지 않고 Originator와 Memento를 자유롭게 수정할 수 있습니다.

문제 18-2의 해답

(문제 p.337)

이미 저장된 Memento와 달라진 것을 계산하면 적은 공간으로 저장할 수 있게 될지 모릅니다. 혹은 데이터를 압축해서 저장할 데이터양을 줄이는 방법도 있습니다.

문제 18-3의 해답

(문제 p.337)

number를 private한 필드로 하고, 값 취득용 메소드 getNumber를 디폴트 액세스 제어(public, protected, private가 붙지 않는 것)로 지정하여 실현할 수 있습니다.

```
public class Memento {
    ...
    private int number;
    ...
    int getNumber() {
        return number;
    }
}
```

Gamer 클래스가 number의 값을 얻을 경우에는 getNumber 메소드를 사용합니다.

문제 18-4의 해답

[문제 p.337]

리스트 A18-1, 리스트 A18-2가 해답이 됩니다.

리스트 A18-1 파일 저장을 지원하는 Memento 클래스 (Memento.java)

```
package game;

import java.io.*;
import java.nio.file.*;
import java.util.ArrayList;
import java.util.List;

public class Memento {
    private int money;              // 소지금
    private List<String> fruits;  // 과일

    // 소지금을 얻는다(narrow interface)
    public int getMoney() {
        return money;
    }

    // 생성자(wide interface)
    Memento(int money) {
        this.money = money;
        this.fruits = new ArrayList<>();
    }

  // 과일을 추가한다(wide interface)
    void addFruit(String fruit) {
        fruits.add(fruit);
    }

    // 과일을 얻는다(wide interface)
    List<String> getFruits() {
         return new ArrayList<>(fruits);
    }

    // 파일에 저장
    public static boolean saveToFile(String filename, Memento memento) {
        StringBuilder sb = new StringBuilder();

        // 소지금
        sb.append(String.format("%d", memento.money));
```

```
        sb.append("\n");

        // 과일
        for (String f: memento.getFruits()) {
            sb.append(f);
            sb.append("\n");
        }

        // 쓰기
        try {
            Files.writeString(Path.of(filename), sb,
                    StandardOpenOption.CREATE,
                    StandardOpenOption.TRUNCATE_EXISTING,
                    StandardOpenOption.WRITE);
        } catch (IOException e) {
            System.out.println(e.toString());
            return false;
        }
        return true;
    }

    // 파일로부터 생성
    public static Memento loadFromFile(String filename) {
        try {
            // 읽기
            List<String> lines = Files.readAllLines(Path.of(filename));
            if (lines.size() == 0) {
                System.out.println("Empty file");
                return null;
            }

            // 소지금
            int money = 0;
            try {
                money = Integer.parseInt(lines.get(0));
            } catch (NumberFormatException e) {
                System.out.println("Format error: " + e);
                return null;
            }

            // 생성
            Memento memento = new Memento(money);

            // 과일
            for (int i = 1; i < lines.size(); i++) {
```

```java
                memento.addFruit(lines.get(i));
            }
            return memento;
        } catch (IOException e) {
            System.out.println(e.toString());
            return null;
        }
    }
}
```

리스트 A18-2 파일 저장을 지원하는 Main 클래스 (Main.java)

```java
import game.Memento;
import game.Gamer;

import java.io.*;

public class Main {
    public static final String SAVEFILENAME = "game.dat";

    public static void main(String[] args) {
        Gamer gamer = new Gamer(100);          // 최초 소지금은 100

        // 파일에서 읽어 온다
        Memento memento = Memento.loadFromFile(SAVEFILENAME);
        if (memento == null) {
            System.out.println("새로 시작합니다.");
            memento = gamer.createMemento();  // 최초 상태를 저장해 둔다
        } else {
            System.out.println("이전에 저장한 결과부터 시작합니다.");
            gamer.restoreMemento(memento);
        }

        // 게임 시작
        for (int i = 0; i < 100; i++) {
            System.out.println("==== " + i);       // 횟수 표시
            System.out.println("상태:" + gamer);    // 현재 주인공의 상태 표시

            // 게임을 진행한다
            gamer.bet();

            System.out.println("소지금은 " + gamer.getMoney() + "원이 되었습니다.");

            // Memento 다루기로 결정
```

```
            if (gamer.getMoney() > memento.getMoney()) {
                System.out.println("※많이 늘었으니 현재 상태를 저장해 두자!");
                memento = gamer.createMemento();
                // 파일로 기록한다
                if (Memento.saveToFile(SAVEFILENAME, memento)) {
                    System.out.println("현재 상태를 파일로 저장했습니다.");
                }
            } else if (gamer.getMoney() < memento.getMoney() / 2) {
                System.out.println("※많이 줄었으니 이전 상태를 복원하자!");
                gamer.restoreMemento(memento);
            }

            // 시간 대기
            try {
                Thread.sleep(1000);
            } catch (InterruptedException e) {
            }
            System.out.println();
        }
    }
}
```

Part 19

문제 19-1의 해답

[문제 p.360]

리스트 A19-1과 같습니다. SafeFrame 클래스 이외에는 수정할 필요가 없습니다. 예제 프로그램과의 차이점은 다음과 같습니다.

- SafeFrame 클래스에서 ActionListener의 implements 선언 삭제
- SafeFrame 클래스에서 actionPerformed 메소드 삭제
- 4종류의 버튼에 대해 addActionListener를 다음과 같이 호출

```
buttonUse.addActionListener(e -> state.doUse(this));
buttonAlarm.addActionListener(e -> state.doAlarm(this));
buttonPhone.addActionListener(e -> state.doPhone(this));
buttonExit.addActionListener(e -> System.exit(0));
```

다음과 같은 부분이 인수로 전달되는 람다식입니다.

```
e -> state.doUse(this)
```

e는 actionPerformed 메소드의 인수로 전달되는 ActionEvent의 인스턴스이며 처리 내용은 -> 오른쪽에 적혀 있습니다. 람다식을 사용하면 코드가 간결해지는 것을 잘 알 수 있습니다.

리스트 A19-1 람다식을 사용해 리스너를 설정한 SafeFrame 클래스 (SafeFrame.java)

```
import java.awt.BorderLayout;
import java.awt.Button;
import java.awt.Color;
import java.awt.Frame;
import java.awt.Label;
import java.awt.Panel;
import java.awt.TextArea;
import java.awt.TextField;

public class SafeFrame extends Frame implements Context {
    private TextField textClock = new TextField(60);          // 현재 시간 표시
    private TextArea textScreen = new TextArea(10, 60);       // 경비 센터 출력
    private Button buttonUse = new Button("금고 사용");        // 금고 사용 버튼
    private Button buttonAlarm = new Button("비상벨");         // 비상벨 버튼
    private Button buttonPhone = new Button("일반 통화");      // 일반 통화 버튼
    private Button buttonExit = new Button("종료");           // 종료 버튼

    private State state = DayState.getInstance();             // 현재 상태

    // 생성자
    public SafeFrame(String title) {
        super(title);
        setBackground(Color.lightGray);
        setLayout(new BorderLayout());
        // textClock 배치
        add(textClock, BorderLayout.NORTH);
        textClock.setEditable(false);
        // textScreen 배치
        add(textScreen, BorderLayout.CENTER);
        textScreen.setEditable(false);
        // 패널에 버튼 추가
        Panel panel = new Panel();
        panel.add(buttonUse);
        panel.add(buttonAlarm);
        panel.add(buttonPhone);
        panel.add(buttonExit);
```

```
        // 그 패널을 배치
        add(panel, BorderLayout.SOUTH);

        // 버튼이 눌렸을 때의 리스너를 람다식으로 설정
        buttonUse.addActionListener(e -> state.doUse(this));
        buttonAlarm.addActionListener(e -> state.doAlarm(this));
        buttonPhone.addActionListener(e -> state.doPhone(this));
        buttonExit.addActionListener(e -> System.exit(0));

        // 표시
        pack();
        setVisible(true);
    }

    // 시간 설정
    @Override
    public void setClock(int hour) {
        String clockstring = String.format("현재 시간은 %02d:00", hour);
        System.out.println(clockstring);
        textClock.setText(clockstring);
        state.doClock(this, hour);
    }

    // 상태 변화
    @Override
    public void changeState(State state) {
        System.out.println(this.state + "에서 " + state + "으로 상태가 변화했습니다.");
        this.state = state;
    }

    // 경비 센터 경비원 호출
    @Override
    public void callSecurityCenter(String msg) {
        textScreen.append("call! " + msg + "\n");
    }

    // 경비 센터 기록
    @Override
    public void recordLog(String msg) {
        textScreen.append("record ... " + msg + "\n");
    }
}
```

문제 19-2의 해답

[문제 p.360]

DayState 클래스(리스트 19-4) 및 NightState 클래스(리스트 19-5)의 doClock 메소드를 수정해야 합니다. 미리 SafeFrame 클래스(리스트 19-7)에 isDay 메소드와 isNight 메소드를 만들어 두고, 현재가 주간인지 야간인지 조사하는 수단을 준비해 두면, 구체적인 시간의 범위를 SafeFrame 클래스 내부에 가둘 수 있습니다. 이렇게 대처해 두면, 시간 범위가 변해도 SafeFrame 클래스만 수정하면 됩니다.

문제 19-3의 해답

[문제 p.360]

ConcreteState 역으로서 점심 시간이라는 상태를 나타내는 NoonState 클래스(리스트 A19-2)를 만듭니다. DayState 클래스와 NightState 클래스의 doClock 메소드도 수정해야 합니다(리스트 A19-3, A19-4).

리스트 A19-2 NoonState 클래스 (NoonState.java)

```java
public class NoonState implements State {
    private static NoonState singleton = new NoonState();

    private NoonState() {
    }

    public static State getInstance() {
        return singleton;
    }

    @Override
    public void doClock(Context context, int hour) {
        if (hour < 9 || 17 <= hour) {
            context.changeState(NightState.getInstance());
        } else if (9 <= hour && hour < 12 || 13 <= hour && hour < 17) {
            context.changeState(DayState.getInstance());
        }
    }

    @Override
    public void doUse(Context context) {
        context.callSecurityCenter("비상:점심 시간에 금고 사용!");
    }

    @Override
    public void doAlarm(Context context) {
        context.callSecurityCenter("비상벨(점심 시간)");
```

```java
    }

    @Override
    public void doPhone(Context context) {
        context.recordLog("점심 시간 통화 녹음");
    }

    @Override
    public String toString() {
        return "[점심 시간]";
    }
}
```

리스트 A19-3 DayState 클래스 (DayState.java)

```java
public class DayState implements State {
    private static DayState singleton = new DayState();

    private DayState() {
    }

    public static State getInstance() {
        return singleton;
    }

    @Override
    public void doClock(Context context, int hour) {
        if (hour < 9 || 17 <= hour) {
            context.changeState(NightState.getInstance());
        } else if (12 <= hour && hour < 13) {
            context.changeState(NoonState.getInstance());
        }
    }

    @Override
    public void doUse(Context context) {
        context.recordLog("금고 사용(주간)");
    }

    @Override
    public void doAlarm(Context context) {
        context.callSecurityCenter("비상벨(주간)");
    }

```

```
    @Override
    public void doPhone(Context context) {
        context.callSecurityCenter("일반 통화(주간)");
    }

    @Override
    public String toString() {
        return "[주간]";
    }
}
```

리스트 A19-4 NightState 클래스 (NightState.java)

```
public class NightState implements State {
    private static NightState singleton = new NightState();

    private NightState() {
    }

    public static State getInstance() {
        return singleton;
    }

    @Override
    public void doClock(Context context, int hour) {
        if (12 <= hour && hour < 13) {
            context.changeState(NoonState.getInstance());
        } else if (9 <= hour && hour < 17) {
            context.changeState(DayState.getInstance());
        }
    }

    @Override
    public void doUse(Context context) {
        context.callSecurityCenter("비상:야간 금고 사용!");
    }

    @Override
    public void doAlarm(Context context) {
        context.callSecurityCenter("비상벨(야간)");
    }

    @Override
    public void doPhone(Context context) {
```

```
            context.recordLog("야간 통화 녹음");
        }

    @Override
    public String toString() {
        return "[야간]";
    }
}
```

문제 19-4의 해답

[문제 p.360]

비상시를 나타내는 `UrgentState`(긴급사태) 클래스(리스트 A19-5)를 도입합니다. 또한, `DayState` 클래스와 `NightState` 클래스의 `doAlarm`에 상태 전환 코드를 추가합니다(리스트 A19-6, A19-7). 이 사양의 문제점은 일단 비상시가 된 후 원래 상태로 복귀할 수단이 없다는 것입니다.

리스트 A19-5 UrgentState 클래스 (UrgentState.java)

```
public class UrgentState implements State {
    private static UrgentState singleton = new UrgentState();

    private UrgentState() {                                 // 생성자는 private
    }

    public static State getInstance() {                     // 유일한 인스턴스를 얻는다
        return singleton;
    }

    @Override
    public void doClock(Context context, int hour) {        // 시간 설정
        // 시간 설정에서는 아무 처리도 하지 않는다
    }

    @Override
    public void doUse(Context context) {                    // 금고 사용
        context.callSecurityCenter("비상:비상시 금고 사용!");
    }

    @Override
    public void doAlarm(Context context) {                  // 비상벨
        context.callSecurityCenter("비상벨(비상시)");
    }
```

```java

    @Override
    public void doPhone(Context context) {                   // 일반 통화
        context.callSecurityCenter("일반 통화(비상시)");
    }

    @Override
    public String toString() {                               // 문자열 표현
        return "[비상시]";
    }
}
```

리스트 A19-6 DayState 클래스 (DayState.java)

```java
public class DayState implements State {
    private static DayState singleton = new DayState();

    private DayState() {
    }

    public static State getInstance() {
        return singleton;
    }

    @Override
    public void doClock(Context context, int hour) {
        if (hour < 9 || 17 <= hour) {
            context.changeState(NightState.getInstance());
        }
    }

    @Override
    public void doUse(Context context) {
        context.recordLog("금고 사용(주간)");
    }

    @Override
    public void doAlarm(Context context) {
        context.callSecurityCenter("비상벨(주간)");
        context.changeState(UrgentState.getInstance());
    }

    @Override
    public void doPhone(Context context) {
```

```
        context.callSecurityCenter("일반 통화(주간)");
    }

    @Override
    public String toString() {
        return "[주간]";
    }
}
```

리스트 A19-7 NightState 클래스 (NightState.java)

```
public class NightState implements State {
    private static NightState singleton = new NightState();

    private NightState() {
    }

    public static State getInstance() {
        return singleton;
    }

    @Override
    public void doClock(Context context, int hour) {
        if (9 <= hour && hour < 17) {
            context.changeState(DayState.getInstance());
        }
    }

    @Override
    public void doUse(Context context) {
        context.callSecurityCenter("비상:야간 금고 사용!");
    }

    @Override
    public void doAlarm(Context context) {
        context.callSecurityCenter("비상벨(야간)");
        context.changeState(UrgentState.getInstance());
    }

    @Override
    public void doPhone(Context context) {
        context.recordLog("야간 통화 녹음");
    }

```

```java
    @Override
    public String toString() {
        return "[야간]";
    }
}
```

Part 20

문제 20-1의 해답

(문제 p.378)

BigChar를 공유하지 않으려면 BigCharFactory를 사용하지 않고 new BigChar합니다. 리스트 A20-1에서는 프로그램을 보기 쉽도록 하청용 private 메소드 initShared와 initUnshared를 만들었습니다.

리스트 A20-1 BigString 클래스 (BigString.java)

```java
public class BigString {
    // '큰 문자'의 배열
    private BigChar[] bigchars;

    // 생성자(인수 없음, 공유한다)
    public BigString(String string) {
        initShared(string);
    }

    // 생성자(인수로 공유할지 말지 지정한다)
    public BigString(String string, boolean shared) {
        if (shared) {
            initShared(string);
        } else {
            initUnshared(string);
        }
    }

    // 공유하고 초기화
    private void initShared(String string) {
        BigCharFactory factory = BigCharFactory.getInstance();
        bigchars = new BigChar[string.length()];
        for (int i = 0; i < bigchars.length; i++) {
            bigchars[i] = factory.getBigChar(string.charAt(i));
        }
    }
```

```java

    // 공유하지 않고 초기화
    private void initUnshared(String string) {
        bigchars = new BigChar[string.length()];
        for (int i = 0; i < bigchars.length; i++) {
            bigchars[i] = new BigChar(string.charAt(i));
        }
    }

    // 표시
    public void print() {
        for (BigChar bc: bigchars) {
            bc.print();
        }
    }
}
```

리스트 A20-2 Main 클래스 (Main.java)

```java
public class Main {
    public static void main(String[] args) {
        if (args.length == 0) {
            System.out.println("Usage: java Main digits");
            System.out.println("Example: java Main 1212123");
            System.exit(0);
        }

        BigString bs;
        bs = new BigString(args[0], false);      // 공유하지 않는다
        bs.print();
        bs = new BigString(args[0], true);       // 공유한다
        bs.print();
    }
}
```

문제 20-2의 해답

[문제 p.378]

리스트 A20-3의 `Main` 클래스에서는 "1212123"에 대응한 `BigString`의 인스턴스를 배열상에 10,000개 확보하여 사용 메모리를 비교하고 있습니다. 공유하는 쪽이 사용 메모리양이 훨씬 적은 것을 알 수 있으며 공유하지 않는 쪽이 프로그램 실행 속도가 느린 것도 알 수 있습니다. 공유하지 않을 경우, `BigChar` 인스턴스를 만들 때마다 파일을 읽어오기 때문입니다.

리스트 A20-3 Main 클래스 (Main.java)

```
public class Main {
    private static BigString[] bsarray = new BigString[10000];

    public static void main(String[] args) {
        System.out.println("공유한 경우:");
        testAllocation(true);
        System.out.println("공유하지 않는 경우:");
        testAllocation(false);
    }

    public static void testAllocation(boolean shared) {
        for (int i = 0; i < bsarray.length; i++) {
            bsarray[i] = new BigString("1212123", shared);
        }
        showMemory();
    }

    public static void showMemory() {
        Runtime.getRuntime().gc();
        long used = Runtime.getRuntime().totalMemory() - Runtime.getRuntime().freeMemory();
        System.out.println("사용 메모리 = " + used);
    }
}
```

그림 A20-1 실행 결과의 예 (환경에 따라 결과는 달라진다)

```
공유한 경우:
사용 메모리 = 1511264
공유하지 않는 경우:
사용 메모리 = 11734784
```

문제 20-3의 해답

[문제 p.378]

getBigChar 메소드를 synchronized 메소드로 하지 않을 경우, 여러 스레드로부터 거의 동시에 호출되면 이미 해당 인스턴스를 만들었는지 여부를 잘못 판단하여 많이 new해 버릴 가능성이 있습니다.

다음 코드를 보면서 설명하겠습니다.

리스트 A20-4 synchronized 메소드로 하지 않는 경우

```
1: public BigChar getBigChar(char charname) {
2:     BigChar bc = pool.get(String.valueOf(charname));
3:     if (bc == null) {
4:         bc = new BigChar(charname);
5:         pool.put(String.valueOf(charname), bc);
6:     }
7:     return bc;
8: }
```

예를 들어, 스레드A와 스레드B가 같은 charname으로 getBigChar를 호출했다고 하면, 그림 A20-2처럼 될 수 있습니다.

그림 A20-2 synchronized를 붙이지 않으면, 쓸데없는 new를 해 버리는 일이 있다

스레드A	스레드B
2:에서 bc에 값을 얻는다	
3:에서 bc가 null이라고 판단한다	
4:에서 new BigChar한다	
	2:에서 bc에 값을 얻는다(※B)
	3:에서 bc가 null이라고 판단한다
	4:에서 new BigChar한다
	5:에서 pool.put한다
	7:에서 return한다
5:에서 pool.put한다(※A)	
7:에서 return한다	

이 경우 스레드A와 스레드B 모두 new BigChar를 하고 있습니다. 이는 (※A)보다 (※B)가 먼저 실행되는 경우에 일어나는 현상입니다. 이러한 현상을 막기 위해서 bc에 값을 얻었을 때부터 pool.put할 때까지는 다른 스레드가 끼어들지 못하게 해야 합니다. synchronized를 사용하면, 그런 처리를 실현할 수 있습니다.

단, 언제나 synchronized 메소드로 해야 하는 것은 아닙니다. synchronized 메소드로 하면 일반적으로 속도가 떨어지므로 멀티스레드를 고려할 필요가 없을 때는 synchronized 메소드로 하지 않는 편이 효과적입니다. 이런 경우에는 문서에 멀티스레드를 지원하지 않는다고 기재하는 것이 좋습니다.

Part 21

문제 21-1의 해답

[문제 p.392]

문제 21-1의 해답은 리스트 A21-1, A21-2와 같습니다. 인스턴스를 생성하는 부분은 다음과 같습니다.

```
real = (Printable)Class.forName(className).getDeclaredConstructor().newInstance();
```

또한 real 필드를 Printer형이 아닌 Printable형으로 해 두면, PrinterProxy 클래스는 Printer 클래스로부터 독립된 부품이 되어 Printable 인터페이스를 구현한 클래스 모두에 대해 Proxy 역할을 수행할 수 있게 됩니다.

·주의· 컴파일할 때는 다음과 같이 Main.java뿐만 아니라 Printer.java도 지정해야 합니다(Printer 클래스가 직접 사용되지 않기 때문입니다).

```
javac Main.java Printer.java
```

Class 클래스와 forName 메소드에 대해서는 Abstract Factory 패턴에서 자세히 설명했으니 참조하기 바랍니다.

리스트 A21-1 PrinterProxy 클래스 (PrinterProxy.java)

```
public class PrinterProxy implements Printable {
    private String name;            // 이름
    private Printable real;         // 본인
    private String className;       // 본인의 클래스 이름

    // 생성자(이름과 클래스 이름 지정)
    public PrinterProxy(String name, String className) {
        this.name = name;
        this.real = null;
        this.className = className;
    }

    // 이름 설정
    @Override
    public synchronized void setPrinterName(String name) {
        if (real != null) {
            // 본인에게도 설정한다
            real.setPrinterName(name);
        }
        this.name = name;
    }
```

```java

    // 이름 취득
    @Override
    public String getPrinterName() {
        return name;
    }

    // 표시
    @Override
    public void print(String string) {
        realize();
        real.print(string);
    }

    // 본인 생성
    private synchronized void realize() {
        if (real == null) {
            try {
                real = (Printable)Class.forName(className).getDeclaredConstructor().newInstance();
                real.setPrinterName(name);
            } catch (ClassNotFoundException e) {
                System.out.println("클래스 " + className + " 가 발견되지 않습니다.");
            } catch (Exception e) {
                e.printStackTrace();
            }
        }
    }
}
```

리스트 A21-2 Main 클래스 (Main.java)

```java
public class Main {
    public static void main(String[] args) {
        Printable p = new PrinterProxy("Alice", "Printer");
        System.out.println("이름은 현재 " + p.getPrinterName() + "입니다.");
        p.setPrinterName("Bob");
        System.out.println("이름은 현재 " + p.getPrinterName() + "입니다.");
        p.print("Hello, world.");
    }
}
```

그림 A21-1 컴파일 및 실행 결과

```
javac Main.java Printer.java
java Main
이름은 현재 Alice입니다.
이름은 현재 Bob입니다.
Printer 인스턴스 생성 중.....완료
=== Bob ===
Hello, world.
```

예제 프로그램의 실행 결과(그림 21-3)와 그림 A21-1의 실행 결과를 주의 깊게 비교해 보세요. 그림 A21-1에서는 'Printer 인스턴스 생성 중'에 이름(Bob)이 표시되지 않습니다. 이는 인스턴스가 newInstance 메소드에서 생성되어, Printer 클래스의 인수 없는 생성자가 호출되기 때문입니다.

문제 21-2의 해답

[문제 p.392]

synchronized 메소드로 하지 않은 경우, 여러 스레드에서 setPrinterName과 realize가 개별적으로 호출되면, PrinterProxy 클래스의 name과 Printer 클래스의 name이 차이가 날 수 있습니다. synchronized를 붙이지 않은 프로그램을 리스트 A21-3에 나타냅니다.

리스트 A21-3 synchronized를 붙이지 않은 경우

```
1: public void setPrinterName(String name) {
2:        if (real != null) {
3:            real.setPrinterName(name);
4:        }
5:        this.name = name;
6: }
   ...
a: private void realize() {
b:        if (real == null) {
c:            real = new Printer(name);
d:        }
e: }
```

그림 A21-2 synchronized를 붙이지 않았을 경우에 발생하는 name의 변화

name 값	real 값	스레드A	스레드 B
"Alice"	null	1:real값 호출하다	
"Alice"	null	2:에서 real은 null이라고 판단한다	
		스레드B로 바뀐다	
"Alice"	null		a:real값 호출한다
"Alice"	null		b:에서 real은 null이라고 판단한다
"Alice"	null이 아님		c:에서 real에 Printer 인스턴스("Alice") 대입한다
		스레드A로 바뀐다	
"Bob"	null이 아님	5:에서 name에 "Bob"을 대입한다	

※이 시점에서 PrinterProxy 클래스의 name은 "Bob"이지만, Printer 클래스의 name은 "Alice"가 되어 버렸다

처음에 PrinterProxy의 name 필드 값이 "Alice"이고, real 필드 값이 null(즉, Printer 클래스 인스턴스는 아직 생성되지 않음)이라고 가정합니다. 스레드A가 setPrinterName("Bob")을 실행하는 동시에 스레드B가 (print 메소드를 경유하여) realize 메소드를 호출했다고 하겠습니다. 만약 그림 A21-2처럼 스레드가 전환된다면 PrinterProxy 클래스의 name 필드 값은 "Bob"이 되지만 Printer의 name 필드 값은 "Alice"가 되어 버립니다.

setPrinterName 메소드와 realize 메소드를 synchronized 메소드로 함으로써 이러한 스레드 전환이 일어나지 않게 됩니다. synchronized 메소드에 의해 real 필드의 값 판단과 값 변경이 제각각 이루어지지 않도록 하는 것입니다. 말하자면, synchronized 메소드에서 real 필드를 지키고 있는 셈입니다.

Part 22

문제 22-1의 해답

[문제 p.411]

다양한 추가 방법이 있겠지만, 여기서는 다음과 같이 했습니다.

① drawer 패키지에 '색을 설정하는 명령'을 나타내는 ColorCommand 클래스를 추가한다 (리스트 A22-1)

② Drawable 인터페이스에 '색을 변경하는 메소드' setColor를 추가한다 (리스트 A22-2)

③ 이에 따라 DrawCanvas 클래스에 setColor 메소드를 구현한다 (리스트 A22-3)

④ Main 클래스에 '빨강', '초록', '파랑'의 색 변경 버튼을 추가한다 (리스트 A22-4)

command 패키지의 클래스나 인터페이스에는 전혀 변경 사항이 없습니다.

그림 A22-1 예제 프로그램에 색 설정 기능을 추가한다

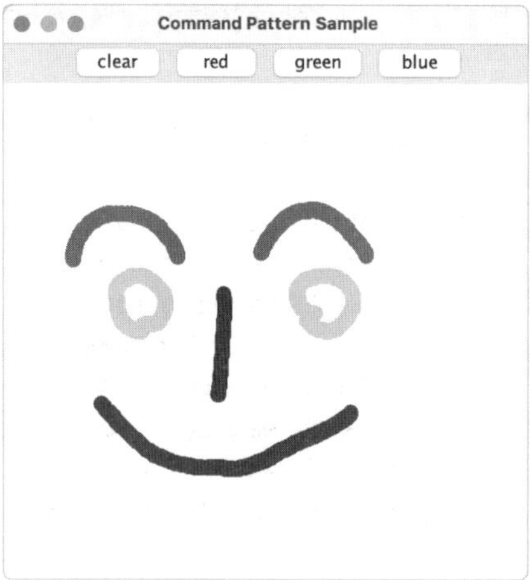

리스트 A22-1 ColorCommand 클래스 (ColorCommand.java)

```java
package drawer;

import command.Command;
import java.awt.Color;

public class ColorCommand implements Command {
    // 그리기 대상
    protected Drawable drawable;
    // 그리기 색
    private Color color;

    // 생성자
    public ColorCommand(Drawable drawable, Color color) {
        this.drawable = drawable;
        this.color = color;
    }

    // 실행
    @Override
    public void execute() {
        drawable.setColor(color);
    }
}
```

리스트 A22-2 Drawable 인터페이스 (Drawable.java)

```
package drawer;

import java.awt.Color;

public interface Drawable {
    public abstract void init();
    public abstract void draw(int x, int y);
    public abstract void setColor(Color color);
}
```

리스트 A22-3 DrawCanvas 클래스 (DrawCanvas.java)

```
package drawer;

import command.MacroCommand;

import java.awt.Color;
import java.awt.Graphics;
import java.awt.Canvas;

public class DrawCanvas extends Canvas implements Drawable {
    // 그리기 색
    private Color color;
    // 그리기 점의 반경
    private int radius;
    // 이력
    private MacroCommand history;

    // 생성자
    public DrawCanvas(int width, int height, MacroCommand history) {
        setSize(width, height);
        setBackground(Color.white);
        this.history = history;
        init();
    }

    // 이력 전체 다시 그리기
    @Override
    public void paint(Graphics g) {
        history.execute();
    }
```

```

    // 초기화
    @Override
    public void init() {
        color = Color.red;
        radius = 6;
        history.append(new ColorCommand(this, color));
    }

    // 그리기
    @Override
    public void draw(int x, int y) {
        Graphics g = getGraphics();
        g.setColor(color);
        g.fillOval(x - radius, y - radius, radius * 2, radius * 2);
    }

    @Override
    public void setColor(Color color) {
        this.color = color;
    }
}
```

리스트 A22-4 Main 클래스 (Main.java)

```
import command.*;
import drawer.*;

import java.awt.*;
import java.awt.event.*;
import javax.swing.*;

public class Main extends JFrame implements MouseMotionListener, WindowListener {
    // 그리기 이력
    private MacroCommand history = new MacroCommand();
    // 그리는 영역
    private DrawCanvas canvas = new DrawCanvas(400, 400, history);
    // 삭제 버튼
    private JButton clearButton  = new JButton("clear");
    // 빨간 버튼
    private JButton redButton  = new JButton("red");
    // 초록 버튼
    private JButton greenButton  = new JButton("green");
```

```
    // 파란 버튼
    private JButton blueButton  = new JButton("blue");

    // 생성자
    public Main(String title) {
        super(title);

        this.addWindowListener(this);
        canvas.addMouseMotionListener(this);
        clearButton.addActionListener(e -> {
            history.clear();
            canvas.init();
            canvas.repaint();
        });
        redButton.addActionListener(e -> {
            Command cmd = new ColorCommand(canvas, Color.red);
            history.append(cmd);
            cmd.execute();
        });
        greenButton.addActionListener(e -> {
            Command cmd = new ColorCommand(canvas, Color.green);
            history.append(cmd);
            cmd.execute();
        });
        blueButton.addActionListener(e -> {
            Command cmd = new ColorCommand(canvas, Color.blue);
            history.append(cmd);
            cmd.execute();
        });

        Box buttonBox = new Box(BoxLayout.X_AXIS);
        buttonBox.add(clearButton);
        buttonBox.add(redButton);
        buttonBox.add(greenButton);
        buttonBox.add(blueButton);
        Box mainBox = new Box(BoxLayout.Y_AXIS);
        mainBox.add(buttonBox);
        mainBox.add(canvas);
        getContentPane().add(mainBox);

        pack();
        setVisible(true);
    }

    // MouseMotionListener용
```

```
    @Override
    public void mouseMoved(MouseEvent e) {}

    @Override
    public void mouseDragged(MouseEvent e) {
        Command cmd = new DrawCommand(canvas, e.getPoint());
        history.append(cmd);
        cmd.execute();
    }

    // WindowListener용
    @Override
    public void windowClosing(WindowEvent e) {
        System.exit(0);
    }

    @Override public void windowActivated(WindowEvent e) {}
    @Override public void windowClosed(WindowEvent e) {}
    @Override public void windowDeactivated(WindowEvent e) {}
    @Override public void windowDeiconified(WindowEvent e) {}
    @Override public void windowIconified(WindowEvent e) {}
    @Override public void windowOpened(WindowEvent e) {}

    public static void main(String[] args) {
        new Main("Command Pattern Sample");
    }
}
```

문제 22-2의 해답

[문제 p.411]

Main 클래스를 변경하여 리스트 A22-5처럼 했습니다. 변경 사항은 다음과 같은 두 가지입니다.

- 실행 취소(undo) 버튼을 추가한다.
- 실행 취소 버튼을 눌렀을 때에는 history.undo를 호출하여 다시 그린다(repaint).

command 패키지 및 drawer 패키지에는 전혀 변경할 사항이 없습니다. 실행 취소 모습을 그림 A22-2~그림 A22-4에 나타냈습니다.

그림 A22-2 모양이 마음에 들지 않네 되돌리고 싶은데…

그림 A22-3 여러 번 실행 취소 버튼을 누른 후

그림 A22-4 다시 여러 번 실행 취소 버튼을 누른 후

리스트 A22-5 Main 클래스 (Main.java)

```
import command.*;
import drawer.*;

import java.awt.*;
import java.awt.event.*;
import javax.swing.*;

public class Main extends JFrame implements MouseMotionListener, WindowListener {
```

```java
    // 그리기 이력
    private MacroCommand history = new MacroCommand();
    // 그리는 영역
    private DrawCanvas canvas = new DrawCanvas(400, 400, history);
    // 삭제 버튼
    private JButton clearButton  = new JButton("clear");
    // 실행 취소 버튼(undo)
    private JButton undoButton  = new JButton("undo");

    // 생성자
    public Main(String title) {
        super(title);

        this.addWindowListener(this);
        canvas.addMouseMotionListener(this);
        clearButton.addActionListener(e -> {
            history.clear();
            canvas.repaint();
        });
        undoButton.addActionListener(e -> {
            history.undo();
            canvas.repaint();
        });

        Box buttonBox = new Box(BoxLayout.X_AXIS);
        buttonBox.add(clearButton);
        buttonBox.add(undoButton);
        Box mainBox = new Box(BoxLayout.Y_AXIS);
        mainBox.add(buttonBox);
        mainBox.add(canvas);
        getContentPane().add(mainBox);

        pack();
        setVisible(true);
    }

    // MouseMotionListener용
    @Override
    public void mouseMoved(MouseEvent e) {
    }

    @Override
    public void mouseDragged(MouseEvent e) {
        Command cmd = new DrawCommand(canvas, e.getPoint());
        history.append(cmd);
```

```
        cmd.execute();
    }

    // WindowListener용
    @Override
    public void windowClosing(WindowEvent e) {
        System.exit(0);
    }

    @Override public void windowActivated(WindowEvent e) {}
    @Override public void windowClosed(WindowEvent e) {}
    @Override public void windowDeactivated(WindowEvent e) {}
    @Override public void windowDeiconified(WindowEvent e) {}
    @Override public void windowIconified(WindowEvent e) {}
    @Override public void windowOpened(WindowEvent e) {}

    public static void main(String[] args) {
        new Main("Command Pattern Sample");
    }
}
```

문제 22-3의 해답

[문제 p.411]

해답은 A22-6과 같습니다.

리스트 A22-6 Main 클래스 (Main.java)

```
import command.*;
import drawer.*;

import java.awt.*;
import java.awt.event.*;
import javax.swing.*;

public class Main extends JFrame {
    // 그리기 이력
    private MacroCommand history = new MacroCommand();
    // 그리는 영역
    private DrawCanvas canvas = new DrawCanvas(400, 400, history);
    // 삭제 버튼
    private JButton clearButton  = new JButton("clear");

```

```java
    // 생성자
    public Main(String title) {
        super(title);

        this.addWindowListener(new WindowAdapter() {
            public void windowClosing(WindowEvent e) {
                System.exit(0);
            }
        });

        canvas.addMouseMotionListener(new MouseMotionAdapter() {
            public void mouseDragged(MouseEvent e) {
                Command cmd = new DrawCommand(canvas, e.getPoint());
                history.append(cmd);
                cmd.execute();
            }
        });

        clearButton.addActionListener(e -> {
            history.clear();
            canvas.repaint();
        });

        Box buttonBox = new Box(BoxLayout.X_AXIS);
        buttonBox.add(clearButton);
        Box mainBox = new Box(BoxLayout.Y_AXIS);
        mainBox.add(buttonBox);
        mainBox.add(canvas);
        getContentPane().add(mainBox);

        pack();
        setVisible(true);
    }

    public static void main(String[] args) {
        new Main("Command Pattern Sample");
    }
}
```

Part 23

문제 23-1의 해답

(문제 p.437)

turtle 패키지에는 GUI와 관련된 것을 모으고, language 패키지에는 GUI와 관련된 것이 들어가지 않도록 했습니다. 다른 패키지에 Executor나 ExecutorFactory 인터페이스를 실현하는 클래스를 만들면, language 패키지는 전혀 수정하지 않고 같은 프로그램을 실행하는 다른 프로그램을 만들 수도 있습니다.

표 23-1 클래스 및 인스턴스 목록

패키지	이름	설명
language	InterpreterFacade	인터프리터를 사용하기 쉽게 만드는 클래스 (Facade 패턴의 Facade 역)
language	ExecutorFactory	기본 명령을 생성하는 인터페이스 (Factory Method 패턴의 Creator 역)
language	Context	예제 프로그램과 거의 동일
language	Node	예제 프로그램과 거의 동일
language	Executor	'실행'을 표현하는 인터페이스
language	ProgramNode	예제 프로그램과 거의 동일
language	CommandNode	예제 프로그램과 거의 동일
language	RepeatCommandNode	예제 프로그램과 거의 동일
language	CommandListNode	예제 프로그램과 거의 동일
language	PrimitiveCommandNode	예제 프로그램과 거의 동일
language	ParseException	구문 해석 시 예외 클래스
turtle	TurtleCanvas	터틀 그래픽을 실현하는 클래스
turtle	TurtleExecutorFactory	명령 이름에 따라 Executor를 생성하는 클래스 (Factory Method 패턴의 ConcreteCreator 역)
turtle	GoExecutor	"go"를 실행하는 Executor (TurtleExecutorFactory의 내부 클래스)
turtle	LeftExecutor	"left"를 실행하는 Executor (TurtleExecutorFactory의 내부 클래스)
turtle	RightExecutor	"right"를 실행하는 Executor (TurtleExecutorFactory의 내부 클래스)
이름 없음	Main	동작 테스트를 위한 클래스

리스트 A23-1 InterpreterFacade 클래스 (InterpreterFacade.java)

```
package language;

public class InterpreterFacade implements Executor {
    private ExecutorFactory factory;
    private Context context;
    private Node programNode;

    public InterpreterFacade(ExecutorFactory factory) {
        this.factory = factory;
    }

    public void parse(String text) throws ParseException {
        this.context = new Context(text);
        this.context.setExecutorFactory(factory);
        this.programNode = new ProgramNode();
        programNode.parse(context);
        System.out.println(programNode.toString());
    }

    @Override
    public void execute() {
        if (programNode != null) {
            programNode.execute();
        }
    }
}
```

리스트 A23-2 ExecutorFactory 인터페이스 (ExecutorFactory.java)

```
package language;

public interface ExecutorFactory {
    public abstract Executor createExecutor(String name);
}
```

리스트 A23-3 Context 클래스 (Context.java)

```java
package language;

public class Context implements ExecutorFactory {
    private ExecutorFactory factory;
    private String[] tokens;
    private String lastToken;
    private int index;

    public Context(String text) {
        this.tokens = text.split("\\s+");
        this.index = 0;
        nextToken();
    }

    public String nextToken() {
        if (index < tokens.length) {
            lastToken = tokens[index++];
        } else {
            lastToken = null;
        }
        return lastToken;
    }

    public String currentToken() {
        return lastToken;
    }

    public void skipToken(String token) throws ParseException {
        if (currentToken() == null) {
            throw new ParseException("Error: '" + token + "' is expected, but no more token is found.");
        } else if (!token.equals(currentToken())) {
            throw new ParseException("Error: '" + token + "' is expected, but '" + currentToken() + "' is found.");
        }
        nextToken();
    }

    public int currentNumber() throws ParseException {
        if (currentToken() == null) {
            throw new ParseException("Error: No more token.");
        }
        int number = 0;
```

```
        try {
            number = Integer.parseInt(currentToken());
        } catch (NumberFormatException e) {
            throw new ParseException("Error: " + e);
        }
        return number;
    }

    public void setExecutorFactory(ExecutorFactory factory) {
        this.factory = factory;
    }

    @Override
    public Executor createExecutor(String name) {
        return factory.createExecutor(name);
    }
}
```

리스트 A23-4 Node 클래스 (Node. java)

```
package language;

public abstract class Node implements Executor {
    public abstract void parse(Context context) throws ParseException;
}
```

리스트 A23-5 Executor 인터페이스 (Executor.java)

```
package language;

public interface Executor {
    public abstract void execute();
}
```

리스트 A23-6 ProgramNode 클래스 (ProgramNode.java)

```
package language;

// <program> ::= program <command list>
public class ProgramNode extends Node {
```

```java
    private Node commandListNode;

    @Override
    public void parse(Context context) throws ParseException {
        context.skipToken("program");
        commandListNode = new CommandListNode();
        commandListNode.parse(context);
    }

    @Override
    public void execute() {
        commandListNode.execute();
    }

    @Override
    public String toString() {
        return "[program " + commandListNode + "]";
    }
}
```

리스트 A23-7 CommandNode 클래스 (CommandNode.java)

```java
package language;

// <command> ::= <repeat command> | <primitive command>
public class CommandNode extends Node {
    private Node node;

    @Override
    public void parse(Context context) throws ParseException {
        if (context.currentToken().equals("repeat")) {
            node = new RepeatCommandNode();
            node.parse(context);
        } else {
            node = new PrimitiveCommandNode();
            node.parse(context);
        }
    }

    @Override
    public void execute() {
        node.execute();
    }
```

```java

    @Override
    public String toString() {
        return node.toString();
    }
}
```

리스트 A23-8 RepeatCommandNode 클래스 (RepeatCommandNode.java)

```java
package language;

// <repeat command> ::= repeat <number> <command list>
public class RepeatCommandNode extends Node {
    private int number;
    private Node commandListNode;

    @Override
    public void parse(Context context) throws ParseException {
        context.skipToken("repeat");
        number = context.currentNumber();
        context.nextToken();
        commandListNode = new CommandListNode();
        commandListNode.parse(context);
    }

    @Override
    public void execute() {
        for (int i = 0; i < number; i++) {
            commandListNode.execute();
        }
    }

    @Override
    public String toString() {
        return "[repeat " + number + " " + commandListNode + "]";
    }
}
```

리스트 A23-9 CommandListNode 클래스 (CommandListNode.java)

```java
package language;

```

```java
import java.util.ArrayList;
import java.util.List;

// <command list> ::= <command>* end
public class CommandListNode extends Node {
    private List<Node> list = new ArrayList<>();

    @Override
    public void parse(Context context) throws ParseException {
        while (true) {
            if (context.currentToken() == null) {
                throw new ParseException("Error: Missing 'end'");
            } else if (context.currentToken().equals("end")) {
                context.skipToken("end");
                break;
            } else {
                Node commandNode = new CommandNode();
                commandNode.parse(context);
                list.add(commandNode);
            }
        }
    }

    @Override
    public void execute() {
        for (Node node: list) {
            node.execute();
        }
    }

    @Override
    public String toString() {
        return list.toString();
    }
}
```

리스트 A23-10 PrimitiveCommandNode 클래스 (PrimitiveCommandNode.java)

```java
package language;

// <primitive command> ::= go | right | left
public class PrimitiveCommandNode extends Node {
    private String name;
    private Executor executor;
```

```java

    @Override
    public void parse(Context context) throws ParseException {
        name = context.currentToken();
        if (name == null) {
            throw new ParseException("Error: Missing <primitive command>");
        } else if (!name.equals("go") && !name.equals("right") && !name.equals("left")) {
            throw new ParseException("Error: Unknown <primitive command>: '" + name + "'");
        }
        context.skipToken(name);
        executor = context.createExecutor(name);
    }

    @Override
    public void execute() {
        executor.execute();
    }

    @Override
    public String toString() {
        return name;
    }
}
```

리스트 A23-11 ParseException 클래스 (ParseException.java)

```java
package language;

public class ParseException extends Exception {
    public ParseException(String msg) {
        super(msg);
    }
}
```

리스트 A23-12 TurtleCanvas 클래스 (TurtleCanvas.java)

```java
package turtle;

import language.Executor;
import language.ExecutorFactory;
```

```java
import java.awt.*;

public class TurtleCanvas extends Canvas {
    final static int UNIT_LENGTH = 30;                  // 움직일 때 단위 길이
    final static int DIRECTION_UP = 0;                  // 위쪽으로
    final static int DIRECTION_RIGHT = 3;               // 오른쪽으로
    final static int DIRECTION_DOWN = 6;                // 아래쪽으로
    final static int DIRECTION_LEFT = 9;                // 왼쪽으로
    final static int RELATIVE_DIRECTION_RIGHT = 3; // 오른쪽으로 향한다
    final static int RELATIVE_DIRECTION_LEFT = -3; // 왼쪽으로 향한다
    final static int RADIUS = 3;                        // 반지름

    private int direction = 0;
    private Point position;
    private Executor executor = null;

    public TurtleCanvas(int width, int height) {
        setSize(width, height);
        initialize();
    }

    private void initialize() {
        Dimension size = getSize();
        position = new Point(size.width / 2, size.height / 2);
        direction = 0;
        setForeground(Color.red);
        setBackground(Color.white);
        Graphics g = getGraphics();
        if (g != null) {
            g.clearRect(0, 0, size.width, size.height);
        }
    }

    public void setExecutor(Executor executor) {
        this.executor = executor;
    }

    void setRelativeDirection(int relativeDirection) {
        setDirection(direction + relativeDirection);
    }

    void setDirection(int direction) {
        if (direction < 0) {
            direction = 12 - (-direction) % 12;
        } else {
```

```
            direction = direction % 12;
        }
        this.direction = direction % 12;
    }

    void go(int length) {
        int newx = position.x;
        int newy = position.y;
        switch (direction) {
        case DIRECTION_UP:
            newy -= length;
            break;
        case DIRECTION_RIGHT:
            newx += length;
            break;
        case DIRECTION_DOWN:
            newy += length;
            break;
        case DIRECTION_LEFT:
            newx -= length;
            break;
        default:
            break;
        }
        Graphics g = getGraphics();
        if (g != null) {
            g.drawLine(position.x, position.y, newx, newy);
            g.fillOval(newx - RADIUS, newy - RADIUS, RADIUS * 2 + 1, RADIUS * 2 + 1);
        }
        position.x = newx;
        position.y = newy;
    }

    @Override
    public void paint(Graphics g) {
        initialize();
        if (executor != null) {
            executor.execute();
        }
    }
}
```

리스트 A23-13 TurtleExecutorFactory 클래스 (TurtleExecutorFactory.java)

```java
package turtle;

import language.Executor;
import language.ExecutorFactory;

public class TurtleExecutorFactory implements ExecutorFactory {
    private final TurtleCanvas canvas;

    // 내부 클래스("go"를 실행)
    private class GoExecutor implements Executor {
        @Override
        public void execute() {
            canvas.go(TurtleCanvas.UNIT_LENGTH);
        }
    }

    // 내부 클래스("left"를 실행)
    private class LeftExecutor implements Executor {
        @Override
        public void execute() {
            canvas.setRelativeDirection(TurtleCanvas.RELATIVE_DIRECTION_LEFT);
        }
    }

    // 내부 클래스("right"를 실행)
    private class RightExecutor implements Executor {
        @Override
        public void execute() {
            canvas.setRelativeDirection(TurtleCanvas.RELATIVE_DIRECTION_RIGHT);
        }
    }

    // 생성자
    public TurtleExecutorFactory(TurtleCanvas canvas) {
        this.canvas = canvas;
    }

    @Override
    public Executor createExecutor(String name) {
        if (name.equals("go")) {
            return new GoExecutor();
        } else if (name.equals("right")) {
            return new RightExecutor();
```

```java
        } else if (name.equals("left")) {
            return new LeftExecutor();
        } else {
            throw new IllegalArgumentException("Error: Unknown <primitive command>: '" + name + "'");
        }
    }
}
```

리스트 A23-14 Main 클래스 (Main.java)

```java
import language.*;
import turtle.*;

import java.awt.*;
import java.awt.event.*;
import javax.swing.*;

public class Main extends JFrame {
    private TurtleCanvas canvas = new TurtleCanvas(400, 400);
    private InterpreterFacade facade = new InterpreterFacade(new TurtleExecutorFactory(canvas));
    private TextField programTextField = new TextField("program repeat 3 go right go left end end");

    // 생성자
    public Main(String title) {
        super(title);

        canvas.setExecutor(facade);

        setLayout(new BorderLayout());

        programTextField.addActionListener(e -> parseAndExecute());

        this.addWindowListener(new WindowAdapter() {
            public void windowClosing(WindowEvent e) {
                System.exit(0);
            }
        });

        add(programTextField, BorderLayout.NORTH);
        add(canvas, BorderLayout.CENTER);
        pack();
```

```java
        setVisible(true);

        parseAndExecute();
    }

    private void parseAndExecute() {
        String programText = programTextField.getText();
        System.out.println("programText = " + programText);
        try {
            facade.parse(programText);
            canvas.repaint();
        } catch (ParseException e) {
            JOptionPane.showMessageDialog(this, e.getMessage(), "Error", JOptionPane.ERROR_MESSAGE);
        }
    }

    public static void main(String[] args) {
        new Main("Interpreter Pattern Sample");
    }
}
```

부록B GoF에 의한 디자인 패턴 분류

GoF 책(부록D [GoF] 참조)에서는 디자인 패턴을 다음과 같이 분류하고 있습니다. ( )는 이 책에서 소개한 장 번호를 나타냅니다.

생성에 관한 패턴

Abstract Factory(part 8)
Builder(part 7)
Factory Method(part 4)
Prototype(part 6)
Singleton(part 5)

구조에 관한 패턴

Adapter(part 2)
Bridge(part 9)
Composite(part 11)
Decorator(part 12)
Facade(part 15)
Flyweight(part 20)
Proxy(part 21)

행동에 관한 패턴

Chain of Responsibility(part 14)
Command(part 22)
Interpreter(part 23)
Iterator(part 1)
Mediator(part 16)
Memento(part 18)
Observer(part 17)
State(part 19)
Strategy(part 10)
Template Method(part 3)
Visitor(part 13)

부록C 디자인 패턴 Q&A

부록C에서는 디자인 패턴에 관해 오해하기 쉬운 항목을 Q&A 형식으로 정리했습니다.

디자인 패턴이란?

Q. 디자인 패턴이 뭔가요?

A. 디자인 패턴이란 소프트웨어 설계 시 반복적으로 발생하는 문제에 대한 해법입니다. Gangs of Four (GoF)라고 불리는 네 사람에 의해 정리된 23개의 디자인 패턴이 가장 유명합니다. 그 밖에도 다수의 디자인 패턴이 전 세계에서 논의되어 만들어지고 있습니다.

디자인 패턴은 만능인가?

Q. 디자인 패턴은 소프트웨어 문제를 모두 해결하나요?

A. 아닙니다.

개별 디자인 패턴은 소프트웨어의 설계상의 문제를 해결하고자 고안되었지만, 어떤 해결책에도 트레이드 오프가 따라옵니다. 모든 문제에 완벽한 해결책은 없습니다.

적절한 디자인 패턴 선택

Q. 어떻게 하면 적절한 디자인 패턴을 선택할 수 있을까요?

A. 우선, 자신이 설계하는 소프트웨어가 어떠한 '문제'를 갖고 있는지 찾아봅시다. 해결해야 할 문제가 명확하지 않으면 적절한 디자인 패턴을 선택할 수 없습니다.

예를 들어, 지금 당면한 문제가 '객체가 너무 많아 메모리를 낭비한다'라고 확실하게 파악됐다면, Flyweight 패턴을 적용할 수 있습니다. Flyweight 패턴은 객체를 공유하여 메모리 소비량을 줄이기 위한 패턴이기 때문입니다. 패턴을 배울 때는 그 패턴이 '어떤 문제를 해결할 수 있는가?'에 주목하면 좋을 것입니다.

덧붙여 모든 프로그램에 디자인 패턴을 적용해야 하는 것은 아닙니다. 지켜야 할 법칙처럼 디자인 패턴을 생각하거나 모든 상황에 적용하려고 해선 안 됩니다.

디자인 패턴은 당연하다

Q. 디자인 패턴으로 알려진 해법은 모두 당연한 것들입니다. 주목하거나 다시 공부할 가치가 있다고 생각하지 않습니다. 디자인 패턴이 왜 중요한가요?

A. 많은 경험을 쌓은 프로그래머는 디자인 패턴으로 소개된 것을 '당연하다'고 느낄 때가 많은 것 같습니다. 그건 자연스러운 일입니다. 원래 디자인 패턴은 프로그래머가 반복적으로 겪어온 문제와 그에 대한 해법을 정리한 것이기 때문입니다. 디자인 패턴이 중요한 것은 경험이 많은 프로그래머의 지혜를 효율적으로 배울 수 있기 때문입니다.

디자인 패턴은 기억하기 어렵다

Q. GoF의 디자인 패턴은 23개나 돼서 다 외우기가 어렵습니다. 어떻게 하면 좋을까요?

A. 무리하게 다 외울 필요는 없습니다. GoF가 제창한 디자인 패턴이 모두 비슷한 빈도로 사용되는 것은 아닙니다. 특히 기계적으로 통째로 암기해 버리는 것은 그다지 의미가 없습니다. 그보다는 그 디자인 패턴이 문제를 어떻게 해결하는지를 스스로 이해하는 것이 중요합니다.

초급 프로그래머와 디자인 패턴

Q. 디자인 패턴은 초급 프로그래머에게도 유용한가요?

A. 물론입니다.

프로그래밍 언어의 기본을 배우고 스스로 조금씩 프로그램을 짜게 된 사람이 디자인 패턴을 통해 '객체지향 프로그래밍에서는 어떤 점에 주의하여 프로그램을 만드는지'를 배우는 것은 바람직한 일입니다. 이 책에서 설명한 것처럼 재사용성, 교환 가능성, 인터페이스(API), 상속 및 위임, 추상화 등 중요한 개념에 대해 배울 수 있습니다.

또한, 클래스 라이브러리를 '사용'할 때도 디자인 패턴 지식은 도움이 됩니다. 왜냐하면 클래스 라이브러리 중에는 디자인 패턴과 관련된 것도 있기 때문입니다. 물론, 자신의 기술 수준이 높아져 클래스 라이브러리를 '만드는' 입장이 되었을 때 디자인 패턴 지식은 한층 더 도움이 될 것입니다.

디자인 패턴과 패턴

Q. 디자인 패턴과는 별도로 '패턴'이라는 용어를 듣는 경우가 있습니다. 둘 다 같은 것인가요?

A. 엄밀하게는 다릅니다.

어떠한 분야에서든 '어떤 상황에서 반복해서 발생하는 문제에 대한 해법'에 이름을 붙여 정리한 것을 일반적으로 패턴이라고 합니다.

디자인 패턴은 패턴을 소프트웨어 설계·개발 분야에 적용한 것으로, 패턴의 일종이라고 생각하면 됩니다. 소프트웨어 분야에서는 종종 '디자인 패턴'을 줄여서 '패턴'으로 부르기도 합니다.

디자인 패턴과 알고리즘

Q. '디자인 패턴'은 '알고리즘'과 같은 건가요?

A. 다릅니다. 하지만 깊은 관계가 있습니다.

'알고리즘(algorithm)'은 입력으로부터 출력을 얻기 위한 기계적인 절차입니다. 알고리즘은 한정된 수의 작업 후 한정된 시간 내에 종료해야 합니다. 이진탐색이나 퀵정렬은 대표적인 알고리즘입니다. 알고리즘을 '문제 해결 방법'으로 보고 패턴으로 표현할 수는 있지만, 알고리즘=디자인 패턴은 아닙니다.

디자인 패턴은 '알고리즘' 외에 '이디엄'과도 관계가 있습니다. '이디엄(idiom)'이란 코딩할 때 흔히 쓰이는 상용 문구(관용구)를 말합니다. 일반적으로 이디엄은 프로그래밍 언어에 대한 의존도가 높다는 특징이 있습니다. 이디엄도 '문제 해결 방법'으로 패턴처럼 표현할 수 있지만 이디엄=디자인 패턴은 아닙니다.

이 책에서는 디자인 패턴의 이해를 돕고자 구체적인 예제 프로그램을 사용했지만, 디자인 패턴은 구체적인 구현 그 자체는 아닙니다. 다만, 프로그래밍 언어나 라이브러리가 설계 및 구현될 때, 디자인 패턴의 사고방식이 포함되는 사례는 자주 있습니다. 그러한 구현을 실현하는 배후에 있는 사고방식, 해법이 디자인 패턴입니다.

부록D

참고 문헌

[GoF]

『Design Patterns : Elements of Reusable Object-Oriented Software (GoF의 디자인 패턴 : 재사용성을 지닌 객체지향 소프트웨어의 핵심 요소)』

Erich Gamma, Richard Helm, Ralph Johnson, John Vlissides

[Bloch]

『Effective Java(이펙티브 자바)』

Joshua Bloch

[JavaSE]

Java Platform, Standard Edition Documentation

https://docs.oracle.com/en/java/javase/

인덱스

JAVA 언어로 배우는
디자인 패턴 입문 3판

1판 1쇄 2022년 12월 10일

저 자 | 유키 히로시
역 자 | 김성훈
발행인 | 김길수
발행처 | (주)영진닷컴
주 소 | 서울특별시 금천구 가산디지털1로 128 STX-V타워 4층 401호 (우)08507
등 록 | 2007. 4. 27. 제16-4189호

ISBN 978-89-314-6750-5